· 教育家成长丛书 ·

李素香
与完美教育

LISUXIANG YU WANMEI JIAOYU

中国教育报刊社 · 人民教育家研究院 组编

李素香 著

北京师范大学出版集团
BEIJING NORMAL UNIVERSITY PUBLISHING GROUP
北京师范大学出版社

图书在版编目（CIP）数据

李素香与完美教育/李素香著；中国教育报刊社人民教育家研究院组编．—北京：北京师范大学出版社，2016.6（2018.6重印）
（教育家成长丛书）
ISBN 978-7-303-17938-1

Ⅰ．①李… Ⅱ．①李… ②中… Ⅲ．①课堂教学－教学研究
Ⅳ．①G624.21

中国版本图书馆 CIP 数据核字（2016）第 028027 号

营 销 中 心 电 话　010-58802181　58802123
北师大出版社高等教育教材网　http://gaojiao.bnup.com
电 子 信 箱　gaojiao@bnupg.com

出版发行：北京师范大学出版社　www.bnup.com
　　　　　北京市海淀区新街口外大街 19 号
　　　　　邮政编码：100875
印　　刷：大厂回族自治县正兴印务有限公司
经　　销：全国新华书店
开　　本：787 mm×1092 mm　1/16
印　　张：25.5
字　　数：430 千字
版　　次：2016 年 6 月第 1 版
印　　次：2018 年 6 月第 2 次印刷
定　　价：53.00 元

策划编辑：倪　花　　　　责任编辑：戴　轶
美术编辑：焦　丽　　　　装帧设计：焦　丽
责任校对：陈　民　　　　责任印制：陈　涛

教育家成长丛书

编 委 会

总 顾 问：柳　斌　顾明远

顾　　　问：叶　澜　田慧生　林崇德　陈玉琨

编委会主任：杨春茂

编　　　委：（按姓氏笔画为序）

于　漪　　方展画　　田慧生　　成尚荣

任　勇　　刘可钦　　孙双金　　杨九俊

杨春茂　　李吉林　　吴正宪　　张志勇

张新洲　　陈雨亭　　郑国民　　徐启建

唐江澎　　龚春燕　　韩立福　　程红兵

赖配根　　鲍东明　　窦桂梅　　魏书生

主　　　编：张新洲

副　主　编：徐启建　赖配根

总　序

　　教育是国家发展的基石，教师是基石的奠基者。古人云："国将兴，必贵师重傅。"兴国必先强教，强教必先重师。党中央、国务院高度重视教师队伍建设。2013 年教师节，习近平总书记在给全国广大教师的慰问信中指出："百年大计，教育为本。教师是立教之本、兴教之源，承担着让每个孩子健康成长、办好人民满意教育的重任。"2014 年，在第 30 个教师节前夕，习总书记到北京师范大学视察并发表重要讲话，指出："一个人遇到好老师是人生的幸运，一个学校拥有好老师是学校的光荣，一个民族源源不断涌现出一批又一批好老师则是民族的希望。"《国家中长期教育改革和发展规划纲要（2010－2020 年）》也明确提出，"有好的教师，才有好的教育"，要"努力造就一支师德高尚、业务精湛、结构合理、充满活力的高素质专业化教师队伍"。"倡导教育家办学"，要创造有利条件，鼓励教师和校长在实践中大胆探索，创新教育思想、教育模式和教育方法，形成教学特色和办学风格，造就一批教育家。"两个一百年"奋斗目标的实现、中华民族伟大复兴中国梦的实现，归根到底靠人才、靠教育，而支撑起教育光荣梦想的，是千百万的教师。

　　时代呼唤好老师。有一流的教师，才有一流的教育；有一流的教育，才有一流的国家。出名师、育英才、成伟业，是时代赋予我们教育战线的神圣使命。"大学者，非有大楼之谓也，有大师之谓也。"好学校、好教育的最重要标准，就是要有好老师。一所学校、一个地区乃至一个国家，如果教师有理想、有爱心、有学识、有高超的教育艺术，那么硬件设施即使有些简陋，家长、学生也会心向往之。教师是中国梦的奠基者。教师的重要使命，就是为每个孩子播种梦想、点燃梦想，并帮助他们实现梦想。每一间平凡的教室，每一节朴实的课堂，都不仅是知识的传递，更是人类文明精神的接续、人生梦想的起航。正是有亿万个孩子梦想的放飞、绽放，中国梦才更加光彩夺目。如果说中国梦最坚实的土壤是在学校，那么教师就是最伟大的"筑梦师"，他们用默默无闻、孜孜不倦的智慧劳动，让每一颗年轻的心灵都与中国梦激情相拥。

倡导教育家办学，造就一批好老师，首先要尊重、珍惜我们的本土智慧、本土创造。教育家不是凭空产生的，而是扎根于自己的民族文化土壤，同时吸收一切人类文明成果，从而创造出独特而生动的教育实践、教育智慧和教育文明。五千年源远流长的中华文明，不但形成了有我们民族特色的教育理论话语体系，而且涌现出了千千万万优秀的教育家，有被推崇为"大成至圣先师""万世师表"的孔子，有"匹夫而为百世师，一言而为天下法"的韩愈，有"捧着一颗心来，不带半根草去"的人民教育家陶行知，等等。改革开放 30 多年来，随着教育改革的不断深入，教育战线涌现出了一大批杰出教师。他们痴情教育事业，坚守理想信念和教育良知，在三尺讲台上默默耕耘、刻苦钻研，同时以敢为天下先的精神大胆创新，不断进取、不断超越，形成了各具特色的教育思想和教学风格。正是他们的成功探索和实践，创造了具有中国风格的教育经验，丰富了具有中国特色的教育理论宝库。原由教育部师范教育司组织编写，现由中国教育报刊社人民教育家研究院具体组织编写的《教育家成长丛书》，就是要向这些可贵的本土创造性的教育经验致敬。

当前，教育领域综合改革正在深入推进，考试招生制度改革的大幕已经拉开，立德树人、培育和践行社会主义核心价值观成为大中小学教育的头等任务。可以预见，中国教育将发生深刻的变革，将从"中国制造"向"中国创造"转变。"没有革命的理论，就没有革命的运动。"没有适合中国土壤、具有中国智慧的教育理论，就不可能为未来的中国教育改革提供有效的指导。我们的教育要向"中国创造"飞跃，必然要首先创造属于我们自己的教育理论，而不是"言必称希腊"或者老是贩卖欧美的教育理论。170多年前，美国思想家、诗人爱默生发表了著名演说《美国学者》，号召美国知识界："我们依赖旁人的日子，我们师从他国的长期学徒期时代即将结束。在我们周围，有成百上千万的青年正在走向生活，他们不能老是依赖外国学识的残余来获得营养。"由此，美国迈入精神立国阶段。

如今，我们也面临与爱默生同样的情形。随着我国GDP已从世界第二向第一迈进，我们的经济崛起已成为事实，但在道德文明、文化精神等方面，我们还需急起直追。没有文明的崛起，经济崛起就难以持续。当务之急，是我们需要化解内心深处的文化自卑情结、摆脱对他国文明的精神依附，自觉养成强烈的"中国意识"、独立的中国文化品格，并由此去俯视世界，去改造本土实践，去创造属于我们自己的精神养料——这在教育界显得尤为紧迫。《教育家成长丛书》，就旨在把我们本土教育实践中蕴含的中国智慧提炼出来，从而形成具有时代意义的中国特色的教育话语体系，再以此去关照、引领、改造中国的教育实践，为伟大的教育改革提供经验、理论支持，也为未来的教育家提供丰富、可资借鉴的精神养料。

让我们为中国教育的伟大未来一起努力吧！

2015 年 3 月 9 日

前 言

见证着中国基础教育半个世纪的春华秋实，代表着中国基础教育教学成果最高成就的"首届基础教育国家级教学成果奖"中，闪耀着李吉林、窦桂梅、吴正宪、张思明、洪宗礼、唐江澎、邱学华、于永正、孙双金、薄俊生、龚春燕等一大批优秀教师的名字，而上述这些中小学教师的杰出代表恰恰都是《人民教育》"名师人生"栏目中最受读者喜爱的名师，都是《教育家成长丛书》的作者。

《教育家成长丛书》（以下简称《丛书》），是在第 20 个教师节前夕，"为了研究、总结、宣传和推广我国众多优秀中小学教师的先进教育思想和鲜活的宝贵的教育教学经验，培养造就一大批德才兼备的优秀教师和杰出的教育家，促进教师队伍整体素质的提高，根据教育部党组安排，由师范教育司组织编写"的一套凝聚着一大批教育家成长智慧的大型教育丛书。

《丛书》自 2006 年问世以来，不但得到国务院和教育部领导同志的高度重视，而且先后印刷多次尚不能满足广大读者的需求。这其中的奥秘何在？

当你翻开《丛书》，每一部著作都讲述着一位教育家成长的故事。这些著作主要从"成长历程""思想概述""课堂实录"和"社会反响"等方面全景式反映其教育思想、教育智慧、专业精神和专业人格的形成过程和教学实践过程，这是教育家成长的基本素质所在。

当你沿着教育家成长的足迹走近他们的时候，你会融进这些带有"草根色彩",扎根中华教育实践大地,充满田野芳香的真实感人的教育故事中。

当你从《丛书》中,这些当年和自己一样的普通教师,成长为今天受人尊敬的教育家的成长过程中受到启迪,当你触摸着自己的爱心,把学生的成长和祖国的未来紧紧连在一起的时候,你会真切地感受到教育家离我们并不遥远。

当你用整个身心蘸着自己的生活积累去品味《丛书》中的每一部著作的"成长历程"时,在其浓缩着一位位名师在不断学习、不断超越自我、不断超越学科教学的求索足迹中,你会读懂"教育是事业,其意义在于奉献"的丰富内涵。

当你研读《丛书》中的每一部著作的"思想概述",和每一位名师展开心灵对话的时候,都会深深地感受到,一个教师对教育独立的理解与执著的追求有多么重要。从思想成就一位普通的教师成长为受人尊敬的教育家的过程中,你会读懂"教育是科学,其价值在于求真"的深刻含义。透过《丛书》,你会看到一代代教师用爱与智慧塑造民族未来的教育理想。

随着我们从"知识核心时代"走向"核心素养时代",教师教育教学活动的视野已拓展到人的生存与发展的方方面面。作为一名教师,要结合自己的教学实践去感悟"教育理念是指导教育行为的思想观念和精神追求",应该把爱化为自己的教育行为,让爱充盈课堂、触摸到一个个灵动的生命,让爱产生智慧,让爱与智慧在学生心中留下岁月抹不去的美好回忆,让教育者和受教育者都感受到教育的幸福,这是《丛书》给我们的启示,也应是每位教师应有的胸怀和视野。

时代呼唤教育家。为了进一步把我们本土教育实践中蕴含的中国智慧提炼出来,从而形成具有时代意义的中国特色的教育话语体系,以此去关照、引领、创新中国的教育实践并在更大范围加以推广,《教育家成长丛书》将由中国教育报刊社人民教育家研究院继续组织编写,希望能够在更广大教师的心田中播种教育家成长的智慧,从而出更多的名师、育更多的英才、成就中华民族复兴的伟业,这是时代赋予广大教育工作者的神圣使命。如果广大教师能在每位教育家成长、探索教育智慧的过程中受到启迪,形成自己的教育智慧,则是我们编辑这套丛书的初衷。

《教育家成长丛书》
编 委 会
2015 年 3 月

目 录
CONTENTS
李素香与完美教育

完美教育的社会反响

附 录

后 记

我的成长之路：
完美教育的由来

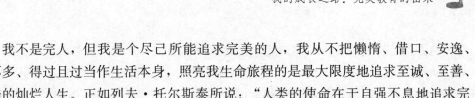

　　我不是完人，但我是个尽己所能追求完美的人，我从不把懒惰、借口、安逸、差不多、得过且过当作生活本身，照亮我生命旅程的是最大限度地追求至诚、至善、至美的灿烂人生。正如列夫·托尔斯泰所说："人类的使命在于自强不息地追求完美。"而我作为一名教师、校长，就是竭尽全力地追求做一个完美的教师，办完美的教育，让我所教育的孩子们因为我的追求而变得更加快乐、幸福、自信、美好，进而去追求他们自己的完美人生之旅。

　　江河奔流，日月轮回，生命之轮转动不息。今日之我，历经 31 载的教育生命，却始终如一地行走在完美教育的征程上，矢志不渝、不改初心、不懈追求，终有所获。此生为教育而来，钟情教育，无怨无悔，完美教育已经是我教育生命的一部分。

　　英国教育家斯宾塞认为，教育就是"为完美生活做准备"。教育指向人、为了人、提升人，教育就是为生活的完美而服务的。人无完人，教育就是为了让人充分发挥自己的正能量和聪明才智，提升生命价值，追求完美的人生之旅。这样，人类所共同生活的社会才更和谐、有序、完善、完美。作为从事教育工作的我来说，让我所从事的教育成为"完美教育"，让我的学校成为"完美学校"，让学生成为"完美学生"，让教师成为"完美教师"……这就是我一生的追求，沉浸其间，如痴如醉。生命如歌、教育大美，让我如何不挚爱我心中的"完美教育"？

一、初涉教坛，争做一名完美教师

　　我是个很挑剔的人，追求完美的个性，让我从小做事情就尽全力做到最好。从做普通教师开始，我就在课堂教育教学活动中追求完美，努力成为完美教师，并把这一做法贯穿于我的教育教学活动的始终。

（一）初为人师

　　自 1984 年师范学校毕业从事教育事业起到现在，已经 31 年了。在这 31 年中，我做数学老师 20 年，这 20 年也是我努力创造"完美数学课堂"的过程。18 岁从师范学校毕业后，青葱稚嫩有些懵懂的我，站上三尺讲台，便一头扎进了学生堆，成为名副其实的"孩子王"。一间教室，三尺讲台，尽管简陋狭小，但它是放飞孩子梦想的地方，是托举孩子腾飞的摇篮。我的教育梦想——争做完美教师，便从这里启航。从站上讲台的那一天起，我就有一个朴素的信念：我要做最受学生喜爱的老师，要做一个"不一样"的老师？怎样才能做不一样的老师？学生喜欢什么样的老师？我认为，教师就要"教书育人"，让学生喜欢自己，喜欢课堂，喜欢自己任教的学科。不一样的教师首先就要有不一样的教学质量和教学效果。20 年教书育人，我无欲无求，如痴如醉地陪伴着一批又一批孩子茁壮成长。课堂是我挥洒人生的舞台，育人是我矢志不渝的皈依。我近乎痴迷地追逐着这个梦想：让学生人人爱上学习，快乐学习。每接一个班的学生，我都为他们一一建立详尽的成长档案，对每个孩子的家庭情况、成长经历、学习状况、性格爱好全方位了解。了解，才能在教学中因人施教，才能对症下药。

给孩子们答疑解惑

我在数学教学中努力追求让每一个孩子都有进步。特别是对于后进生，通过多种方式激发他们的学习兴趣，弥补他们学习中的不足。很多时候，为了辅导学困生，我常常忘记到幼儿园接孩子。有时候托同事接孩子、带孩子，有时候拜托邻居帮忙照看。常常是学生回家了，我才疲惫地到同事或邻居家里接回孩子。为了照顾生病的学生，我自己忍着病痛面带微笑。因为我有一个信念：没有教不好的学生，只有没尽责的老师。孩子千差万别，但每个孩子都是可塑造的。我把每个学生当作我

"完美教育"这幅画卷中不可或缺的部分，我有责任让每一个孩子成功。都说梅花香自苦寒来，确实是功夫不负有心人，我的努力换来了教学的成功，我在数学教学上也渐渐有了名气，很多学生入学时选择学校是为了择我所教的班，选择我所上的数学课。都说金杯银杯，不如老百姓的口碑，的确如此。能够得到学生家长们的认可就是我工作的最大乐趣和动力，同样也坚定了我追求完美教育的决心和信心。

山外有山，人外有人，我从没有停止过自己追求更高、更好、更完美的脚步。终身学习、不断追求是我教育教学生涯的根本。只有不断学习才能够让我的完美教育走得更高、更远、更坚定、更自信。作为终身学习者，从一个中专生进修到本科生，从华师大到清华大学，从美国到以色列等多地进修学习。从一地到另一地，从一点到另一点，我始终穿行在追求完美教育的路上，日夜兼程、风雨无阻。从青涩到成熟，从摸索到引领，从零零碎碎到完善丰富，从播种到收获。一路走来，有风霜雪雨、闲言碎语，有鲜花掌声、加油助威。恶语没有阻挡我前进的脚步，奖赏没有让我得意忘形，我始终如一地坚守我的完美教育之追求，逐渐形成了自己独特的教育思想和教育理念，而这些想法没有仅仅停留在我的脑海中，我把它整理出来见诸笔端，成为教育工作者们共享之文。我在追求完美教育的路上不断地成长、收获，从一个普通数学教师成长为全国优秀教师、山东省特级教师。一堂堂优质课、一篇篇教育教学论文，言说着我的汗水、泪水、收获、幸福与喜悦。

（二）校长之根永远在课堂

从任校长第一天起，我就有坚定的信念：教育的阵地是课堂，教师的舞台在课堂，我成长于课堂，我的校长之根永远在课堂，这样我的校长之树才会根深叶茂，我的完美教育才会茁壮成长。如果离开课堂这个主阵地、忘记自己是教师这个身份，那么我的完美教育就会是无源之水、无本之木，我的教育梦想就是空中楼阁、海市蜃楼，骗人害己，是不会长久的。所以，我肩负校长的重任，却以教师的身份在行走。我除了参加上级部门的重要会议外，每天都进课堂听课。少则两三节，多达六七节，全校教师的课我听了无数遍，对每个教师都了如指掌。全校教科研活动我一定参加，教师参赛我要和他们"磨课"。每次听课后，我都和教师交流。最初，有很多教师都有"第一怕"——怕校长进课堂。不等老师进教室，我早坐下了。有时候课上了大半节，才发现我坐在某个学生身边。后来，全校教师习以为常，我不去听课他们反而不习惯，怕我"放弃"他们，主动邀请我去听评课，追到我办公室或打电话要我评课，他们说不忍心辜负我的期望。

走进课堂听课是一种常态

校长事务性工作多，我又最不擅长应酬交际，只有坐在教室里，内心才安宁、纯净、淡定和超然。只要进课堂，我就关了手机。外人来访，办公室见不到我，打电话也找不到。大家都是一句话："校长在课堂，不知道在哪个班。"当地教育圈和社会人士都知道我"不识时务""不善应酬"。久而久之，人们也就见怪不怪了。有人说我不是当校长的"料"，没有校长"范儿"。我常常告慰自己，让别人说去吧，顾不了那么多。一个校长，管好学校这块地，带好教师和孩子们，此生足矣。

站在巨人的肩膀上，才知道世界有多广阔。走出去，才知道外面的世界有多精彩。2004年任滨州清怡中学校长后，我带领教师团队，南下北上，走遍四方，博采众家之长。我常常和老师们在宾馆里、在饭桌旁、在回程的车上，畅谈、碰撞、斟酌、打磨，反反复复、殚精竭虑，终于探索出了独具特色的"学案导学，自主探究"课堂教学模式。该模式的灵魂是"减负增效"，是"自主、合作、探究"，解放学生，也解放老师。

2011年我任职青岛经济技术开发区实验初级中学后，启动了国家级实验课题"问题导学"教学模式创新。现在已有23个子课题正在研究实验中。课堂活动始终围绕问题而进行，由问题开始，以问题结束。整个教学过程概括为提出问题、探究问题、解决问题、生成问题。教师在课堂教学中的任务不是"教"，而是"导"，是"引"。

我认为校长首先是老师，一定不要忘记和愧对自己安身立命的根本，我希望我的老师和学生们不要把我当成校长来敬仰，我喜欢老师们把我当作一个因为走过的岁月长、因为经历过一些艰难困苦而饱经风霜的坚强的长者来尊重，希望学生们把我当作是传道、授业、解惑的好老师来热爱，这样我才能够踏实地感知肥沃的土地在脚下延伸，才知道我未来的路宽广、漫长。

主持"问题导学"开题现场会并陈述开题报告

（三）教师永远因学生而存在

在我成为校长后的某一天，曾经以 25 年教龄的老教师身份吐露我作为一名普通教师的肺腑之言，这是我对于自己作为教师的总结，也是从初为人师的初涉教坛到成为一名完美教师的感悟。我把这样的感悟记录下来，与大家分享。

第一，一个人如果一辈子注定了做教师，就一定要努力把它变成幸福的事情。也许我们成不了"名家""大家"，但是只要我们不懈地努力，心中永远怀抱着对学生的爱、对教育事业的忠诚，我们就一定能够收获自己的幸福和快乐。也许我们收获的不是耀眼的光环，但是我们可以收获心灵的宁静和精神的满足，没有什么能够阻止我们成为最好的自己。我们可以不是最聪明的，但我们却能够成为最勤奋的。我们毫无怨言，因为我们不能割舍这一份沉甸甸的责任。我们一定不是最富有的，但我们却是最充实的，因为我们心中装满了成百上千个孩子的未来，成百上千个家庭的希望。我们的工作也许不是最顺利的，但是我们永远都是最乐观的……因为我知道，无论多么寂寞，多么劳累，多么困难，作为老师必定会从踏进校门的那一刻起，踏踏实实上好每一堂课，仔仔细细批改每一本作业，认认真真对待每一个学生，开开心心组织每一次活动。

第二，我们可以平凡，但是绝不可以平庸。教师工作虽然平凡，但是平凡中一定孕育着伟大。人生只有短短的几十年，既然我们做了教师，我们的一生就注定了"捧着一颗心来，不带半根草去"。教师永远因学生而存在，我们一定要让自己的教育生涯充满生机和活力，用我们的勤奋和热情、智慧和创造，培养出令我们骄傲的学生。我们一定能够成为一个好教师，甚至是名师。我们可以首先是学校的名师，然后走向全区、全市、全省乃至全国。这也正是我们实施名师工程战略的意义所在。

"千里之行，始于足下"，只有从脚下的每一步开始，从我们的每一天开始，从我们的每一个学生开始，我们才能够实现这一职业理想。如果我们能够常常这样想：我今天备课是不是比昨天更认真？我今天上课是不是比昨天更精彩？我今天找学生谈心是不是比昨天更诚恳？我今天处理突发事件是不是比昨天更机智？我今天组织班集体活动是不是比昨天更有趣？我今天帮助"学困生"是不是比昨天更有耐心？我今天的反思是不是比昨天更深刻……我想，即使今天不是最好，甚至还有遗憾，但每天都和自己比一比，坚持不懈地比下去，今天的你我一定会有更多的精彩，我们就会向"最好的教师"靠得更近。总之，只要我们想做"最好的教师"，我们就一定能够收获自己的幸福和快乐，就一定不辜负自己一生做教师的选择。

第三，注重积累，厚积薄发。我们要有意识地记录自己的教育足迹、思想历程，不一定为发表才写作。即使是计划、总结等文字材料，也不要应付了事，因为这些东西很可能就是以后写大文章的重要素材。要善于发现问题，发现是反思和研究的前提。我们每天都生活在学生中间，每天都会遇到并处理各种各样的教育问题，把自己平时在教育教学方面的思想火花记下来，一次联想、一回顿悟、一个念头、一次成功或失败的体验，对"特殊学生"的跟踪教育等，都可以记下来，那就是你的教育论文，那就是你成功的开端。

没有什么能阻止我们做"最好的自己"，没有什么力量能阻挡我们成为完美教师。

（四）教师是学校的根本，做好教师的保护神

艾森豪威尔说："领导是一门艺术，它让人们去做你想让他们做的事情，而且他们乐于去做。"管理的核心是人。在学校，教师永远是第一位的，他们的行为效力直接影响着学校的发展前景。我们学校向来以制度严明、管理严谨著称。而作为一校之长，我一贯要求自己以身作则。大家都知道我的座右铭是"制度面前人人平等"。尽管我和同事们平时感情好得很，关系"铁"得很，但大家也都知道我的脾气，他们都不想在背地里偷懒——不忍心让我失望。如果有老师犯了错误，绝不会到我面前求情，因为他们首先得过自己良心的那道"坎"。其实，他们也都知道我心很软。虽然有时看上去铁板一块，但本质上是侠骨柔肠。我在内心深处了解和信任我的同事们，如果不是万不得已，他们绝不会耽误工作，绝不会无故请假。

有段时间，我校重中之重的工作任务就是争创山东省教学示范学校，为了争创佳绩，学校规定没有特殊情况尽量不要请假。可是，就在专家团将到之时，图书室的一位老教师找到我，说在北京约好了一位名医治疗风湿病，必须请假一周。图书室作为重要的功能部门之一，很难临时找人替代。看到她满脸的愁容和忧虑，想到她平日拖着病体默默工作，我真是犯难啊，她说："校长，我可以拿医院的诊断书和联系函给你看。"

我心一横，非常坚决地说："我不看诊断书，你放心去治病吧。你的工作我来安排。"她几乎没有说什么，但是我分明看到她如释重负的表情，她大概没有想到我会在非常时期如此痛快地答应她的请求。这样做并不需要太多的理由，因为我常常想：校长，只是一个岗位；人，才是一切，教师才是学校的根本。

民间有一句俗话："孩子是自己的好，庄稼是人家的好。"作为校长，我像爱着自己家一样爱着我的学校，像爱着自己的亲人一样爱着我的同事们，他们就是我的兄弟姐妹，我不容他们受到任何伤害，尤其是人格和尊严，以致有人说我"袒护教师"。

我任校长的第一所学校清怡中学是寄宿制封闭式学校，学校地处城乡接合部，

社区人文环境较差，生源参差不齐，家庭文化背景和教师构成也相对复杂，这些对学校的管理和教学是严峻的挑战。有的家长溺爱孩子，对教师过分挑剔，经常打电话、发帖子或找上门来告状；也常常有学生跑到我的办公室投诉老师。每遇到这样的事情，我就使出自己的"妙招"：先诚恳地向学生和家长道歉，安抚他们的不满和愤怒情绪，给予他们满意的答复。等到风波平息后，我再找教师恳谈，千方百计地解决问题。我的第一原则是保护教师的人格和自尊，因为他们是学校发展的栋梁和财富。我自己就是从教师岗位走过来的，深知大多数教师对教育事业是忠诚无私的，如果他们的工作确实有问题，他们应该为此担负责任，受到批评甚至处理，我绝不会姑息，但我首先是他们的"保护神"，我要像老母鸡护小鸡一样，不顾一切地护佑他们。

有一个学生是我老家的乡亲，孩子骄横成性，谩骂教师，屡教不改；家长溺爱纵容，大闹课堂，拒不道歉。我坚决按照校规勒令学生回家思过，要求学生和家长给老师赔礼道歉，并求助执法部门对其进行制裁。然而，家长找关系、托人情、认老乡，甚至把我70多岁的老母亲搬来求情，我真格给他来了个"铁面无私，大义灭亲"。在大是大非面前，我必须灭他的威风，维护教师的尊严和权利。

当然，我不会毫无原则地迁就教师，迁就教师不是爱而是害，让被迁就的教师不知自己到底错在什么地方，会使之在以后的教育教学生涯中犯同样的错误。每一个问题的发生，都会让我关注和思考学校的师德文化建设。高尚的师德是教师的第一名片。我们认为"教育即服务"，把服务学生、服务家长、服务社会视为我们的目标和追求。因此，我们在师德建设和教育管理方面下足了功夫。比如，建立24小时监护制度，实施全员辅导策略，对学生从吃喝拉撒睡到学习、交往、活动等进行全方位的关注和呵护，第一时间解决学生的所有问题和困惑，决不把问题留给家长和社会。严格的管理和优质的教学赢得了家长和学生的欢迎和信赖，也为我们带来了很高的社会声誉，使我校从全区最落后的普通中学一举成为享誉省内外的品牌学校。

我的信条是，没有不想做最好的自己的教师，教师都是有一定文化素养的人，都是受着传统文化熏陶求进取、求发展、求上进的人，所以，我在追求自己成为完美教师的同时，也在不断地打造每位教师的品行品位，引领他们向着完美教师的方向发展。

二、主动请缨做班主任，打造完美班级

在 31 年的教师生涯中，我在做数学老师的同时，还兼任班主任工作。我认为："不做班主任，一生枉为师。"班级是我全面施展才能的最好、最完美的舞台。每年开学初，我都主动请缨，担任班主任工作。很多人笑话我，说我是自找苦吃。确实，在中学，班主任是多重角色的整合。和学生相处有时要做朋友，有时要做严师，有时要做慈母，有时要做严父，有时是保姆，有时是园丁……总之，班主任是个很不好干的活计，很多老师都避之不及。正是因为这样，我才更觉得班主任的工作充满了挑战和魅力，不服输、追求完美和卓越就是我的个性。

我们都知道，班主任工作是个没有时间概念的工作，孩子在校的时候全天候地关注，孩子放学回家关注他在家的表现，即使是寒暑假也要时常打电话，进行家访，加强和家长的联系。学生们无论出现什么异常行为，家长们第一时间想到求助的往往就是班主任。班主任的工作是多角色、多方位、多层次的。从班级财政到班级卫生，从孩子们的零食到一日三餐，从孩子们的衣着整洁到举止文明，从行为到思想，从学习到交友，没有班主任不关注的。正是因为这样，我才更爱班主任工作，这样才能够最大限度地迫使我不断学习、改进、完善、提升。班主任的伸缩张力实在是大，而打造完美教育就是需要这样的舞台，只有这样的舞台才是能够让我驰骋原野，飞翔晴空。

在中小学阶段，班主任是离学生最近的人，是对学生影响最大的人，也是最能够体验教育艰辛、快乐和幸福的人。我主动请缨担任班主任，是因为我自信有能力让自己的班级成为最好的班级，进而成为完美班级。每次做班主任经验交流的时候，我说没有"秘诀"和"金手指"，只要做到"喜欢孩子"，把"别人的孩子"当作自己的孩子，只要有"决不放弃"的信念和韧劲，做好班主任工作就是水到渠成的事情。

参加学生自主组织的主题班会

看到一个个别人眼中的"朽木"被我点石成金，一个个"淘气包"长大成才，家长们慕名而来，想方设法把各色各样的孩子送到我班里，有的是家长管不了、别的学校不要的"另类"。每到新学期，那是我最能感受到教育成功快乐的时刻，家长的信任是对我教育能力和工作价值的最好证明。久而久之，它催生了我对教育人生价值的坚定信仰，我把它看作是此生最大的幸福，无价的财富。换句话说，我此生好像就是为教育而来的。

在教育中教师的身份往往不是单一的，而是承担着多种角色，在多种角色中体验教育教学的快乐，而班主任就是这些多种角色中的一个最具特色、最考验人的角色。而我正是因为做好了班主任工作，并且把它做到了日臻完美，才能够在以后的校长工作中如虎添翼、游刃有余。所以，做别人不愿意做的事情，并且能够做好，做漂亮，就是个人才能的最大舒展和最好的证明。班主任工作是我打造完美学校的助推器，是成就我追求完美教育的原动力。

2009 年滨州市委书记张光峰（原市长）到清怡中学调研

三、做校长，打造完美学校

2004 年年末，在从事数学教学 20 年后，我由一名教师、班主任、教导主任走向了校长岗位。伴随着角色的变化，我对追求完美教育的思考也更加全面、深入、成熟。校长这一岗位促使我更多地从校长的角度思考如何完善、发展、推广完美教育。在培养完美教师的同时打造完美学校。

（一）肩负重任之初的思考

担任了校长之职，我肩负着一所学校上千个孩子健康、快乐、幸福成长的重任，比以往更加清晰地思考着每一个孩子的未来。家长选择学校，就是选择孩子的希望和未来。我常常想起张晓风的散文《我交给你们一个孩子》中的这样一段话："我努力去信任教育当局，而且，是以自己的儿女为赌注来信任的——但是，学校啊，当我把我的孩子交给你，你将给他怎样的教育？今天早晨，我交给你一个欢欣诚实又颖悟的小男孩，多年以后，你将还我一个怎样的青年？学校要还家长一个什么样的孩子？"是呀，每每读到这里，我就不停地思考，我作为学校的校长，我们的学校，在未来将要给"张晓风"这样的家长一个什么样的孩子？孩子们在家长眼中都是聪明、颖悟、不惹尘埃冰清玉洁的唯一宝贝。这些美丽可爱的小天使来到学校，走过三年、四年、五年甚至更多年的人生学习旅程后，我们交给家长们、交给社会一个什么样的孩子？这是我总在思考和用我的行动在不断回答的问题，我要不断地追求和打造我的"完美教育"，为每个孩童能够在我的学校中健康、快乐、幸福地成长，竭尽全力，让家长和社会放心，我们会张扬孩子最美好的、最温情的、最颖慧的一面，让他们成就自己最完美的中学之旅。

学校要成为孩子们最喜欢的地方，应该像家一样温馨。教师应该像爸爸、妈妈，关爱每一个孩子。我提出了"亲情教育"理念："校如家，生如子"，学校要无愧于家长的信任和托付，创造适合每个孩子健康成长的土壤。"亲情教育"对教师提出了"不告状、零投诉、全方位"的工作服务理念，对教师的师德水平和教学工作能力是很大的挑战，但最终全校教师一步步接近了这个理想的目标。每周的营养食谱我都要亲自审定。学生病了老师和同学照料，午休住宿有领导和老师陪护。"小公主、小皇帝"们学会了自理和自律，学会了照顾自己和别人，也学会了谦让、分担、合作和共享。每到周末，老师亲自把孩子交到家长手里，向家长详细交代孩子一周来的进步和变化。家长个个感觉孩子好像长大了许多。"全员辅导"实现了"没有教不好的孩子"的理念。每个领导干部和教师"承包"三五个孩子的学习，包括课堂学习、课下辅导、培优补差等，让每个孩子天天进步，爱上学习，成为教师的看家本领。有名的"学困生"成为"三好生"，"小皇帝"变成了"乖乖虎"，很多家长流着泪怀有说不完的感激之情。

"零缺陷管理"和"日清制"等创新举措是"细节化、品质化"管理理念的有力证明。我坚信"教育无大事，教育无小节"，更笃定"细节决定品质"。教育管理的一切都从细节开始，每一个过程都追求完善。我和管理干部们每日都和学生共同进餐，耐心地劝说孩子们吃青菜、吃鸡蛋、吃水果。夏天为了让孩子们睡得安宁，我亲自组织安排科学安全灭蚊。

《人民日报》中有一篇文章说，人民对学校的满意度是"用脚投票"。这就是说，家长们用他们走进学校报名的脚步，来证明他们对于这所学校的信任、支持。他们

和师生一起过"体育节"

心甘情愿地把自己心爱的孩子交给这所学校，这就是家长们最好的投票。教育的实效和成绩是对学校教育教学水平最好的宣传，家长就是学校的宣讲师、宣传员，他们用自己的脚步和口口相传为学校做着免费的广告。事实胜过雄辩，我们学校当之无愧地赢得了学生、家长和社会的口碑。四面八方的学生和家长慕名而来，"多一个也放不下"。"教育是服务，质量是生命，特色是品牌"，学校不断冲破"老框框"，在传承中创新，在创新中发展。一个榜上无名的底子薄弱学校，5年时间里，一跃成为荣获50多项耀眼光环的全国名校。2008年我获得了山东省创新校长提名奖，2009年光荣入选"齐鲁名校长建设工程人选"。我把荣誉证书悄悄地放进抽屉里。荣誉代表过去，我更加着眼于未来的发展。

2009年9月，肩负着滨州市滨城区委、区政府的重托，我们把学校整体搬迁到了全区新建条件一流的崭新校区。一所九年一贯制义务教育学校，近四千名学生，我肩上的担子更重了，但我扎扎实实地走好了每一步。2011年7月，我成为山东省青岛经济技术开发区实验初级中学校长，2013年7月又兼任青岛经济技术开发区育才中学的校长。

（二）做好三种"功课"

著名教育家陶行知曾说"校长是一个学校的灵魂"，这"魂"便是思想。正因如此，我把成为一名有思想、有魄力、能创新、敢担当的好校长作为自己的目标与追求，让教育回归生活本真，做"真"教育，做"实"教育，做新时代"卓越"而"完美"的教育。"一个好校长就是一所好学校"，充分说明了校长在办好一所学校中的关键作用，而校长首先要有明确独特的办学思想。有了完美教育的初步思考，在办学中深入实施才能进行验证，也才能取得良好的效果，这首先就要看校长实际的行动。我认为，实现完美教育需要找准切入点和突破口，经过反复思考，我从"实"和"细"两个方面入手。

"大事作于细，事业作于实"。"实"就是从实际出发，实实在在地做好每一件事；"细"就是从细节入手，从学校的细微处入手做好每一件事。细节决定成败，通过"实"和"细"，实实在在和细致入微地为教师和学生做实事，尤其是为学生发展做实事。为此我每天都要做好三种"功课"。

我的"第一功课"：每天早晨必然是第一个到校。行走在校园中的每条路上、每一个角落里，在不断行走中发现学校存在的问题并寻找解决的思路。首先从治理环境开始实施"治校之道"——扮靓校园行动：定规则，齐动手，全校师生总动员，签署责任状。俗话说：有了好习惯失败不容易，没有好习惯成功不容易。我把好习惯的养成作为教育的根本来抓。逐渐把走廊、教室、餐厅、公寓美化成文明的圣地和精神的沃土。随着环境的不断净化和优化，学校的风气也逐渐好起来，师生的心灵跟着纯净起来。好的环境能够美化人，也能约束人，这就是"马太效应"，越是脏乱差的地方人们越爱在那里丢垃圾、吐痰，而在干净、整齐的地方，人们就会不好意思乱扔垃圾，并会不由自主地爱护、维护美的环境，这就是环境造就人的约束机制。

我的"第二功课"：关注一日三餐。民以食为天，学生们的一日三餐和饮食安全是我最牵挂的，没有健康的身体，学习就无从说起。每日三餐和学生、教师吃在一起，但总是吃在最后。行走在每个学生身边，看他们吃得好不好，和他们对话、交流、沟通，像对待自己的孩子一样。在餐厅每日的行走中，发现了管理和制度中的疏漏，启动了"零缺陷"服务质量标准。在餐厅行走中发现了习惯教育和感恩教育的严重缺失，在全校发起了"习惯养成""感恩教育"等主题活动，孩子们学会了自理和独立。我认为这就是教育，是孩子终身发展最需要的财富。感恩教育首先从尊重别人的劳动开始，从爱惜粮食和自己的事情自己做这样的小事做起，让学生们铭记"一粥一饭，当思来之不易；半丝半缕，恒念物力维艰"。教育学生要感激父母的养育之恩，学校、老师的培养之恩，食堂师傅的具膳适口之恩，校园环境的美化之恩，社会、大自然的包容之恩，等等。让学生们怀有一颗感恩之心、一腔悲天悯人之情，觉得自己并不是"王子、公主、小皇帝"，而是这个社会、国家、学校、班级的一名普通但并不渺小的一员，要多想着为国家、社会、家庭做贡献，而不总是坐享其成，好吃懒做。

我的"第三功课"：坐镇课堂。教育大计，教师为本。教育的阵地是课堂，教师的舞台是课堂。我每天大部分时间都要坐在教室里，听不同老师的课，从听课中准确把握学校和师生的脉搏，进一步明确学校的发展方向和路径。我成长于课堂，根永远在课堂。校长是教师成长发展的"领头羊"。

我的理想是打造专家型教师队伍，竭力为教师搭建更好的舞台，让教师享受事业成功的幸福感。学校组织"专家智囊团队"，对教师"量体裁衣"，帮他们制定"个人成长路线图"。学校鼓励教师主动创新形成自己的教学风格。"名师工程""教

和老师们在一起

改会客厅""名师工作室""教师发展中心"等，一个又一个促进教师成长和学校发展的新举措在校园扎根、开花、结果。在青岛经济技术开发区实验初级中学，实施"凤凰计划"，制订"三级人才链"培养规划，实施"磨教材工程""七课工程"和"修身工程"，脚踏实地走出了促进教师专业发展的创新之路。学校先后邀请田慧生、成尚荣、魏书生、韩立福、王敏勤、邱学华等全国知名教育专家来校指导工作，聘请赵春凤等齐鲁名师、王明阳等齐鲁名校长有效跟进。通过教师与名人名师零距离交流，启迪教师智慧，引领教师成长，实现了教师专业化水平的快速提升。

我从课堂中了解教师，切身感受学生所求所需，能如数家珍地说出每个教师的教学风格、兴趣特长和情绪变动，知道每位教师教学的长板和短板，能够很好地用其所长，避其所短，让每位教师各尽其才，让老师们把人人是名师作为理想追求，把每一个教师送上加速成长的快车道，引领教师追求事业成功，让他们享受职业的幸福，同时享受生命因职业幸福而升华的家庭幸福，享受成长的自信与快乐。

获奖教师合影留念

（三）他山之石

"他山之石，可以攻玉"，墨守成规，行之不远。作为齐鲁名校长的我，时刻想参加境外培训，想走出去，用自己的双脚去丈量他国的教育，用自己的心灵体悟他国教育的优劣。走出去不是为了有点名气，而是为了不闭门造车、夜郎自大，是为了更清楚地明白世界很大，教育的天地很广，自己要发展的路还很长。

1. 赴美国康州的教育培训

康州是美国康涅狄格州的简称，在康州我们一行人进行了为期 21 天的教育考察。考察的主要内容：一是美国的基础教育体制、学校管理机制。二是美国的课程设置，教师的培训、教育、教学方法。三是零距离感受美国人的生活。考察培训的主要方式是：首先集中培训，主要是听讲座、参观学校；接着分散培训，主要是晚上住美国家庭，白天去规定的学校参观学习；然后进行集中培训交流。培训不是走过场，更不是公费出国旅游，而是踏踏实实、真真切切地亲身感受感知美国康州的教育。以下就是我的考察收获，这些收获就像珍宝一样，被我记录整理出来，以供借鉴。它们对于我的完美教育思想的形成起到了推波助澜的作用，产生了更上一层楼的效果。现与大家分享如下。

在美国康州磁力学校课堂上与学生交流

（1）康州教育的基本情况

康州位于美国的东北部，土地面积约是山东省的十分之一，主要有商业、保险业、投资业、航空业等。康州是美国著名作家马克·吐温的故乡，美国第一部宪法是从康州开始酝酿制定的。

中国与美国都位于太平洋沿岸，地理位置和气候条件极为相似，而美国东西部都有海岸。康州在美国和山东省在中国的位置极为相近，东部临海，南部热，北部冷。康州人口有 350 万，山东省人口则为 9300 万，两地人口数量差异较大。

美国的教育制度受联邦制国家结构形式的影响，州政府的权力相对独立，它决定教育制度。教育经费的来源，联邦政府占 5%，州政府占 40%，镇（市）占 55% 左右。美国的学制实行小学 5 年，初中 3 年，高中 4 年。康州共有 1160 所学校，50 万名学生。其中，180 所高中，180 所初中，800 所小学。学校在校生最多的有 3000 名，最少的有 300 名。每名学生，不论学习能力如何，都一样受到同等条件的教育，学校能满足不同条件的学生接受教育的需要。

（2）基础教育体制

在美国培训期间参观了两所中小学，了解到美国的教育是分权制，权力的比重取决于教育资金的投入数量，国民教育的责任在州政府，而不是联邦政府。所以联邦政府没有规定全国统一的教育体制和全国统一的课程标准。每个州都有自己的教育部，制定该州的教育大纲，各学校根据教育大纲自主设置课程。学校主要由学区监控管理，学区又要由地方镇的董事会掌管，董事会由当地社区选举产生，董事会负责制定学区教育的基本政策。

中小学各个学段的教育目标和课程标准由州政府提出制定，但具体的课程设置和实施，比如开设什么课或如何评估课程的效果是由地方镇或学区甚至学校董事会决定，各级政府基本不管人事工作，学区和学校有很大的自主权，学区和学校的董事会是主要的决策机构和协调部门。学区区长和学校的校长有相对独立的权力，但又受到董事会的制约。比如，学区区长有任命校长的权力，但又必须得到董事会的大多数成员的同意。

美国地方教育行政机构拥有极大的自主权，其组织机构由地方教育董事会、地方教育局和地方学区组成。在美国，除了教育厅、学区对学校有影响外，对学校有影响的还有学校的董事会、家长会和教师工会。

学校的董事会一般由 12 人组成，6 名家长代表、2 名教师、2 名社区代表、1 名学生代表、1 名校长。校董事会定期召开会议，一般每月一次，商定学校事务，包括选聘校长、确立办学目标、设置经费保障等。家长会定期讨论学校的行政、教育教学、子女培训，并为家长组织联谊活动。教师工会以集体谈判方式与学区签订聘用合同，包括教师薪酬和福利、工作环境等。教师也有很大的自主权，比如如何测试等。学生的成绩除了笔试外，还包括课外活动的表现能力。

（3）中小学教育的主要特点

①教室既是学生上课的地方，也是教师的办公室。

每个教学班的学生有 20 人左右，一般是 6～25 人。老师在教室内等学生上课，而不是学生在教室内等着老师来上课。老师在教室办公，有些教学班如科学类课程中的物理、化学、生物，艺术类课程中的设计、陶瓷，还有技术类课程等与实验室又是一体的。班级规模小，班额人数少，为取得更好的教学效果、提高教学质量奠定了基础。每个教室都挂有国旗。中小学每周还要举行升降国旗、唱国歌、向国旗宣誓的仪式。

②上课学生没有固定的教室。

初中每天 6 节课，每节 1 个小时，课间 3～5 分钟用于换教室。没有课间操，没有午休。第 4、5、6 三节课学生分年级轮流吃饭。依照学生的意愿，实行选课走班，尊重学生选择的权利，学生的意愿可以自由地表达。由于能按自己的意愿选课走班，学生可根据自己不同学科的学习程度选择不同学习难度的课程，可根据自己的兴趣选择不同的学习内容，这使不同的学生都能有所提高。

③课堂确保每个孩子都受到良好的教育。

美国于 2002 年出台了《不让一个孩子落伍法》，取得了明显的效果。该法案的核心内容是建立数学统考制度，强化阅读课程，学生家长参与，关心弱势群体，注重校园安全等。

上课时，学生可以自由地发表自己的想法。教师鼓励学生自主学习、合作探究，注重培养学生的自学能力，创造性思维能力，让学生主动学习，想学习，会学习。鼓励学生发表自己独特的见解，保留自己的特色。学校有统一的校服，可以不穿，充分展示学生自己的个性。课堂上出现频率最高的三个词是："yes""sure""try"。

我们听课，有时发现教室里除讲课的教师外，还有 1～2 名教师，事实上这些教师不是在下面辅导，而是在照顾个别残疾学生上课，这些学生由老师一对一地全天跟踪照顾其学习和生活。

教师们在课堂上也会尽力表现其幽默风趣，他们的神态仪表都非常有个性，教学方式也丰富多彩。

美国中小学的课堂教学气氛十分活跃，教师们十分注重课堂上的提问和讨论。因为他们认为师生间的问与答是创新教育最有效的形式之一。学生们听到最多的是鼓励，而学校的管理人员，上至校长，下至普通员工，都对孩子们表现出非常热情的态度。

课堂教学提倡并采用启发式，主要发挥辅导功能，注重培养学生的想象力、思维能力和解决问题的能力。上课形式多种多样，根据教学内容，一般采用四人一小组、两人一对子的形式，或是圆圈式，或者学生利用手头的教学资料进行自学。教师讲解 5~10 分钟，小组活动 25~30 分钟，留下 5 分钟做总结。教学不主张死记硬背，而注重学生动手能力和创新能力的培养，做到学以致用。老师还经常组织学生外出到博物馆、公司、公园、科研院所等参观，开展实地考察并要求学生写出报告等。考试也不限于闭卷形式，调查报告、读书报告、考题总结等都是教师考核学生的方式。

在一节化学课上，教师在讲授气体的占空间、可压缩、易扩散性质时，通过演示试验帮学生理解，并指导学生自己归纳出结论。努力保护学生的好奇心和求知欲，提倡和鼓励学生大胆质疑，独立思考，勇于冲破现有的思维定式。教师们还很注重知识发生的过程。教师讲解物体平抛运动这节物理课的大部分时间，是让学生通过实验操作，验证物体在水平方向匀速运动和竖直方向自由落体运动的等时性、测量物体的初速度、描绘其运动轨迹，分析测量数据得出物体的轨迹方程。数据的采集是实时的，数据的分析处理更强调方法，整个课堂给学生创设了较宽松的探究氛围。教师引导学生积极主动参与实验，亲身体验知识发生的全过程，经过认真思考和分析，自己得出正确的结论。

④课程科学设置为必修课与选修课，构建学生合理的知识结构和能力结构。

学校课程设置齐全，注重全面提高学生的素质。第一，学校设置了数学、英语、科学、社会和历史等必修课，又设置了外语、艺术体育、技术设计等大量的选修课，学生能根据自己的兴趣爱好选择学习内容。第二，注重理论课程的学习，更重视实践课程的学习。学生学习的教室和实验室是在一起的，边学习理论边操作试验，便于理论与实践相统一。第三，不仅注重知识的学习，更重视实际的应用。

初中课程设置：数学类（几何、代数），科学类（物理、化学、生物），语言类

（主要是英语，选修法、德、意、西班牙、汉语等），社会和历史为必修课，还设置了大量的选修课，如艺术类（包括音乐、美术、表演、摄影、服装设计等），技术类（包括汽车修理、木器制作、陶器制作），人文类（青少年领导力、人文地理）等，为学生提供了广阔的选择空间。选修课可以跨年级选择，必须完成所要求的学分方能毕业，这对培养学生兴趣、开拓其视野、发展其特长、因材施教、培养学生动手能力和创造能力极其重要。同时，对那些高智商的学生来说，又能按照自己的兴趣去广泛选择喜欢的课程学习，从而保证了必要的学习压力和动力。此外，体育课是考查课，不计学分，但每学期学生必须考查及格，否则不允许毕业，以保证学生真正做到全面发展。

⑤有统一的教学大纲，但教材灵活多样。

美国教育部门规定中小学教育中，语文、数学、科学、地理、历史、外语和艺术七门功课为主课，各学校执行统一的教育大纲，学生毕业时通过考试检验学习情况。

但是，这个统一的教育大纲，实施起来却又十分灵活。美国并没有为七门主课编写全国统一教材，他们的中小学教材一般都是由专门公司编写的，市场上同样一门课程会有各种版本的教材供学校及教师选择。这就使学生和教师都赢得了自由的空间：哪种教材更适应孩子的特点，同时也更适合教师的发挥，就去选择它。

美国中小学的其他辅课更是由各学校甚至教师自行决定其内容、教材和教学方法，课程的原则只有一个：贴近生活，务求实用。美国中小学会为孩子们开设园艺、电脑、驾驶、缝纫、烹饪、木工、机械、摄影、绘画、乐器等丰富多彩的实用专业课程。这些课程通过对孩子进行各种基础的技术培训，提高孩子的动手能力，让孩子们了解什么是生活、什么是谋生，让孩子们知道怎么去生活、怎么去谋生，也从中激发学生对大千世界、对千行百业的兴趣。

⑥健全科学的评价机制，把对学生的外在压力变为内驱动力。

每学期学生成绩考试分三个阶段，即每学期的期初考试、期中考试和期末考试。学生的期末最后成绩是教师根据学生的阶段测试成绩、作业完成情况、课堂表现以及出勤等综合测算得出的。另外学生还要参加州的统一会考（从三年级到十二年级每年统考一次），并且每科都要及格才能拿到毕业证书。

在康州，小学和初中的积分方式为四分制。一、二、三、四分别代表着差、中、良、优。到了高中，学校采用百分制，所有学生的成绩都被量化成具体的分数。学生高中期间各科成绩的总平均分值，即平均积分（Grade Point Average）非常重要。谁的平均积分高，谁就自然在学术上排在了前面。在学校的毕业典礼上，毕业生中平均积分最高的两位学生有机会与校长同台在典礼大会上发言，这也是一个很大的荣誉。虽然在大学录取高中毕业生时，有学生学术能力测验（SAT）作为参考，但有的大学更看重学生高中所在的学校及该学生各科的平均积分。

⑦课外活动丰富多彩，鼓励学生服务社会，注重培养学生的公民意识和社会责任感。

学生周一到周五到校上课，每天下午小学 2：10 放学，初中 3：30 放学，高中 4：00 放学，学生就可以回家了。但是参加学校各种俱乐部的学生可以留在学校继续参加活动。学校有各学科的文化活动俱乐部，还有各种体育运动俱乐部。另外，周六和周日学生或参加各种文体俱乐部或去艺术馆、博物馆、科技馆或参加社区活动。

实验初中与美国康州磁力学校结成友好交流学校

美国的社区志愿服务有着悠久的历史，并得到政府的重视和法律的保障，积极参加社区志愿服务已成为美国国民性格的一个主要特征。中小学校长期以来一直鼓励学生参加社区志愿服务，并取得相应的服务工作证书，丰富他们服务社会的经历，它对培养孩子的良好性格、公民意识和社会责任感有着重要的作用。不参加志愿者活动的中学生不但不能毕业，而且难以进入著名高等学府。因为此类学校在审查申请人简历时，比较注重其是否品学兼优，要求其为人正派、富有奉献精神。高中学

校明文规定，如果学生没有在社区志愿服务每年 60 小时以上的记录，就不能如期毕业。一位美国大学的系主任曾经对我说，他录取学生的时候，非常注重志愿者服务时间这个指标。他说，一个孩子能否关注他人的命运，关注社会的需要，是这个孩子今后能否有大的造诣的前提条件，不管他研究的是什么专业，他都需要把为人类工作当成目标和动力。

⑧开设大学先修课，为学生提供挑战性学习的平台。

大学先修课程，即 AP 课程（AP 是 Advanced Placement 的缩写，中文一般翻译为美国大学先修课程、美国大学预修课程）。美国高中生可以选修这些课程，在完成课业后参加 AP 考试，得到一定的成绩后可以获得大学学分。一般修一门大学的课程要花费数千美元，而参加 AP 考试只需要 82 美元，因此选修 AP 课程不仅可以展示学生的能力，它还是一种省钱的措施。AP 课程是由美国大学理事会（Collage Board）统一组织、由其会员校（大学和中学）实施并任课的大学学分课程。其命题和考试由大学理事会统一组织实施。在经过大学理事会的论证批准后，如考试通过，便可提前获得大学学分。谁修的大学选修课多，谁竞争进入名校的机会就会更大。不少学有余力的学生选择了先修课程，为他们挑战性学习提供了更加广阔的空间。

⑨教育委员会统一安排免费校车，为实现学生受教育的权利提供保障。

中学与小学的上课时间不一样，高中 7：30 到校，初中 8：00 到校，小学 8：30 到校，这样可以合理使用校车。住在半英里外的学生不准走路上学，要坐校车。校车是为学生服务的特殊装备，它对影响校车行驶的交通行为具有执法权，以保障学生按时到校学习。

⑩教师工作紧张，压力较大，八小时内要充分利用。

教师每天必须上 4～6 节课，并且是不同层次、不同内容的课。课堂模式是上课前让学生知道这节课的目标，提出涉及本节课内容的几个问题，让学生进行讨论，先假设后验证。课后作业大都是论文、研究课题的形式，教师批改作业的难度也比较大。学生放学后，教师还要为部分学习有困难的学生无偿补课，并且组织学生活动或参加教研活动。

⑪爱国主义教育深入人心。

美国人根据自己的主体价值观孕育出强烈的爱国热情。他们认为，自己是国家的主人，任何政党或政府都是变换的、暂存的，只有美国能够长久存在。在这种意识的支配下，无论是议会大厦、司法行政机关，还是公司、宾馆、商场，都挂国旗。每年 6 月 14 日为国旗日，各州都要举行各种纪念仪式，并在公共场所悬挂国旗。每年国庆节，美国举国成了星条旗的海洋。国旗在美国受尊重的程度，以及围绕国旗大肆宣扬民族精神的做法，在世界其他国家是少见的。

而学校每个教室都挂有国旗。美国儿童上幼儿园就学画美国国旗，中小学每周还要举行升降国旗、唱国歌、向国旗宣誓的仪式。这种国旗教育已成为美国中小学爱国主义教育的主旋律和重要形式。

2. 两国教育的比较及"拿来主义"

教育是不断探索和改革创新的过程。在这个过程中，首先要根据本国的国情，吸收借鉴他人的先进经验，寻找、探索和创新适合我国国情的基础教育发展模式，充分发挥自己的优势并进行有效的尝试，从而办出自己的教育特色。只有这样才能使我国教育在国际人才的激烈竞争中立于不败之地。

世界上没有最好的教育发展模式，只有更接近于本国国情的教育发展模式。

康州的多数学校十分注重学生的批判性思维、独立思考、创造性、发现问题和解决问题的能力以及学以致用的实践能力的培养，而我们一些学校更注重让学生掌握知识系统性以及前因后果的联系，培养学生吸收知识和接受学习的行为习惯。

康州的教育注重培养学生的自信、自主、自立精神，我们的教育注重培养学生的严格、严密、严谨精神。我们的学生容易偏于自我约束、自我控制，容易因害怕出错而习惯于固守规范。所以，中国要在 2020 年成为创新型国家，就必须从根本上改变功利主义的教育，改变把分数看得高于一切甚至高于人的价值的观念，改变以考为本的管理方式、教学方式、学习方式、评价方式和思维方式，继续大力推行新课程改革，从小培养学生的创造能力、发现问题和解决问题的能力。

中美两国的教育有着极其不同的传统，中国的教育注重对知识的积累和灌输，注重培养学生对知识和权威的尊重，注重对知识的掌握和继承，以及知识体系的构建。相比较，美国则更注重培养学生运用知识的实际能力，注重培养学生对知识和权威的质疑、批判精神，注重对知识的拓展和创造。

美国的基础教育是在其个人本位的前提下追求学生的社会协调性，而我国的基础教育是在社会本位的前提下追求学生的个性发展。如果把中美两国基础教育优势加在一起就是接近完美的基础教育了。其实这只是美好的梦想，两国历史、文化和政治方面的种种不同决定了两国基础教育体制上注定要存在着很多不同之处，这两种教育体制谁都不可能完全吸收对方体制优势所带来的所有长处，只能有鉴别地吸取对方有益于自己的东西。

有人认为，美国的教育界正在向东方国家学习，开始强调抓基础。既然人家还要向我们学习，我们就应固守原有的教育传统，没必要改进了吗？我们应该看到，美国是在创新有余而基础不足的前提下强化基础来弥补不足。我国的情况却与美国恰恰相反，我们是基础有余而创新不足，因而我国教育的完善必须以创新为核心来培养学生的创造力。关键是要从实际出发，有选择地借鉴美国基础教育先进的经验，促进我国的基础教育健康协调发展。

山东省教育厅张志勇副厅长有一句话很值得我们深思："美国教育文化中最值得我们学习和借鉴的是什么？这就是：尊重、科学、民主、自由、差异、平等、实践、效率、敬业。"说起来简单，实践起来却并不容易。但只要我们静下心来，用心去做教育，就会取得不一样的效果。因为虽然国情不同，但教育的规律是相通的……

美国康涅狄格州学校国际项目主任格丹给我颁发培训结业证书

学习是为了比较，比较是为了更好地为我所用，鲁迅先生在《拿来主义》一文中这样说："我们被'送来'的东西吓怕了。先有英国的鸦片，德国的废枪炮，后有法国的香粉，美国的电影，日本的印着'完全国货'的各种小东西。于是连清醒的青年们，也对于洋货发生了恐怖。其实，这正是因为那是'送来'的，而不是'拿来'的缘故。所以我们要运用脑髓，放出眼光，自己来拿！"

鲁迅先生说得极是，对于别人的东西，我们一定要亲自去拿来，要鉴别、分析、研究，找到适合我们自己的可以学习、借鉴的，而不是囫囵吞枣地一概接收，那是不行的，是会水土不服的。"所以我们要运用脑髓，放出眼光，自己来拿"，拿来后分类、消化、吸收，为我所用。

通过学习培训，我有了深刻的认识，并且把认识上升到理论的高度，这对完美教育的发展起了助力作用。读完我的"完美教育"您会发现，完美教育思想有从中借鉴的痕迹。

（四）建有"魂"的学校

有"魂"的学校就是，学校有一股凝聚着全校师生员工的力量。因为有这种力量，即使学校经历风霜雪雨也能够坚强、挺立、傲然走过；因为"魂"的凝聚力，教职员工们会和学校风雨同舟，走过艰难，迎来掌声。"魂"是学校的一笔巨大的无形资产，是千金不换的财富。

我任校长已10年有余，从滨州到青岛，从经济薄弱地区到经济发达地区，每到一处，我都力争建设一所有"魂"的学校。

在滨州清怡中学，根据寄宿制学校实际情况，我实践了"亲情教育"。清怡中学进驻新校区（现在的滨城区第六中学），改为九年一贯制学校，我又开始思考学校应该奉献给孩子怎样的九年。学校不仅必须为孩子九年的健康成长负责，更要为孩子的未来负责。基于此我们提出了"责任教育"，把"尽责至善，追求卓越"作为校训，扎实践行"责任管理"，形成了"事事有人管，人人有事干，人人能负责，有责必追究"的全员责任管理体系，实现了过程管理纵横双向无缝隙发展。

在青岛经济技术开发区实验初级中学，面对青岛大开发和大发展的时代要求，我们提出了完美教育，倡导在现有条件下充分利用一切可利用的资源，为了接近完美而不断自我超越。追求完美，是一种姿态，也是一种过程，表现在行动上是追求细节的完美，追求人的价值的最大体现。完美教育的思想核心是爱与责任。探索完美教育是让学校发展不断自我超越，最终办成一所让每个学生都能愉快学习展现才华的"宜学"之校，让每位教师都能感受职业幸福大显身手的"宜教"之校，让家长放心、让社会满意的优质发展之校。

四年时间，学校创造了开发区教育多项"第一"：第一个以学校资源社会化为契机，全面实施开放式管理；第一个与教育部、教育发达地区优质学校开通远程教学；第一个实施课程整合，实现学生的个性化优质化发展；第一个用"问题导学"高效课堂模式实现减负提质；第一个利用先进的电子书包，让自主学习和个性化学习变成了现实；第一个将信息技术与学科教学深度融合，打造翻转课堂；第一个成立学校教育董事会；第一个全面构建现代学校制度；第一个成立校企合作 3D 创客体验基地；第一个实现资源社会化的学校……

学校以润德教育为目标，创造着适合每个学生发展的教育，以"润德课程、学科课程、健美课程、启智课程"为依托，构建为学生成长负责的课程体系，上千名学生在各类比赛中获奖，一百多名学生获得国家专利局颁发的专利证书……

在我心里，教师和学生永远是第一位的，每个教师都是我的知己，上千个孩子如同自己的孩子，因为我也是女儿和妈妈。教师有急事难事，我排忧解难。教师结婚、生子、孩子入伍或上大学，我尽量亲自到场；教师或家属患病，我务必抽出时间探视。在滨州的时候，我千方百计，"哄着""逼着"老师们锻炼身体，变换花样组织文体活动，在大课间把教师"轰"到操场上，亲自带着他们跑操、打球。每到元旦、教师节联欢聚餐，我给每个老师敬酒。

人生天地间，为一大事来，做一大事去。

31 年教育生涯，带着一颗心来，不带半根草去，在我前进的路上，永远没有句号。

(五) 校长本身就是很好的教学资源

温家宝同志提出了"教育家办学"的指示，"校长要成为教育家"的呼声也越来越响，令诸多有识之士深刻反省，中国教育规模世界第一，教育人口数以亿计，但是，论教育家则言必称孔子、墨子、陶行知等，在当代能被称为教育家的，可谓凤毛麟角。"教育家办学"，教育家安在？我认为，要实现"教育家办学"的理想目标，要让校长成为教育家，成为专家型校长，最好的途径就是校长进课堂。

和专家一起给课堂把脉诊断

1. 校长不能远离课堂

作为校长必须明确，你的学校要办成什么样的学校？你要培养什么样的学生？怎样办人民满意的教育，来满足人民群众迫切需要优质教育的新期待？校长不能迷茫和困顿，因为教育不能等待，教育也不能重来。摆在校长面前的最现实问题就是，满足人民群众的多样需求，首先就要提高教育教学质量，全面实施素质教育。而提高教育教学质量的前提是，校长必须了解学校、教师、课堂、学生需要什么样的教育教学，你的教师应该怎样去进行教育教学活动。教育部中学校长培训中心主任陈玉琨认为："校长的核心竞争力就在于领导课程发展，指导课堂教学，促进教师专业发展的能力。"因此，校长不能是旁观者、指挥者，更不能是"嘴把式"，应该是实践者、指导者、引领者。校长的管理目标要提升，而管理重心要下移。

校长专业发展的基础是领导教学，领导课堂，从而引领教育发展。我任校长从来没有离开过课堂。我觉得只有把根扎在课堂，管理才会有丰美的根。此外我还担任着学校"问题导学""课程整合"两个教研课题研究的负责人，"立足一线"，成为我获胜的法宝。而在教育现实中，却常听有的校长颇为自豪地说，我扎台子你唱戏。殊不知，校长应该和全体教师在同一个舞台上，同唱一首歌。如果没有对教育对象真实现状的准确把握，校长的管理行为、管理决策就难免有失偏颇。而校长上课则是解决问题的最有效、最直接的方式和通道。只有到教学实践一线，才能发现问题，实事求是地采取针对性的决策。如果校长总把自己定位在行政长官上，很容易纸上谈兵，形成衙门作风。

现在，提倡校长上课，不是为了顶岗位，而是要树榜样，立标杆。伟大的教育家苏霍姆林斯基在帕夫雷什中学工作的 23 年中，每天都是白天从事教学和行政工作，晚上坚持学习和教研，对基础教育的各个领域潜心研究，提出了关于青少年全面和谐发展的理论。帕夫雷什中学也因而成为享誉世界的教育实验中心之一，被全世界教育人奉为"教育圣地"。直至现在，学校的管理层很"精简"，没有脱产行政人员，现任校长德尔卡契一周还兼 9 节课。

当今我国著名教育家魏书生、李吉林等人，他们在担任了行政职务之后，也没有放弃第一线的教育工作，他们坚持扎根现实土壤，把教育理论与教育现实紧密地联系在一起，经过长期实践探索，逐步形成了自己独特的教育思想和丰富的实践智慧，成为世人公认的教育家，用自己的教育理念和思想影响着众多教师投身于教育改革。他们知道老师的实际需求，更知道学生的实际需求，因而他们的教育教学决策有很强的实效性和说服力。

2. 校长应该是教师的教师

校长要想成为教育家，就必须能够做教师的榜样。有人说，现代校长的组织能力、社会交际能力、沟通协调能力增强了，但是指导课程建设的能力、指导课堂教学的能力却变弱了，的确如此。学校推进课改的进程怎样？课堂教学应做哪些变革？学校应提供哪些保障？有些校长无法很好地回答。我认为，校长深入课堂，有利于校长准确把握国家基础教育改革的指导思想以及新课程标准的理念和要求，有利于把握教材，把握课堂教学创新的最新方向，有利于站在最高的层面，利用最新的理念，去制订学校教育教学的目标和计划，引领教师沿着正确的方向进行教育教学科研工作。

校长进课堂上课，首先需要突破的是个人的思想束缚，应该从行动出发，基于发现问题、研究问题的角度，不能把自己置身于普通老师的层面，要做老师的老师，牵着教师的手，把他们引向教育之最前沿。我校执行校长吕新敏，上两个班的语文课和老师们同台献课，共同备课、上课、听课、评课，互相交流切磋，全校老师心服口服。校长上课的定位应该是教学思想和理念的展示和引领，其次才是方法的交流。至于教法，本来就是教无定法。这需要校长从理念和思想上"高人一等"，然后和全体教师共同研究，共同创造，探索出最适合学生发展的、最让家长及社会满意的教育教学方式方法。

校长上课可以是调研性上课，应该比一般教师的课堂教学多一个目标，那就是有针对性地去调研，使制定的教学管理措施更具实效性；可以是诊断性上课，准确判断教学中出现的问题；可以是研究性上课，校长上课时必须结合校情、教情、学情，把握教师们的教学状态，研究怎样引领教师将先进的理念融入教师的课堂教学，采用什么举措激发并保持教师们的教学热情，帮助教师发现教学中的问题，指导他们修正自己的教学行为，引领教师找到矫正的路子与方法。因为校长主抓教学，能够借自身优势，充分在管理上"造势"，与教师一起营造先进的课堂文化。现在，"校长进课堂"已经成为呼声不小的重要课题，全国有很多地方在率先进行这方面的努力探索。我校的管理者都是一线最优秀的教师，他们与老师同一处办公，同一起教研，既是指挥员又是战斗员。

3. 校长需要不断自我修炼

教育家的成长是一种不断地自我觉醒、自我发现、自我教育、自我超越。这是一个漫长的积累过程，只要校长们向着理想教育的境界不断前进，教育的天空定会群星璀璨！至于说校长事务缠身，困扰于文山会海、活动应酬，等等，自然在所难免。但是校长任何时候都应该明确，管理学校的诸多要素中，什么才是最重要、最核心的工作，什么才是你的指南针和航舵。很多管理领域的事务性工作，完全可以由专门人员去做，校长不必是多面手，不必是万事通。只要你精通教学，专擅业务，抓好教育质量，就走向了"教育家"的"九十九"。现在的校长很多本身就是教学骨干、特级教师、学科带头人。校长本身就是很好的教学资源，校长走进课堂上"下水课"、上研究课，对教师是一种引领、一种示范、一种文化，让更多的校长把关注的视线从物质层面转向文化层面、转向精神层面，更是一种回归。

所以，不是因为上级安排、任命你做了校长，你就天经地义地具有了威严，就具有了威慑力和凝聚力。作为一校之长，是靠你的人格魅力，你的不断努力，不断地完善自我，靠最终形成的向心力、团结力、信服力、信任度等来赢得威信。作为校长，我在努力成为完美教师的同时，竭尽所能打造完美学校，尽善尽美追求完美教育。

学校景色图

我的完美教育思想

毛泽东同志曾经说过："人的正确思想是从哪里来的？是从天上掉下来的吗？不是。是自己头脑里固有的吗？不是。人的正确思想只能从社会实践中来。"那么我的完美教育的思想同样不是从天上掉下来的，也不是我头脑中所固有的，它是在我31年的教育教学实践过程中，逐渐地摸索、积累、研究、升华、再研究、再升华的过程中形成的。我的完美教育思想有其基本内涵与特征，它包含七大基本观点，是一个完整的思想体系，是指导我校不断进取、发展的思想体系。

一、完美教育的基本内涵与特征

任何思想都有它的基本内涵与特征，完美教育思想也不例外，基本内涵和外部特征相辅相成、相互呼应、共进发展。

（一）完美教育的内涵

完美教育是"完美＋教育"的复合词，其中"教育"是中心词，"完美"是限定语。教育思想及其流派已有很多种，一些已经取得了成功，如"成功教育""和谐教育""生态教育""情境教育"等，这些教育思想的关键区别就在于限定语的不同。所以要想对完美教育有准确的理解，首先要正确理解"完美"一词。在汉语中，所谓"完美"通常指的是完备美好，没有缺陷。但是"没有缺陷"在现实生活中是不存在的，任何人、任何事物都会有这样那样的不足，所以它是人们渴望得到并追求的一种理念和动力，更是人们孜孜以求的一种信仰。"完美"用英文表达为"Perfect"，主要有两种用法：一是作为形容词，表示"完美的""理想的""正确的"；二是作为动词，表示"使完美""使熟练"。

对于我来说，"完美"就是英文的这两种解释的完美整合，在我的心中，教育应该是完美的、理想的、正确的。孩子们天真无邪，是洁净、纯真的，我们教育要做的事情就是，让这些颖慧的孩子们在接受完美教育之后，变得更完美、更能够很好地适应这个时代和社会，更好地、更充分地完善自己，更充分地展现自己的美好、善良、真挚的一面，最终成长为国家的栋梁之材，家长期待的大美之人、大爱之人。所以说，我的完美教育既是形容词的美好的、理想的、完善的，更是我向着这个形容词前进的动力和追求，是动态的生命驱动力，最终是使之"完美"，这是我终其一生的追求和梦想。

一个人的成长就是不断"追求完美"的过程，"追求完美"就是在现有条件下充分利用一切可以利用的资源，不管做什么事情，为自己设定一个比他人更高的标准，不推脱、不敷衍，尽全力，为了更接近完美而以"完美的标准"为参照不断进行自我超越的特质。追求完美是一种姿态，也是一种过程，表现在行动上是追求细节的完美，追求人的价值的最大体现，追求教育的理想境界。完美教育是一种教育的理想，也是理想中的教育，是教育发展的重要动力，体现了素质教育的理念。

我与孩子们在一起很幸福

（二）完美教育的特征

1. 完美教育是以人为本、充满和谐的教育

完美教育关注更多的是学生作为个体人的成长过程，而不是仅仅以分数论英雄，是让学生的灵、性、思想和谐、调和、相互促进、发展的过程，激发人的正能量、充分发挥作用的过程。教育的过程既是人的生命成长的过程，又是促使人向完美不断进步的过程。

八年级一班杨若涵同学的作文《我对您说……》中有这样一段文字："李校长，不知道您是否听到过家长间的议论：实验初中的孩子都被您宠坏了！是啊，您几乎把全部的心血和精力都放在了我们身上，每一名同学都能时刻感到您无微不至的关怀和母亲般的呵护。我们说校门口的路不够安全，不久，一条半封闭的200米长的木质小路就通向了学校大门口，舒适安全地让我们上下学；我们说全校统一时间就餐，食堂太过拥挤，吃不好饭，一周过后，学校错时就餐的举措让我们吃得舒心，吃得快乐；我们说龙圣书苑的门口很滑，容易摔倒，您马上派人贴上安全警示，铺上防滑垫……在这里，我谨代表您所有的孩子们向您道一声：李校长，谢谢您！"

这只是学校千千万万日常事务中的几个小细节，却告诉我们什么是"以人为本，以学生为本"，也告诉大家，为什么学生那么喜欢我。在我的引领下，实验初中教师都用无私的爱让学生幸福成长。

教育可以挖掘人的本性中美好的方面，使之得到开发和张扬，又可以对人的本性中或后天形成的假恶丑部分进行抑制、辨析和矫正。当我们尊重生命成长规律，通过育人、育心、育情张扬人本性中善良、健康、美好的一面时，教育的过程就会成为学生全面发展与快乐成长、教师职业价值与专业素养提升的完美过程，是"教学相长"的完美结合。

2. 完美教育是富有自我、充满智慧的教育

完美教育更注重学生独立人格的形成和发展。保护孩子们天赋的、不被外界所左右的原始生命优势，并能够让这些优势资源在完美教育中最大限度地发挥和呈现出来，则是完美教育的最终目标和追求。

失去自我的人生是遗憾的，失去自我的教育是悲哀的。在完美教育中，不是抹杀教师和学生的个性和自我，而是充分发挥师生的主动性和主体性，创造环境和氛围让师生充分展现自我，实现自我的富有个性的成长。在富有自我、充满智慧的教育中，教师不仅可以充分展示自己的思想、理念和方法，而且学生也可以充分表达自己的认识、观点和见解。教与学的关系不是授受关系，更不是简单的"你有我没有""你教我学"的关系，而是师生相互学习、相互促进和共同发展的过程，是学生个体思维发展和教师教育智慧生长的过程。

3. 完美教育是面向全体、全面发展的教育

完美教育是面向全体、全面发展的教育。面向全体就是面向所有的人，包括教师和学生都要得到适合自己的发展，这是教育公平的基础和关键，完美教育充分尊重每一个教育对象的基本权利，给予全体学生同样的关心和指导，同样的鼓舞和期望，努力让"全体学生"得到"全面发展"。

在完美教育的过程中，不放弃、不抛弃任何一个学生，不贬低学生的任何一个异于别人的言语和举动，不抹杀任何学生的异想天开，是我所追求的完美教育的最高境界。尊重人、完善人、升华人，以"己欲达而达人，己欲立而立人"为宗旨，面向全体学生和教师的全面发展。

4. 完美教育是人文精神、科学精神有机融合的教育

康德在他的《实践理性批判》的结尾这样说："有两种东西，我们越是经常、越是执着地思考它们，心中越是充满永远新鲜、有增无减的赞叹和敬畏，那就是我们头上的灿烂星空，我们心中的道德法则。"我这样理解这段话，就是面对灿烂星空我们需要的是科学的精神，但同时还要有人文精神作为我们心中的道德法则。完美教育就是着力达到人文精神和科学精神在学生生命中的有机融合。

现代文明要求学生具有科学精神和人文精神。科学精神需要智慧的支撑，人文精神需要人格的积淀，而完美教育的现实追求就是培养科学精神和人文精神和谐统一的现代人，培养有爱心、有责任感、与人为善、追求卓越的人格健全之人，培养有终身学习观念、有自我发展精神、有团结协作能力的高素质人才。

总而言之，完美教育是不断追求、不断超越、日臻完美的教育过程。为此，我们在学校中提出"培育阳光生命、奠基智慧人生"的办学思想，秉承"教育即服务、质量即生命、特色即品牌"的办学理念，明确"把学生培养成爱生活、善思辨、有道德、敢担当的现代中国人"的育人目标。在这些简单朴素的愿望中，蕴含着我们对每一个孩子完美发展的殷切期望。因为我们深知，只有不断追求完美，教育才能日新月异，历久弥新。

（三）完美教育的根本

校长是完美教育的领导者，是指引方向的，如果把学校比喻成一艘正在广阔海洋上航行的轮船，校长就是这艘轮船的船长，是指挥轮船不偏离方向、向着正确目标前进的人。但是，让轮船能够顺利前进不是一个船长能够做到的，轮船能够乘风破浪、日夜兼程是由舵手们、船员们、水手们、服务员们等组成的团队齐心协力完成的。完美教育的根本就是打造教育共同体，创建和谐奋进的团队，尤其是对于教师的培养、尊重、爱护，促进其健康、幸福、更快地成长。

1."做一名为学校发展尽责的好教师",要热爱学生、勇于负责

苏霍姆林斯基说:"教育的全部奥秘,就在于爱儿童。"特级教师李镇西说:"爱心是好教师的基本条件""没有爱,便没有教育"。教育家们的教学思想虽不尽相同,教育风格也各有千秋,但对学生的情感都离不开一个"爱"字。因为教育是一份事业,事业的基点在于一个"责"字;教育是一份责任,责任的真谛在于一个"爱"字。没有爱的教育是苍白的,没有爱的教育是教条的,没有爱的教育是低效的。

第一,拥有热爱教育之心。选择了教育这门职业,就选择了清苦、平淡与寂寞;但同时也拥有了宁静、智慧与崇高!先哲说:"用出世的精神,做入世的事情。"如若有这种淡然面对人生的进退、得失、利害、荣辱的境界,有这种"只管攀登不问高"的心境的话,你就踏实,你就快乐。正如有人所说,因为我爱它,就是累也满足,苦也快乐。

第二,拥有童心、爱心与责任心。童心是师爱之源,爱心是教育之魂,责任心是教育之根。要"做一名最好的老师",就得有童心、爱心与责任心。有童心才懂得尊重孩子的人格,有爱心才能真正走进学生的内心,有责任心才能真正地具有使命感,才能把工作当作事业来干,才能把自己的工作紧紧地与时代和社会发展联系起来,与祖国的前途与命运联系起来,才能真正做到身处清贫而心忧天下!

第三,拥有公平之心。俗话说:"一个孩子是一个家庭的希望,一群孩子是一个国家的未来。"孩子的父母把孩子交给我,我就应该把一颗爱心奉献给他们。师爱是"大爱",不是"偏爱"。教师对学生的爱应当是无私的、公正的,是面向全体学生的爱。教师要爱全体学生,而不是一部分学生。教师无论教哪个班级,无论所教的学生是优是劣,都应该一视同仁,竭尽全力。不能随教师个人兴趣、利益来选择,否则就不是真正的"师爱"。

第四,拥有不断学习之心。对一个有责任感的教师来说,工作就是不断地学习。我们现在倡导"终身学习",这不单单是对学生的要求,也是对我们每一个人的要求,尤其是我们教师,离开与时俱进的学习,我们的职业生命就会失去活力,变得枯竭。对一个教师来说,工作就是不断地学习,读书就是很好的备课。新课程改革首先是教师理念的变化。教师理念的变化要依赖于培训和阅读,非书不能充盈教师的思想,尤其是专业素养的阅读。一名教师没有相当数量的专业素养的阅读,在新课程的课堂上根本就不可能成为一名称职的教师。

读书，是对教师起码的要求，如果连我们教师也不读书了，那么我们还指望谁会读书呢？以教书育人为职业的我们是不能离开阅读的，不读书的教师就不能丰富自己的心灵，不能以自身的人格魅力影响学生，促进学生知识能力、过程方法、情感态度与价值观等方面的发展，因此，读书应成为我们重要的生活状态。我们的教育一直倡导"人"的工作，这种"人"的工作显然不是靠各种技术所能解决的。"人"的教育本质上还是要靠"人"，也就是优秀的老师来实现，而不读书的教师，要想成为一名"好老师"显然是不可能的。作为一名教师，必须学习、学习再学习，读书、读书再读书，才能教出具有广博知识、能力突出的学生来。

"责任胜于能力，没有做不好的工作，只有不负责任的人，只有履行职责才能让能力展现最大价值。"作为教师，作为育人的使者，我们的责任更加重大。我们必须记住：我们没有任何理由去推卸我们的责任，因为这是我们的工作，工作就意味着责任！让我们以先进事迹、高尚思想激励自己，见贤思齐，做一个有道德、有思想、有责任感的人民教师。

2. "做一名为学校发展尽责的好教师"，要善于合作、共创佳绩

一滴水，无论是在马路上，还是在树叶上，都会很快地蒸发，但是，融入水的群体中，这滴水就能够长久存活。如果融入汪洋大海，那朵微笑、调皮的浪花就是你的生命之旅。融入很重要，团队很重要。在这个时代，孤芳自赏的孤家寡人，最终会孤立无援，孤独寂寞、形单影只，最终被这个世界所遗忘。

在这个世界上，任何一个人的力量都是渺小的，只有融入团队，只有与团队一起奋斗，你才能实现个人价值的最大化，你才能成就自己的卓越！团队，是为了实现一个共同的目标而集合起来的一个团体，需要的是心往一处想，劲往一处使；需要的是分工协作，优势互补；需要的是团结友爱，相互关怀帮助；需要的是风雨同舟，甘苦与共！一个人仅凭孤军奋战，单打独斗，是不可能成大气候的。你必须要融入团队，你必须要借助团队的力量。与团队和谐相处的秘诀就是：尊重别人、关心别人、帮助别人、肯定别人、赞美别人、学习别人、感恩别人！

任何组织群体都需要一种凝聚力，传统的管理方法是通过组织系统自上而下的行政指令来运作，淡化了个人感情和社会心理等方面的需求，团队精神则通过对群体意识的培养，通过队员在长期的实践中形成的习惯、信仰、动机、兴趣等文化心理，来沟通人们的思想，引导人们产生共同的使命感、归属感和认同感，逐渐强化团队精神，产生一种强大的凝聚力。完美教育就是旨在培养这样的团队、这样的凝聚力。

团队精神、合作的意识和能力，是现代人必须具备的基本素质，是事业成功的基本条件和必要保障。要学会与人合作，在合作与交流中共同提高，发挥群体优势。

沙子、石灰石、黏土、铁矿粉等算不上"精品"，但它们混在一起是混凝土，就是"精品"；大米是精品，汽油也是精品，但它们混在一起就都成了废物。是精品还是废物不重要，跟谁混，很重要！有的教师就像大米、汽油一样，是精品，是优秀教师，是腹有诗书气自华的优雅教师，但是，缺乏与人合作的精神、意识，在学校中独往独来，或者是两位、几位精品老师聚在一起，不是求发展、谋进取，而是在一起闲言碎语、自视清高，不是踏踏实实和学校的大的发展方向保持一致，而是拉倒车、拉横车，最终结果可想而知。多年过去了，这样的教师却还是一事无成，于是开始觉得怀才不遇，抱怨领导不识人才，最终碌碌无为、一事无成。而有的老师本身才华并不是很高，但是有很好的合作意识，善于借力发展，与其他教师协力共进，深受领导、老师、学生、家长们的欢迎。所以，当今时代，已经不是"英雄主义"时代，而是团队时代，团队意识非常重要。创建完美团队是我们成功的秘诀：

（1）完美教育中团队各成员的作用

①校长：团队的精神领袖、精神导师。

②骨干教师：团队的顶梁柱。

③普通教师：同心协力的好伙伴，踏踏实实的实践者。

④特殊人才：活跃气氛，调节关系，点缀人生。

（2）重视团队构建，共创佳绩。

a. 处理好同行关系：

①倾力相助、真心相处。

②多沟通、多宽容。

③顾全大局。

④认真听取他人意见。

⑤及时总结教训。

⑥为别人提出改进问题的合理化建议。

b. 处理好与领导的关系：

①备课组长——扶持你。

②年级组长、教研组长——指导你。

③教学领导——赏识你。

④一把校长——肯定你。

c. 处理好个人与团队的关系：

①不借力攀高。

②不抱怨推辞。

③不趁机炫耀。

④给任务做好。

⑤给荣誉感恩。

⑥给机会把握。

d. 好风送我上青云——借巧力提升自身的综合素养：

①借领导之力——争取领导的支持。

②借同事之力——注重同事间的合作。

③借学校之力——保持与学校的步调一致。

④借家长之力——善于发挥家长的作用。

⑤借学生之力——充分发挥学生的主体作用。

2013 年 6 月在学校龙圣书苑与顾明远教授合影留念

"做一名为学校发展而尽责的教师"是一种平和的心态，也是一种激情的行动；是对某种欲望的放弃，也是对某种理想的追求；是平凡的细节，也是辉煌的人生；是"竹杖芒鞋轻胜马"的闲适从容，也是"惊涛拍岸卷起千堆雪"的荡气回肠。陶行知先生说："人生为一大事来"，我们的"大事"是什么？就是教育。

二、完美教育的七大基本理念

完美教育是由完美学校、完美管理、完美德育、完美课程、完美教学、完美学生、完美教师七个相互独立又相互依存的基本理念组成的共同体。

（一）完美学校

办学理念是校长关于学校整体发展的理性认识和价值追求，它是教育思想的集中体现，是学校精神的"内核"。为了创办完美学校，形成完美学校的基本理念，我们做了大量的工作。

2005 年春天，我们开始艰辛的"破冰之旅"——"走出去"，让教师开阔视野，呼吸新鲜空气，为全校教师"洗脑换血"，从课堂教学起步，从学生实际出发，既有"拿来主义"，也要"自主创新"，创造具有特色的课堂教学模式。我咬着牙，拿出第一笔"巨款"——两万元，带着全校教师走出校门，南下洋思，北上杜郎口。遍访全国名校，走近专家名师。从洋思回来，我给大家鼓劲：我们也要办出一个北方的"小洋思"！办出一个全国名校！但是老师们都觉得这是一个遥远的梦想。

课堂教学改革是一个系统工程，干部、教师、学生和家长都是主角儿，校长和领导干部不是"我扎台子你唱戏"，而是做导演，和教师同甘共苦，披肝沥胆。我校课堂模式改革有一个"铁律"：领导干部做先锋，和老师们一起在课堂上摸爬滚打——上课、听课、赛课、评课，写听课记录。管理团队个个上课，8 人担任班主任。我每天听评课至少 4 节，主任至少两节，办公会第一件事情就是反馈听课情况，我最多一天听 6 节课，有时候跟踪听三四节，有赞扬激励，也有一针见血的建议。现在我每周上一节数学辅导课。每个领导干部和骨干教师都带徒弟，人人必上公开课、模板课、引领课、观摩课、研讨课等，实行传帮带，扶上马送一程。

在实践、探索创生中完美学校的理念应运而生。完美学校的办学理念，是完美教育的重要组成部分，是学校做大、做强并向更高层次迈进的基础。我的完美学校理念包括有机结合的三个关键，即"教育即服务、质量即生命、特色即品牌"。

1. 教育即服务

教育是什么？不同的人有着不同的回答。我们认为，在一定意义上，教育是一种服务。教育是人类特有的一种活动，是为人的发展服务的，这里的"人"应该是一个个具体的、鲜活的、个性的生命体，不应该是抽象意义上的人。

要实现"教育即服务"，首先就要正确理解这一理念，当我们对它的理解出现偏差时，在实践中就会迷茫甚至走上弯路。正如有学者指出的："当前，许多学校普遍存在'三气'：俗气、浮气、匠气。所谓'俗气'，就是缺乏稳定的价值目标，随波逐流，一味迎合世俗，片面理解甚至故意曲解'教育就是服务'，将教育行为异化为商业行为。所谓'浮气'，就是缺乏必要的文化底蕴，作风浮躁。满足于热热闹闹、表面文章，甚至不惜弄虚作假，制造'泡沫'成绩，其中不少是校长私心作怪，刻意包装炒作，为获取个人名利积累资本。所谓'匠气'，就是缺乏理论素养和思辨习惯，方法至上，技术万能，始终在技艺层面徘徊，最多搞些借鉴和模仿。"我们在实施完美教育的办学过程中，是从服务学生、服务教师、服务家长、服务社会、服务国家五个方面进行全面理解和实施"教育即服务"的。

服务于学生。教育是为学生发展服务的，学生来到学校接受教育，我们就要为每个学生提供适合发展的优质服务，我们所做的所有的活动，包括教学活动、德育活动、管理活动，都是为学生全面发展服务的。"为了每一个学生的发展"，所有的学校工作都要服务和服从这一目的。

服务于教师。教师是学校教学的主人，所以学校发展还要为教师提供优质的服务，为教师提供良好的工作氛围，注重教师专业发展，让教师在平凡的教育教学中收获幸福，收获成功。

服务于家长。家长把孩子送到学校，首先是对学校的信任，也是对学校寄予了很大的希望，希望自己的孩子在学校里健康快乐地成长，所以家长是学校教育的受益方，也是服务的对象。家长会用自己的行动对学校的办学情况做出选择，选择适合自己孩子发展的学校。"办人民满意的学校"，就要办让家长满意的学校。

服务于社会。教育具有个人发展功能和社会发展功能，教育发展是为社会发展服务的，办学也是这样，表现为学校要为社会培养合格的公民，培养满足社会发展需要的人才，所以社会的需求是办学的重要指标和影响因素。在日常的教育中，学校也要和社会、社区紧密合作，服务社区、发展社会。

服务于国家。学生们胸怀祖国，以报效国家为己任，祖国就像家一样，它不是十全十美的，但它一定是温暖的；它不是万能的，但一定是有爱的。所以，学生们应该从小树立报效祖国的志向，决心为它的更加美好尽一份力量。覆巢之下，岂有完卵？没有祖国的强大、富强，哪里有我们的安身立命之地？

基于以上考虑，我们从管理、课程、教学、德育、活动等多方面进行探索和改革，满足学生、家长、教师和社会的需求，真正做到"教育即服务"。

2. 质量即生命

随着社会发展和人们认识的深化，人们越来越追求教育质量和办学质量，而不是教育和办学规模的扩张，以及硬件设备的完善。学校要严把质量关，做到人无我有，人有我精，人精我创新。完美教育就是从质量上求生存、求发展，家长们的口碑就是质量证明，就是学校的生命。

"质量即生命"体现了学校秉持的教育质量观和教育发展观。学校只有以质量求生存，以质量谋发展，以质量树品牌，完善教育质量保障体系，持续改进"教育服务质量"，才能增强学校的核心竞争力。质量不是一个结果，而是一种过程，更加注重和强调过程质量观。最终决定学校办学质量的还是学校文化，要以文化孕育质量。

"质量即生命"要求我们在完美学校建设中，坚持正确的教育质量观和教育发展观，并贯穿于学校工作的始终，即：①坚持全面质量观。为学生未来发展负责，努力做到让全体学生全面发展，让每个学生有个性地发展，这就需要以教学为中心，对教学、管理和后勤等工作进行全面管理。②坚持全员质量观。学校领导、教师、辅助人员、学生都要关心教育质量，都要有服务意识，为提高教育质量和办学质量服务。另外教育质量要服务于每一个人的发展，特别是教师和学生，提高师生的生活质量。③坚持全程质量观。也就是注重过程管理，注重质量发展的过程。学校要抓住教育教学过程的每一个环节，达到优先确定的各个环节的质量，并对所有教育教学环节的质量和各环节之间的衔接进行管理，保障围绕教育目标循序渐进地开展教育教学活动，从而保障教育质量的过程管理。

3. 特色即品牌

我们把"特色即品牌"作为完美学校的基本理念之一。一所学校只有形成了自己的办学特色才能树立办学的品牌。学校品牌是学校的一种识别符号，是一种文化载体，是学校在长期的教育实践中逐步形成并为公众认可，具有特定文化底蕴和识别符号的无形资产。一所学校只有形成了特色才能形成品牌，进而形成品牌效应。

品牌是学校、教师及其内涵和附加值在广大家长、社会中得到较广泛认可的一种标志，是学校一笔巨大的无形资产。用公式表示：品牌＝优秀学生＋优秀教师＋卓越的校长及领导班子＋优质服务＋学校优质形象及设施＋学校对未来的预测和创新能力。从某种意义上说，品牌是学校赖以生存的保证，是每一个学校都孜孜以求的非量化性目标。所以创办一所品牌学校需要的是学校全体人员的合力和一起为之奋斗的向心力，是学校正能量的聚合。在这样的学校，所有的人都会有幸福感和骄傲感，这些就是完美学校所追求和决心达到的。

无论是学校特色还是学校品牌，都与学校的文化建设有着密切的联系，既是学校文化建设的结果，又是学校文化的反映。学校品牌体现在多方面，但最重要的是体现在教师和学生方面，特别是培养的学生质量上。我们在完美学校建设中，紧紧围绕学校的完美教育理念，从管理、课程与教学、德育、社团活动、教师培养等多方面打造完美学校特色，树立学校品牌。

（二）完美管理

1. 基本目标：学校自主、领导自豪、教师自强、学生自治

一所学校主要由三部分人组成——校领导、教师、学生，三者的自豪、自强、自治的互助、共进发展，是形成学校自主的关键，是实现学校完美管理的基石。完美管理说到底是人的管理，只有学校中的三部分人能够各自完善，同时又能够心往一处想，劲往一处使，完美管理才能水到渠成。

一般来说，学校管理就是学校管理者通过对学校的人、财、物进行组织、计划、协调、监督，有效实现学校工作目标的组织活动。在学校管理中，确立准确的目标非常重要，目标明确具体就能有效地提高学校管理效率。在学校管理中，人是管理的核心，现代学校管理要求以人为本，其努力的方向是"少管"，最高境界是"不

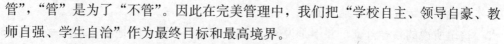

管"，"管"是为了"不管"。因此在完美管理中，我们把"学校自主、领导自豪、教师自强、学生自治"作为最终目标和最高境界。

（1）学校自主

完美学校管理的最终目标是实现"学校自主"，这里的"学校自主"含义十分丰富，包括学校改革与发展的诸多方面。首先是学校发展的自主，体现在学校的办学思想、办学理念和办学主张上，也体现在学校的发展目标上，这些都是学校管理者，特别是校长带领学校教职员工共同努力提出并实践的。我们追求完美教育，主要体现在对科学与真理的追求，对民主与自由的追求，以及重视人才，重视科研，永远站在全国教育改革的最前沿，办学与国际接轨诸方面。

学校自主在运行特色方面主要体现在各个部门和师生员工都各得其所、各司其职、尽心尽力、团结协作，学校工作达到全方位、自动化、高效运转的完美状态。我们在这方面对学校的组织管理机构进行了变革，变层级制管理为扁平化管理，提高了学校管理的成效。我们倡导的扁平化项目负责制以及智囊团人才储备机制的最大特点就是"自主"：中层人人是副校长，每周有值周校长，每天有值勤监护小组。人人是主人、人人有事做、事事有人管的日清、校清机制使学校高效运转，并在发现问题、解决问题的过程中追求完美。

（2）领导自豪

从校长到不同职能部门的大小领导，是一所学校的中枢神经，如果把一所学校比喻为一棵参天大树，那么从校长到各个基层的领导就是从树根到树的各主干部分，领导们既是学校的中枢神经，也是学校的根基，根深才能够叶茂，只有学校领导们有过硬的本领，整棵树才会有旺盛的生命力，才会生机勃勃，才会硕果累累。

因此，完美管理中的领导素质就显得格外重要。作为校长的我，是从一线教师成长而来的，有过硬的教学水平，同时是多年的优秀班主任，教育水平也是一流的，自身业务水平和人格魅力是我作为管理者的基础，同时我还在不断地学习、进修、研究，不断地完善和充实自己，不断地提高自己的管理水平。

以创新为抓手，高效推进管理团队建设。我校实施扁平化管理，落实项目负责制。学校不设副校长，通过竞聘上岗组建第一届管理集体；成立教师发展服务中心、学生发展服务中心、艺体卫发展服务中心等9个服务中心，通过减少管理层次、增加管理幅度，将金字塔状的组织形式"压缩"成扁平状的组织形式，加上现代信息技术的辅助，学校管理快速入轨。

这里所说的领导自豪，并不是说领导妄自尊大，不知天高地厚，而是一种责任感、使命感、自信心。作为一个学校的领导，一说起自己的学校，能够从心中产生一种油然而生的自豪感，就说明这位领导以学校为荣；反之，如果学校领导都不敢、不愿意向别人说起自己所在的学校，不是以校为荣，而是以校为耻，这样的学校一定不是什么优秀的学校，这样的领导也不是什么合格的领导。如果连学校的领导都不以校为豪，那老师们、学生们就对学校更加没有感情了。所以"领导自豪"是有深刻内涵的。

领导自豪在行动上的表现是，领导干部做表率，行胜于言，学校管理工作努力的方向是"少管"，最高境界是"不管"。"尽责做事"就是"人尽其才、各尽所能、各得其所、乐在其中"。"人尽其才"就是学校创造条件，让每一位教职员工能够充分地发挥各自的特色和聪明才智。"各尽所能"就是学校教职工要充分调动自己工作的主动性、能动性，为学校建功立业。"各得其所"就是学校在分配制度和其他方面体现奖优罚劣，让想干事、能干事、干得好的人在学校扬眉吐气。"乐在其中"就是全校师生员工都要营造良好的学校人文环境，使我们学校成为一个教育的生态园，每个教职员工在这里都能够幸福地生活，努力地工作，提高自己工作的幸福指数和信心指数。注重细节就是扎实做好每一件小事，提升工作品质。细节决定成败，细节就是品质，追求细节就是追求一种精细化的管理。我们学校越是处于发展期，就越需要精细化管理。因此，我们必须从基础做起，从每一件小事抓起，从校长到全校教师都要亲力亲为抓落实，做学生的表率。

（3）教师自强

学校管理是以人为核心的，要努力做到以人为本，教师是学校中重要的主体，学校的改革与发展要依靠教师，所以促进教师的发展是完美学校管理的重要目标。我们在完美管理中，通过积极调动教师的主动性、能动性，通过有效的资源配置为教师的发展提供平台，努力实现"教师自强"。

在完美学校管理中，"教师自强"一是指教师善于发现自身所蕴藏的潜能，自觉地发愤图强，永不松懈，学校形成"能者上，庸者让"的用人机制以及"有作为有地位，有能力有发言权"的人才使用观。二是指教师尽心尽力、尽善尽美地完成自己担负的教育使命，学校以"关怀出效率，关怀出智慧，关怀出质量"的人文情怀促进教师发展。三是指教师不断激励自己，刚毅卓越地在教育沃土上耕耘收获。学校完善激励性评价机制建设，给老师以无穷的精神力量。

（4）学生自治

学生发展是学校教育的最终目标，学校管理的改革也是为了促进学生的全面发展。在完美学校管理中，要充分发挥学生的自我管理能力，因此我们把"学生自治"作为基本目标之一。

学生最终要走向社会，学校教育最终要为社会、国家培养合格的、适应社会生存并能够更好地发挥自己才能的人才。学校不是培养高分低能的温室花朵的，所以，如何让学生在学校中就开始锻炼自己的自治能力显得格外重要。

学生自主组织召开班会，有序开展班级工作

"学生自治"就是"让每一位孩子都在班级里获得最完美的成功体验"。在这方面学校将继续坚持"引领、关怀、启发、激励、创新"的班主任工作理念和"爱、小、实、真"的工作原则，培育民主、开放、自主、创新的班级文化，营造自由宽松、师生平等、关系和谐的班级氛围，开展丰富多彩的主题班会和各种各样的特色活动，创新评价体制，建立健全促进学生发展的多元评价体系，为"学生自治"搭建平台。

从经验管理，到制度管理，再到文化管理是学校完美管理发展的基本路径。完美管理要形成完美管理文化，才能实现文化管理，我们将努力营造良好的管理文化氛围，让广大师生有动力，有干劲，有自己的理想和幸福感，力争达到制度管理和人文管理的完美结合。

2. 基本要求：管理即服务、管理零缺陷、服务零距离

（1）管理即服务

"管理即服务"这一思想的产生有着深刻的社会发展背景，例如在政府自身建设上，政府的主要职能已由"全能型政府"逐渐向"服务型政府"转变，把为人民服务作为政府的重要职能。在企业界，也提出了"管理即服务"，通过管理的改革，为企业员工服务，进而为消费者服务。

在完美学校管理中，我们转变了管理理念，不再把管理作为单纯的组织、计划、协调和控制，而是把管理作为服务，坚持"管理为了服务"和"管理通过服务"。这是因为，学校是培养人的活动场所，涉及学校管理者、教师和学生三方主体，是一个由"人—人—人"构成的管理系统，终归是对"人"的管理，所以管理也是为人的发展服务的。正如著名教育家、上海市育才中学名誉校长段力佩指出的："管理就是服务，学校管理实际上就是如何更好地为教育教学服务""学校是培养人的地方，学校的管理应该突出'服务'二字，也就是说，要很好地为学校教育服务、为教学第一线服务、为师生员工服务"。我们通过创设良好的校园文化环境为师生服务，通过管理为教师服务，通过"三大工程、三大平台"为教师提供发展的平台；通过管理为学生服务，关注学生的终身发展、未来发展；通过管理为家长服务，学校管理向家长开放，搭建家校联系的桥梁。

（2）管理零缺陷

"管理零缺陷"作为学校管理的理念，是受到了企业中"零缺陷管理"（Zero Defect Management，ZD）的启发而提出的。20 世纪 60 年代被誉为"全球质量管理大师""零缺陷之父"和"伟大的管理思想家"的菲利浦·克劳士比（Philip Crosby）提出了零缺陷思想，在企业中获得广泛应用。这一思想是通过对经营各环节各层面的全过程全方位管理，保证各环节各层面各要素的缺陷趋向于"零"。它包含三个方面：做正确的事，正确地做事，第一次做正确。最终目标是不留缺陷，追求卓越。

"管理零缺陷"就是指在完美学校管理中，追求管理工作的完美和精致，注重管理的水平和质量，努力做到完美无缺，通过管理为师生服务。这就要求学校中的每一个人，包括学校管理者和教职员工，都要在自己的岗位上尽职尽责，提高工作的质量，减少工作中的失误。

"管理零缺陷"并不是要求人们不犯错误，而是不允许重复犯错误。任何一位管理者、老师都要在心中高悬前车之鉴，这就需要时刻关注自己做过的事情，同时关注别人做过的事情，从自己和别人的失误中总结经验教训，不要在以后的工作中犯同样的错误，这样就能够少走弯路，不走错路，最大限度地走近路和正确的路。作为学校管理者，在学校管理中要抓好每一个环节，尽量减少工作中的失误；作为教师，在班级管理和课堂教学中也要抓好每个环节。

（3）服务零距离

"服务零距离"实际上就是"零距离服务"。一般来说，"零距离服务"指的是服务周到、及时。就是把我们的优质服务做到老师、学生、家长们的心坎上去，想大家所想，急大家所急，办大家所期待的事情。这就需要我们时刻关注老师、学生、家长们的来自不同渠道的各种反映，并能够及时地对这些反映做出反馈，争取在最短的时间内给予答复并竭尽全力地去解决。

我们在完美学校管理中提倡"服务零距离"，也就是在学校管理中要为教师、学生、家长和社会提供及时周到的服务，满足不同主体不同的需要。这样的服务，就是人性化、个性化的服务。这就需要每一个人在管理中提升服务意识，提高服务的水平和能力。一是学校管理者、教师、家长、学生和社会之间要互相理解、互相包容，真正地以人为本，为他人着想，提高服务的意识和能力，提供人性化服务。二是在服务中了解他人的需求，从他人的需求出发提供有针对性的服务，做到服务的个性化。

完美学校管理的这三项基本要求，是一个有机的整体，是服务于完美管理目的的，只有真正做到"管理即服务、管理零缺陷、服务零距离"，才能实现"学校自主、领导自豪、教师自强、学生自治"的管理目标。

（三）完美德育

1. 基本理念：德育无痕论

《周易》中说"百姓日用而不知"，我理解为，道德教育蕴含在完美教育的日常的生活、学习、游戏的过程中，是一种随风潜入夜、润物细无声的境界。遵规守纪、尊老爱幼、尊敬师长、爱护环境、勤学敏思等优秀道德品质的形成，不是我们硬性规定的，而是一种雁过水无痕的过程，我们把德育教育融合在每个教育的过程和环节中，不特殊指出，但却如涓涓细流滋养心田。

育人为本，德育为先。德育对学生健全人格的养成，对于学生的全面发展具有不可替代的重要作用。在任何一所学校，德育都是非常重要的工作，其重要性不言而喻。但是在现实中，德育的效果又很不理想，突出表现是德育的针对性和实效性不强，这其中有着非常复杂的原因，其中一个很重要的原因就是一些教师在德育中，方法单一僵化，注重宣讲大道理，注重说教和灌输，不注重学生的实践体验和内心体验，在教育内容上也存在着脱离学生生活的现象，导致德育的低效化。显然，简单说教，道德灌输式的德育收效甚微，已经无法适应新时代的要求。学校德育需要不断创新，需要通过一定的形式、手段，使之与学生思想发生联系，对学生的内心产生影响，从而达到德育的目的。面对这种情况，我们不断地思考：怎样才能改进德育，提高德育的实效性和针对性？我们在完美德育中进行了全方位的探索，提出了"德育无痕论"的理念。

我们的"德育无痕论"认为，"德育是教育的盐"，是一种"无痕"文化，我们把德育文化建设作为学校文化建设的核心。"德育是教育的盐"，这其中有两层含义：一是德育是教育必不可少的组成部分。德育和教育的关系如同盐和人的关系。盐是人体中必不可少的，没有盐，一个人的健康就会出现问题，人体缺少盐会感到头晕、倦怠、全身无力，使学习和工作效率降低。教育中缺少德育，培养出来的学生就会智性有余，品性不足，不可能做到全面发展。立德树人也说明了只有具备优秀的品德才能成为健全的人。二是德育有盐之在水的"无痕"特征。德育无痕，就像盐融化在水中，虽然没有痕迹，但已经浸润到水中，和水融为一体，共同对人体发挥作用。德育融入教育中，浸润在学生的心灵上，润物无声。德育无痕论认为，德育应如春风化雨，润物无声，才能着力解决好"培养什么人，如何培养人"的重要问题。有了这样的理解与实践，就有了德育的可行性与有效性。德育的有效，自然会使学生形成良好的品格，而有了品格的精神支撑，还可以形成一种持久的学习动力，就能促进学生良好品性的养成。

实际上，德育无痕正是我们的德育所追求的，它既是一种教育的方式方法，更是一种教育的理念。在这一理念下，德育不再生硬、冷漠，不再是说教和灌输，而是富有灵性，无处不在又不露痕迹，由浅入深，春风化雨，润物无声。苏霍姆林斯基说过："把教育的意图隐藏起来，是教育艺术十分重要的因素之一。教育意图越是隐蔽，就越能为受教育者所接受，就越能转化成受教育者的内心要求。"德育只有把学生外在的要求转化为学生内在发展的需要，才能发挥作用。可见，德育追求的是一种无痕的教育，它淡化了说教、灌输的痕迹，人不是在"被教育"中成长，更不是在"被改造"中进步。道德观念是在自觉自愿中接受；道德情感、道德意志是在亲身体验中产生；道德行为是在潜移默化中改变，这是德育工作的最高境界，也是我们每一位教育工作者必须追求的目标。因此，我们在德育中，坚持"德育无痕"，以德育人，以德润校，提升学校德育的实效性和针对性，促进学生和学校的发展。

2. 基本特征：两性三化

我们在完美德育中提出了"真"德育，即把德育渗透在学校全部工作的每一个细胞之中，积极构建独具特色的阶段性、主体性、生活化、主题化和常态化的德育生态系统，这些也构成了完美德育的基本特征。

（1）阶段性

身心发展特点是德育的出发点之一，完美德育的实施需要从初中生的身心发展特点出发，采取有针对性的措施。对每一个人而言，人生在时间上都可以看作是一个整体，但是从经历和认知上看，是分为很多阶段的，按照时间可以分为童年、少年、青年、中年和老年等阶段。在不同的阶段人们的身心发展特征是不同的，初中生也是这样。初中生在不同的阶段面临的任务是不同的，他们的身心发展特征也有着显著的差异。

人们习惯上把14岁左右孩子处于的阶段叫作叛逆期，心理学上叫作第二次断奶期。在这个阶段，他们叛逆、急躁，疯狂地寻找心中的自由，他们排斥父母长辈的好言相劝，把它们都当成无聊的唠叨。但他们同时又把自己抛向了孤独，痛苦随之而来。意气用事的他们还未做好准备，就被挫折的潮水淹没，只好拼命挣扎。还没做好走入社会的准备的他们却对于社会充满了幻想和期待，总是在用脚、用手，时不时地去碰触社会的残酷和现实，而一旦碰壁就会胆怯、恐惧、惊慌失措。面对这样的学生们，僵化、固定不变的德育教育是肯定不行的，这就需要根据这个年龄阶段的学生们的特点，制定、研究、运用适合的教育方式。

初中生的年龄处于十一二岁到十四五岁之间，身心处在从少年期到青年初期的过渡阶段，进入了青春期，无论在形态、体质、生理和心理上都处于急剧变化的时期，思维逐渐从形象思维向抽象思维过渡。从完美德育的内容来看，虽然德育是一个统一的整体，但在每一阶段却是有着不同的侧重点，也需要在不同的阶段进行不同方面的教育。所以，阶段性是完美德育的基本特征之一。针对这种情况，我们在不同的年级实施不同主题的德育活动，进行不同年龄的德育教育目标定位：七年级定位为习惯养成阶段；八年级定位为理想引领阶段；九年级定位为卓越实践阶段。既充分考虑了学生的年龄特征和发展特征，又体现了德育内容的层次性。所以，根据学生们的阶段特点，我们的德育教育也是软性的和流动的，是配合学生的特点而运行的。

（2）主体性

完美德育的主体性是指在完美德育的过程中，学生是德育的主体，要发挥学生在德育过程中的主体性。实际上，这就是教育者，特别是教师根据社会发展的需要和德育现代化的基本要求，通过启发、引导受教育者内在的道德要求，创设和谐、宽松、民主的教育环境，有目的、有计划地组织德育活动，把学生培养成自主、能动、创造性地进行道德认识和道德实践活动的社会主体的过程。因为当前的德育普遍存在忽视受教育者的主体性的现象，完美德育反对控制与灌输，反对空洞的大道理和说教方式，主张通过引导、启发等方式进行德育活动，像春雨一样润物细无声，对学生的发展起到潜移默化的作用。在这个过程中学生要发挥主体性，积极参与德育活动，增加活动的实践与体验，把外在的社会规范和要求通过活动的形式内化为个体主动发展的需要，丰富道德知识，更新道德认识，养成道德情感，坚定道德意志，表现出良好的道德行为。这些单靠灌输和说教是不行的，必须发挥学生的德育主体性。

完美德育实施的主体是学生，所以，调动学生们主动地接受完美德育，需要研究适合他们特点的方式方法。于是我们就把许多的社会机制引入学校，让学生们在学校德育的引领下，在学校的保护中学习自理、自立、自强，使他们的青春期虽叛逆却不背叛，渴望成长却不鼻青脸肿，反感家长唠叨却不走出父母爱的怀抱，意气用事却不做出格的事。最终为他们的健康成长保驾护航。

（3）生活化

学生的生活是德育的重要来源和逻辑起点，我国的德育实效性差的重要原因，在于德育脱离学生的生活实际,忽视了学生的现实生命需要,学生的德育主体性也得不到充分的发挥。生活是德育的逻辑起点,因为学生在接受德育之前,头脑不是一片空白的,而是在家庭生活、学校生活和社会生活的熏陶下形成了某些道德观念。

在德育中,教师要从学生的生活实际出发,了解学生的生活,贴近学生的生活,把握学生的德育现状,引导学生梳理和反思自己的道德观念。生活是德育的途径,陶行知先生指出:"过什么生活便受什么教育:过健康的生活便受健康的教育,过崇高的生活便受崇高的教育……真正有效的德育是过有道德的生活。"这就说明,生活本身就是德育的途径。生活还是德育的重要目的。正如陶行知先生认为的,教育的根本目的是促进生活之变化,使生活向好的方向发展。德育的生活也是为了学生,为了促进生活向好的方向发展。

学生的任务不仅仅是学习,学生同时还是社会人、生活中的人,如何在学生时代的生活中树立正确的道德价值观,对于一个人今后的成长至关重要。道德只能在生活中习得,在生活中检验。所以我们在完美德育中确立了生活化的德育目标,在德育内容上与学生的生活实际紧密联系,回归学生的生活世界,在具体措施上采取生活化的实施方式,做到完美德育生活化,让道德的光辉照亮孩子的每个时间点。

(4)主题化

完美德育的主题化就是教师在德育中根据不同的德育主题组织系列化德育活动。按照主题进行德育是中小学德育活动中比较常见的方式。在完美德育中,我们从整体上进行德育设计,既保证德育的统一性、整体性,同时又根据不同时期、不同阶段和学生的不同需要组织不同主题的活动,以突出德育的重点。这和阶段性的德育相辅相成,相得益彰。

主题的设计可以进行不同的分类。根据范围的大小,可以分为全校性的主题活动、年级组的主题活动、班级的主题活动和小组的主题活动。根据年龄可以分为七年级的主题活动、八年级的主题活动和九年级的主题活动。根据时间的长短,可以分为学年的主题活动、学期的主题活动、季主题活动、月主题活动、周主题活动等。例如,我们在每个年度都构建了一系列的教育活动,每月明确一个工作主题,每周有一个重点专题。如一月庆元旦,辞旧迎新颂祖国;三月学雷锋进行文明礼貌教育;四月祭先烈并进行遵纪守法教育;五月纪念"五四"演讲;七月颂党;八月拥军;九月尊重师长,进行爱心教育;十月庆国庆合唱比赛;十二月纪念"一二·九"运动征文，等等。平时见缝插针地组织遵规守纪模范作报告，观看主旋律影片，参观革命和爱国主义教育基地等，通过这些活动，进行理想信念、革命传统、艰苦奋斗、价值观、人生观教育。这样的主题化活动真正做到了"月月有重点，日日有目标"，促进了学生品德的培养。

（5）常态化

德育是五育之一，是学生全面发展的重要内容，更是学校中的一项重要工作，这已经成为人们的共识。但在实际中常常出现"德育说起来重要，忙起来次要，做起来不要"的现象，使德育处于尴尬的境地，得不到很好的落实。德育不仅仅是学校德育部门的事情，也不仅仅是学生发展主任和班主任的事情，而是全校师生都要参与的事情。因此我们在完美德育中，把德育贯穿于学校工作的方方面面，使每个人都不同程度地参与德育活动，做到德育工作常态化。

在学科课堂教学中注重德育的渗透，在学校管理、班级管理和学生管理中也进行德育教育，做到时时有德育，处处有德育。让德育像每天必须要上的课程一样，不走过场，不只抓一阵子，不成为教学的附属品，而成为一种和教学一样重要的教育习惯。

当今时代，强调多元、推崇创新，我们创造了"532综合评价策略"——"学业成绩50%＋品德表现30%＋特长及活动20%"，根据综合成绩划分等级，全方位关注每个学生的学习、品德、劳动、礼仪、特长等综合表现，由教师、学生和家长全面参与评价过程，实行每天、每周、每月和学期过程性评价和多维度评价，促进了学生全面发展。

（四）完美课程

1. 基本理念：对学生未来负责

课程是实现学校育人目标的基本途径和载体，决定了学生学校生活的质量和发展的内涵，在学校中占有十分重要的地位和作用。一所学校的办学理念和办学特色能否得到充分体现，科学完整的课程起着重要作用。面对经济社会发展对学校教育人才提出的要求的变化，我们需要认真思考，应该为学生提供什么样的课程，才能促进学生全面而有个性地发展。也正是基于这样的理解，我们在规划学校课程时，始终保持着一种"回归原点创新思考"的朴素心理。我们始终在扪心自问：学校教育究竟应该在千变万化与五光十色中，保持着哪些永恒的情怀与不变的追求？学校教育如何能走出一条真正致力于学生生命成长的完美课程之路？我们该给学生的未来留下什么样的教育烙印？我们认为真正的教育目标是每个人都应该健康阳光，热爱生活和快乐生活。这是完美教育的追求，也是培育阳光生命、奠基智慧人生的办学思想的升华。这样的教育目标需要体现在学校的课程规划与建设上，为此我们把"多学科整合、全方位育人、多样化发展和对学生未来负责"作为完美课程的基本理念，突出完美课程为学生的未来发展负责。

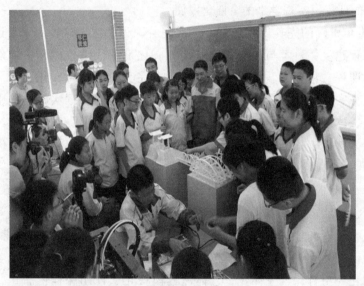

　　完美课程要为学生的未来负责，为学生的未来发展负责，这是我们规划和构建学校课程的基本理念。那么我们应该为学生提供什么样的课程？这些课程应该如何组织才能体现这一基本理念？我们认为，首先要对课程有全面而深刻的认识。过去我们往往把课程看作教学科目或者学科知识，随着课程改革的逐步深入和人们认识的深化，越来越多的人认识到，这样的课程理念有一定的局限性，它忽视了活动课程和潜在课程对学生的影响，例如环境在学生成长中的作用。我们不能把课程仅仅局限于学科知识的学习。课程其实是学生在学校教育环境中获得的较为系统的教育性经验，课程是知识与技能、过程与方法、情感态度与价值观的统一，课程还是学生在学校生活中一段重要的人生经历。人们越来越强调课程的过程性、经验性和文化性。其次在课程理念上还要坚持"多学科整合、全方位育人、多样化发展"。"多学科整合"就是指在具体规划学校课程时要根据学校实际情况和学生情况对国家课程、地方课程和校本课程进行有机整合。"全方位育人"是指要构建完整的课程体系，充分发挥课程的全面育人功能，让学生在课程学习中获得德智体美等诸方面的全面发展。"多样化发展"是指构建的完美课程既要注重统一性和基础性，体现对学生的统一的共性的要求，同时，还要具备一定的灵活性和选择性，给学生提供选择的条件和机会，能够让学生根据自己的兴趣和爱好进行自主选择，为每个学生提供个性化发展的课程，实现学生的个性化发展。

　　"为学生负责"的完美课程最终要形成完美课程文化，这种文化反过来促进和完善完美课程建设。科学与人文整合的课程文化是现代学校课程文化建设所倡导的一种新的课程文化形态。完美课程要以追求完美教育精神文化为指导，全面贯彻国家课程方案和课程标准，在课程组织、课程建设、课程实施过程中建构科学与人文整合、体系开放、体制创新的课程与课堂文化；围绕办学目标，注重从国家课程、地方课程中挖掘、渗透、弘扬学校完美教育文化内涵；努力探索国家课程校本化的大学科视野与特色化建构之路；积极构建校本课程体系，突出学校课程文化特色；围绕润德品牌，大力推进立德树人教育；重视建设环境课程体系，突出环境育人功能；注重教学研究、教育科研，努力形成高质量、高效益的"问题导学"教学模式和独特的教学风格；注重学生综合实践能力和创新能力的培养；注重学生音体美高雅情趣的培养。按照"国家课程校本化、学校课程个性化、课堂教学问题化、德育课程立体化、艺体课程模块化、社团课程精品化、环境课程人文化"的课程与课堂改革发展规划，构建多学科整合、全方位育人、多样化发展的优质丰富的完美课程文化。

　　也正是基于这样的认识，我们在课程的理解与设计上，从"学科课程""活动课程""环境课程"三方面诠释学校独特的完美课程理念。在学科课程的内容上，开阔视野，建设"大学科"，在课程实施策略上通过完美课堂提升完美品质；在活动课程上走向"研究性"与"实践性"的双重建构，进行完整人格培养的德育课程新探索，学校拓展课程系列实行菜单式活动课程，学生研究系列采取自助式活动课程，学生体验系列采取综合化课外活动新模式；环境课程构建内外兼修、纵横开合的课程框架，教室环境实行我的班级我做主，走廊环境贯通历史与未来，校园环境高雅优美胜过家园，读书环境推崇人文经典。

2. 基本特征

特征是某一物质自身所具备的特殊性质，是区别于其他物质的基本征象和标志。完美课程的基本特征包括完整性、丰富性、差异性、选择性和开放性。

（1）完整性

完整性是完美课程的重要特征之一，我们构建了完整的课程体系。在现实中，我国的很多中小学校在课程结构上比较单一，表现为更多地注重学科课程、忽视活动课程和潜在课程。新课程改革以来又出现了另外一种倾向，即过于注重校本课程开发，忽视了国家课程和地方课程的实施。这两种倾向都是片面的，都影响了课程的完整性。我们的完美课程有效地克服了这两种倾向。这里的完整性主要是指完美课程的体系完整，具有完整性和系统性。这体现在以下几个方面：一是在课程目标上具有完整性。从知识与技能、过程与方法、情感态度与价值观三个维度进行构建，努力为学生的全面发展服务。二是在课程的结构和体系上具有完整性。我们的完美课程包括学科课程、活动课程和潜在课程（特别是环境课程），打破了单一僵化的课程结构，成为完整的课程结构板块。三是在课程实施上具有完整性。既有传统的班级授课中教师的知识传授，也有学生的互动体验，更多地采用互动、活动和实践体验法进行学习。四是课程管理与规划具有完整性。我们对课程进行了完整系统的规划，国家课程和地方课程校本化，校本课程个性化、精品化，特色课程品牌化，实现了三级课程在学校层面的完美统一。

（2）丰富性

"为学生未来负责"是完美课程的基本理念。要想为学生的未来负责，为学生的未来发展奠定良好的基础，就必须为学生提供丰富的课程，以便让学生选择，所以丰富性是完美课程的又一重要特征。这里的丰富性既指课程类型的丰富性，也指课程内容的丰富性。如果仅仅是学科课程，学生的选择性较小，他们在学习中的兴趣就得不到充分的满足。我们从学生的全面发展要求出发，根据学校实际和学生实际，对课程进行了全面规划，形成了学科课程、润德课程、健美课程、启智课程的体系。每一类课程下又由大量的课程组成，例如，启智课程就包括了语言文学类、自然科学类、信息技术类、人文社会类。语言文学类又包括诗词鉴赏、读书与写作、快乐英语、英语口语角、原汁英语四大部分。这些丰富的课程为学生的全面发展奠定了坚实的基础。另外在课程的实施途径上进行全面拓展，特别是在校本课程实施中充分发挥学生社团和校外实践基地的作用，努力实现课程实施方式和途径的丰富性。

学生们参观"雪龙号"科考船

（3）差异性

课程是为学校和学生发展服务的，每所学校都有着自己的发展历史和特色，每个学生则由于成长经历、个人能力等方面的不同，呈现出发展的差异性。这种差异既体现为性别差异，又体现为个体差异。加德纳的多元智能理论也充分说明了学生发展的差异性。多元智能理论认为，我们每个人都拥有八种主要智能：语言智能、逻辑—数理智能、空间智能、运动智能、音乐智能、人际交往智能、内省智能、自然观察智能。不同的学生会有不同的智能组合，每个学生在这八种智能上并不是平均发展，总是有的智能发展得好，有些智能相对地发展较差。"为学生的未来负责"就是要充分考虑学生之间的差异，提供适合每个学生发展的课程，体现课程的个性化和差异性。我们开设的丰富多彩的课程，就是充分考虑了学生现实和发展中的差异，满足学生全面而有差异的发展。课程实施途径和方式的多样性，也最大限度地满足了学生的差异发展的需求。

（4）选择性

每个学生的兴趣、爱好不同，在选择的课程上就会有明显差异，这就需要开设丰富多彩的课程，供学生选择，所以选择性是完美课程的又一重要特征。课程的选择性也是基础教育新课程改革的重要特征。这是因为，长期以来我们的课程结构比较单一，学科课程一统天下，活动课程和潜在课程的比例很小，学校和学生几乎没有选择的余地。课程的选择性就是针对地方、学校和学生的差异提出来的，课程要适应地区间经济文化的差异，就必须具有一定的弹性。为此，新一轮课程改革实行"国家、地方、学校"三级管理，给地方和学校开发课程留有余地。同时，明确规定了必修课和选修课的比例，使课程从整齐划一走向了多样化，保证学生有机会自主选择和决定学习内容，给学生充分发展留有时间和空间，有利于调动地方和学校的积极性，使学校办学更有特色，学生发展更有特长。也就是说，只有课程的门类齐全，结构多样，内容丰富，才能给学生提供选择的机会和可能，也才能在真正意义上实现学生全面而有个性的发展。所以我们在完美课程建设和规划中，对国家课程进行了校本化的改造，使其更加适合学校和学生发展的实际，又根据学校的办学理念，开设了大量的丰富多彩的校本课程，面向学生差异性的发展，供学生自由选择。

走进中国石油大学，请大学教授为我们讲解抽油机原理

（5）开放性

完美课程具有开放性的特征。在一定程度上，开放性就是发展性。课程只有具有了开放性才能不断发展，才能适应学生发展的需要，僵化、封闭、一成不变的课程是没有生命力的，对学生发展的促进作用也是十分有限的。完美课程的开放性一是体现在课程目标的开放性上。在完美课程中既有预设性的目标，也有生成性的目标，体现预设与生成性的统一。二是体现在课程内容的开放性上。在国家课程、地方课程和校本课程三级课程管理体制下，我们开发的学科课程、启智课程、润德课程、健美课程构成了大的课程框架，在这个大的课程框架下具体内容会随着社会经济发展和学生发展的需要进行灵活的补充和调整，增加学生发展需要的课程内容，以满足学生的兴趣和爱好。三是体现在课程实施途径和策略的开放性上。既有课堂教学，也有社会实践，还有活动体验。四是体现在课程资源利用的开放性上。我们的课程开发和实施，特别是课程资源的开发，充分发挥家长和社会人士的积极作用，充分利用家长、社区和社会的资源，让学生走出校园，走进家庭，走进社区，走进社会，在社会大课堂中获得真实体验。

（五）完美教学

1. 基本理念

一般来说，理念就是观念，是人们对一种事物或活动的基本看法。在不同的课堂中会形成不同的课堂教学理念，反过来不同的教学理念又影响着不同的教学实践。完美课堂是在对传统课堂进行批判和继承的基础上形成的，它既批判地吸收了传统课堂的一些优点，又对其不足进行了弥补、创新和改进。在完美课堂中首先必须创设平等、民主、和谐的课堂氛围，实现知识、生活和生命的深刻共鸣。我们在课堂教学实践中，围绕"问题导学"构建我们的课堂，形成了有效、有质、有度、有变、有神的"五有"完美课堂理念，引导学生主动地学习，使学生在知识能力、情感态度、创新精神、完整人格等方面都得到主动发展。

（1）有效

完美课堂首先是有效的课堂，这也是与当前课堂教学改革的主题相一致的。这里的有效是多方面的，包括效益、效果和效率。从内容上看，包括有效的目标引领、有效的教学过程、有效的互动、有效的评价等，特别是在师生互动、生生互动方面的有效。

和我的小助理们一起研究学校的发展

"赢在课堂！"课堂是育人最重要的文化场，课堂是高教学质量的阵地，是赢得学生和家长满意的根本所在。抓住了课堂教学，就抓住了提高教育质量的根本，抓住了减负增效的"牛鼻子"。

从专业角度说，高效课堂强调课堂教学使学生获得发展。通俗地说，课堂教学的高效性是指通过课堂教学活动，使学生在学业上有收获、有提高、有进步。具体表现在：学生在认知上，从不懂到懂，从少知到多知，从不会到会；在情感上，从不喜欢到喜欢，从不热爱到热爱，从不感兴趣到感兴趣。教学的有效性要关注学生的发展。新课程之所以特别强调并倡导自主学习、合作学习和探究学习，根本就在于：教育必须着眼于学生潜能的唤醒、开掘与提升，促进学生的自主发展；必须着眼于学生的全面成长，促进学生认知、情感、态度与技能等的和谐发展；必须关注学生的生活世界和独特需要，促进学生有特色地发展；必须关注学生终身学习的愿望和能力的形成，促进学生的可持续发展。

（2）有质

完美课堂是有质量的课堂，主要体现在对学生发展的促进上，课堂要回归学生，学生在课堂上是有质量地发展，不但掌握知识，形成基本能力，而且学会科学有效的学习方法，养成良好的学习习惯，获得情感、态度和价值观全方位的发展。

不管课程改革怎么改，钻研课标、把握教材是教师永远的基本功。如果教师本身对课程标准和教材都没有吃透，就很难有效引导学生。领着学生绕圈子，浪费学生时间，摧残学生身体，这不仅是教师基本功问题，也是教师职业道德问题。所以，追求完美的有效的课堂质量，教师是关键。

我们要求教师：一是要有"大海"意识；二是要做"魔术师"；三是要做到"八精心"。第一，"大海"意识就是要求教师必须摒弃"一桶水"观念。新课程提倡要开发课程资源，教师必须拥有善于观察、发现、总结和创造的能力，应该是广阔无垠的大海，把涓涓细流引入知识的海洋。第二，教师要做"魔术师"，教师必须能够立足教材，或改变教材的呈现方式，或整合不同学科的内容，追求立体式、快节奏、大容量的课堂教学效果，每天给学生奉献知识大餐，让学生感受到课堂的无限广阔性和不可预见性。第三，"八精心"是教师必须人人努力做到精心制订学期（学段）教育教学计划，精心开发课程资源，精心备课，精心上课，精心作业评价反馈，精心组织考试与评价，精心指导学生课外学习与生活，精心进行教育教学反思。

现在是崇尚终身学习、建立学习型社会的时代，对师德和师能的要求更高了，每个教师想要获取教育的成功，不能不重新审视自己，最重要的是不断地超越自己。要适时地调整自己的心态，以高超的技艺、不断的追求，提升自身价值。要想成为真正的名师，学习的速度务必大于教育变革的速度。教师要将"学习"作为最重要的职业需要，形成"时时是学习之时，处处是学习之处"的理念。

有人说我们学校"能折腾"，但是我们"折腾"出了成绩，"折腾"出了质量和品牌。教改第一年，全区统考22个学科争得14个第一名，两个年级全区第一，区教育局张满堂局长亲自给我们发来了贺信。

用制度推动课堂教学创新是我们的重要举措。用一句通俗的话说就是"逼着教师搞创新"。课堂教学创新最难的是观念落后。有些人安于现状止步不前，新思想新理念刀枪不入。为了消除课改阻力，整体推动，我们实行听评课"现场打分"和"一票否决"制，公开课之后当场"亮分"，全校公布，差课立即回炉改造，接着上第二轮，逼着老师改进提高。我们实行学生及家长评教、领导评教、教师互评等措施，推动全体教师自我鞭策进步，课改以不可抵挡之势在全校强势推进。

我们根据学校实际情况和课堂教学改革的进程，不断建设、改进各种教学管理制度，完善了《中学教学常规》《名师培养制度》《青年教师培训制度》等，从多方面推动课堂教学模式创新，全面提高课堂教学质量。

从最初的"以学定教，双主互动"构想到"245模式"，我们不断反思改进，不断自我批判和自我否定，整整六年，终于打造出了具有清怡特色的"学案导学，自主探究"课堂教学模式，它倾注了全体清怡人的心血和智慧，寄托着我们的教育理想和满腔热情。新模式以导学案为载体，以自主合作探究为主要方式，实现了传统教学方式的革命性转变；以提高课堂教学效率、减轻学生负担为根本，顺应了新课程理念和素质教育的要求，解放了学生，也解放了教师，"减负不减质，减负不减责"。

该模式提炼为五个基本环节：①情景导入（或单元导入），明确目标。②自主探究，合作交流。③展示点拨，质疑问难。④盘点收获，拓展提升。⑤达标测试，巩固提高。

"学案导学，自主探究"课堂教学模式的灵魂是"乐学、自主、合作、减负"，成功的关键在于我们教师的"清怡功夫"。"导学案"一般分学习目标、学习过程、课堂检测、质疑拓展等几大部分，是集体智慧与个人特色的结晶，是教师的教案、学生的学案，同时也是学生的课堂笔记和作业本（练案）。在导学案中，老师依据课程标准要求和学生实际情况，科学合理地确定课堂的三维教学目标，明确自学的内容、方式、时间、要求、检测方式，避免自学漫无边际，浪费时间。导学案从"以教为中心"转换为"以学为中心"，重点考虑学生的学习需要，是为学生学习、发展服务的。导学案经历了六年的反复改进和提升，到现在已经第三次正式出版，受到全国各地兄弟学校的高度评价，凡来我校交流的同行们纷纷要求带回本校。

（3）有度

完美课堂的有度，体现在每一节课中学生的活动量、思维量、教学节奏、学习负担上，教师要能根据学生的实际情况，对以上方面做到调节适度，让学生在课堂上发挥主动性、积极性，充分调动学生思维发展，教学节奏适度，既不能太快，更不能太慢。有度在完美课堂中非常重要，是对教师教学的基本要求。

世界上没有最好的教育发展模式，只有更接近于本国国情的教育发展模式。那么课堂也同样是这样，没有一成不变的完美课堂，只有随着班级的不断发展而变化着的，适合本学校、本班级的具体情况的课堂，这样变动中的课堂才是真正的完美课堂。只有这样的课堂才不会盲目地照抄照搬别人的经验和模式，才能够根据自己学校和班级的实际情况建置属于自己的、有度的课堂，有张力却并不被塞满，有激情却并不狂热，有内涵却并不张扬，有关怀却并不溺爱的真正完美课堂。

为了打造完美课堂的有度性，我们洋为中用，走出去，到美国优秀的学校去学习、感悟，内化为自己的办学理念。通过听讲座了解美国教育的基本情况、教育体制和特色、学校的管理机制、校长管理培训、中美基础教育的比较等，深入了解美国学校各方面的工作。然后回到自己的学校，把从美国学来的教育教学经验结合我们自己学校的实际，通过学科内整合、学科间整合、超学科整合三条途径整合出属于我们自己学校的有度的有效课堂教育教学体系，使课程更符合学生需求和学校特色。例如，政史地生学科本着"减负要落到实效，学生的潜力要得到释放"的原则，进一步将"整合教材，实行零作业"作为教研课题进行专题研究，走全面整合教材、打造高效课堂、实现减负提质的科学发展之路。八年级思品学科总结出了"学习内容模块化，学习形式团队化，人格教育活动化"的减负提质课改经验。有度课堂为学生的全面发展插上了梦想飞翔的翅膀。

（4）有变

完美课堂是有生成和变化的课堂，是预设与生成的统一。有变就是指课堂教学中既有预设性，又有生成性，教师和学生根据教学的实际情况机智应变，这也是教师教学智慧的集中体现。

实现学校课程的百花齐放。为了学生综合素质的提升，学校课程本着"只要是学生需要的，都要创造条件为学生开设"的原则实施。这是"有变课堂"开设的初衷，在充分征求学生意见之后，根据学生需要开设四大类 90 余门特色鲜明的学校课程，比如插图设计、小记者、游泳、机器人等课程，所有学生在每学期开学前都要从网上自主选报一门自己喜欢的课程。每周五下午第七、第八节课，学生充分享受多彩课程所带来的幸福，学生的个性特长得到极大提高。

实现信息技术课程的自主创新。一是将信息技术与学科知识有效整合。如打字训练与古诗文背诵、生活化随笔写作的整合；网页设计训练与"学科知识树绘制"大赛结合等，拓展学生思维的广度。二是创设特色课程。通过电子书包学习方式创建师生互动、生生互动的网络学习平台，让学生经历"体验、探究、应用和创新"的学习过程。三是开设实验初中网络课程。汇集精品学案、精品课堂实录、精品教学资源的数字化学习平台，引领学生通过数字的无限进入学习的无限。学生网上发展银行也为学生自主学习提供动力。

实现学生社团课程的健康发展。开设"科技课程",实现科技育人。学校把科技教育作为实施素质教育的重要途径,努力培养学生追求知识、独立思考、勇于创造的科学精神。通过开设小小发明、机器人、科普讲座等课程,开展知识树电脑绘画比赛、科技节等活动,培养富有创新精神和实践能力的优秀人才。

科技节

开发"社会资源课程",实现合力育人。一是校企合作课程。与青岛泳联汇游泳俱乐部合作开设游泳课,成立"三高"游泳训练培训基地,培养"道德水平高、文化素质高、运动水平高"的体育后备人才。二是家长义教课程。建立家长志愿服务人才信息库,推选出有特长的家长为学生开设计算机、羽毛球、乒乓球、美术、音乐、劳技等课程。三是家长值班课程。家委会组织开展每日值班活动,积极参与升旗仪式、班教导会、走进课堂、走进餐厅、交通疏导等活动,家校合力促进学生健康成长。

(5) 有神

完美课堂的有神,就是指学生在课堂上敢于质疑、敢于批判、敢于创新。从这里可以看出,完美课堂把注重培养学生的怀疑精神、批判精神和创新精神作为重要的目标。让学生做到"我的课堂我做主",于是课堂就有了灵魂和神韵。

　　开设自主管理课程。苏霍姆林斯基说过："追求理想是一个人进行自我教育的最初的动力，而没有自我教育就不能想象会有完美的精神生活。"学校利用社团为学生搭建自主管理平台，每6个人为一个小社团，承包主题班会，开展学习竞赛、特长展示等活动。每班是一个大社团，团团相连，形成德育生态园。为使学生自主管理有足够的人力资源，分级分批培训学生智囊团成员。社团自办"大家讲坛"，每月一个主题；评选"感动实中"学生，树立美德榜样；评选美德小明星，激励学生互相学习。自主管理课程让学生的思维更加活跃，个性更加鲜明，美德日渐形成。

　　实现课堂学习生本化。通过积极探索，我校最终确定建设"268"合作小组。"人人是主人，人人学科长"使每个学生在不同的学科合作学习中都有明确的分工，角色轮流承担，培养了学生的各种能力；在课外，这种小组组织又成了一个学生小社团，一起学习探讨，"好得就像一家人"；将合作小组作为全员育人导师制实施的"最小功能单元"，各项活动均纳入小组合作活动，比如值日组、就餐组、跑操组、活动竞赛组等；建立捆绑式评价体系，通过干部走课反馈、班级日总结、级部周评比、学校月表彰等形式极大地强化学生的小组合作责任感与集体荣誉感。

　　有神课堂还积极推进向外的延展，开发"走向社会"实践课程。学校开展社区志愿者服务、走进中国石油大学、我与北大清华暑期有约、赴韩科技交流、赴维也纳艺术交流等活动，促进学生美好品德的形成。

学生赴台开展文化交流活动

2. 基本特征

（1）完美课堂的外部特征

从外部特征来看，完美课堂应表现为"四感课堂"，即胜任感、成就感、愉悦感、安全感。

"胜任感"指向学生的参与领域。只有当教学触及学生自信的琴弦，激发学生自我努力和我能行的学习欲望，引发学生学习的兴趣，学生兴奋起来时，才会产生胜任感。胜任感是学生在课堂上自信心的充分表达，充满自信的学生跃跃欲试向往上课，而不是被满堂灌的老师追着、赶着被动地学习，有一种不用扬鞭自奋蹄的自我追求知识的积极性。在充满胜任感的课堂上，学生觉得自己有信心驾驭所要学习的知识，产生一种把当堂的知识化为己有的成就感，成就感是完美课堂的第二个外部特征。

"成就感"指向学生的智力领域。只有当学生智慧的火花被点燃的时候，只有当学生情感闸门不断开启的时候，学生才会产生学有所获、体验最好的成就感。让学生充满成就感的课堂不是死水一潭，它让学生们的心中有一股如大海波涛一样澎湃的激情。当学生们在课堂上发挥自己的聪明才智，积极思考，认真完成老师留下的任何问题，并能够当堂运用已经学过的知识，很好地表达出来的时候，学生心中满溢的成就感会让学生产生渴望上课、求学的愉悦感和幸福感。而愉悦感就是完美课堂的第三个外部特征。

"愉悦感"指向学生的情感领域。课堂是学生主动学习的场所，学生是学习的主动者，课堂上理所应当让学生心理安全，心灵自由，畅所欲言，自主互动。在和文本、教师、同学的对话中，心情舒畅，乐在其中。学生们在一上课的时候就带着我能行、我一定能够学好的"胜任感"投入到学习的过程中，并且能够在这个过程中得到老师和同学们的认可和正向评价，那么学生的"成就感"就会让学生更加地愿意继续学习，在"胜任感"和"成就感"中，学生们的心灵是自由、舒展的，是一种"海阔凭鱼跃、天高任鸟飞"的畅达，是青春美丽的绽放。而以上的"三感"是需要一个最重要的心理认知的眷顾和呵护的，那就是"安全感"。

在马斯洛的需要层次理论中，安全上的需求是最基础的第二项需求，是人存在和生存的底线需求，人的情感、理想、实现梦想等的需求都必须建立在安全需求之上，没有安全感的课堂，学生们是不会产生"胜任感""成就感""愉悦感"这样的高层次的人类需求的。如果学生在课堂上没有安全感，学生的学习也会畏首畏尾，缩手缩脚，不可能尽情舒展而完满地表达。所以，给学生一个无论如何表达都不会伤到孩子自尊心的安全课堂是多么的重要和关键。

（2）完美课堂的内部特征

从内部特征来看，完美课堂是"问题导学的课堂"：在充满智慧挑战与情感张力的课堂上，学生以问题为主线，在教师的引领下，随着对教学文本的不断深入，逐渐地攀登知识的高山、能力的高山、情感的高山、智慧的高山。对学生而言，课堂始终是一个充满着智力挑战与情感鼓舞的"场"，它的动情点与思维点是学生情感与智慧不断得以攀升的沃土。一句话，完美课堂是以问题为引领从而获取最大化的整体教学效益的课堂；完美教学是对学生的生命发展发挥应有的多方面的启迪、帮助、引领和奠基效能的教学。

完美课堂的内部特征的最大要点就是当堂内容当堂消化、掌握。针对教学内容，当堂测试，并由学生互批互改，或者教师边讲评边批改，做到堂堂达标、人人达标。我们的课堂不仅堂堂清，还强调人人清，主要是通过小组合作学习的方式，把达标测试题逐一检查，然后老师统计，个别问题首先在小组内解决，小组的共性问题在全班解决，全班的共同问题师生共同研究解决。这样就做到了人人清，截断了后进生后退的路子，使每个学生都能完成当堂课的任务。英语检测中，根据需要设计口语练习。课下布置具有可选择性、层次性、实践性、研究性的作业。除语、数、英各有 20 分钟课外作业外，其他学科均实现了"零作业"。轻负担，高质量，低耗时，高效益，给每个学生留有充分自主发展的空间。为了强力推动减负，我们出台《作业设计、批改及布置规定》，严格要求教师因材施教，分层对待学生。

"问题导学"教学模式最大限度地优化了教学环节。一切课堂行为以生为本，以学定教，做到大信息量、大思维量、大训练量，课前无预习，课后少作业，把课后时间还给了学生，让学生有充分的时间发展自己的爱好特长。实现了学生肯学、想学、学会、会学和立志学的理想效果，从根源上解决了厌学问题，教学质量显著提高。

3. 具体操作要点

完美教育落到实处就是完美课堂，完美课堂从具体操作策略来看，需要把握五个要点：重协作、要结果、讲气氛、重自主、重整合。

（1）重协作

完美课堂要关注学生的长远发展，在课堂上为学生的终身发展奠定坚实的基础。完美课堂上的团结协作是至关重要的。

课堂教学的主旋律是自主学习和合作学习。现代社会的发展，使职业分工越来越细，一个人单打独斗的时代已经成为过去，越来越需要集体的合作。个人能力再强、工作再出色，也不可能没有"短板"。通用电气公司的 CEO 杰克·韦尔奇有句名言："你可以拿走我的企业，但不能拿走我的团队，只要我的团队在，我就能再开创一个更加辉煌的企业。"我们的课堂教学模式倡导一个重要理念："我们！"没有完美的个人，只有完美的团队。让学生在合作中学会沟通，学会负责，学会竞争，学会分享。现在很多企业倡导建立"狼性团队"，狼喜欢独自活动，但它们却是最团结的动物。

当今时代的教师必须要有一个明确的理念：课堂教学不是你"一个人在战斗（或表演）"。教会学生学习，是要把薄薄的书本放大，要教"有字之书"，还要教"无字之书"。要把机会和时间还给学生，学生缺少的就是"表现机会"和"思考时间"。要鼓励学生勇敢地说"不"，亚里士多德有句名言不是说"吾爱吾师，吾更爱真理"吗？还有句名言是，"我不同意你的观点，但我誓死捍卫你说话的权利"。老师永远不要"高高在上""一锤定音"，一定要勇于走下讲台。因为，青出于蓝而胜于蓝，弟子不必不如师，师不必贤于弟子。

（2）要结果

完美课堂要有完美的结果，教学合一讲质量。

围绕高效课堂研究，我们既狠抓课堂教学质量，又注重加强教学策略研究。我们探索创造了一系列关于学生学习方法和习惯培养的辅助教学策略。优生优培策略是关于学习优秀生的拔高策略；后进生辅导策略包括师对生、生对生的个别辅导策略；学习方法与习惯培养专题活动策略即定期举行优秀生学习方法与习惯报告会，邀请教育专家做激发学习兴趣讲座等专题报告。家校合作系列则针对每个孩子的个性和学习状况，制定行之有效的家校合作育人策略。

在清怡中学教学模式创新使我们两年就打了翻身仗，从名不见经传到全区统考第一名。古人说，创业难。我们从"负数"开始创业，学生来自四面八方。因为是寄宿制学校，大部分学生是家长经商、在外打工的孩子，或者是别的学校不愿意要的"问题生"。在这样的情况下，我们能取得这么好的成绩，真是奇迹。

（3）讲气氛

在课堂上通过师生互动营造和谐的氛围。让课堂活起来，让课堂真正地成为学生学习的乐园，是完美课堂所追求的课堂氛围。在完美课堂中让课堂气氛活跃起来的方法很多，有自主学习课、交流展示课、质疑反思课和拓展训练课等多种形式的学习活动，让学生分别通过读书、思考、写报告，展示、质疑、讨论、对话、总结、写备忘、做题、究因、找规律等方式进行学习，通过竞争、帮助、辩论、讨论、表演、模拟等小组活动方式把握问题，解决问题。通过画本学科、本学段的知识树、能力树、价值树、线状图、网状图、表格、简笔画等形式，对整本教材、单元内容以及每节课的教学内容融会贯通，举一反三。学生学会积累学习这棵知识树上的一个分枝、一个叶片、一个果实，用知识树把厚书读薄也是智慧学习的表现。

（4）重自主

"问题导学"模式突出了学习的自主性、小组的合作探究性和学生的充分展示性。学生学习什么知识，什么时候学，怎么学，学多深，学多宽等，都是在问题、项目、任务的驱动下自主进行的。学生把握问题的解决，就是把握了成长的全过程；学生注重问题的解决，就是注重了成长的收获。在"问题导学"模式中，教师承认、尊重、相信学生生命成长的本能，学生在享有成长权、选择权、表达权、展示权等权利的过程下享有真正的生活，收获成长的喜悦。

"问题导学"课堂的宗旨是让学生参与课堂教学，由过去单一机械的知识获取者，成为课堂教学的积极参与者、合作者，真正成为课堂的主人。学生在教师创设问题的情境下，课前带着问题"看"，发现问题"思"，疑点问题"查"，不懂问题"记"；课堂上带着问题"听"，围绕问题"辨"，抓住问题"练"，寻找问题"究"，解决问题"明"。学生从课程开始前就参与了课堂教学，寻找相关知识，积极思考，合作探究，知识共享，共同营造了一个主动进取、活泼向上、学习兴趣浓厚的氛围。这样做，开发了学生智力，发展了学生的创造性思维，培养了学生自主合作探究能力，引导学生学会学习，为终身学习和工作奠定基础。

（5）重整合

完美课堂注重教学的过程，在真实中追求完美，而教育过程是多样化不是单一化的。没有教育的多样化，就没有教育的个性化。为了打造出适合每个孩子发展的个性化教育，我们通过"学科内整合、学科间整合、超学科整合"三条途径，在构建"学科课程群"过程中寻找到了点亮心智、蓬勃生命的教育智慧，实现了课程的多样化。

2014 年夏参加"课程整合"的老师与领导专家合影留念

（六）完美学生

1. 完美学生的人格特征

学生是学校的主体，没有学生也就不能够称其为学校了。而教育的最终目的是培养全面发展的人格健全的学生，在这一点上无论什么样的教育理念都是一致的，但学生的发展又受到不同文化的影响和制约，在不同文化背景下的学生的人格特征会表现出明显的差异。完美教育的主要目的是打造完美发展的学生群体，在完美教育理念下，学生的发展就会体现出明显的与众不同的特征，我们经过研究总结出完美学生群体具有以下人格特征，即"自尊自信、诚实勤奋、友爱坚强、文明进步、智慧幸福、追求完美"。

（1）自尊自信

完美学生群体的人格特征之一是自尊自信。自尊，也可以称为"自尊心""自尊感"，它是指个人基于自我评价产生和形成的一种自重、自爱、自我尊重，并要求受到他人、集体和社会尊重的情感体验，是对自我的肯定。自尊心是马斯洛需求层次理论的第一层次需求，是生理需求，是做人的根本，是人和动物相区别的道德底线，没有自尊心的人就会无所顾忌，无事不做，没有任何的原则和约束。所以，培养完美学生的首要任务就是树立学生的自尊心，让学生在成为人才之前先造就成大写的人。

　　自信就是自己相信自己，是发自内心地对自己的积极的相信与肯定，是自尊心的延续和发展。自尊自信在初中生的发展中非常重要，直接影响他们的人生观的形成。苏霍姆林斯基说过："人类有许多高尚的品格，但有一种高尚的品格是人性的顶峰，这就是个人的自尊心。"初中生的身心还处在发展之中，处于童年期向青年期的过渡时期，他们一方面渴望成功，对很多事情都想尝试，充满自信，但当尝试后达不到理想的目的时，往往又怀疑自己的能力，产生自卑心理。所以培养初中生的自尊自信非常重要。我们在完美教育中，通过让学生进行自我教育、自主管理班级事务、在学习中进行自主学习以及丰富多彩的活动培养学生的自尊自信。

　　（2）诚实勤奋

　　诚实守信、勤奋好学是我们中华民族的传统美德，也是中学生守则的基本内容。诚实往往和守信联系在一起，它是一种道德品质和道德规范。诚实守信，对人真诚，讲究信用，是一个人品德修养高尚的集中体现，也是赢得别人尊重的前提条件。

　　有一个关于诚实守信的故事。18世纪英国的一位有钱的绅士，一天深夜他走在回家的路上，被一个蓬头垢面、衣衫褴褛的小男孩儿拦住了。"先生，请您买一包火柴吧。"小男孩儿说道。"我不买。"绅士回答说。说着，绅士躲开男孩儿继续走，"先生，请您买一包吧，我今天什么东西还没有吃呢。"小男孩儿追上来说。绅士看到躲不开男孩儿，便说："可是我没有零钱呀。""先生，您先拿上火柴，我去给您换零钱。"说完，男孩儿拿着绅士给的一个英镑快步跑走了。绅士等了很久，男孩儿仍然没有回来，绅士无奈地回家了。

　　第二天，绅士正在自己的办公室里工作，仆人说来了一个男孩儿要求面见绅士。于是男孩儿被叫了进来。这个男孩儿比卖火柴的男孩儿矮了一些，穿得更破烂。"先生，对不起了，我的哥哥让我给您把零钱送来了。""你的哥哥呢？"绅士道。"我的哥哥在换完零钱回来找您的路上被马车撞成重伤了，在家躺着呢。"绅士深深地被小男孩儿的诚信所感动。"走！我们去看你的哥哥！"去了男孩儿的家一看，家里只有两个男孩的继母在照顾受重伤的男孩儿。一见绅士，男孩儿连忙说："对不起，我没有给您按时把零钱送回去，失信了！"绅士却被男孩儿的诚信深深打动了。当他了解到两个男孩儿的亲生父母双亡时，毅然决定把他们生活所需要的一切都承担起来。

　　诚实守信是一种高贵的品德，它与金钱、财富、名誉、声望无关，它只温暖地关心着你内心的道德良知，是一种面对自己内心的千金不换的高贵和富有，是完美学生的内在气质要求。

勤奋好学是一个人成功的基础，它更多地体现了一个人的精神面貌和态度。勤奋就需要刻苦，只有认认真真地对待每一件事，不断努力才能取得成功。"不积跬步无以至千里，不积小流无以成江海"，只有从点滴做起，从认真对待每一道题、每一页作业、每一个实验做起，才能够构建起自己的高楼大厦。散乱的砂石、建材，没有人的完美结合和构建，是永远也建不成鳞次栉比的楼宇的。所以，你人生的美好梦想就在远处描绘着，但是没有一步步地从点滴做起，没有勤勤恳恳、踏踏实实、勤奋刻苦地学习和工作，那么你永远也到不了心中的远方，你的梦想永远不会成为现实。

(3) 友爱坚强

友爱坚强是对完美学生的一种要求和期盼。

友爱是指学生对待他人的一种态度，学生对待同学、对待教师、对待家长、对待他人要有友爱之心，只有友爱才能获得他人的理解和信任，可见友爱和诚信之间的关系是密不可分的。诚信友爱是我国优秀的传统美德，也是构建和谐社会的道德基础。友爱就是要大力倡导以文明礼貌、助人为乐、爱护公物、保护环境、遵纪守法为主要内容的社会公德，在全社会形成平等友爱、融洽相处、共同前进的社会氛围和人际环境。在这种状态下，尊重人、理解人、关心人、信任人内化为人们的自觉行动，这种自觉行动有助于达到社会组织和社会系统的和谐，进而达到整个社会的和谐。只有心中有友爱之心的人，才能够放开胸怀地去关心、爱护、帮助别人，也才能够得到别人无私的帮助和爱护，这样建立起来的学习关系，更有利于学习和成长。这些品质也是完美学生所应具备的。

坚强则是对学生个人品德的一种要求，具备坚强的性格，具有坚强的毅力和不折不挠的精神，不怕挫折，勇于克服困难，朝着理想和目标不断努力，这样才能取得成功。有这样一个故事，大哲学家苏格拉底有一天给他的学生上课，他说："同学们，我们今天不讲哲学，只要求大家做一个简单的动作，把手往前摆动 300 下，然后再往后摆动 300 下，看看谁能每天坚持。"过了几天，苏格拉底上课时，他请坚持下来的同学举手，结果，90%以上的人举起了手。过了一个月，他又要求坚持下来的同学举手，只有 70%多的人举手。过了一年，他又同样要求，结果只有一个人举手，这个人就是后来也成为大哲学家的柏拉图。此时的柏拉图很年轻，在学识上与后来的哲学家柏拉图相比仍显稚嫩，但已表现出一个杰出人物所具有的执着追求、坚持不懈的优秀心理素质。他在成为哲学家之前，平淡无奇，所不同的是在那些人们看似平淡、枯燥的重复中，柏拉图能认准目标、始终坚持。甩手固然甩不出一个哲学家，但是目标游移、耐不住寂寞的人是很难有大的作为的。两个同等条件的人，一个学习坚持不懈，一个学习浅尝辄止，两年以后，差别会很明显。

（4）文明进步

文明，往往是和粗鄙相对的，当我们说一个人很文明时，常常说这个人有修养，有涵养，文明表现在他的举止、表情、服饰、谈吐、待人接物等方面。学生要不断自我完善，不断追求道德和人格的完善，提高个人的文明程度，做文明人。进步是不断向前发展，这要求学生每天都要有自己的收获，无论在学习中还是在生活中都要有收获，每天都要有变化，做到"苟日新，日日新，又日新"。只有文明才能进步。

文明是人的一种很高贵的品质。1964 年东京奥运会时，全场 10 万多日本人观看完比赛离场后，偌大的看台上没有一丝垃圾，全世界震惊了！我们应该从自己做起，从我们的手头做起。记住，只有自己做好了，别人才不会小瞧你。所以，文明进步，不仅仅是环境卫生问题，同时是一种尊严，不仅仅是个人问题，同时是爱国的大事。

我校抓住契机教育学生，让学生牢记文明不是小事，进步需要文明，这是完美学生的标识，是人之为高尚人的品格要求。

（5）智慧幸福

这是完美学生群体的发展目标之一。完美学生是有智慧的学生，一个有智慧的人才能懂得怎样使自己成为真正的人。智慧人人都有，但它只是人的一种自然禀赋，即智慧潜能，只有通过教育才能将学生的智慧潜能变为现实，所以教育是培养学生智慧的，它让学生成为有智慧的人。

在学习中，通过教师的教学，让学生通过自己的努力和社团活动等实践体验成为有智慧的人。这里的智慧显然不等同于知识。幸福也是完美学生追求的目标，教育是为了学生的幸福生活，本真意义上的教育旨在培养学生的幸福生活能力。正如著名的教育家乌申斯基说过的："教育的主要目的在于使学生获得幸福，不能为任何不相干的利益牺牲这种幸福，这一点当然是毋庸置疑的。"教育过程本身应该是幸福的，从外部来看，教育应该为受教育者未来的幸福生活做必要的准备。对于完美学生群体来说，幸福必然意味着有智慧，有智慧才能真正幸福。同时智慧也要引向幸福，成为幸福的基石。所以完美学生是追求智慧幸福的，智慧幸福也应该成为完美学生群体的人格特征。

（6）追求完美

追求完美既是完美学生的特征，也是完美教育的核心思想之一，完美教育就要追求完美。学生要追求完美，永不满足，主动学习，在知识能力、情感态度、创新精神、健全人格、综合素质等方面都得到主动发展、个性成长。这就需要自尊自信，诚实勤奋，友爱坚强，不断进步，这样才能获得智慧幸福。

追求完美，做完美学生是一个学生的最高追求，是生命成长的目标，有了这样的目标，成长才有意义和动力。什么是目标？就是朝思暮想、做梦都想、时刻都想，而且一想起来就热血沸腾，那才叫目标。有目标的人在奔跑，没目标的人在流浪；有目标的人在感恩，没目标的人在抱怨；有目标的人睡不着觉，没目标的人睡不醒，在很多人还没睡醒的时候，别人已经成功了。给人生一个梦，给梦一条路，给路一个方向！跌倒了要学会自己爬起来，受伤了要学会自己疗伤！生命只有干出来的精彩，没有等待出来的辉煌。

2. 完美学生的形象

完美学生的人格特征主要是针对学生群体而言的，完美学生形象则主要针对学生个体，当然这种区分是相对的，二者之间并无严格的界限，只是为了突出不同的重点而已。形象是指一个人的外表和容貌，也是一个人内在品质的外部反映，它是反映一个人内在修养的窗口。在现代社会，一个人与他人交往，首先必须将自己的形象映入别人的脑海，让别人知道自己的存在。学生形象就是社会、家长等对某一学生的总体印象，是一个人文明程度的表现。我们将完美学生的形象概括为"四雅"，即"志趣高雅、学识博雅、举止儒雅、谈吐文雅"。

（1）志趣高雅

"雅"本身含有美好、高尚、不粗俗之意，"高雅"是指高尚雅致，表现出受过良好教养的高尚举止或情趣。高尚的志趣是学生的立身之本，志趣越是高雅，学生就越文明，就越趋向于完美。志趣高雅不是天生的，需要在教育中慢慢生成，所以完美教育要培养志趣高雅的学生。

高尚的志趣是立身之本。志趣激毅力，"志"加"趣"，如虎添翼。挑战吉尼斯纪录的人，虽千奇百怪，莫不是有着超人的志趣和毅力。志拓才，趣壮志，不少科学家的发明创造就是始于志趣。志趣在山水，方有《徐霞客游记》；志趣在草药，方有《本草纲目》；志趣在报效国家，才有屈原之《离骚》。志趣怡身心，添趣寻乐，身心得舒展，精神更充实。北宋大哲学家张载说："人若志趣不远，心不在焉，虽学无成。"认为"本心乐为"，才能有"自修之志"，从而达到"自得"的境界。有志趣，才心理健全，才富有竞争力，才大有作为。有些人的志趣，缺乏道德涵养，没有审美品位，一味宣泄，一味玩乐，一味奢求，热衷于酒场、舞场、赌场，沉溺于纸醉金迷、灯红酒绿之中，以追名逐利为趣，以猎取美色为趣。志趣低俗，牵着他们步入泥潭。

志趣求高雅，重在养成，须得锲而不舍。也要升华，须得与时俱进。可交流，不可交易。可相悦，不可逢迎。可切磋，不可喧嚣。如此而行，志趣才扎实，才有用，起到丰富生活、陶冶情操、开拓境界、开发智力的作用。一味求"玩"，难免玩物丧志；一味寻"乐"，难免乐极生悲。人人有闲暇，莫以为无足轻重，任意挥霍。人人遇消磨，不要无所事事，随波荡漾。做有心、有志、有为之人，不教一日闲过，不弃微薄，日有所获，累积起来，便是闪光的脚印和成就的花环。

（2）学识博雅

学识博雅是指学生学问渊博，品行端正。一个人要有广博的知识，还要有高尚的品行。对学生来说，他们要有广博的知识，既要学习科学知识，又要学习人文知识，做到科学与人文的高度统一。同时还要把自己的学识用于实践，做到品行高雅。

一直很喜欢这句诗词"胸藏文墨虚若竹，腹有诗书气自华"，我希望我的学生都成为腹有诗书、气质高雅的学生。一个人读书多了，身上自然会带一股书卷之气，就会自然而然受书本的影响，言谈举止间流露出读书人所特有的气质，或温雅，或脱俗，或不卑不亢，或典雅大方；一个人见识深广，学识渊博，会由内而外散发一种独特的气质，是一种优良品德、一种深沉内涵、一种闪光思想，显现璀璨的光芒。满腹经纶，是一种思想的净化、精神的升华。

在当代这个人心浮躁、喧嚣的社会里，在一所环境优雅、氛围温馨和谐的校园中读书，将一颗浮躁的心经书沉淀，这时，书就是你灵魂的伴侣、思想的朋友，你在理解着她、阅读着她的同时，她也在感染感化着你、引导指点着你。书是智慧的源泉，是思想的火花，是黑夜里的一盏灯，照亮前行路。书充盈你的智慧，开阔你的视野，潜移默化地影响着你的思想，令视野更开阔，眼界更辽远。

（3）举止儒雅

儒雅有两种意思，一是学识渊博，二是气度温文尔雅。举止儒雅就是指学生的行为举止比较得体，有儒雅之风。这既体现在学生的言谈举止等外在的形象上，更体现在学生的内涵修养上，是内外兼修才可具备的高尚品质。

北宋哲学家杨时，就是举止儒雅的典范，成语"程门立雪"语出《宋史·杨时传》。进士杨时，为了继续丰富自己的学问，毅然而然地放弃了高官厚禄，独自一人跑到河南颍昌拜程颢为师，投在程颢门下虚心求教。程颢去世后，他自己也只有40多岁，但仍然立志求学，刻苦钻研，又跑到洛阳去拜程颢的弟弟程颐为师。

有一天，杨时和他的朋友游酢一块儿到程家去拜见程颐，正遇上了程颐老先生在闭目养神。这时候，外面开始下起大雪。他们两人为了不打扰先生休息，便恭恭敬敬地侍立在门外等候，不言不动，如此等了大半天，程颐这才慢慢睁开眼睛，见杨时和游酢仍然站在门外等候，大吃一惊，问道："你俩一直站在这里没走？"这时候，门外的雪已经积了一尺多厚，而杨时和游酢并没有一丝疲倦和不耐烦的神情。这种精神让程颐很受感动，于是，便收他俩为入室弟子，悉心传授。杨时和游酢果然不负所望，后来，各自成为一代理学大师。

这才是作为学生对待老师应该有的儒雅之举，我们学校以杨时等为典范，号召学生向他们学习，争做举止儒雅的完美学生。

（4）谈吐文雅

语言是社会交际的工具，是人们表达意愿、思想感情的媒介和符号。语言也很能反映一个人的道德情操和文化素养。在与他人交往中，如果能做到言之有礼，谈吐文雅，就会给人留下良好的印象；相反，如果满嘴脏话，甚至恶语伤人，就会令人反感。

谈吐文雅首先要态度诚恳、亲切。说话本身是用来向人传递思想感情的，所以，说话时的神态、表情都很重要。例如，当你向别人表示祝贺时，如果嘴上说得十分动听，而表情却是冷冰冰的，那对方一定认为你只是在敷衍而已。所以，说话必须做到态度诚恳和亲切，才能使对方对你产生表里一致的印象。

声音大小要适当，语调应平和沉稳，吐字要清晰，音量要适度，以对方听清楚为准，切忌大声说话；语调要平稳，使听者感到亲切自然。

俗话说："衣服要干净，语言要文明。"在现实生活中，我们常会碰到这类情况：一句诚实、有礼貌的语言，可止息一场不愉快的争吵；一句粗野污秽的话，可导致一场轩然大波。"良言一句三冬暖，恶语伤人六月寒"就是这个道理。谈吐文雅看似简单，但要真正做到并非易事，这就需要我们平时多加学习。所以，作为一个完美学生，谈吐文雅是必须要做到的，这也是完美学校对于学生的基本要求。

3. 完美学生的培养目标

教育的根本任务是培养人才，根本目的在于促进学生的全面发展，完美教育的目的是培养完美学生，促进学生的完美发展。那么完美学生的发展目标是什么呢？完美学生的发展目标其实也就是完美学生的培养目标。我们经过认真思考，明确了完美学生的培养目标：注重养成良好习惯，注重全面发展，注重用国际化的视角看世界，让每位学生具有"阳光的心态、负责的态度、健康的体魄、广阔的视野、好学的精神、规范的操守、健全的人格、不懈的追求"。

这一培养目标简明扼要地表达了完美教育的重要追求——培养完美学生。阳光的心态，就是指学生有积极向上的心态，在生活和学习中乐观向上，追求进步。负责的态度是指学生有高度的责任心和责任感，对自己负责，对他人负责，对每一件事情都尽职尽责。健康的体魄是对学生身体素质的基本要求，体魄健康是学生成长和发展的基础。广阔的视野是指学生视野广阔，具有现代化的国际视野，这也是志趣高雅的体现。好学的精神是指学生在学习中刻苦勤奋，有不达目的绝不罢休的勇气。规范的操守是指学生的言行举止规范，要符合中学生的规范，并追求儒雅的举止。健全的人格是指学生全面发展，以正面的积极的态度对待世界、他人与自己，过去、现在与未来，顺境与逆境，做自立、自信、自尊、自强和幸福的进取者。不懈的追求是指学生追求完美，不断进步。这些方面并没有严格的维度，是一种简单的划分，体现了完美教育的追求。

（七）完美教师

完美教育中，教师是根本，没有教师的完美，完美教育也就无从说起。教师的言谈举止、身体力行，对于学生起着潜移默化的榜样作用。并且，一般而言，学生对于教师的信任、崇拜，要远高于自己的父母，教师在学生们的心目中，是知识、力量、品行、道德等的美好化身。教师的角色和身份是任何职业所取代不了的，她

与学生的亲密合影

体现着社会的良知，所以完美教育从高尚的师德、精湛的专业素养、砥砺过硬的师表、优良的师风四个方面来进行完美教师的培养。

1. 高尚的师德

"德高为师，身正为范。"为师之道，首在立德。我们在完美教师的培养中，首先抓教师的师德建设，要求教师要不断加强师德修养，做到"十心立师德"，取得了实效。

一是忠心。教师要忠于教育事业，有矢志教育的崇高理想，坚信教育可以改变人生，让人过上有质量的幸福生活。要坚守教育，有终身从教的执着追求，有贯彻教育方针的坚定信念和为国育才的强烈责任感，捍卫教育尊严，矢志不渝。

二是爱心。爱心是评判师德的基本标尺。苏霍姆林斯基说："没有爱，就没有教育。"鲁迅说："教育植根于爱。"教师的爱心体现为心怀大爱，"一切为了学生、为了一切学生、为了学生一切"。教师要努力做到爱生如子，"老吾老以及人之老，幼吾幼以及人之幼"；爱生如友，尊重学生、信任学生，与学生打成一片；爱生如己，时时处处设身处地为学生着想，保护学生人身安全，维护学生合法权益。

三是匠心。晋代傅玄说："大匠构屋，必大材为栋梁，小材为榱橑，苟有所中，尺寸之木无弃也。"教师不放弃每一个学生，努力为每名学生提供适合的教育，让每位学生得到适合自身发展的途径是每位教师应该独具的匠心。

四是痴心。情必近乎痴方始真。教师要有专注之心、执着之心、上下求索之心、诲人不倦之心，要心无旁骛，对教育教学工作情有独钟，要有几十年如一日的心态，有衣带渐宽终不悔的执着，还要有一片冰心在玉壶的境界。

五是童心。即真心、诚心、赤子之心、纯洁无瑕之心。苏霍姆林斯基说："只有那些始终不忘记自己也曾是一个孩子的人，才能成为真正的老师。"教师有了童心，从孩子的视角看待孩子，用孩子的思维理解孩子，才能明其所思、知其所想、解其所惑、导其所行，走进学生的心灵世界，做学生的知心朋友，当学生喜欢的教师，从而寓教于乐，教学相长。

六是虚心。"三人行，必有我师焉。""弟子不必不如师，师不必贤于弟子。"教师要虚怀若谷，不骄不躁，谦虚谨慎，博采众长。做到"无一事不学、无一时不学、无一处不学"。破除自己一贯正确的意识，认真听取和吸纳学生、家长的意见和建议，不把自己的观点和行动强加到学生、家长身上。

七是清心。教师须具备清静之心、圣洁之心、淡泊之心、寡欲之心，淡泊以明志，宁静以致远，不为名利所惑，不为物欲所扰，有"捧着一颗心来，不带半根草去"的追求，有"不义而富且贵，于我如浮云"之风范。要坚守高尚情操，廉洁从教，安贫乐教，抵制以教谋私，不进行有偿家教，不在校外兼课，不向学生推销教辅材料，不接受家长的宴请、礼品和现金等。

八是公心。教师要树立平等意识，正视每一名学生的差异，理解每一名学生。对每个学生都公平公正，一视同仁。不戴有色眼镜看待学生，不带着成见评价学生，不因自己的心境情绪亲疏学生，不因学生一事过错而恶语相加，不因学生一时后进而冷眼相视，不因学生禀赋差异而妄下定论，不因学生屡教不改而心灰意冷，不随意放弃对每一名学生的教育。

九是良心。教师职业是一种自我监督的良心职业，教师的良心就是知责明理、将心比心。教师要常有是否无愧于他人、无愧于自己、无愧于教师光荣称号之问，常有"教学生三年，为学生想三十年，为国家想三百年"之想。要善于换位思考，为家长着想，对孩子负责。不做损害教育、学校形象的事，不做愧对良知的事。

十是雄心。古人云，"志不立，世上无可成之事"。教师要志存高远，争做教育家，不当教书匠。首先在业务钻研上有孜孜以求之志，在教育教学上有与时俱进之志，争做"良师"；再则在课题研究上有勇攀高峰之志，在人才培养上有培英育杰之志，争做"名师"；继而在教育理论上有集大成之志，在学术领域有创一家之言之志，争做"大师"。

2. 精湛的专业素养

《礼记·学记》中的"记问之学，不足为人师"，《师说》中的"师者，传道授业解惑也"，对教师的专业素养做了形象生动的描述，专业素养是教师职业素养的核心。我们以"十力"提升教师的专业素养。

一是学习力。教师要做源头活水，须将学习作为责任和追求，有"学海无涯苦作舟"的学习动力，有皓首穷经的学习毅力，有融会贯通的学习能力。教师应广泛地学习各种先进知识，掌握先进的学习方法，时刻把握教育教学改革的发展方向，不断更新知识和理念，提高专业知识水平、教学能力和文化素养，努力成为学习型教师。

二是研究力。"教而不研则浅，研而不教则空。"研究力是教师专业化成长之本。教师应立足日常教学实践中遇到的实际问题、微观问题，通过同伴互助、专家引领等方式开展校本研修，切实解决教学所需；要熟悉教育法规政策，尊重了解教育规律，洞悉教育发展趋势，有渊博的知识和独特的教育思想，不断积累教学经验，生成教学智慧，形成教学风格，

三是创新力。教育是艺术，艺术的生命在于创新。教师应有强烈的创新欲，善于吸收最新教育科学成果，将其积极地运用到教育、教学、管理等过程中，并不断优化课堂结构，创新教学手段，革新教学模式，改进教学方法，不拘一格，不墨守成规、安于现状。应有战略思维，对教育的先导性有着深刻的理解和认识，有超前时代 20～30 年的意识，能从人类历史发展的眼光来看教育，从人类文明进步的角度去办教育。

四是表达力。教师的表达力直接影响到教学效果。教师要善于运用肢体语言，以充满亲和力的语言和充满爱心的笑容打动学生，让学生真正感受到教师的可亲、可敬、可爱。教师要会鼓励学生，音调要抑扬顿挫，如能做到以声传情、以音动心、以情感人、以神育人，必将激发学生的表现欲、成就感、认同心。

五是感召力。"桃李不言，下自成蹊。"教师的个人魅力对学生来说是无字之书、无言之师。学生不一定按老师说的去做，但一定会按老师做的去做。要注重用自己

人格魅力去影响学生，用语言魅力去启迪学生，用行为魅力去塑造学生，用情感魅力去感染学生。

六是观察力。观察力是因材施教的依据，要用眼去观察，用心去倾听，视其所以，观其所由，察其所安。善于透过最细微的小事，探索到学生心灵的奥秘。特别是要关注优秀生的缺点，关注学困生的优点。

七是驾驭力。驾驭力指的是驾驭课堂、驾驭教材、驾驭学生的能力。体现为教师运用精湛的管理策略、教学技巧去驾驭各种局面，优化课堂教学安排，有效地组织实施课堂教学，影响、协调和激励学生，完成统一教学目标任务的能力。教师应巧妙安排教学内容，精心营造教学氛围，灵活组织课堂教学，充分激发学生兴趣，提高教学效果。

八是反思力。高尔基曾说："反省是一面莹澈的镜子，它可以照见心灵上的玷污。"教师要勤于反思，不断批判地考察自我的教育教学行为，思索课堂的教育方式、内容、成效，并理性地分析成功与失败，制定出改进措施，在验证中不断修正改良，提升教学效率，在反思中不断形成对教育、学校、课程、课堂的独到理解、看法和主张，并成一家之言。

九是执行力。执行力是作风，是能力，是态度，是境界。教师要充分发挥自身的聪明才智，创造性地去实施，积极主动地想办法、出主意、拿措施、抓落实，充满责任心地完成上级交代的各项任务。只为成功想办法，不为失败找理由，把小事做细、把细节做精，努力做到理论上有建树、工作上有实绩、社会上有影响。

十是沟通力。成功学之父卡耐基说过，成功＝15％的专业技术＋85％的沟通技巧。教师的沟通力体现在与学生、家长、同伴、领导的新型人际关系的构建上。要善于和学生沟通，要放下严师的架子，与学生打成一片；要善于倾听，增进互动，与学生家长交朋友；要强化合作，密切协同，与教学伙伴共同成长；要尊重领导，当好学校领导的参谋和助手。

3. 砥砺过硬的师表

师者，人之模范也。而"模范不端，则不模不范矣。不惟立言制行，随时指点，即衣冠瞻视，亦须道貌岸然"。完美教师的为人师表，就要涵养师者气度，做到"十气修师表"。

一是才气。苏联著名教育家马卡连柯说："学生可以原谅老师的严厉、刻板，甚至吹毛求疵，但是不能原谅老师的不学无术。"才思、才情、才识、才干彰显教师的独特气质。才气不仅包括学科专业知识、教育理论知识和教学专业技能，还包括深厚的文化修养、出众的艺术才能，做到科学精神与人文精神兼备。

二是雅气。教师的雅气体现在教师们由内而外散发的独特气质和魅力。女教师要优雅，男教师要儒雅。教师的学识要博雅，志趣要高雅，谈吐要文雅，举止要温雅。教师要有"学高为师，德高为范"之风范，教师要拒绝俗气、媚气、奴气、痞气、流气、江湖气，不参与迷信、赌博等活动；不酗酒，不在学生面前和学校公共场所吸烟；不在校园穿拖鞋、施浓妆、染彩发，自觉抵制诱惑，不做有损人格的事。

三是灵气。教师的灵气在于睿智，即拥有教育智慧。教师要具有准确判断教学情势的敏锐，具有从容化解教育矛盾的机智，具有科学调节教育行为的魄力，具有凝聚学生身心的魅力。有灵气的教师能根据学生自身的特点，灵活把握教材，充分利用自己的聪明才智去打造一个充满灵气和智慧的课堂；有灵气的教师，总是神采飞扬，字字珠玑，在传授学生知识的同时收获极度的幸福和满足，他的学生也是充满灵气的。

四是正气。正气充盈，律己泽人。正气，是教师做人的气节和行为的准则。学校是学术之地，不是心术之地，更不是权术之地，教师要激扬正气，才能压制邪气，抵制歪风，从而让优秀的人得到肯定与褒奖，让普通的人拥有期盼与渴望，让落后的人感到压力与危机。教师的正气是社会正气的未来所在，教师以凛然正气教育学生明正义、辨是非、分真假，学生才能身心健康，社会才能风清气正。

五是锐气。锐气，是一种胆量，一种魄力，一种攻坚克难、摧枯拉朽的精神境界。锐气是战胜职业倦怠的清醒剂，是加快专业成长的催化剂，是突破教学难题的推进剂。每个教师都须有知难而进的英雄气概，一往无前的坚强斗志，敢为人先的创新精神。

六是和气。一名优秀的教师要懂得宽容与谅解，与家人、同事、邻里和睦融洽，能体谅、关照学生，能探寻到学生内心的真正需求，以春风化雨的方式让学生感受教师的爱。教师不能有霸气、煞气、狠气，学生敬畏的不是教师本人，而是教师传授的"道理"。教师的尊严和权威也不是靠吓唬和惩戒，而是靠道德和人格的教化建立的。"威"的最高境界是不怒而威，得到学生的真心拥戴，才能让学生心悦诚服。

七是勇气。孔子云："仁者不忧，知者不惑，勇者不惧。"表现为不畏艰难、不甘人后，敢于担当，勇于否定，敢于超越；打破从教谋生的职业化意识，树立成就事业、为国育才的高远追求；打破为师者尊的传统观念，树立师为生范的意识，构建和谐融洽的师生关系；打破"教书匠"的惰性，树立"终身学习"的职业追求；冲破课堂的空间局限、教材的知识局限。

八是大气。古人曰："君子要忍人所不能忍，容人所不能容，处人所不能处。"要有王者之气，大家之气，应该胸襟坦荡，宽厚宏博，有虚怀若谷之心境，有海纳百川之气度，不汲汲于一己之私利，不耿耿于一时之得失。要从高处放眼，大处着手，把握全局，面向未来。

九是心气。心气是精神状态的反映，是精、气、神的表现。精神振作、激情飞扬、神采奕奕的教师会把精力充沛、心胸豁达、充满活力的感觉传染给学生。这样的教师在事业上肯定会不甘人后，大有作为；在生活中肯定会乐观开朗，充满自信；在课堂上肯定会底气十足，精神抖擞；讲起课来肯定会抑扬顿挫，纵横捭阖。

十是豪气。教师应该有几分豪情，不卑不亢、不屈不挠；有几分豪爽，大大方方、坦坦荡荡；有几分豪迈，光明磊落、洒脱飘逸；有几分豪放，开朗率直、自信从容。

4. 优良的师风

师风是教师的行业风尚，是教师群体精神面貌的反映。风气正则事业兴，师风正则教育兴。作为完美教师，应树立五种风尚。

一是激情澎湃之风。教师有激情，才会激发智慧，工作左右逢源；教师有激情，才会精神焕发，不会有疲劳感和职业倦怠，才会感染、激发学生，使学生兴趣盎然地投入学习；教师有激情，才会博览群书，精心备课，揣摩洞明课本；教师有激情，才可以在课堂上旁征博引，引领学生在学海泛舟；教师有激情，才能尊重学生个体差异，做一个快乐的教育者。

二是科学严谨之风。严谨治学是科学精神的体现。教师要树立终身学习的理念，付诸上下求索的行动，不唯书，不唯上，崇尚科学，坚持真理，形成科学严谨的学风，争做终身学习的榜样，并真正坐下来，静下心，定下神，扎扎实实地做些学问。

三是创新超越之风。创新超越就是吐故纳新、不断改进、持续超越。《周易》云："穷则变，变则通，通则久。"只有不断改革创新，才能"通"和"久"，才能超越。作为教师，要敢于否定，敢于设疑，敢于超越自我，超越昨天，甚至超越今天。

　　四是表里如一之风。教师当言行一致、表里如一，不仅要在课上诲人不倦、谆谆言教，走出课堂，拭去粉尘，依然得处处为人师表，言教之外，不忘身教，以自己的实际行动，去教育、感染、陶冶、影响学生的情感和心灵。如果当面一套，背后一套，必将引学生误入歧途。

　　五是博识诚善之风。教师应是博览群书，有着广博的爱好，还应是业务上优秀，人品上高尚，言行举止文雅。孟子说："诚者，天之道也；思诚者，人之道也。"诚，是一切美德与品质的基础。只有至诚，方能至善。教师应心地仁爱，品质淳厚，践行诚信善良，与人友好，劝人向善。

2011 年 9 月 5 日青岛开发区实验初中开学典礼上师生与领导合影留念

完美教育的基本目标与
主要实施策略

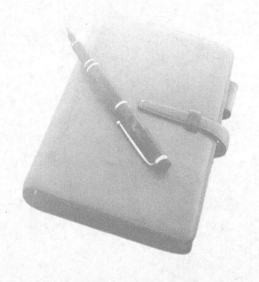

完美教育就像一幅建构高楼大厦的宏伟蓝图，在我的心中不断地描绘着，但是我没有把这幅宏伟蓝图仅仅当作空中楼阁或者是海市蜃楼，看着美好却遥不可及，我在心中种下了蓝图的种子，给它不断地浇水、施肥、除虫，让它既接受风霜雨雪的考验，也享受阳光、和风的滋润，我为我的理想蓝图设置了基本目标，同时也为这些目标的完成制定了实施策略。我们学校正一步步地、踏踏实实地向着完美教育的美好蓝图前进着，越走步伐越坚实，越走越信心百倍。

一、完美教育的基本目标

（一）学校层面：建设"宜学""宜教"的完美学校

　　完美教育在学校层面上的基本目标是建设"宜学""宜教"的完美学校。完美学校对学生而言，就要体现"宜学"，对教师而言，就要体现"宜教"。也就是说，通过建设完美学校，把学校办成一所让每个学生都能学有所得，都能尽情地展现才华的"宜学"之校；办成一所使每位教师都能感受职业幸福，都能在提升自我的舞台上大显身手的"宜教"之校；办成一所让家长放心、让社会满意的素质教育名校。要在完美教育中，通过我们的努力，打造师生共同成长的幸福家园，建设高质量、有特色、国际化、现代化、国内一流的知名中学。

　　我们在青岛经济技术开发区实验初级中学，就借助创建"宜居青岛"的思路，设计和构建良好的育人环境和教育教学活动方案，建"宜学""宜教"学校。我认为"适宜"的就是最好的，不断追求最好的过程就是不断追求完美的过程。学生满意的"宜学"学校是不断超越自我的学校，是不仅能让每个学生都愉快生活，而且能把学生的才能发掘出来并发挥得淋漓尽致的学校，教师满意的"宜教"学校是使每位教师各得其所，感受职业幸福，给他们提供展示才华、完善自我的舞台的学校。

　　创建"宜学""宜教"学校这一完美教育目标的确立，既体现出了学校谋划发展的主动性，也明确了学校的硬件和软件建设发展的方向，有力地指导着实验初中方方面面的工作。"宜学""宜教"学校的建设可以让学校成为师生成长的幸福乐园，成为学生走向未来最好的排练场，有利于学生的卓越成长，有利于教师的卓越工作。"把学校建成最适宜学生学习、成长的学校，建成最适宜教师教学、创新的学校"是我们对完美学校的追求。

（二）管理层面：管理者是追求完美管理的践行者

在完美教育中，我们追求学校的完美管理，努力使管理者成为追求完美管理的践行者。在很多学校的管理中实行的是层级式管理，管理者包括校长、副校长、德育主任、年级主任、年级组长、班主任等，结构十分庞杂，往往不能调动管理者的积极性，只有少数人真正参与学校的管理，影响了管理的效率。我们践行完美教育，在管理上进行了大胆尝试和改革，构筑了以"扁平化管理"为核心的高效低位运行机制，"扁平化管理"减少了管理层级，充分调动了每一个管理者的积极性，每一个管理者都成为追求完美管理的践行者。

"扁平化管理"最大的优势是避免了人多扯皮现象的发生，管理层的领导越多，遇到难办的事情越是推卸责任。而"扁平化管理"却能够让各基层的领导，积极创新，因为每个基层领导都要作为一把手行使权力、同时承担义务和责任。扁平化管理，既调动了基层领导的积极性和创造性，又避免了相互扯皮、推卸责任的现象的发生，使管理真正地做到了事情有人管，乱事有人理，同时也让校长从日常的繁杂事务中抽身出来，更多地了解学校方方面面的实际状况，不会形成管理上的死角。校长还能够从他们那里得到靠自己的眼睛看不到的事情、靠自己的耳朵听不到的情况、靠自己的头脑思考不到的办法，最后达到博采众长、融会贯通的目的，让校长的管理真正地成为面对全校每一位老师、每一件事情、每一个班级的管理，校长真正成为这个管理共同体的核心。

（三）教师层面：教师是追求完美教育的引领者和执行者

教师是完美教育能否成功的关键。我们在完美教育中，在教师层面注重打造完美教师队伍，使教师成为完美教育的引领者和执行者。一所好学校首先应拥有一批怀抱理想信念、胸怀育人宏志的"完美的"教师，这是学校发展的关键所在，当前存在的择校热主要也是在择教师。那么，完美教师是什么样的教师呢？我们认为，教师之"完美"，在于其自由的精神意趣、独立的人格担当、丰富的情感世界与深远的思想境界。教师之"完美"，更在于其应该是一个站立着的人，一个能够以自己丰富的学识、涵养与智慧，引领学生不断走向成功和幸福的人生引路人。学校要发展就要形成一个品德高尚、业务精良、乐于奉献的优秀教师群体。因此，我们要锻造一支品德高尚、学识渊博、理念先进、业务精良、乐于奉献的学习型、研究型教师团队——他们追求一种生命有意义、人生有乐趣、职业有尊严、存在有价值的生活。

我做校长以来，就把"着眼全体教师，关注骨干教师，培养青年教师，追求人人是名师，打造在全国和省内外影响较大、成就突出的名师体系"作为教师培养目标，以"名师工程"为抓手，积极创造一切条件，牢牢抓住一切机会，鼓励支持教师成才、成名、成家，努力造就涵盖国家、省、市、区、校五级名师在内的优秀教师梯队，着力构建"具有较高的人文师德修养，较高的专业素养，较高的育德育才能力，鲜明的教育教学特色"的"三高一特"教师团队。

教师是兴校之基，强校之本，教师专业化发展程度决定着学校发展的速度与高度。我校积极做教师专业成长的"领跑者"和"助推器"，努力打造一批精于教学的能手，善于创造的好手，长于科研的高手，做到名师强校。

带领老师们赴济南参加"雷夫中国行"活动

（四）学生层面：学生是追求完美教育的主人

在教育中，教师是主导，学生是主体。完美教育在学生层面，是使学生成为追求完美教育的主人，完美的教师，为的正是培养出完美的学生。学生的完美，不仅仅在其年龄的增长、学识的丰厚、素质的提高，更应呈现出学生特有的人格气质与光华，是一种看似青涩而实则圆润而饱满的成长过程：灿烂的笑容、善良的心灵、宽广的胸襟、好思的大脑、灵巧的双手、健康的身体，这些看似朴素的展现背后，呈现的正是学校对于一个学生完美生长的全部期许。为学生打好牢固的学习基础，注重教育学生养成良好习惯，注重培养学生全面发展，注重引导学生用国际视野看世界，让每位学生具有阳光的心态、负责的态度、健康的体魄、好学的精神、规范的操守、健全的人格、不懈的追求，是我们完美教育的培养目标。

给青岛市教育局邓云锋局长和周民书副局长介绍学校陶艺课程

习惯决定人生成败。很多学生学习习惯不好，没有制订学习计划的习惯，没有预习、复习的习惯，只习惯了被作业牵着鼻子走。据了解，很多学习不好的学生，从来都是把做作业当作"任务"。很多关心孩子学习的家长常说的一句话就是："作业做完了吗?"很多教师本身缺乏培养习惯的意识，这是导致课堂低效和无效的一个重要原因，也是导致学生厌学、负担重的重要原因。

学生的性格和个性千差万别，学习基础、学习能力也是参差不齐。比如有的学生不善于说话，不会和同学交流，缺乏与别人合作的意识和能力；有的学生不喜欢当众展示，只习惯于当听众，当观众；还有的学生喜欢说废话、闲话，这些情形都必然影响课堂教学效率和质量。教师应该高度关注这些情形，想尽办法关注到全体学生，尽最大可能让学生人人得到机会锻炼自己。现在有一个现象叫"开口死"，说的是大学生考公务员、应聘工作等，一开口说话就招致失败。但是，我们的课堂却是百花齐放、百家争鸣，有时候是唇枪舌剑，高潮迭起。近几年来到我校交流的全国二十几个省市的专家、领导、老师已有 3 万人之多，还有美国、加拿大等外国友人，我们的学生是镇静自若、侃侃而谈、落落大方、语惊四座。

完美学生的培养是我追求完美教育的终极目标，没有完美学生的学校也就不能称之为完美学校、完美教育了。

（五）家长层面：家长是成就完美教育的助力军

学生成长是学校教育、家庭教育和社会教育共同作用的结果，教育历来就不只是一种单边活动，学校教育也早已不再是学生成长唯一的动力源泉。在完美教育中，我们充分发挥家长的作用，让家长成为成就完美教育的重要力量。也正是从这样的角度，我们希望借助"家长委员会"和"家长学校"这两个有力的杠杆，使得我们的学校教育能够与每一位家长始终保持着心心相印的精神契合，由此能与家长形成合力，向着社区、街道、家庭以及学生生活的每一个领域渗透。"博爱的胸襟、丰富的学识、关注教育的热情、长远的发展目光以及对学校教育理念的高度认同"，这是我们对完美家长的热切期待。

家庭是每个人生活的主要地方，也是人的一生中归属时间最长的社会组织。家庭里积极的生活态度，开放的生活空间，和谐的生活氛围，多元化的生活追求，健康的生活取向，科学的生活方式，对孩子个性的发展和身心健康起着举足轻重的作用。因此，提高家长素质和家庭教育水平是学校教育中不可忽视的组成部分。所以我们通过家长学校、家校互动、家长开放日、QQ 和微信平台等各种有效手段，培训家长，引领家长，和家长建立各种联系和沟通，充分发挥家庭教育的优势和家长对学校的监督作用，以实现家庭、学校、社会三教合一，拓宽育人途径，在目标一致的基础上，发挥各自的优势，统一步调，形成教育合力，发挥教育整体效应，促进学生的健康成长。

二、完美教育的主要实施策略

（一）优化学校治理，提升办学活力

建校以来，我始终把现代学校制度建设作为保障学校现代化发展的重要工作来抓。特别是我校确定为青岛市现代学校制度建设实验学校后，进一步完善了《青岛开发区实验初中现代学校制度建设实验方案》，进一步明确了现代学校制度建设的指导思想、目标任务、整体思路、工作重点、行动策略、阶段要求。优化学校治理，提升办学活力，用现代学校制度保障学校持续健康发展，已成为学校管理的新常态。

1. 理念引领——用价值观奠定制度的思想基础

让现代教育理念成为现代学校制度的灵魂。制度的力量从根本上讲是一种思想的力量，缺乏对制度背后思想观念的坚信，任何制度无论多么健全齐备，不过是魂不附体的躯壳，不可能被真正地执行。我们发动全体教师共同参与，经过反复研讨论证及三年的实践检验，完善了以"完美教育理念"为核心的学校特色文化发展战略，形成以"追求完美"为价值取向的现代教育观、师生观、课程观、教学观和质量观。使全体教职工高度认同没有完美的个人但有追求完美的教育过程，建设现代学校制度的最终目的是"培育阳光生命，奠基智慧人生"，只有将"教育即服务、质量即生命、特色即品牌"的办学理念，"仁爱尽责、追求完美"的学校精神等彰显学校特色文化的元素融汇到制度中，才能保证办学理念的有效落实。把制度升华为共同的价值追求，并润物无声地内化为师生的自觉行为，这样的制度才真正有力量。

让法制和民主成为现代学校制度的源头活水。建设现代学校制度就是依法治国在学校教育领域的具体要求，我们把《教育法》《联合国儿童公约》《未成年人保护法》《教育部全面推进依法治校实施纲要》《青岛市进一步推进现代学校制度建设的意见》等45部有关教育教学的法律及教育部门行业规章挂在校园网上，组织全员集中学习和专题研讨。学习教育法律法规、现代学校制度建设的基本理论和先进学校的实践经验，教干、教师不仅明确了现代学校制度建设是维护学校、教师、学生各方合法权益，实现教育现代化的重要保障，而且明确了制度不是想怎么制定就能怎么制定，现代学校制度建设必须有充分的法理依据。每项制度中的每一条每一款都经过上上下下反复征求意见，有的还要先经过试行完善后才通过为正式制度，在制度讨论时让每一个人充分表达意见，通过后又善于服从和执行民主的决定。学习跟进，助推实践，逐渐增强的法治精神和民主意识成为有效推进现代学校制度建设的重要保障。

2. 制度创新——在探索中提升制度的品质

创新特色章程，办学自主权一切始于章程。随着教育改革的不断深入，学校办学自主权越来越大，如何使办学自主权发挥出最优办学效益，关键在于学校章程中如何明确规定。就像依法治国首先要依宪治国一样，依法治校首先要依章程治校。完善修订后的《青岛开发区实验初级中学章程》用九章106条详细阐明了学校办学理念、育人目标、管理体制、考核评价等学校教育教学活动和发展问题的基本关系和要求。民主、法制、公平、科学、责任成为我校章程的主旋律，使章程成为特色办学理念的提炼，治理特色的优化。例如，章程第五章《学校治理结构》，用四节16条明确了领导体制、决策机制、执行机制、民主管理与监督机制、咨询机制的组织结构、职责要求和运行方式。做到一切依法按照章程自主管理，拒绝非法干预。

青岛开发区实验初中首届董事会成立

　　创新管理组织，问计借力于学校教育董事会。依据中央关于分类推进事业单位改革的文件和学校实际，成立了学校教育董事会，董事 15 人包括学校举办方（教体局）、社区、社会贤达及企业家、教育专家、家长、教师、管理干部和校长共八个方面的代表。学校章程规定，学校教育董事会不仅协调学校、家庭、社区之间的关系，而且对学校"三重一大"（重大决策、重要干部任免、重大项目安排和大额度资金的使用）有决策、指导、评议和监督权，形成了八方问计共谋发展的学校决策新机制。2014 年 8 月董事会一届二次会议按照其议事规则审议通过了学校《章程修正案》《文化发展战略》《第二个三年发展规划》《科技长廊建设方案》等，履行了对学校发展和建设的重大问题把关定向的职责。教师节上董事会筹集资金 10 万元奖励教育教学成绩突出的"完美教师"，较好地解决了原来校长想做而做不了的事。决策型学校教育董事会的成立，使得学校发展可向董事会借"智"（对学校"三重一大"重要事项决策监督）、借"势"（利用各方优势帮助学校协调沟通社会各方关系）、借"力"（力所能及地为学校师生发展提供场所、平台、资金等帮助），为学校走向科学、优质发展奠定了基础。

　　创新管理体制，构建"一主两翼"的学校法人治理结构。即以校长负责制为主体，"教职工代表大会"和"学校教育董事会"为两翼的现代学校治理结构。董事会成为决策协调机构，对教育教学管理等重大事务进行决策协调，学校实现按章程自主办学；在教代会对教育教学常规工作全面监督的同时，还成立了监事会，监事由政府教育督导室、纪检部门、学校党支部、工会、教师委员会、家长委员会等组织的负责人组成，对重大决策决议的执行落实、对学校财务、对董事和学校干部履行职务行为进行监督，学校实现民主运行；以校长为代表的学校行政班子，成为学校管理的执行机构，负责学校日常运行的各项管理事务，学校实现依法管理。基本实现了决策、执行、监督三权相互制衡又相互配合的新型管理体制。同时，把治理权力再让渡，先后完善了教职工代表大会制度，成立了教师委员会；完善了家长委员会制度，成立了班、级、校三级家长委员会；完善了学生会制度，成立了级、校两级学生会；为了保证决策、评价的科学性，成立了专家咨询委员会，等等。从单一向度的行政管理，走向了多元治理主体共同治理合作共赢。例如，2014 年度教师的师德考核、职称评聘等完全由教师委员会独立完成。

　　创新管理模式，实行扁平化管理。我校不设副校长，校长直接与中层干部对接，中层主任对校长负责，中层也不设副主任。中层干部之间不形成上下级关系，而是互相支持的"合作共同体"。中层干部在其所属的管理项目中，都能代表校长实施管理，行使其学校所赋予的权力。将传统的处室一律改为发展服务中心，根据管理实际设有教师发展服务中心、学生发展服务中心、信息发展服务中心、社团发展服务中心、三个级部发展服务中心等9个发展服务中心。其职责如名称，一是促进发展，二是提供服务。把日常教育教学的管理、监控、指导和评价奖惩等权力分别下放给各发展服务中心。例如年级发展服务中心，作为中层干部的年级发展服务中心主任全面负责年级教育教学工作，拥有对本年级所有教师的考核权、评优推荐权等，直接对校长负责；同时他们又与其他发展中心构成互助协作、指导监督、合作共赢的关系。年级发展服务中心定期召开班级教导会，研究班级管理中的问题，明确教师和学生的管理目标和要求。扁平化管理，形成了责、权、利明晰的全员责任管理体系，提高了管理效率。

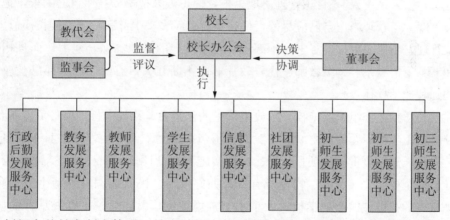

创新完美教育制度体系，健全学校内部治理制度。根据现代学校制度建设的要求，我们在全面反思梳理原有制度存在的不足，全面征求校内外有关方面建议的基础上，利用暑假组织学校干部、教研组长、骨干教师等50人到西南交大，封闭15天，进行现代学校制度文本的修订以及各个学科课程整合。由于天天研讨到零点以后，被专家戏称"零点团队"，经过"零点团队"卓有成效的努力，课程整合、制度建设都获得可喜成果。以学校章程为依据，以完美教育理念为准绳，以学校实际为起点，从依法办学、科学发展、岗位职责、自主管理、立德树人、教师发展、课程教学、民主监督、社区参与、社团活动十大方面建立起了学校治理制度体系。一级分类目录 10 条，二级制度目录 137 条，重点、常规工作的标准流程 122 条，近 30 万字。这些制度经教代会讨论审议，董事会决策通过，校长办公会于 2014 年 8 月发布实行。完善的制度体系使得教职工明确了职责（知道干什么），明确了标准（清楚干到什么程度），明确了流程规范（怎么干），确保了学校完美教育管理过程的有法可依，有章可循，被老师们亲切地称为"完美教育法"。

3. 开放办学——让制度"激"出办学活力

放开学校管理权，让人人成为自主管理的主体。我校实行"值周校长责任制"，每周由一名中层干部担任值周校长，行使校长职责，包括以一把手的身份参加上级部门的会议，而校长只在关键时候提醒，不插手具体事务。每天安排一位中层干部作为值日组长，带领"今日我当家"的 6 位轮值老师直接参与学校管理。管理的基本方式是"走课"、方法是"一线工作法"、要求是"日清双轨制"，真可谓是"人人是校长，人人是主人"。自主管理落地生根，使得人人把学校当作自己的家，把站在校长角度参与管理当作自己应尽的责任，实行三年多来干部和教师与校长换位思考、换位管理，不仅大大提升了学校干部教师自主发展的意识和综合能力，而且相互理解和谐了干群关系。特级教师、优秀教师群体不断壮大，有的中层干部已被教体局选调到其他学校任校长。

放开学校工作组织实施权，解放了师生的创造力。我校实行"项目负责制"，将学校日常工作按专题项目由"能人"牵头承包，鼓励干部师生根据自身专长自主申报，向校长直接负责，从项目计划、过程实施到总结评价，项目负责人可以像校长一样调动全校有关人、财、物等所有资源办好项目，极大地调动了师生主动参与、完美做事的积极性。小到学校大大小小的常规工作，大到学校主办或承办的国家、省市级活动都分包给普通教师、教研组；就连学校艺术节、体育节、科技节、读书节、诗文诵读节、英语节也都是由学生自主承办、教师从旁指导协助。现在全校经常有十余个项目组在自主运行。人人能负责，人人有干事，不断创新的工作，使奇迹不断产生。

放开社会参与监督权，家长成为最可靠的同盟军。办人民满意的教育，就要先让家长参与教育、理解教育、支持教育。《实验初中家委会章程》规定，三级家委会成员必须经层层竞选产生，参与学校教育教学和学生管理的政策决策，评议学校和

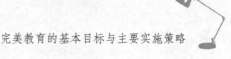

教师工作，等等。家委会由"从旁协助"走向"共同治理"。每天有 3 名家长驻校办公，进课堂、进食堂、负责入放学学校门口安全等，全程参与学生一天的学校生活；学校与家委会联合成立"家长教育研究工作室"，不断提高家长参与管理的能力和教育子女的水平。"做义工、自提升、传文明"是家长志愿者的口号，也是他们在学校各种活动中的实际行动；特色校本课程和社团活动的紧缺师资都来自家长；学校全天候向家长开放，每学期家长评议学校、评议班主任、评议教师的结果学校都以较高的权重纳入综合考核；除家委会向学校每周的综合反馈外，家长热线、家长 QQ群、微信平台、校园网上的家长空间成为家长即时监督评价、反馈建议的畅通渠道。家长感慨地说："这样具有开放胸怀、善于自主管理并一心为学生的学校，我们把孩子交给它，还有什么不放心的呢？"

放开课程开发权，引领学校办出特色。我们把课程制度"多学科整合、全方位育人、多样化发展"的要求，放给在专家指导下的教师团队。一是国家课程的校本化。注重在"化"字上下大功夫，通过选择、改编、整合、补充、拓展等方式，对国家课程、地方课程进行校本化、个性化再加工、再创造。语文读写整合、艺体模块整合……"一科一品"的校本课程使校园变得色彩斑斓。目前，十三个学科均已形成烙印上本校特色的完美课程。2014 年 10 月山东省课程整合研讨现场会在我校成功举办。二是校本课程特色化。我们向全校师生发放问卷调查，讨论决定如何做我们自己的特色课程。目前，学校已经成功构建起包含入校（毕业）课程、国旗下讲话课程、主题教育课程、团队课程、实践课程、社团课程、"节日"课程、阳光体育课程、科技课程、国际教育课程在内的十大类活动课程体系，每个课程体系都实行"项目负责、主题引领，模块推进"。模块课程自己选，我的社团我做主。个性化活动课程，让每个孩子都有了出彩的机会，实现了课上精彩，课下多彩。

（二）问题导学，实现教学优质化

课堂是师生生命成长的地方。只有提高了单位时间的工作效率，让学生在短时间里完成既定的学习任务，学生们才会有更多的时间参与课外活动，更好地享受学习的乐趣、幸福、快乐。如何在有限时间内高质量完成国家课程计划，让课堂充满生命活力？如何让学生们有更多时间发展自己的爱好特长，让学校成为孩子们的乐园？这是我们实施完美教育一直思考的课题。我们以"问题导学"课堂教学模式为抓手，不断研究深化，促进教学方式和方法的转变，让优质课堂成为可能。

"问题导学"教学模式是基于传统的教学模式提出来的。传统教学模式的特点是教师根据教学大纲，书写教案，根据教学大纲和教案口授、板书，学生耳听、笔记，即使课堂上提出问题，其答案也是早已经存在于老师的教案、课本中的。教师是教学活动的中心、主体，是知识的传授者，学生是知识的接受者，媒体是教的工具，教材是教的内容，学生的成绩是教师教学水平的反映，课堂作为教学的主要环境则是提供给教师表演的舞台。一句话，整个教学活动和教学结构都是围着教师转的，显然，教师的教学水平、教学技巧和教学艺术决定着学生的学习效果，在应试教育条件下表现为学习成绩的高低。这种课堂教学模式长期以来一直是我国学校教学的主流模式。

从教师的角度来看，教师普遍喜欢这样的教学方式，教师在备好课的基础上，不用对课堂教学进行过多的设计，凭着一支粉笔就可以轻松地上完自己的课。由于受国家考试制度的限制，在应试教育的大背景下，社会、学校都主要立足于学生的成绩来评价教师，教师要干出成绩，就必须完成自己的教学任务，围绕高考考点对相关知识进行强化训练，以致许多教师以书本为中心，"填鸭式"地传授知识，为高考而教。许多教师的教学方法死板，手段单一，一块黑板、一本书、一支粉笔贯穿整个教学活动，但由于管得严、卡得死、追得紧，只要学生的分数提高，也被评价为优秀教师。这样的教师充其量是"口力劳动者"，凭着多年教惯的知识而坐享其成，不思进取。

从学生的角度来看，学生普遍不喜欢这样的教学模式，大多数学生不爱问、不想问"为什么"，也不知道要问"为什么"，只是麻木地、被动地接受知识，死记硬背。机械训练的学法，让学生成了书的奴隶。学生盲目崇拜书本和老师的思想，学习方式基本上是预习—听讲—练习—复习。这种学习方法不仅束缚了学生的思维发展，也使学生学习的主动性渐渐丧失，甚至被迫学习，根本体会不到学习的快乐。谈不上个性发展，最终导致许多学生高分低能，没有健全的学习品质。

"问题导学"教学模式，最先改变的是教师。让教师从"知道分子"向"知识分子"转化，"问题导学"教学模式的出现，让很多教师从仅仅"知道"考试所要求的那些知识，开始向更深、更广处学习、探究、研究知识，因为在"问题导学"教学模式的课堂上，教师首先要会问问题，如果提出的问题过大、泛泛，这样的问题就没有回答的必要；而如果提出的问题过小、过于简单，就提不起学生们的兴趣；问题过少、单一，所讲授的内容就不能够很好地贯彻下去，使课堂教学单薄、无力。所以，教师在备课时对于设计的问题的难度、广度、力度、适应度等都需要考虑。更为关键的是，完美教育的"问题导学"教学模式不单单是老师提问和设计问题，而是尽老师所能调动学生提出问题，生发问题。

我们知道，人类的进步就在于人类不断地追问"为什么"。学生们的"为什么"虽然是围绕课程进行的，但是天马行空的学生们，思维活跃、套路惯性思维少，很容易提出一些与本课堂教学有关但却涵盖更广阔知识领域的问题，而这类问题不是教师提前备课就能够准备好的，学生们提出的问题往往是没有预设答案的，这就需要老师不但要有广博的知识储备，还要与时俱进，跟上时代的潮流，跟上学生们新颖、多变、互联网式的思维方式。所以，作为教师，仅仅靠严、勤、爱等夺得高分是行不通的，只有不断学习、时刻更新、累积自己的储备，才能够被学生认可是优秀教师，学生们才能够信服。

1. "问题导学"教学模式的提出动因

（1）外在推动力——大势所趋

早在 1983 年 9 月，邓小平高瞻远瞩，为北京景山学校题词："教育要面向现代化，面向世界，面向未来。"这为 21 世纪中国的教育改革和发展提出了指导思路，是实现我国教育事业振兴的指针。这就告诉我们：让三个面向走进课堂，让教育改革走向"三个面向"，是当代教育工作者的神圣责任。

中国共产党提出的"努力办好人民满意的教育"就是要求我们教育工作者全面贯彻党的教育方针，全面提高教育质量，遵循学生身心发展规律，从学生的实际出发，以学生为本，了解学生，研究学生，尊重学生，服务学生，创设适合每一个学生的教育，培养学生创新精神，让每个孩子都能成为有用之才。这就启示我们：教学的本质应是让学生学会学习，最终学会终身学习和持续发展。适合学生的教育是好的教育，好的教育才是人民满意的教育。

当前，教育正在接受科技飞速发展、社会快速发展的挑战，教师轻松点击鼠标就能调动丰富的素材资源和教学工具；学生用电子书包就能进行学习……在云教育时代，数字校园不再孤立，所有的老师、学生都能随时随地共享教育的优质资源。在云教育时代，发现问题、解决问题的能力比事实的知识更重要。云教育已经影响我们生活的地球。这就昭示我们：教育正在接受科技发展、社会发展的挑战。传统的教育不能走向未来，教育应该是面向未来培养祖国需要的人才。

21世纪幸福人生：20％智商关联，80％情商关联。研究人员通过对哈佛大学的学生测试得出结论，考试中成绩好的学生与成绩一般的学生相比，二者的成功率相差无几。21世纪成功人士必须具备的七大能力（自我管理能力、信息处理能力、有效表达能力、沟通协作能力、正确思想能力、好奇心想象力、创新变革能力）中，情商所主导的能力有六项之多。这就要求我们：教育要关注差异，尊重情感，释放潜能。

（2）内在原动力——势在必行

①"问题导学"的方向性思考一。我国要实现人力资源强国的发展目标，就必须将每位社会成员培养成优秀的人力资源。一般而言，有什么样的课堂，就会培养什么样的人才。课堂就像人的素质胚胎，有什么样的内涵特征和文化取向，就会培养什么样素质的人才。当下，随着课程改革的不断深入发展，如何适应学生不断变化和增长的多样化需求，培养具有自主创新精神和实践能力的现代化人才，构建高效、富有生机和活力的高效课堂教学模式，成为我们需要解决的首要问题。

②"问题导学"的方向性思考二。课堂教学的核心是什么？是培养学生能力，引领学生发展。适合学生的课堂才是最好的课堂，改变传统的课堂，让学生由接受课堂走向享受课堂是时代赋予学校的责任。

开发区实验初中自2011年建校以来，广泛开展常态化的诊断式听评课、示范式教学论坛课、引领式专家指导课、展示式交流观摩课等活动，并利用教改会客厅找寻制约进一步提高教学效率、效益、效果的瓶颈问题。经过调研、汇总、归类分析发现，在教学过程中，教师还停留在对课改专家所提出的理念认知层面，面对新课改后不断涌现出的新问题，大多数教师没有找到一种高效的教学方法来落实新课改理念。在学习过程中，作为学习的主人，学生得不到学习天性的充分释放、学习动力的有效激发、学习能力的持续提升，在自主学习、合作参与、探究体验、拓展运用等多方面仅流于形式，没有找到有效的落实新课改理念的最优方法。

③"问题导学"的方向性思考三。多年的课堂教学改革探索让我感悟到，课堂教学应从"教"的课堂逐步走向"学"的课堂，这是一个从低级向高级、从不成熟逐步走向成熟的动态发展过程。从滨州清怡中学到青岛经济技术开发区实验初中，

我经历了四个阶段的摸索：一是以学定教，双主互动；二是自主探究，展示反馈（245教学模式）；三是学案导学，自主探究；四是问题导学课堂。这是遵循教育科学规律的必然，后者没有否定前者，而是学生身心发展规律和认知能力发展程度的进化过程。以上各阶段的境界之间既有密切的内在联系，又有明显差异，其教学理念和思路及方法都有很大差异。如"以学定教，双主互动"课堂是指在教师指导下组织学生自主、合作与探究学习的课堂境界；而"问题导学"课堂则是学生在以问题为主线的自主学习、发现生成问题基础上与教师合作探究的学习境界。其"问题解决"的主要途径是以各种有效活动为学习平台，学生在自主建构、合作探究、展示对话过程中，学会了思考、分析、比较、总结、归纳、综合、判断和评价，激发了学生学习兴趣，丰富了学生情感，挖掘了学生潜能。

中小学阶段是学生创新思维品质养成的奠基阶段，他们不一定能有什么惊人的发明和创造，但是，学生创新思维能力在中学阶段一旦养成，将在未来的社会实践中发挥巨大能量。"问题导学"课堂的意义在于使学生获得问题发现、问题生成、问题解决的能力，培养学生的创新思维意识、合作能力、交往能力、实践能力和创造能力，使学生学会终身学习。创建"问题导学"课堂，追求"自我导学"的课堂理想是当代课堂教学深度改革不能回避的新路径，也是引人注目的新方向。

2. "问题导学"教学模式的课堂理念

"为什么我们的学校总是培养不出杰出人才？"这个著名的"钱学森之问"，其实是涉及中国教育的一道高难命题。对于这个问题我是这样思考的：

传统的知识传递式课堂教学一般都是教师单纯讲授知识，学生根据教师要求进行记录、记忆或者做题，然后接受考试。这种课堂教学的最大弊端是忽视了学生的情感发展，闲置了学生的多元思维，从而浪费了学生的智力资源，扼制了学生潜能的开发，使学生的学习活动变成了简单的机械劳动。有一项统计，自恢复高考制度以来，全国各省市诞生了3600多位高考状元，到目前为止，没有一位状元被发现已成长为卓越型杰出人才。其实，不是这些状元没有能力，从某种意义上说是传授式课堂教学没有给予他们创新思维的"种子"。

而从能力特征上推理，所谓杰出型人才必须具备创新意识和创新能力，创新的前提是培养思维意识和思维能力。要培养思维意识和思维能力，其前提则是培养问题意识和发现、分析、解决问题的能力。这种问题能力从哪里培养？无疑首先要从课堂中培养，只有走向以问题为中心的学习型课堂，才能培养学生的问题能力。

苏格拉底说："教育不是灌输，而是点燃火焰。"教育的起点应该立足于人的成长的基本形式，人总是在遇到问题、解决问题中成长。这样，知识传授就不再是教育中压倒一切的任务，而应引导学生学会思考问题、解决问题。因此，我们在课堂教学中实施"问题导学法"，构建以问题为纽带的课堂，有效调动学生的学习主动性，教会学生学会学习，体现了"学生为主体，教师为主导，探究为主线"，突出了学生能力的培养和素质的提高。

"课堂时间注重让学生学知识、找规律、明方法，注重学生自主、合作、探究学习方式的培养，注重学生可持续学习能力的提升，只有这些能力提升了，学生才掌握了终身学习的本领。"作为开发区实验初中课堂教学改革的持续关注者、全国和谐教学法研究会理事长、天津市教科所所长王敏勤教授做出这样的评价。

（1）课堂教学坚持由问题开始，以问题结束，引导学生主动探究

"问题导学"教学模式的课堂活动，始终围绕问题而进行，由问题开始，以问题结束。整个教学过程可以概括为：提出问题，探究问题，解决问题，生成问题。

"问题"是什么？"问题"就是教学目标，是知识目标，能力目标，情感、态度、价值观目标。课堂教学由问题开始，以问题结束：第一，课堂开始，教师以问题的形式呈现教学目标，引导学生在预习的基础上自主探究；第二，组织学生展示预习成果，进行合作探究；第三，教师在认真听取学生意见的基础上，提出新的更深层次的问题，拓展学生视野和思路。

（2）坚持以问题为核心，以探究为主线，以引导为桥梁

提出问题是教学过程的开端，但不是课堂教学的目的。"问题导学"教学模式是以问题为核心，以探究为主线，通过学生"自主学习，独立探究；交流质疑，合作探究；师生互动，共同探究"，实现教学目标，锻炼思维能力，提高综合素质。在"问题导学"教学模式下，教师在课堂教学中的任务不是"教"，而是"导"，是"引"。在"问题导学"教学模式下，所有问题的答案不是通过看书找到的，也不是通过教师的讲解知道的，而是通过探究得到的。不通过探究，就不能真正地理解知识；不通过探究，就无法正确地把握知识；不通过探究，就不能自主地运用知识。坚持以问题为核心、以探究为主线、以引导为桥梁，使学生在探究中掌握知识，在

探究中提高能力。

一言以蔽之，"问题导学"课堂是一种以学生主动参与为前提，以自主学习为途径，以问题为核心，以探究为主线，以引导为桥梁，以多维互动为形式，以全程反馈为保障，旨在培养学生自主思考和合作探究能力的教学方式，目标是让学生成为"有创新精神和实践能力的人"，为终身学习和工作奠定基础。

3. "问题导学"教学模式的基本策略

抓住一个本质：让学生在愿意学习、学会学习的同时形成自学能力和自我发展的能力。其本质是激发学生学习、求知、追问的欲望。

满足两个需求：满足学生需求，学生是学习的主人；满足升学需求，不迎合升学，但成绩是必需的副产品。

关注三个指向：效果、效率、效益。

效果：教学结果和预期教学目标的吻合度，反映课堂的扎实，不为了迎合学生而把课堂设置得天花乱坠。不偏离教学目标，课堂的一切都是为完成教学目标服务的。

效率：取得的效果与投入人力、物力、财力和时间的关系，追求投入的消耗最低化和取得效果最优化，让学生在有限的课堂时间内得到最多的知识，而这个得到过程是愉快和积极进取的，达到事半功倍的效果。

效益：教学过程及结果的整体效益，反映课堂的价值，从整体上体现学生的发展价值。

践行四分教育：分层预习、分层达标、分组学习、分类指导。

分层预习：教材是相同的，学生是有差异的。将预习内容分为 A、B、C 三个层级，让学生自由选择，学生在力所能及的范围内轻松愉快地进行预习，生成问题，激发起学生的自信心和上进心，鼓励学生向上一级目标任务迈进，向更高层次发展。

分层达标：学习内容是相同的，学生是有差异的。以学生发展为本，针对学情对教材使用实行第二次决策，让有差异的学生享受适合的教育，通过分层达标让学生体验到成功的喜悦。

分组学习：6 人的有效学习小组有利于学生发现问题的能力、有效表达能力、合作探究能力的提升。

分类指导：物以类聚，人以群分。让潜能相近的学生得到所需的指导，让每个学生强势智慧都充分发展，潜能充分释放。

做到"五个参与"：学生要参与自学、参与讨论、参与管理、参与评价、参与反思，教师要做好倾听者、指导者、帮助者、评价者、反思者。

4. "问题导学"教学模式的内容

基于"问题"意义建构方式，源于师"导"和生"学"的双核动力，突出了"教是为了达到不需要教"的教育思想，以培养时代需要的人才为宗旨，是高效课堂的一种执行模式。它是以问题为引领，以学习目标为导向，以异质小组为基本组织形式，以教学各动态因素的互动合作为动力资源，以团体成绩为奖励依据的一种教学活动和策略体系。"问题导学"教学模式让学生的大脑急速地运转起来，极大地激发学生的求知欲。

"问题导学"的课堂操作模式分为五环节：问题导入、呈现目标、释疑巩固、盘点提升、达标检测。

（1）问题导入

求知、思考、进步是从疑问开始的，有了问题，学生自主学习就有了明确的目的性，学生的思维活动就具有解决任务的性质，问题的设置只有能激发学生去解决问题，导入才是成功的。"问题导学"的问题提出不是轻而易举的，既要有针对性，又要新颖，切入点准确，符合学生的口味，为下一个问题打基础，为学生的进一步提问、思考创设话题等。所以，问题的提出需要深思熟虑，不断创新，不能总问"这是什么""为什么是这样的""我们应该怎么办"这类的问题。

（2）呈现目标

这个目标一定是教师对学习目标的分解，细化到让学生一目了然：这节课要认识什么、了解什么、应用什么、解决什么。目标往往是问题的本质，体现了问题所考察的方向、应用的方法和提升的规律，让学生能透过问题看到本质，能通过目标的解读启发对问题的思考。提问的目标要准确，能够引领学生沿着目标乘胜追击，向纵深发展，从而满足学生不断追问的需求，而不是课堂最终旁逸斜出，目标涣散，完不成教学任务。

（3）释疑巩固

这是一节课的重要环节，大致上又可分为自主学习、合作探究、展示交流、质疑点拨和巩固练习五个环节。

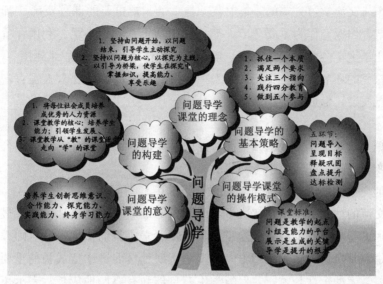

"问题导学"的课堂操作模式图

①自主学习：推进"问题导学"的能力支撑。

自主学习的基本理念："问题导学"模式下的自主学习有规划性、时空性特点，由教师随时接受学生的咨询并提供帮助，对所完成的任务给予严格的评价。这样的自主学习，确保了每一位学生都能独立思考，为后继的小组讨论、班级展示交流奠定基础。让学生真正成为学习的主人，学会学习，独立学习，探究质疑，自主解惑。

自主学习的三个环节：结合导学单，用自己喜欢的方式阅读文本；运用辅助工具自主解读文本；质疑为合作学习提供素材。

自主学习的效果：学生通过老师的自学指导，自主读书、提出问题、解答问题。实现了学生从被动接受向主动与文本接触的转变，从依赖性学习向主动探索的转变。

②合作探究：推进"问题导学"的形式保障。

合作探究的理念：合作探究让学生的价值和潜能更大化地被开发。学生的学习是主动建构知识的过程，不同的学生是用不同的方式来建构知识的，不同的学生总是看到事物的不同方面，对学习有不同的理解。学生之间的这种差异是客观存在的。因此，一方面我们理解和尊重这种差异；另一方面这种差异为学生的交流和合作提供了可能和心理基础。从这个角度讲，合作与交流是人的一种需要，"学生之间的差异"是合作与交流学习方式的一笔财富，是一个非常重要的课程资源。"问题导学"教学模式把合作探究作为重要环节，充分利用学生、利用小组、利用评价，进行自主学习。让学生学会面对面地交流，培养团队协作精神，产生思维碰撞。

合作探究的环节：自主交流，人人在组内汇报交流，实现人人发言、人人发表见解；难点质疑，形成初步知识结构；分工合作，为交流展示做好准备，培养团队精神。

合作探究的效果：实现由师生面对面向生生面对面的转变，由师生合作向生生合作的转变，由师生交流向生生交流的转变。

③展示交流：推进"问题导学"的重要环节。

展示交流的理念：展示是解决学习内驱力的最好手段，是学习成果最直观的呈现，是教师进行学情调查的直接途径，是教师课堂决策的依据，是教师教学智慧的发源地，是课堂抵达"知识的超市"的保障；展示是促进学生成长的重要形式，展示可以发展学生的个性与才智，保障学生有自信和有尊严地成长；展示拓宽了学生合作学习和同伴学习的渠道；展示是学生学习动力的重要源泉，成功的展示意味着成就感的满足；展示是提升课堂文化的重要手段，高效课堂也可以说是一种"展示文化"。我校所倡导的课堂展示不是自主学习的重复，而是学生自主学习的延续、发展、落实和提升，展示必须突出学习重点，解决学生学习中的问题。

展示交流的环节：小组在全班交流展示；生生评价交流；教师引导交流。

展示交流的效果：通过生生、师生互动，激发学生学习兴趣，通过点拨、引导、启发、总结、拓展等手段帮助学生总结学习方法，解决学习困难。积极发挥老师的引导作用和生生评价作用，评价方式由单一评价向多元评价转变，交流汇报由学生对教师汇报向学生向小组组员汇报、向全体学生汇报转变。课堂由学堂向展示平台转变。

④质疑点拨：推进"问题导学"的智慧源泉。

质疑点拨的理念：发现问题比解决问题重要，勇于质疑可以激活学生思维，让学生在质疑中学会学习是实现有效课堂和高效课堂的重要途径，做到这点离不开教师的引导，特别要关注知识的生长点，设疑激趣，让学生在质疑中提高，在对抗中升华。点拨到位，对于疑难的问题教师必须精讲，帮助学生梳理知识，特别是实现如何把新学的东西串起来，形成网，织成块，教学生归纳整理的方法，最终实现教学相长，实现教学效益的最大化。

质疑点拨的环节：学生质疑（教师提疑）；教师点拨学生的思想，打开他们的思路，点拨学习疑难，启发学生思考，点拨知识重点与难点，启发学生比较分析，举一反三。

质疑点拨的效果：通过质疑点拨环节，实现了师生互动，老师引导学生形成知识的联系与区别，从而把新知识纳入已有的知识系统中，使原有的知识结构得到补充和完善，形成更加完整的知识结构。

⑤巩固练习：推进"问题导学"的必要手段。

巩固练习的理念：变式训练是将知识转化为技能的关键途径。训练的主要作用：巩固知识、形成技能、培养能力、反馈矫正。积极倡导训练设计的指导性、层次性、巩固性、科学性、开放性原则，帮助师生及时了解学情。

巩固练习的环节：学生自主完成训练；小组合作讨论交流；全班交流展示。

巩固练习的效果：实现练习设计的单一性向多元性转变，学生训练的枯燥、被动、应付式向多样性、主动性转变。

（4）盘点提升

这一环节源于整体建构理论，我们要求教师必须具备方法意识，必须超越教材，教给学生方法和规律性的东西。由教师或学生总结归纳每节课的主要内容，寻找解题的规律、技巧和方法，用知识树或网络图的形式梳理要点，把握重要内容，使学生形成完整的知识体系。教师不但自己善于总结规律和方法，还必须有意识地引导学生找规律。因为知识无穷无尽，教师不可能教给学生终身需要的知识，但是我们必须教会学生终身学习的能力和方法。这才是高明的教师、真正的教师，正所谓授人以鱼不如授人以"渔"。

（5）达标检测

达标检测的题目要针对本节课的知识点，面要广，难度不可太高，要让90％的学生都能达标，在此基础上可适当拓展。处理方式为学生展示讲解为主、教师补充为辅，同时给予学生足够时间修正反思，做到堂堂达标、人人达标。

"问题导学"最大限度地优化了教学环节，自主合作探究成为课堂学习的主要方式。一切课堂行为以学生为本，课堂实现了大信息量、大思维量、大训练量，逐步实现学生肯学、想学、学会、会学和立志学的理想效果，从根源上解决了厌学问题，培养了学生的创新精神和实践能力,教学质量显著提高。

在"问题导学"教学模式深入构建并完善的过程中,各教研组依据学科的特点,逐渐形成更为具体、有效的学科教学模式。语文教研组一直深入探索语文教材的有机整合,将阅读与写作对接,实现读写一体化。在此基础上按照文体对教材进行阅读教学的板块化整合,即分为小说阅读、散文阅读、文言文阅读和诗歌阅读等模块,并形成了相应的教学模式,分别有语文特色课堂模式、诗歌类课堂模式、阅读课堂模式、文言文课堂模式、寓言类课堂模式等。英语学科根据课型特点形成了英语学科的五种教学模式:英语泛读课教学模式、英语精读课模式、英语听说课教学流程、英语复习课模式、英语试卷讲评课模式等。

在"问题导学"教学模式构建中我们还将信息技术与课堂教学深度融合,创造性地将自制微课与学科知识树融合切入到"问题导学"课前、课中、课后,赋予学生更多的学习自由,实现"颠倒课堂",把知识学习的过程放在教室外,让大家选择最适合自己的方式接受新知识,并通过学习平台积极讨论;把知识内化的过程放在教室内,以便同学之间、同学和老师之间有更多的沟通和交流,促进知识的消化和吸收。

在学校模式、学科模式引领下教师还大胆探索适合自己班情、学情的个性化的"问题导学"个人模式。这一模式注重学生学习能力的拓展延伸,课下布置有选择性、有层次性、重实践性和研究性的作业。现在每堂课学生始终处于积极、愉快的学习状态,当堂训练,人人达标。这样,除语、数、英学科课后各有不超过20分钟的作业外,其他学科均实现课外"零作业"。轻负担、高质量、低耗时、高效益,给每个学生留有充分自主发展的余地。为了强力推动减负,在作业布置上实行了刚性措施,严格要求教师因材施教,分层对待学生。"问题导学"培养了学生的创新意识、探究习惯以及把知识转变成智慧的能力,保证了学习的深度和质量。

"问题导学"从提出、构建,到小范围的实验,再上升到有一定指导意义的理论,然后放到更广的范围内进行实践,最终形成完美教育的创新课程,这其中凝结了全校师生的共同努力、智慧、汗水,最终我们收获了让学生生命畅快成长的教学模式,是我们的自豪。

5. 导学单的设计——教师"导"之有度

(1)基本理念

"问题导学"中,提出问题是关键。导学单是教师依据学生已有知识及认知水平，为指导学生进行主动的知识建构而设计的学习方案，是引领学生由提出问题走向解决问题的桥梁。

导学单设计的指导思想：关注学生学习的全过程，关注学生学习的有效性，关注教师教学的针对性，关注课堂师生共同成长的互动性。

导学单设计的核心理念：问题式导学，过程式学习。

导学单设计的基本策略：强调"学的重心前移""教的重心前移""管理的重心前移"。将"知识问题化、能力过程化、情感态度价值观潜移默化"，使三维目标落到实处。

（2）导学单设计的要求

导学单的核心内容是"问题设计"，即将教材的重难点知识转化为不同的探究问题，在难度、内容和形式上分层，以适应不同的学生来研读，激发学生主动思考。

导学单问题设计的七项常规要求：①问题要有一定的思维含量，不能是那种不动脑子就能回答的问题，要能激发学生的好奇心和求知欲。②问题要紧扣教学内容和中心环节，注意知识的内在联系及前后衔接。③问题要有梯度，由易到难，由简到繁，由小到大，层层推进，步步深入。④问题既要有一定难度，还要考虑大多数学生的认知水平、接受能力。⑤问题要有针对性，针对教材重点、难点、疑点及关键点。⑥问题要思路清晰，切忌含糊不清、要求不明，造成学生思维混乱。⑦问题要少而精，力求合作的高质量，做到问者所问少而精，学者质疑多且深。

要达到上述常规要求，导学单的设计必须"导"之有度，过好两关：一是学生关。学生的学习基础、学习兴趣及学习能力，是教师设计教学的出发点，应了解学生的学习意向，体察学生的学习情绪，诊断学生的学习障碍，从而确定有效的、切实可行的教学对策。二是教材观。吃透和挖掘教材的育人因素，立足学生全面发展，解决全面育人问题；吃透教材中对不同层次学生的学习需求，因材施教，解决"差异教育"问题；吃透让学生参与知识发生、发展与应用全过程的脉络与布局，把握知识的停靠点、能力的生长点和思维的激发点，解决学生思考、参与、探索的问题。

（3）导学单设计的着力点

①突出一个"导"字。"导趣"——导学单的设计要注重激发兴趣。兴趣是学生学习的内驱力，有趣且能抓住学生注意力的导引，有利于学生变"苦学"为"乐

学"。"导读"——导学单的设计旨在引导学生通过阅读教材，对基本知识梳理和识记，进而生成问题。导学单中要指定学习内容、指明学习方法、分解学习任务，学生根据"导学"提示，自己研读教材内容，对有疑问或不理解的地方做好标记，准备在课上提交小组讨论解决。每节课的前 20~30 分钟为自主学习、释疑巩固时间，小组内部可以就自学的问题相互交流，相互研讨。小组内解决不了的问题，提交全班解决。"导法"——导学单的设计要指导学法，在"查划写记练思"等自学环节的指导中，让学生掌握科学的学习方法，掌握最佳自学路径，促使学生不仅"学会"，还要"会学"。"导思"——"学起于思"。导学单的设计从问题引导入手，提供思维的杠杆，引导思维的方向，让学生深入思考理解知识，变学为思，变教为诱，培养学生思维的深刻性和广阔性。导思贯穿导学单的整个过程，是导学单的核心内容。"导练"——是课堂上完成典型题例的过程，是在导学单引导下学生展示交流学习成果，学生质疑答疑、教师点评释疑的过程。在这个过程中，小组展示学习成果，小组间相互质疑答疑，教师关注活动过程，适时进行点拨，达到充分暴露问题、解决问题的目的。"导能"——导学单的设计要注重设计学科研究性学习活动，在搜集信息、处理信息的过程中提高学生的知识运用和知识创新能力；要鼓励创新，鼓励学生敢于发表自己的意见，培养不唯上、不唯书的质疑品质，提高质疑能力，从而锻炼和发展学生思维能力。

②强化一个"引"字。导学单根据学习目标创设情景，层层深入地引导学生独立看书、自学、思考、探究，主要涉及三方面问题："问题一"放在阅读和双基的学习上（交由学生自己解决）。"问题二"放在学习的重难点上（交由学生自主学习、合作探究、展示交流来解决）。"问题一""问题二"主要培养学生解决问题的能力。"问题三"主要培养学生提出问题的能力，养成批判性思维习惯（交由学生质疑，教师点拨）。

这种设计为学生自主学习、合作学习、探究学习提供了条件，指出了明确的学习任务，使每个学生的学习时间有了保证，思考深度得到了强化。

（4）导学单设计的基本环节

导学单注重对学生学习的全过程进行设计，体现在关注课堂学习的内外联系，关注不同学科的课堂学习，关注所有学习过程等方面。导学单的教学设计始终围绕学生学习的自然规律进行，充分体现学生思维的发展和联系，基本环节有：学习目标—学前准备—问题探究—知识梳理—学习体会—自我检测—拓展延伸—知识链接。

各个学科可以根据基本环节设计符合学科特点的导学单（目前我校语数英、政史地、生化各学科均设计了符合学科特点的导学单）。

通过导学单，老师给学生一个抓手，给课堂一个脉络，做到：新知识放手让学生主动探索；课本让学生阅读；重点和疑点放手让学生讨论；提出问题放手让学生思考解答；结论或规律放手让学生概括；知识结构体系放手让学生构建。在这个过程中，学生得到老师、同学的信任，自信心得到了极大提升。当一个又一个难题通过自主探究得到解决时，学习的成就感就自然而然地激发了学生的学习兴趣。

（5）对教师使用导学单的要求

①上课时下发本节课的导学单，认真指导学生使用导学单。

②用导学单进行课堂教学时，要拓展学生思维，主要包括：第一，引导学生通过展开充分的思维来获取知识，显现学生思维过程中的困难、障碍、疑问和错误；第二，寻找学生思维的闪光点并及时给予鼓励和引导；第三，课堂教学中除充分调动学生思维外，教师自己的思维也要得到充分展开，在教学过程中激活学生，提升自己，做到教学相长。

③用导学案进行课堂教学要做到"四精四必"，即：精选、精讲、精练、精批，有发必收，有收必批，有批必评，有评必补。教师必须根据教材精选材料，精选认知策略，精收反馈信息。优选教学方案，优化教学手段，在抓住"重点"、凸显"难点"、破解"疑点"上下功夫。教师要激励、唤醒学生的主体意识，为学生创造表现的舞台，让课堂充满魅力。

（6）导学单的价值体现

"问题导学"是"以问题引领学习"有效教学的新理念。在教学中运用导学单，使学生"不等老师教，自己能自学"的自主性学习有了可操作的程序。学生根据导学单的设计自己归纳、概括、推理、发现规律，提高了自我学习能力。学生在导学单引导下的学，是一种自我探究、自我发现的学。在这一过程中，学生或多或少会经历发现问题—提出问题—做出猜测—分析探究—获得结论的科学认识过程，这使得学生能够在获得知识的同时，逐步提高自己的思维水平和研究探索能力，同时学习过程与方法也得到优化。学生在导学单引导下进行的对问题的思考、探究以及训练、检测大多是独立进行的，其思维活动是连续的，较为深刻的，这种学习活动有利于形成"问题意识"，有利于发展思维的严密性、深刻性，有利于增强独立处理问题的能力。预习、自学、自测，虽然不能解决所有疑难，但学生的自我探究具有了预设、蓄势的功能，一旦课堂讨论涉及相关问题便能迅速引起共鸣，使问题迎刃而解，做到"有效学习"，甚至是"高效学习"。

6. "问题导学"课堂——学生"学"之有得

课堂不仅是传播和学习文化的场所，其本身也具有浓厚的文化意蕴。文化是课堂的养分，离开文化，课堂将成为无源之水、无本之木。可见，课堂文化对学生有着重要的影响作用。基于这样的认识，我们努力让文化充盈于"问题导学"课堂之内、学生之间、师生之间。

（1）小组文化让学生精神富足

学校利用小组的合作探究实现了大班教学小班化。每小组 6 人，"T"字形排列，班级根据男女生比例、学生能力、组织能力等分成 7～8 个小组。让每一位孩子都在课堂上获得最完美的成功体验是我校"问题导学"课堂教学的不懈追求。学生以问题为导向先自主学习，后合作探究，整个过程形成一个高效的知识探究的小循环，让每一个学生得到提高。而更重要的是在合作的过程中，小组就是一个组织，交流的过程就是心灵沟通的过程，课堂内德育渗透便在不知不觉中完成了。而且在课外，这种小组又成了一个学生小社团，组员一起学习、探讨、读书、就餐、交流，"好得像一家人"。"人人是主人，人人学科长"，使每个人都有明确的分工，责任清晰，互相督促。

"问题导学"教学模式中，小组就是一个紧密的学习共同体，组员每天都在一起探索交流，在小组内基本可以完成学习任务的 80%。我校认识到合作探究能力不是学生与生俱来的，因此，实行了培训技能的决策。运用"问题导学"课堂的小组合作制度，"问题导学"课堂小组合作学习规范，"问题导学"课堂小组文化建设，"问题导学"课堂质疑问难展示点拨规范等评价制度，提升"问题导学"教学模式的践行品质。同时建立多元的评价体系，充分调动学生热情，鼓励教师参与小组探究，给孩子和教师一个最好的平等舞台。还配套实施了很多具体措施，保障小组文化建设，例如创设组名、形成组训、制作组徽、制订小组公约、确定小组奋斗目标、制作小组展示园地等，提高小组凝聚力，让学生得到充分的锻炼，长足的发展。

（2）课堂文化让学生茁壮成长

成长有收获。"问题导学"教学模式突出了学习的自主性、小组的合作探究性和学生的充分展示性。学生学习什么知识，什么时候学，怎么学，学多深，学多宽等，都是在问题、项目、任务的驱动下自主进行的。学生把握问题的解决，就是把握了成长的全过程，学生注重问题的解决，就是注重了成长的收获。在"问题导学"教学模式中，教师承认、尊重、相信学生生命成长的本能，学生在享有成长权、选择权、表达权、展示权等权利的过程中享受真正的生活，收获成长的喜悦。

成长有快乐。"问题导学"课堂的宗旨是让学生参与课堂教学，由过去单一机械的知识获取者，成了课堂教学的积极参与者、合作者，真正成为课堂的主人。学生在教师创设问题的情境下，课前带着问题"看"，发现问题"思"，发现疑点"查"，遇到不懂的问题"记"；课堂上带着问题"听"，围绕问题"辨"，抓住问题"练"，寻找问题"究"，解决问题"明"。学生从课程开始前就参与了课堂教学，寻找相关知识，积极思考，合作探究，知识共享，共同营造一个主动进取、活泼向上、学习兴趣浓厚的氛围。这一过程开发了学生智力，发展了学生的创造性思维，培养了学生自主合作探究能力，引导学生学会学习，为终身学习和工作奠定了基础。

成长有智慧。自主学习课、交流展示课、质疑反思课和拓展训练课等多种形式的学习活动，让学生分别通过读书、思考、写报告，展示、质疑、讨论，对话、总结、思考、写备忘，做题、究因、找规律等方式进行学习，通过竞争、帮助、辩论、讨论、表演、模拟等小组活动方式把握问题，解决问题。通过画本学科、本学段的知识树、能力树、价值树、线状图、网状图、表格、简笔画等形式，对整本教材、单元内容以及每节课的教学内容融会贯通，举一反三。学生学会积累学习这棵知识树上的一个分枝、一个叶片、一个果实，用知识树把厚书读薄也是智慧学习的表现。

成长有自信。我们提出构建"问题导学"高效课堂，学生"三问""三论""三争""十要"文化。

"三问"：疑问、发问、追问。

"三论"：讨论、评论、辩论。

"三争"：争胜、争鸣、争辩。

"十要"：一是自学要真；二是合作要诚；三是语言要准；四是思维要活；五是声音要亮；六是倾听要专；七是展示要精；八是书写要整；九是解题要快；十是效率要高。

（3）自主学习让学生实现价值

我校的自主学习不是让学生泛泛地、单纯地看书，而是通过"问题发现课、问题解决课、问题拓展课"等引导学生在知识的探求中实现价值。下面我重点介绍我校的"问题发现课"。这类课型我们通常在开学后利用2～3周的时间统一进行，此时，学生在假期已经通读了课本，对教材有了初步的了解，有了一定的学习欲望。

于是，我们因势利导，利用"问题发现课"集中时间让学生独立自学，提出自己的问题，实现对问题的解决和任务的完成。也就是说，学生以自己的行动，在教师的任务目标的指引下学习并建构自己的知识，实现学生的个性学习。教师这个时候需要做的是引导、激励学生把自己的疑惑整理成问题并及时地呈现出来，这才是自主学习最大的收获。

"问题发现课"的课堂流程：解读目标—读书自学—对学群学—理解识记—整理反思—预习检测—问题汇总。

这个流程中最多的时间是自学，最重要的任务是问题生成。同时，学生的自学过程需要借助预习提纲及时准确地引领。

解读目标：教师提出预习要求，解读预习目标，提出预习方法。

读书自学：学生根据预习提纲提出的问题预习教材内容。以问题的形式引入预习，便于学生解读教材，提炼总结知识点，归纳规律。要求学生把重点知识整理在预习本上，把不明白的问题在书上进行圈画，把好的见解、方法和生成的问题写在预习本上。学生必须边看书边动笔，把不会的问题记在预习本上。教师要巡视指导，对自学有困难的同学进行帮助，对自学投入差的学生进行提示，做好评价。教师还要指导学生通读教材，教给学生的读书方法为"会把知识变成问题，会讲知识，会解简单题"，具体方法为：一通过读书整体了解知识；二把知识变成问题；三能用自己的话回答问题；四明确知识要点；五能用例子把知识讲清楚；六能看懂例题，会做简单题。

注："读"即走进文本，保证阅读篇数。采用"六字诀"阅读，即"读、划、写、记、练、思"，查着工具读，划着重点读，写着感想读，记着内容读，练着习题读，思着问题读。

对学群学：学生完成预习提纲后，同桌之间互考互问互答，然后小组交流

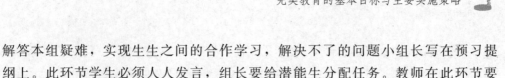

解答本组疑难，实现生生之间的合作学习，解决不了的问题小组长写在预习提纲上。此环节学生必须人人发言，组长要给潜能生分配任务。教师在此环节要关注每个小组的状态，抽查小组掌握情况，进行评价；对一些共性的问题教师要精讲点拨。

理解识记：给学生一些时间进行理解和识记，及时巩固知识，此环节实行同桌互考。教师抽查各层次学生识记情况，并进行评价。

整理反思：学生根据小组交流、教师点拨，把遇到的问题整理在预习本上，边整理边反思。

预习检测：检测题要体现双基，可以是书上例题或例题的变式，可以把例题拆成若干个小题，也可以是书后练习题等。检测要像考试一样要求，对不会的学生让他们出自己下节课的日测题或检测题。教师要关注每一个学生的答题状态。

问题汇总：学生写出预习检测的成绩，写出本节课的收获和没有掌握的问题。组长提交本组在预习过程中遇到的问题，教师收集整理，为问题解决课做好充分的准备。另外，教师再根据学生检测卷中出现的错误编写导学单。从学生认知结构的构建来说，教师编写的导学单中要包括学生以前学过但没有掌握的知识，还要包括本节课内容的重难点知识，而这都需要通过对学生读书后的检测卷中的错误进行分析才能有针对性地编写。此外，导学单中还应包括与本课知识相关的后面章节将要学到的知识，这些知识的提前渗透将有利于学生理解力的提高。

在学生学习产生疑惑并形成了个人问题之后，学生最大的愿望就是寻求解决问题的途径与方法。这个途径与方法不是别的，就是师生、生生交流的时间与空间，这个交流过程在"问题导学"课堂上的几乎所有课型中都有涉及。从同伴交流、小组交流到班级交流，通过交流，实现对问题的解决，在解决问题的过程中，学生体验学习，充分感受学习的成功与乐趣。这不论对当堂学习还是今后的学习都具有积极的情感意义。

（4）分享我们的成果

"问题导学"教学模式是我校通过逐步积累、研究、实践后形成的一种高效教学手段，自广泛实行以来，不仅深受学生的热烈欢迎，而且还真正实现了教学成果的提升。教学模式改革的影响力从课堂走向学校的全方位，学生综合素质全面提升，学习成绩显著提高。"问题导学"教学模式需要探索的内容还很多。我校是教育部基础课程教材发展中心"十二五"重点项目"基于网络的双课堂教学应用试点示范项目"试点校，我们将在"问题导学"教学模式的基础上，进一步探索基于网络的课堂教学模式改革。在这个课题的研究中，信息技术将从服务于教走向服务于学，资源开发将从开发教学资源走向开发学习程序的技术支持，硬件的配置将从服务于教的班班通走向服务于学的组组通、人人通的配置。

在这种环境下学生的学习空间将发生变化：学生的学习将从课堂走到一切可能发生学习的地方，学生的学习也将更具有个性化、自主性和独立性，同时拥有更大的交流平台，形成基于网络的大课堂。我们努力尝试将"学习信息化""网络学习"与"问题导学"教学模式结合，使得学生的学习方式发生一次新的变革，即由平面学习走向立体学习。

（三）创生课程，实现教育个性化

课程就是让学生有激情地投入学习中并有创造性表现的学习过程。而因材施教，对不同的学生施以不同的教育，这才是真正的教育公平。所以，让课堂丰富起来、多样化起来，是目前学校教育所能够做到的最佳选择。没有课程的多样化，就没有教育的个性化。要让课程具有生命力，必须在"适合学生"上下功夫。为打造适合每个孩子发展的个性化教育，我们大胆进行课程整合、构建学科课程群，以课程多样化促进教育个性化。

1. 学期课时调整

学校站在培养高素质人才的高度，对课程实施进行宏观设计、指导与协调，确保课程实施有序、有效、有质，提出"学会—会学—创造"三个层面的教学要求，让学生学会知识的积累，培养学生学习的兴趣、意志品质、创新意识、创新精神、创新方法，使每个学生得到重视，学有所成，在幸福的学习中获得完美的成长体验。为此，学校将每学期的课时整合为两个时段：一是自主学习时段，开学前3周为学校统一安排的学生自主学习时间。利用"问题发现课"集中时间让学生独立自学，提出自己的问题，解决所能解决的问题，记录解决不了的问题。二是课程推进时段，全面落实国家、省、市有关课程实施的各项要求及规范，开足、开齐、开好各类课程。学科课程本着"关注差异，使让每个学生都成功成为现实"的原则，实行选课走班，分层教学。根据学生差异设计学习内容，学生根据自己的学习能力及水平在 A、B、C 三个层次上自由选择所学内容，教师根据自己的教学专长在 A、B、C 三个层次的教学内容中自由选择授课内容，3 个学科 3 个班级同一课时交叉授课。学校对课程实施进行宏观设计、指导与协调，确保课程实施有序、有效、有质。整合课时，每学期每班学生至少有一整天在创客空间进行创造性学习，学生的创新、实践能力有了很大提升。整合劳动技术课程，集中时间统一开设，让学生在木工、机床操作、手工制作、餐饮礼仪、金融技巧等方面都得到锻炼。

2. 学科课程整合

课程是学校教育的核心，关乎人的教育权利、全面发展、个性发展、潜能释放，关乎民族的未来。开发区实验初中秉承"素质教育从课程开始"的课程理念，积极开展大课程观统领下的课程深度整合的研究与实践，着力构建素质教育课程体系，有效提升了学生的学习生产力，全面助推了学生的完美发展。

（1）为什么整合——在反思中确定前行的方向

作为培养人的地方，我校常常深问：教育的"终极目标"是什么？经过深入思索，我们认为：教育的终极目标应该是向人传送生命的气息，培养学生面对一丛野菊花而怦然心动的情怀。教育就是要让生命健康地、快乐地生长。因此，我校确立了"培育阳光生命、奠基智慧人生"的办学思想，明确了"培养爱生活、善思辨、有道德、敢担当的现代中国人"的育人目标。

要培育什么样的学生，就要配备什么样的课程。那么，怎样的课程才能实现这一目标呢？显然，现行的课程远远不能满足这一需求。

反思之一：是先有课程，还是先有学生？答案很明确：先有学生，后有课程，而不是相反！这就是说，课程是因为学生才存在的。可是，在实际的办学中，我们却忽略了甚至违背了这个再简单不过的道理：课程成了"铁打的衙门"，学生变成了"流水的兵"。这样的课程设置，何谈对学生的适应性，又何谈有效性？

反思之二：现有的分科课程体系能促进学生们更好地成长吗？众所周知，无论学生学习什么学科知识，这些知识最终在他们那里是需要融会贯通的；而且，当学生面对一个有待解决的真实问题时，必然需要运用多学科的知识。可见，彼此割裂的、互不联系的学科课程体系，并不符合学习的规律。

反思之三：只做"加法"的课程制度合理吗？随着时代的发展，新的学科不断涌现，需要学生掌握的知识和技能越来越多，于是，为了让学生打好人生的基础，课程的门类越来越多，需要开设的课程数量日见庞大。知识无涯，然而，学生的在校学习时间却是有限的。如果不对课程加以整合，学生的有效成长何从谈起？

反思之四：谁是课程的建设者？以往，我们把学校外部的专家、学者作为唯一的课程建设者，把我们教师自己视作专家课程的"消费者"。作为距离学生最近、最容易知晓学生需要什么以及怎样才能满足学生需要的专业人士，教师乃是最重要的"课程专家"，学校乃是课程发生的地方！在国家三级课程管理体制下，作为学校，必须按照国家政策、方针做事，履行好自己也是重要的课程开发者、课程建设者的职责。

基于以上思考，我校决定走课程整合之路，以此作为成就完美教育的重要手段。我们的课程整合以保证教育教学质量为前提，实现"增效"而不"增负"。整合后的课程力求成为"挖掘学生潜能，培育学生人性，推进学生社会化，让他们走向成熟，学会自我生存"的桥梁，全面指向"培养完整的人"，促进学生全面、个性、自主、健康地发展。

（2）什么是整合——在引领中明晰定位

课程整合是什么？

课程整合必然涉及教材内容的调整，但是，课程整合绝不仅仅限于内容的整合。课程是用来成就学生的，它需要一致性地回答以下四个问题：学校应该达到哪些教育目标？提供哪些经验或者学习内容才能实现上述目标？怎样有效组织学生学习才能实现上述目标？我们怎样才能确定这些目标正在得到实现？这就是说，我们要进行课程整合，必须按照课程的内在含义，系统而一致性地思考课程目标、课程内容、课程实事、课程评价这样四个要素，而不是简单地只是对"课程内容"这样一个因素进行思考或者设计。

课程整合为什么？

课程整合的目的在于：第一，按照课程的内在规定性走规范的整合路子，系统思考，系统设计，防止不专业、低水平的整合。第二，结果导向，确保学生成功。课程整合的目标首先在于能够成就学生，这就需要把课程目标即最终的学习结果思考明白并设计得清清楚楚，并以此为核心，使得各个课程要素都围绕这个最终的学习结果展开，从而有效地获得上述结果。第三，实现课程与教学的一体化，防止二者的割裂。课程即有效的教学，教学即课程开发的过程，而这在本质上是一回事。

课程整合可行吗？

为了引导教师们走向这种专业的课程整合之路，在专家的引领下，我们首先进行了相应的培训，诸如如何按照课程标准的要求叙写教学目标，如何按照结果导向的原则设计教学案，如何根据课程标准设计学期课程纲要，如何基于课程标准设计评价，如何开发校本课程等。与此同时，我们还围绕真实的教学问题，在教师与教师之间、教师与专家之间开展了多层次的对话和交流。这种基于教学实践、在教学实践中、为了教学实践改进的真实校本研究活动，深刻改变了广大教师的思维方式，为引发他们行为的改变奠定了扎实的专业基础。

对教师所撰写的课程纲要、课程方案等进行审议，把传统的课外活动上升到规范的课程开发的层次，同样取得很好的效果。目前，学校已拥有一套基础扎实、特色鲜明，既强调保障质量，又尊重个性的课程体系。

与此同时，一个问题也在深深困扰着我们：如果把现有的学校课程体系比喻成一棵大树，那么，如何在大课程观统领下进行丰富、发展和完善，让每个学科课程都因具有"培养完整的人"的育人品质而根深叶茂，独立参天，构建适合生命成长的学科教育生态园？

这就需要通过课程整合来引领各学科发现自己这棵学科之树独特的课程价值和教育功用，向下扎根，向上结果，实现由学科教学到学科教育的蜕变。

（3）怎么整合——在摸索中寻找路径

整合必须深入。从哪里入手？经过深入论证与思考，我们把"整合"定位为引领学生成长的关键词，探索出课程整合的三条途径。

一是学科内整合。树立大学科视野，引导教师依据国家课程标准，以教研组为单位，运用课程开发技术，对教材进行重组和优化的二度开发。按照课程的内在要求明确学科价值与信仰；基于校情、教情、学情，制定学科教育规划；通过选择、改编、调整、补充、拓展等方式对课程化繁为简，使课程呈现聚合之美、简约之美、高效之美，使所有课程都能一致性地致力于学生更好的发展。目前，各学科均编制了《学科整合方案》，从"课程宣言、总体思路、课程目标、课程内容、学习方式、学习评价、课时分配"等角度梳理了每个年级学生应当达成的学习水平及实施策略，搭建了课程标准与学科教材之间的桥梁，使课程标准清晰化。方案在手，教师能够明确每个学年本学科知识、能力的经纬线，以此为依据，能比较清楚地把握教学目标，教学重难点，合理确定教学内容，为优质的课堂教学提供保障。在此基础上，各学科又继续针对课堂教学中出现的问题进一步优化教学设计，以实现教、学、评一致性为原则，采取逆向教学设计的方式，按照"教学目标—评价方案—教学过程"的流程开展教学设计研究，编制并出版充分体现学科育人理念及教学有效性的《高效课堂导学单》，真正将课堂教学打造成轻负高效的生命教育和有思维根脉的探索教育。

同时，积极打造"信息化教学前移"的平台——微课程，以生物学科为例，教师根据整合后的课程提前规划设计并录制微课，发到校园网站供学生自主学习，提高了学习效果，提升了课堂质量。每学期，生物学科都跨学科开展"小课题研究"，培养学生解决实际生活问题的能力。八年级生物学科在数字探究实验室完成"检测不同环境中的细菌和真菌、观察酵母菌和霉菌、探究酵母菌细胞呼吸方式"的实验后，开展了"米酒制作、家庭制作酸奶"的课外实践活动，让学习变得有趣有效。化学学科整合，在知识线上更加符合学生的思维特点，体现学生的主体地位，教师也能从更高的高度立体式把握教材；在生活线上更加注重化学与生活的联系，体现出化学来源于生活而又用于生活，极大地增强了学生学习化学的兴趣。

再如，语文学科以阅读训练与写作训练点为圆心，以文体和主题材料为半径，同步开启生活观察与写作，进行圆融整合。以写作为主体，将初一至初三六册书36个单元，整合成八大模块，设计微课程自学路径及参照目标。同时将传统文化、名著阅读、综合实践融于其间，充分彰显出"不囿于一隅"的大语文思路。通过整合，让语文学习的外延延伸到生活、延伸到社会，丰富了学生的成长经历，提升了学生的成长品质。350余名学生的作文在报纸杂志上发表，在"北京大学手拉手励志成才作文大赛"中，有68人在决赛中获奖，学校获优秀组织奖。

英语学科以"突破语音、集中识词、听说领先、读写跟上、精读引领、以读带写、泛读跟进、培养方法、原著阅读、提升能力"为总体思路，科学设计学习流程，宏观规划语音教程思路并将语音教学进行调整。

英语学习流程

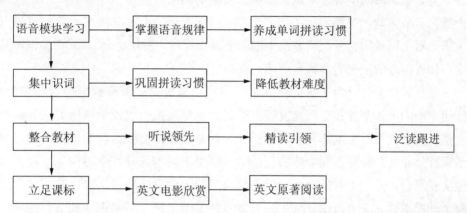

二是学科间整合。其一，针对《环境教育》《安全教育》《人生规划》等地方课程与国家课程在内容上交叉重复率较高的现状，在严格遵循课程标准、课程目标、内容、总课时的前提下，根据学生认知需求，把地方课程与部分国家课程进行整合，如生物学科与地方课程《环境教育》。其二，根据学生学习的需要，打破泾渭分明的学科间的界限，以统一的主题、问题、概念、基本学习内容连接不同学科，使学生在此过程中建立系统的思维方式，体验知识之间的联系。例如，探究历史学科与地理、文学、语文、政治学科的整合。"历史大阅读"与语文学科融合，体会"论从史出"的道理。历史与思品学科融合，实现"学史使人明智"的目的等。研究实践地理学科与海洋教育融合，引导学生热爱海洋国土，守卫蓝色家园；与乡土地理融合，让地理知识"活"起来，真正学习对生活有用的地理。语文学科与信息技术学科联合参加"视像中国"学生网上辩论赛，各学科与信息技术学科联合开展"电脑知识树绘画"比赛；思品学科与地方课程《人生规划》整合，开展"我为青岛微尘献爱心——义卖报纸"活动。学生全身心投入，用调查报告、PPT 发言、实践作业等多种方式，展示自己的学习成果，积累解决实际生活问题的经验和能力，让学习变得有趣、有用、有意义。其三，音体美教学结合学生的个性化发展需求和学校实际，整合三年教学内容，开发艺体课程群。体育分解为游泳、武术等十几门体育活动化课程，音美分解为京剧艺术、陶艺等十多门艺术生活化课程，实现一生一特长的教育目标，为学生发展开辟了广阔空间。在国际狮子会和平海报设计大赛中获最佳组织单位，徐必达同学获唯一特等奖；在北京国家大剧院举行的"2013 特仑苏新年音乐会"上，申骐源同学有幸受邀和青年钢琴家郎朗同台演出。小海鸥舞蹈团应邀参加中奥艺术节活动，被评为"杰出团队奖"；2014 年，小海鸥舞蹈团参加"魅力校园·第九届全国校园文艺汇演暨第十四届全国校园春节联欢晚会"，并在美国国家艺术中心林肯中心的星光盛典舞台展演，获得广泛好评。

三是拓展性整合。为了既能使学生达到甚至高于国家课程标准中的各项要求，又能使学生的个体差异和个性化发展需求得到充分满足，我校学科能力拓展课程的整合强调紧密联系学生生活实际，注重把学科知识和社会生活，学生课内学习和课外活动统整起来，针对不同个性特长的学生给予不同的选择性学习内容，提供大量自主实践平台，使学生有机会将所学知识与实际生活发生连接，自主建构知识。就拿每个学期举办艺术节来说，从主题选择、艺术节策划、节目创作到节目排练、道具制作、舞台效果设计等都由学生完成，语文、音乐、体育、舞蹈、美术、书法、数学、信息技术等多学科教师围绕学生需要，共同提供相关指导。在这个过程中，学生不仅增长了各学科知识，领悟了真善美，而且提高了语言表达、艺术审美等综合能力。目前，学校"体育节、艺术节、科技节、读书节、经典诵读节、英语节"六大节日均由学生承办。拓展性整合提升了学生的综合素质，陶冶了学生性情，张扬了学生个性，助推了学生的完美成长。

在山东省课程整合现场会上介绍经验

就这样，通过课程整合，学生的学习内容优化了、学习方式多元了、学习环境生态了。用"活"的教材教"活"的学生，使学生由他律走向自律，由被动接受走向主动探究，成长历程变得愈发生机勃勃了。与此同时，所有学科课程都各自长成了根深、枝长、叶茂的具有学科教育品质的参天大树，实验初中的课程体系自然也变成了一片郁郁葱葱的森林，实验初中的学生也在生命的拔节中茁壮成长。2014年10月，山东省第二届课程整合研讨会在我校成功召开，会上我校教师向1400多名参会代表全面展示了各学科的课程整合的具体做法，并出示展示课，我校课程整合取得的成果得到与会领导、专家和教师的高度评价。

（4）如何实施——在系统设计中落实方案

课堂是实施素质教育的主渠道。教育的核心竞争力取决于学校有没有具有核心竞争力的课堂，也取决于学校有没有实施优质化课堂教学相应的制度设计、技术开发等。倘若把实验初中的课程比作一架运行的"飞机"，它之所以能如此强有力地起航飞翔，得益于以下几个方面的"保驾护航"。

①以"问题导学"激活课堂。高效课堂必定是学生的知识与技能、过程与方法、情感态度价值观共融共生的课堂。我校积极打造"问题导学"高效课堂，6人一组围桌而坐，组员人人参与自学、参与讨论、参与展示、参与评价，开展合作式探究学习。通过长期实践，形成"问题导入、呈现目标、释疑巩固、盘点提升、达标检测"的"问题导学"五环节教学模式。这一模式的研究已在中国教育学会"十二五"规划课题中立项并结题。依据整合优化后学科体系，按照"课程标准—教学目标—自主学习内容—自主学习评价"程序编制集自主学习与探究、合作学习与交流、质疑解惑与点拨、巩固练习与检测于一体的导学案，促进自主学习科学化。现在每堂课学生始终处于积极、愉快的学习状态，当堂训练，人人达标。"问题导学"让学生经历了知识学习必须经历的过程，培养了学生的创新意识、探究习惯以及把知识转变成智慧的能力，保证了学习的深度和质量，为实验初中课堂起航提供了巨大的能量支持。

②以信息技术提高学习效果。积极实践课堂教学与现代信息技术的深度整合，以教育信息化提升"课堂质量"。通过建立云计算教学环境，进行"基于问题的翻转课堂"、电子书包、智慧数学等课堂教学方式的变革，使教学与学生的个性化学习密切联系起来。通过微课知识树、微课视频学习、智能测评平台等，引导学生根据知

识的性质等，建立符合学习规律的多样化学习方式，有效激发学生的潜能和创造力。现在的课堂，教师只需轻松点击便可使语文课堂拥有海量的阅读素材，英语课堂在情景模拟中营造语言氛围，物理课实现快速探究查找问题……除了课堂，学生的课余活动、课外生活，同样因为信息技术而开始大变脸。网络远程授课、网络教研、网页制作、校园电视台等纷纷与师生相约，极大提升了师生基于信息技术环境下的素养和能力，助推了实验初中课堂顺利起航。

③以评价推进课堂改革。课程评价是强化课程管理，提升课程执行力，确保课程目标实现的重要手段。针对以往教学与评价分离的状况，我们根据课程标准下有效教学的要求，也根据课程旨在成就学生的内在要求，开始探索教学与评价的一体化。有效教学不是教师单向灌输的过程，而是教师运用课程原理，随时随地根据学生学习的表现"证据"，动态地调整教学进度、难度、学习时间分配的过程。因此，对于教师的教学过程来讲，同时也是收集证据、运用证据的过程。同样，有效的学习也是学生有证据地自我判断的过程。当课堂实现了"教、学、评"的一体化、一致性的时候，这就意味着课堂教学正在有效地进行着，大家所期盼的结果正在获得，学生们的生命在这样的课堂里不断地得到增值。为达此目的，在课程整合之初我校就把评价要求放入课程整合规划之中，细化评价指标，不断提高教师们的课程评价素养，以扎实的执行力提升课程实施水平。

④以活动扬起生命的张力。经历是教育的第一生产力。一所高品位的学校，必定是一个孩子们因为有了真实经历而产生故事的地方。通过课程整合提升学习效益后，学生有了更多时间做自己喜欢的事。于是，我校把动手制作、角色扮演、实验探究、调查访谈等"行动"作为一种更重要的学习，坚持活动课程化以及活动课程的个性化，有效实现了"基础课程与拓展课程"的结合，满足了学生个性化发展需求，受到了学生的热烈欢迎。目前，已经成功构建起包含入校（毕业）课程、国旗下讲话课程、主题教育课程、团队课程、实践课程、社团课程、"节日"课程、阳光体育课程、科技课程、国际教育课程在内的十大活动课程体系，每个课程体系都实行"项目负责、主题引领，模块推进"。学校为每个孩子的更好发展打造个性化的活动课程，实现了课上高效，课下多彩。

⑤以现代学校制度建设落实理想。合理的课程制度决定课程实施的质量。课程整合把适应学生放在首要位置，秉持先有学生后有课程、课程是为了促进学生的成

长而服务的、必须不断增强课程对于学生的适应性等办学理念。这种做法必定带来课程管理制度的调整。比如，为了更好地适应不同学科、不同知识的学习要求，我们根据教师的课程规划，灵活设置课程表，需要两节课时或者多节课时连排的，我们以制度的形式予以保障；再如，为了适应不同班级的学习进度、课程衔接等，我们对于根据学习内容的先后顺序进行调整的学科，也按照"暂缓评比"的原则进行了新的制度设计，目的在于保证教师能按照自己学生的实际和自己教学的优势，灵活施教。

总之，学校制度是为了学生的学习而服务的，也同时是为了更好地发挥教师的创造性和教学个性而服务的，制度不是"管束""控制"。课程整合原本就是为了点燃师生的生命激情、释放彼此美好的人性、共同修炼人生而创设的，作为学校制度，当然要为这种完美的办学理想而服务，而保驾护航。

3. 整合后的学校课程结构

在学校课程的结构化整合中，我们以"让学生自然生长、自己生长、自由生长"为课程建设的实践智慧，找寻、整合并建构的完美课程，体现了层次性、多元化、可选择、能融通、现代化的特点。

（1）课程体系框架

以学生作为课程建设的起点，构建了适合孩子健康成长的润德课程体系、健美课程体系、启智课程体系，统称完美课程体系。让饱满的启智课程为学生发展提供最坚实的基础，鲜明的健美课程为学生发展提供最重要的支撑，丰富的润德课程为学生发展提供最持久的影响。

与此同时，完美课程体系又派生出若干支脉，它们相互交错，互为支撑，共同构成了富有校本特色的教育生态园：音体美整合，打造模块化"健美课程群"，尽显个性风采；"大学科"构建，开创"启智课程群"，实现多元融合；知行合一，开创"润德课程群"，实现全面育人。完美课程群又与信息技术完美融合，形成颇具现代化风范的"品牌课程群"。

（2）完美课程体系的逻辑关系

完美课程基于"培养阳光生命，奠基智慧人生"的教育理想，坚守和彰显学生立场，让"人"成为课程的中心，实现和谐育人，完美融合。

"润德类"课程指向人与自我、人与他人、人与自然、人与社会，旨在促进学生的社会化，成为一个有道德、责任感强、能担当、人格健全、精神完满、追求高尚的人，让学生学会做人。

"健美类"课程指向身心健康，旨在提升学生的家庭生活能力、养成健康生活方式、拥有幸福人生，让学生学会生活。

"启智类"课程指向有效的学习，旨在培养学生提出问题、独立解决问题的能力，质疑探究的习惯以及批判性思维素养，让学生学会学习。

完美课程的结构不是简单机械地叠加，润德课程、健美课程、启智课程既有各自独立的功能，又具有相互联系、相互承接、相互影响、有机融合的内在关联性。我们不断追求和努力实现"1＋1＋1＞3"的整体效益，赋予学生可持续发展的最优通道、最强劲的动力与最丰富的可能。

（3）完美课程的课程目标

学校教育就是最大限度地实现学生的发展。让学生更多地走向社会；在有限的空间里，让学生经历更多有价值的东西；让学生自然地发展、快乐地成长，这就是完美课程想要达到的总目标。同时，每一类课程，都有自己承载的目标。

启智类：启智类课程的基础部分，即是学科课程。以此为生发点，提高学生提出问题、分析问题、解决问题的能力，表达与交流的能力，研究与探索能力，发展独立获取知识的能力，合作探究能力，批判性思维能力，使学科素养显著提升，从而实现由知识到能力、由能力到智慧的飞跃。启智类课程是一套以真实问题为研究对象，以多学科知识为研究基础，培养学生综合运用跨学科知识解决实际问题的能力，打造创新型人才气质的课程体系。

启智类课程分"科学技术""研究性学习"两大科目，每个科目有若干个模块。其中"科学技术"课程有理化生开放性试验、多媒体技术应用、创新思维的形式和要求、平面设计、动漫制作、机器人活动等课程。"研究性学习"课程有科研方法、调查与研究报告、项目研究。

润德类：润德类课程主要指从基础课程延伸出的指向学生心灵世界的、课堂之外的活动类、实践类课程。通过这些活动能让学生正确认知自我，增强对自然、社会以及自身的整体认识，学会判断身边的事物，并做出正确的决策，养成豁达、坚毅的心理品质；学会关心，发展国际理解与文化多元的意识，提高对时事政治、社会变革的敏锐性；学会交往，能控制自己的情感，能觉察他人的情感，学会协调社会行为，提高表达能力，增强语言的亲和力、感染力和鼓动力。

健美类：这类课程包括两个主要组成部分，一是音体美学科的知识、以能力与素养提升为前提的国家课程部分的融合与派生；二是指向实践、活动与特长发展为特色的延伸课程。

学校力图通过健美类课程体系的构建，使学生珍爱生命，养成健康的生活方式和锻炼习惯；发展对人文、艺术的兴趣，形成对影视网络文化真、善、美的感知力和鉴赏力，提高学生的审美情趣和审美能力；全面提升学生的艺术素养，让孩子的生活融进浓浓的艺术情味。

（4）完美课程的层阶体系

在对学校课程进行整体规划，构建完美课程体系的基础上，把每一群类课程划

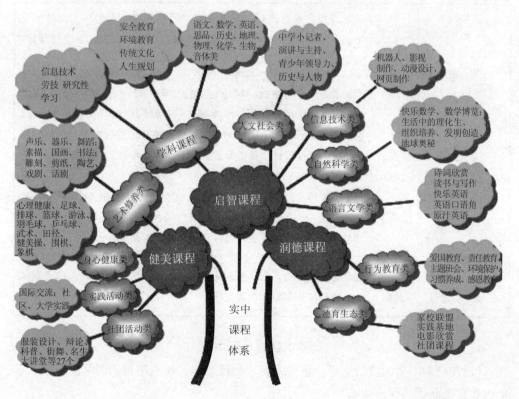

分为基础型课程、拓展型课程、研究型课程三个层次。基础型课程面向全体学生，对于国家课程来讲，全体学生都必须达到国家课程标准所规定的学习结果，对于非国家课程来讲，要达到学校研制的质量底线；拓展型课程面向学习有余力、有兴趣的学生；研究型课程则面向那些有特殊而强烈的兴趣爱好的少数学生。把每一类课程进行这样的层次划分，目的在于给予学生相应的选择性，以各美其美，促进其有差异、有个性地发展，使得因材施教教育理想具有了实施的可能性。

启智类课程层阶体系

（学校的核心课程，包括国家学科课程以及学校自己开发的知识拓展类选修课程）

启智类 核心基础 课程	基础型 课程	国家课程；地方课程：安全教育、环境教育、人生规划、传统文化、海洋教育；校本课程：生命与科技、科学探究、阅读与写作、劳动技术、信息技术
	拓展型 课程	小记者、演讲与主持、辩论与主持、实中好声音、着装与礼仪实练、基础口语话题交际、形体与礼仪、物联网机器人、影视制作、网页制作、云体验、微课制作、C语言编程、百变魔方、数棋、几何画板、程序设计、科学探索、电子制作；地球奥秘、蓝色国土海洋探秘、自然灾害防御、中国旅游、西方风情、生活与地理、走遍世界、世界遗产在中国、民居奇妙探究、丝网花制作、毛线编织、十字绣美图、不织布手工、缝沙包、创意纸艺、服装设计、陶艺、植物组织培养、沙中乾坤、青少年领导力、镜头看世界
启智类 拓展升华课程	研究型 课程	古代帝王、历史人物、明朝那些事儿、数学家的故事、古代诗歌欣赏、唐诗宋词鉴赏、名著赏析

润德类课程层阶体系

（旨在培养学生的政治素养、道德素养、公民意识、民族精神、国际意识、领导能力和意志品质的课程体系）

润德类课程	德育生态类课程	基础型课程	责任教育、感恩教育、主题班会、环境保护、习惯养成、入校课程、离校课程、社团课程
	行为教育类课程	拓展型课程	家校联盟、实践基地、家长学校、国防教育、军事训练、综合实践（酿酒、炒茶、豆腐制作、救护放生、野炊、团队合作）
		研究型课程	人与自然、人与社会、人与人沟通能力研究

健美类课程层阶体系

（健美类课程是一套旨在让学生更多地了解生活、懂得珍爱生命、学会安排生活、养成健康的生活方式、学会欣赏美、创造美、提升生命质量的面向生活的课程体系）

健美类课程	体育类	基础型课程	游泳课程、足球课程、篮球课程、网球课程、武术课程、健美操课程、围棋课程、体操课程等十几门体育类课程；将音美课整合成声乐课程、乐器课程、舞蹈课程、素描课程、剪纸课程、陶艺课程、书法课程等十几门艺术类课程
	艺术类	拓展型课程	足球、排球、篮球、羽毛球、乒乓球、武术、田径、健美操、艺术体操、踢毽子、围棋、象棋；青春唱响、新国乐乐坊、古典剑舞、口琴、长笛独奏、拉丁舞、京剧、话剧、硬笔书法；基础素描、国画、书法、雕刻、剪纸、陶艺、十字绣等
	学校自主开发的选修类	研究型课程	社区服务、大学实践、社会实践等

4. 校本化课程整合案例——历史学科

（1）历史学科整合的基本思路

关注教材，关注学生，关注活的历史，是我们进行历史课程整合的总体思路。

依据义务教育阶段历史课程的基本性质和特点，充分发挥历史课程的育人功能，从"知识与能力""过程与方法""情感·态度·价值观"三个方面进行课程设计。

历史课程分为中国古代史、中国近代史、中国现代史、世界古代史、世界近代史、世界现代史六个学习板块。在原来板块学习的基础上，依照历史发展的时序，把中外历史重复相近的内容、有关联的内容交叉整合集中学习，把中国历史放到世界大背景中来学习。采用"点—线"结合的呈现方式，使学生在掌握历史事实的基础上理解历史发展的过程。如七上第 1 课《祖国境内的远古居民》和九上第 1 课《人类的形成》内容相似交叉，八上中国历史第一单元《侵略与反抗》与九上世界史第四单元《步入近代》尤其是《工业革命》一课联系紧密，因此把这两个单元整合到一起学习。

在学习内容的编制上，从学生的认知水平出发，精选最基本的史实，展现人类社会在政治、经济和文化等方面发展的基本进程，使学习内容更贴近时代、贴近社会、贴近生活，有利于学生积极、主动地学习。

根据课程标准中教学活动建议旨在倡导多样的教学方式，促进学生更积极、更主动地对历史进行感知、理解和探究，通过设计灵活多样丰富多彩的活动课、研究性学习等教学方式，给学生提供充分动起来的舞台，从而实现"学习活的历史，把历史学活"。

因此，作为历史教师，要有意识地在教学过程中渗透科学方法的训练，要对教材的知识体系进行适当的调整和补充，要对不同的知识内容进行合理的教学设计，既要让学生看到树木，更要俯瞰整片森林。教学要关注学生心理特征和认知水平及生活经验，关注社会。

总之，通过整合，我们确定了历史课程如下学习原则：社会化，让历史教学接地气，贴近社会，贴近家乡；多元化，让历史教学资源更加丰富，实现资料来源的多元化。

（2）历史学科整合的基本路径

依据历史课程标准要求，要对历史课程的整体框架和具体内容进行完整构建，课程设计要特别注重历史基础知识的筛选和组织，尽力避免课程内容过于专业化、成人化倾向，避免过多的教学内容导致过重的教学负担，克服重知识、轻能力的弊端。课程内容的选择应体现时代性，符合学生的心理特征和认知水平，减少艰深的历史理论和概念，增加贴近学生生活、贴近社会的内容，有助于学生的终身学习。因此，主要注重从以下几个方面进行课程整合。

课内整合：

依据课程标准，将本课学习内容按照系统性、层次性的特点重新"建构"，使其既有整体感，又能深入浅出、循序渐进，从而形成对其内在逻辑关系的梳理以及对原本零散知识的串接整合。整合时要注意课程标准对本课内容要求的层次及初中学生的认知规律，如由浅入深、由易到难、由感性到理性、由单项到综合、由理解到应用等。

单元内整合：

理解教材中整个单元的基本内容和各课之间的联系，大胆合理地对教材内容进行专题式整合，以一条主线进行一个全局和整体的设计，使学生对相关知识具有宏观的认识和把握，从而更好地理解具体现象在历史长河中的地位和影响。如以人物、事件等为线索统合单元内容，比如对唐太宗的评价，就可以把七下第一单元第2、4、5、6课分别涉及唐太宗治国策略中政治、经济、教育、民族关系、对外关系的相关内容整合到一起，以活动课或者研究性学习的形式来呈现。

单元间整合：

新的课程改革中出现了教材多元化、限时性等特征，我们必须在阅读和理解了教材中整个单元的基本内容和各节之间联系后，再分别解读各节的课程标准和单元的课程标准，最后对该单元做出单元整合。目的就是节省教学时间，方便教师的教和学生的学。可以按时序整合各单元内容，如八上第一单元《侵略与反抗》、第二单元《近代化的探索》；还可以进行中外历史整合，这也是本次历史课程整合中教材内容整合的一大重头戏，即将中国历史置于世界历史之中，进行中外历史的整合，既能时刻了解中国在世界的位置，又凸显"世界史"的真正含义，以弥补过去教材中国史和世界史相对割裂的不足，使学习历史的视野变得更加开阔，体现对不同国家、不同民族发展历史的尊重和认同。

学科间的整合：

历史学科综合性强，包容其他学科的发展历史，特别需要与其他学科知识的整合，使教材内容跨越原"学科"间的道道鸿沟，最大限度地回归和体现知识的"整体"面目，实现跨学科领域的学习和综合素质的培养。与学科整合主要通过活动课的形式来体现。

一是"历史大阅读"——与语文学科融合。文史结合，加强历史事实的具体性、说服力、感染力。中学语文课本提供了大量与历史学习有关的材料，这些材料从不同的角度、不同的层次反映历史上一定时代的人的思想意识和社会生活的真实面貌，情节感人，有助于学生展开想象，再造过去的历史形象，因此恰当地运用，可以使历史课更生动，更有吸引力，更有利于形成历史表象和加强思想教育。如学习明朝君主专制的加强，可以让学生阅读《明朝那些事儿》；另外还可以通过让学生在语文课上阅读各种历史典籍或名人名言等，来进一步体会"论从史出"的道理。

二是"地图上的历史"——与地理学科融合。无论是中国史，还是世界史，教材中不乏地图的插入，尤其是世界史，讲述了世界一些主要国家的历史，离学生的时空距离远，若不结合地图，学生将会觉得是纸上谈兵，空洞无物，甚至"丈二和尚——摸不着头脑"。因此，可以结合地图，为学生排忧解难。例如讲《战国七雄》一课时，掌握七国的地理位置能更好地把握这一课。如果没有正确的空间概念，学得的知识是模糊的，对教材的感知是肤浅的。活动课《地图上的历史》，引入地理知识，养成左史右图的学习习惯，培养学生的空间想象力、空间理解能力，从而形成正确的历史思维能力和时空观。

三是"政史不分家"——与思品学科融合。历史学科知识丰富多彩，真、善、美的历史现象能激发学生心理上的积极情感。例如，在中国近代历史上有识之士目睹祖国山河的破碎、疮痍满目的惨状而奋起救国救民之志。对"洋务运动""戊戌变法""辛亥革命""改革开放"等课的学习可提高学生的改革意识，通过开展活动课《近代英雄人物故事会》，林则徐、邓世昌、孙中山等爱国英雄人物的伟大壮举和形象鲜活起来，可以培养学生的爱国主义情感，有利于学生树立正确的人生观、世界观。

四是"鲜活的历史"——与信息技术、音美等课程融合。历史学科的特点在于它的过去性、丰富性、综合性。历史是不能进行试验、重演的，而信息技术却可以将多种样式的历史资料用最丰富、生动的表现形式最大限度地综合起来，再造历史景象，使历史教学突破时空限制，把千百年前以至上万年前的中外历史现象"重现"在学生面前，拉近历史与现实之间的距离。历史教学有其独特的优势——过去的历史给我们留下了丰富的多媒体素材。我们要充分利用这些丰富的多媒体素材营造历史氛围，激发学生内心的情感世界，在潜移默化中发展学生能力，实现完善学生人格的目标。

历史学科与美术学科、音乐学科也密切相连，不容分割，我们也应恰到好处地、有机地整合到自己的教学中。例如，历史给我们留下了丰富多彩的传统文化，包括一些书画艺术等，我们就可把美术与历史进行有机整合，求教于美术教师，从而可以从构图、技法等方面引领学生去欣赏这些艺术作品，学会对艺术作品的审美。把音乐引入历史课堂更能增强学生学习兴趣和理解力。例如，活动课《20世纪歌曲中的"历史"》的开展，让学生通过收集、视听、演唱不同历史时期的歌曲，从一个侧面了解不同时期的社会变迁、革命斗争和人们的精神风貌，在心中产生昨天与今天沟通的共鸣，陶冶情操。这样可以真正让历史活起来，让学生动起来。

与学生生活的整合：

一是激活学生生活经验。如在讲《唐朝经济的繁荣》时，安排这样一个活动：我们侧面穿越时光隧道，一起回到唐朝，假如你是生活在唐朝长安的居民，正好有一批游客前来参观旅游，请你扮演导游，合理地安排游客的吃、住、玩、行及购物。学生以四人小组展开激烈的讨论，然后每组推荐一名代表发言。学生有声有色地描述了唐朝多姿多彩的社会风情，领略到唐朝是个繁荣与开放的社会。类似的问题在教材中还有很多，只要在平时的教学中努力去挖掘，就会使历史课生动起来，让学生快乐地、有兴趣地学习。

二是参与生活实践。如小调查：世界经济全球化对我们的衣食住行用都产生了深刻的影响，请你用我们学过的调查方法，完成下列的一个调查，填写调查基本信息表，撰写一份简单的调查报告。

三是家庭生活与历史相结合。学生通过不同时代的家庭老照片、实物（如粮票、古钱币）以及长辈对往事的回忆和记录来深入历史，与历史对话交流。例如"照片中的历史"比赛活动，照片真实地反映了不同时期的家庭生活。学生把收集来的照片进行整理组合，还配上文字说明。参赛前在班上举行了家庭照片故事会，轮到的学生拿着自家的照片，充满感情地讲述着自己家庭的故事。在他们的叙述中，一段段逝去的他们无法理解的岁月在孩子们的脑中逐渐形象生动起来。如学生向健在的长辈了解他们的父母在民国初期剪辫、易服、禁缠小脚等往事；又如在讲"文化大革命"时，学生请父母、祖父母介绍"文化大革命"时期的家庭生活状况，把他们的亲身经历和真实感受记录下来。学生与家人真心交流，分享家人生活的足迹，接触到家人深层次的情感世界。学生通过对家庭历史的感知，走进现实，走进社会，了解历史发展与社会的变化。

与乡土资源的整合：

在所有类型的历史课程资源中，具有地方特色的乡土文物古迹为后世的历史教育留下了独特的资源，它虽是古代的遗留，依旧散发着历史的气息，但同时又是存在于学生身边的可以眼观手触的现实，相对于其他类型的历史资源来说，学生可以从心理上首先与其沟通，易于接纳，对学生的历史学习和历史感悟大有裨益。因此，教师可以组织学生走出校门，到当地的历史遗址、文物古迹、名人故居参观、考察、访问，让学生亲身去看、去听、去体验家乡的沧桑岁月和悠久的历史文化底蕴，从而让学生深切感受到历史就在身边，在潜移默化中升华热爱家乡、热爱祖国的情感。

与历史影像资料的整合：

历史影视资源就是一种以电影或电视为手段，借用历史人物、事件、背景，使消逝了的时空与人物通过文字、图像、屏幕得以"复现"的"拟真"拍摄，它是一种对历史的具体化、形象化的叙述。可以通过以下几种方式，课内与课外、学校与社会相结合，使得影视资源在历史教育中的优势得以充分发挥。

一是学校开设影视欣赏课程，建立影视资源库。影视活动课能充实学生的精神生活，学生的情感、意识和良好的品德行为在他们感兴趣和积极参与的影视教育活动中潜移默化地形成，在深化教育中巩固和发展，从而增进身心健康发展，使学生终身受益。

二是在课堂上运用影视资源进行教学。影视资源绝不是仅仅为了活跃课堂气氛而使用的调味品，它是实现有效历史课堂教学的重要手段，在课前，我们一定要充分做好利用影视资源的教学设计。具体来说，首先要结合我们历史课程的教学内容，教学目标，以及重点、难点还有学生的实际心理特点和知识水平来决定在某一堂课的哪些环节使用影视资源：是在导入新课，讲授新课，还是在小结时使用，是在讲解某个重点知识时加深学生印象使用，还是在帮助学生突破某个抽象、枯燥的难点时使用，要做到心中有数，然后精心设计教学流程。

三是以影视资源为题进行研究性学习。例如，组织学生开展影视欣赏、辩论赛、评论、手抄报、表演剧等丰富多彩的观后活动，充分发掘影视资源中蕴含的教育资源。通过形式多样的影视活动，寓教于乐，营造一种愉悦的氛围，给学生以教育和启迪。

（四）融合应用，实现教育信息化

信息技术的飞速发展给基础教育带来了深刻变革的契机。学校理应主动顺应信息化潮流，用教育信息化引领学校现代化建设。我校致力于信息技术与教育教学完美融合的教学实践探索，积极打造学生个性化成长和发展所需求的信息化学习环境，建设智慧校园，用互联网思维和信息技术重构教和学的方式，用智慧教育丰富和创新学习生活，取得了较为突出的成绩。

2015 年 5 月 23 日，首届国际教育信息化大会在青岛召开，作为青岛唯一的学校校长代表，我以《信息技术成就新校快速崛起》做主题演讲，开发区实验初中作为大会现场参观的三个学校之一，迎接了 600 多位中外代表实地考察，教育部杜占元副部长到校考察调研后对陪同的省市区领导说："实验初中建校还不到 4 年，取得这么好的成绩，不简单，不容易，有很多经验值得推广。"7 月 29 日中央电视台新闻联播对学校信息化建设做了专题报道。

《信息技术成就新校快速崛起》主题演讲得到与会代表高度评价

1. 科学规划，为学生的终身发展奠基

长远谋划：深刻领会国家要求，正确把握信息化发展趋势，为学生的未来着想。中国教育正进入一场基于信息技术的伟大变革中，党的十八届五中全会通过的"十三五"规划建议中强调，实施网络强国战略，国家大数据战略，实施"互联网＋"行动计划。面对"互联网＋"，我们已经感觉到"未来扑面而来"！信息化给世界带来的变化是难以想象的，通过教育信息化传播知识与技能，不仅可以改变个人的命运，也可以使人类更有能力应对全球性挑战。习近平总书记在致首届国际教育信息化大会（青岛）的贺信中提到："因应信息技术的发展，推动教育变革和创新，构建网络化、数字化、个性化、终身化的教育体系，建设'人人皆学、处处能学、时时可学'的学习型社会，培养大批创新人才，是人类共同面临的重大课题。"这同时也为我国教育信息化事业指明了方向。今天的孩子，只要轻点鼠标，就有机会接触人类文明的最新成果，还能在多样文明交流互鉴中，培养开放包容的精神，汲取创新的智慧和力量。学校必须敢于打破传统，借助于信息技术进行革命性的变革和创新，重新定义教育，重构学习，"互联网＋教育"应该是智慧教育。充分利用"互联网＋教育"的神奇力量，把学校建成智慧校园，用智慧教育奠基教育未来。为此，学校确定了"整体规划、顶层设计、应用驱动、共建共享、深度融合、引领创新"的信息化发展六大策略，以让信息技术成为课堂教学的常规手段为立足点，以探索信息技术在教育教学中的有效应用和深度融合为主线，以立德树人、培养学生信息化环境下的学习能力和创新能力为目的，在人生最关键的时期，为孩子"奠基智慧人生"。

合理规划：整合学校办学理念、育人目标，整合国家创新人才规格要求、学生个性化发展需求，整合学校人、财、物、时空间，科学架构《实验初中信息化发展规划》，明确学校信息化发展的路线图和时间表。

精心策划：以国家级课题《数字化智慧校园的构建》研究为抓手，抓住应用驱动这一核心动力，营造氛围，畅通渠道，促进信息技术与教育教学的融合创新，鼓励教师利用信息技术开展教学创新，支持学生个性化学习探索，推动形成"课堂用、经常用、普遍用"的信息化教学新常态。

翔实计划：结合我校山东省首批"信息化试点学校"的试点方案，把规划分解到学期，明确责任、落实到人、评价到位，立足用信息化手段解决教育改革与发展中的实际问题，推进信息技术与教育教学的深度融合，形成自身的优势和特色，推动教与学的"双重革命"。

2. 数字校园为学生建设随时随地随需的学园

按照整体规划、分步实施的原则，智慧校园是数字校园的高级形式，数字校园建设要指向智慧校园。

一是高标准建设数字化"三通"。按照教育部《教育管理信息化建设与应用指南》的要求，构建起了云架构数字化校园网，与教体局局域网千兆光纤连通，校内千兆到桌面，在所有教室实现宽带互联互通的基础上，2013 年升级改造，实现了Wi-Fi 校园全覆盖。每个部门、班级，每个教师、学生及家长都建立了网上空间，实现了网络学习空间人人通。学校网站获山东省优秀校园网站一等奖。

二是集成"完美教育"数字化资源服务平台。该平台根据学校完美教育需求，集成软件应用系统，为教师的教和学生的学提供数字化资源服务。资源或购买或改编或自制，包括涵盖 400 多种数字期刊的网上阅览室、各学科的数字教材、网上图书馆、数字题库、微课超市等，各类教育资源通过备课中心、授课中心、云教室等模块分类管理，师生便捷使用。将资源平台建设与学生自主探究性学习相结合，打造可随时随地随需学习的信息化学习模式；与教育质量综合评价体系相结合，利用大数据、学习分析为学校教育教学管理提供决策服务；与教学科研相结合，网络教研借助资源平台，进行无纸化备课，每个备课组每周都将自己学科的优秀教案、课件、微课上传至资源平台，实现优质资源共享，助推教师成长。

三是构建"数字实中"数字化管理服务平台。该平台支持学校行政、教务、资产、人事等各种管理的信息化服务。主要由每日荐读、公务安排、校产管理、公物维修、教学管理、功能室管、平台管理、家校联系、留言管理等模块组成。现在教师上班打开电脑已经养成了网上"三看"习惯：看每周工作活动安排、校内通知，明确每日的工作重点和要求；看学校新闻动态，了解学校各条线开展的各类活动情况；看"钉钉"即时信息。达到了校内沟通无障碍，家校联系零距离。"数字实中"将学校常规工作和日常管理的办事流程、过程进度、实时评价，都在平台上即时展示、实时更新。项目体系设置科学的"网评"系统，使学校里的每个人都是评价的主体也是评价的对象，教育教学评价变得及时、科学、民主。学校门户网站、微博微信平台、数字班牌、一卡通等让家长、学生以及关注学校的社会人士通过自己的手机等终端设备，随时随地获取学校的日常管理、教育教学、生活服务等相关信息，学校成了一个开放的数字社区，使学校变得开放和现代，让每一个家长由从旁协助变为共同治理，做到了学校治理民主、公开透明、及时高效。

四是构建无处不在的学习场。学校高标准建设未来教室、多媒体教室、计算机网络教室、数字探究实验室、数字阅览室、物联网实验室、机器人实验室、3D打印实验室、智能录播教室、数字广播系统、数字化校园电视台、数字化校园安全防护系统、校园一卡通、数字化智慧班牌，每个楼层走廊上都安装电脑终端机和电子图书借阅机；学校常年全天候开放，师生可随时使用这些数字设备进行学习。

3. 推进机制，提升教师信息化能力

从经济全球化到"互联网＋"，从大规模标准化制造到工业4.0定制化生产，从告别贫穷到追求自由，从寻求独立到学会合作共存……这些深刻变化，对学校教育提出了更高的要求，从单向度、标准化的培养范式中走出来，应对多样性、体验性、深度探究的个性化学习需求，教师的信息化能力是关键。

① 五动机制助推教师拥抱信息化。一是行政推动：局长、校长亲自讲，聘请专家学者专题讲，开发区教体局张喜军局长亲自给老师做培训报告，深入课堂听课，与老师座谈，现场办公解决学校和老师遇到的困难，引导教师更新观念，更快更好地适应信息化环境下的教与学。二是应用驱动：从优化教学、减轻负担、提高质量等师生最急需、家长最关注的重点环节上寻求信息技术的支持，增强应用信息技术的积极性。三是典型带动：注意培养应用信息技术提高课堂教学效益的个人典型、团队典型（备课组），让学科信息化领军人物带动学科信息化发展。四是制度拉动：在现代学校制度建设中，专题建立信息化主动应用制度，促进教师在课堂教学和日常工作中有效应用信息技术。在信息技术与教学深度融合的校本培训中，坚持全员参与、分层提高、整体推进，达到领导干部要懂、学科骨干要精、所有教师都要会的目标要求。学校规定教师信息技术应用能力作为教师职务（职称）评聘、考核奖励等的必备条件，纳入教师资格考核和绩效考核指标体系。五是多方联动：推进教育信息化，还需要政府主导，提供政策和资金支持；学校、家长、学生的共同参与制定数字化学习策略和使用办法；校企合作，教师选择合适的教学软件平台，学校与企业协商，及时就地解决老师在使用中的问题和新要求，让企业把学校当作完善硬软件功能的优化基地、新功能的研发基地、新产品推广的示范基地。

②博采众长助力教师应用信息化。教育信息化没有固定的模式，但有许多成功的经验可以借鉴。面对信息技术给教育带来的革命性浪潮，我校以追求完美的精神，瞄准一流，勇立潮头。先后派信息技术老师和学科骨干下广州、进深圳、去上海。考察信息化水平最好的学校，了解他们成功的经验和面临的问题，使老师亲身感受信息技术与教学的融合给教育教学带来的变化。请华南师大焦建利教授指导微课的设计与制作；请西南交大龚晖教授指导网上作业的自动测评；请华东师大吴志鋐教授指导"翻转课堂"组织与实施；请山东省教科所张斌博士指导基于课标的教学设计；请中国教育学会原会长顾明远先生给教师做专业化发展与终身学习的报告……走出去，教师开阔视野；请进来，专家指点思路。教学模式、学习方法的变革将我校信息技术与教育教学深度融合的课堂打造成了一个智慧课堂。

③明确要求帮助教师胜任信息化。"互联网＋"是一个方向，一种趋势。如果老师和教学仍然守旧不变，就会出现"用原始人的方法，教数字土著"的怪现象。积极应对"互联网＋"带来的挑战，是教师无法回避的大事件，只有教师好好学习，学生才能天天向上。

教师胜任信息化的行为特征是7善7变：善用技术、善用资源、善用教法、善于设问、善于评价、善于分享、善于入群；放下架子与学生一起拥抱信息技术、借助"互联网＋"成为终身学习者、突破时空增加与学生交流互动、不仅传授知识更要设计学习过程、教会学生多维探究而非标准答案、从课堂展示到多样化创作与分享、借助学习分析来改进教学精准服务学生。

4. 重构学习，信息技术引领教学模式创新

教育怎样为孩子的明天着想？国务院副总理刘延东在全国教育信息化工作电视电话会议讲话中提出了著名的"双重革命"和"三个转变"，即："信息技术的深度应用，迫切要求教与学的'双重革命'，加快从以教为中心向以学为中心转变，从知识传授为主向能力培养为主转变，从课堂学习为主向多种学习方式转变。""网上搜索、比较选择、创意设计、咨询完善、成果分享这是学生信息化环境下的学习方式，也是将来的工作方式，教育要为学生的未来着想。""互联网＋"所具有的跨界融合、创新驱动、重塑结构、尊重人性、开发生态、连接一切的特性，决定了"互联网＋"背景下的教与学变革的特征：一是教学生态更加开放融合；二是学习更加泛在化和移动化，特别是移动互联网和各种数字终端的兴起，学习时空跨边界、超界限，成为"人人皆学、处处能学、时时可学"的新形态；三是愈发尊重学生群体的需求，在"互联网＋"教学中，老师要进一步主动探寻学生的需求，尊重和发挥学生的创造精神；四是教学结构得到重塑，教学结构迈入了线上、线下的混合学习阶段；五是教学更加富媒体化和技术智能化，大数据、学习分析、智能学习工具得到融合应用；六是师生关系更趋平等，老师要从在课堂上教、台前讲，转变为融入学生中"导学"、借助大数据"诊学"、隐于云端后"助学"。

重构课程、学程：为适应信息化环境下的学习需要，将国家、地方、校本三级课程，通过学科内、学科间、超学科三种方式进行整合。重构教学目标：理念上由知识本位转变为以学生为中心，设计上由标准化改变为个性化，更加关注价值观、学科核心素养、学习兴趣、学习能力、创新能力。重构教学评价：理念上由重视结果、甄别选拔转变为促进发展、重视过程、自我改进，利用大数据、学习分析、反馈交互技术，实现学习过程数据收集、即时评价、多种方式评价、全方位成长记录。

技术启迪智慧，引领学习重构。一切教育改革和创新必须发生在学习的改变，才能彰显她的价值和生命力，"互联网＋"教育的突破口就是以信息技术手段力推学习重构。

①校园线上线下混合学习——学校通过开发或选用学生感兴趣和有需求的在线课程，并将这些在线课程纳入教学计划，为学生提供丰富的数字化学习体验。如微课知识树助学系统。每学期开学前，各教研组开展说课标说教材大赛，教师整体把握教学目标要求，并按册梳理知识图谱——绘制知识树；按知识点分工设计录制高质量微课，再按知识体系将微课链接成微课知识树，上传到学校教育教学资源服务平台。我校的微课知识树完全符合孩子的学习需求，教师上课可以随时调用，学生无论课上课下、校内校外都可以随时在校园网上进行预习或复习，学生甚至能够选定自己要学习的内容，进度快慢也完全由自己掌握，直到学生自己看懂学会，学得快的同学甚至能够提前半学期自学完成一学期的功课，学得慢的同学也能跟上老师的进度完成学习。信息技术支持下的微课知识树助学系统，实现了学生自由学习、自主学习、自我评价，培养了良好的学习习惯，使学习更加个性化，让每个孩子都能做最好的自己。同时，学生对学习资源的评价和微课点击率又倒逼着教师把信息技术与教学深度融合，积极深化教学模式和方法的改革。

②翻转课堂学习——对课内课外学习时间进行重新安排，从而把学习主动权从

教师转移到学生。《地平线报告》（2015版）再一次对翻转课堂给出乐观预测。翻转课堂，已然成为一种流行现象，一个新的风向标。学校将微课和原有的"问题导学"有机融合，构建"翻转课堂"教学模式，为教与学搭建了一种全新的舞台。老师们把事先录制好的教学微视频上传到学校数字化学习平台，课前，老师再发给学生两单（问题单、达标单），学生先看微视频完成课前自学，学生的预习收获和问题又可在平台上呈现和交流。课堂上，老师和学生聚焦学习问题进行探究，完成新知识建构，并当堂完成训练、拓展、达标，学生的学习就从传统课堂上"老师讲学生听，课后练习巩固"翻转成了"先课前自学，然后在课堂合作探究、内化巩固"，由"教中学"就变成了"学中教"。借助"翻转课堂"和数字化学习平台，翻转后的课堂教师有更多的时间组织引导学生进行质疑探究使知识深化，设计有针对性的过关题使下游学生达到合格，设计综合题使中游学生将知识转化成能力，设计生活应用题使上游学生把知识提升为智慧。它实现的不仅仅是一种教学流程的改变，而是更深刻地体现了"观念的转变"，让不同的学生都成功自信起来，真正体现"生本"的真谛。学校加入了华东师大C20全国慕课联盟，专家的系统指导使"翻转课堂"又提升到一个新阶段。2014年5月，学校成功承办"C20全国慕课建设与翻转课堂教学观摩研讨会"并做典型经验介绍，2014年"青岛市初中课程与教学工作暨青岛经济技术开发区实验初级中学教学改革现场会"成功举办，均得到广泛好评。

③网络空间学习——突破了传统教学模式的时空限制，将线上学习与课堂教学有机结合，并利用碎片时间，促进教与学、教与教、学与学的互补。如英语学习平台解决"作业大难题"。针对学生头疼英语，学成"哑巴英语"的情况，英语教研组用homework英语平台进行教学改革，教师可以通过平台上的班级网盘，为学生提供纯正英文歌曲、演讲、原文听力、英文电子报刊等各种各样的学习资源。平台中的网络学习评价、徽章奖励等自动评价工具让学生成绩和口语都取得进步。平台中的口语语音测评功能则解决了家长和老师在家里无法监控口语类作业的问题，孩子们可以模仿朗读跟读并录音与同学分享，让学生真正成为学习的主人。

④引导式移动探究学习——不仅支持学生通过移动设备在课堂上开展内容探究，也支持学生在非正式学习情境（校外）中开展探究学习。换一种方式，让教学更精彩。作为教育部基础教育课程教材发展中心"十二五"重点项目《基于网络的双课堂教学应用试点示范项目》试点校，电子书包课堂已从当初的实验班走向学习新常

态，家长自愿为孩子定制专属的学习型平板电脑，教师、学生、家长三方共同商定电子书包管理协议并签字执行，学生将电子书包随身携带，课外时间可以带回家使用，教师基于数字资源和网络学习工具来设计学习活动，让学生在课前、课中和课后以自己感兴趣的方式全程参与学习。学生在电子书包里自建空间，同伴互助，师生互动，网上查询，时时分享所学所悟。老师通过智能作业测评系统的大数据学习分析，即时获取作业中的问题，调整课堂教学策略，更有针对性地指导，使学生的学习更高效。将电子书包作为认知学习工具，改变了学生作为接受者的角色，使学生成为生产者、创造者和发送者，对培养学生的信息素养和基于信息化环境的学习能力起到了极大的促进作用。我校成功承办了"2014全国基础教育数字化学习课例展示会"。

⑤协同知识建构学习——作为小组协作学习的一种典型形态，师生或学生之间通过交流对话分工协作知识建构，能够促进高阶认知能力的培养。如"码上植物园"。生物老师李桂兰指导一个学生小组对校树水杉、校花白玉兰进行研究性学习，有学生提出网上搜索时发现很多与之有关的小知识，为什么不让我们的资料更丰富更吸引人呢？受此启发，学生们把与之有关的历史地理知识、诗文名句、传说掌故、树喻花语等进行跨学科知识筛选整合，再把整理好的信息资料放到校园网上，同时制作成带有二维码的铭牌挂到树上供大家"扫一扫"分享。孩子们非常喜欢并美其名曰为"码上植物园"。由此可见，信息技术能在很多方面撬动学生的兴趣点，让他们在网上搜索、判断、整合、分享的研究性学习过程中，掌握知识、学会研究，提升信息素养，激发创新精神和求知欲望。当信息技术成为学生学习的利器时，学生的主体地位才能真正确立，摆脱学习的被动感，研究性学习才能从口号变成实际行动。指导教师李桂兰深有感触地说："信息技术融入学习，让学生耳目一新，孩子们学会了把自己的设计上网求教、向专家请教，俨然是一个个植物学家，有的家长也参与了进去，看到孩子的专注和认真说，'孩子兴趣上来了，拖都拖不住'。"

⑥能力导向式学习——该种模式采用全自主、能力导向的方式，不进行分科教学，围绕学生兴趣特长开展系列学习活动。让"盒饭"变成"自助餐"。自助餐最大的魅力是根据需求喜好做选择，同理，学生只有自主选择所需课程才能得到最大限度的满足感。教育信息化让我校的课堂成为学习的会所，信息技术与教育教学深度融合顺应并发掘了学生的好奇心，求知欲，共享与合作意识，使课程内容生活化、

艺术化变成现实。我校在信息技术的支持下所开设的 40 余门校本课程及 50 余个社团课程，特色更加鲜明，诸多从前想都不敢想的课程如今都变成了现实。它已经超越了狭义的课堂学习，是给学生自由，助学生起跑，推动学生发展得更快的力量。申骐源同学表示，"学校社团那么多，要想多参与就得自己提前学。于是，我有了更多的时间在学校音乐社团做钢琴小老师，在机器人社团体验科技创新的喜悦，丰富多彩的课程让我的每一天都过得愉快而充实"。正是由于学习方式的改变，申骐源同学才有更多的时间练习提高自己的琴技，终于能在国家大剧院与钢琴家郎朗同台演出，并以优异的成绩考入中央音乐学院附属中学。

⑦创客学习——有利于提升学生的创新能力和设计能力，体验和优化 STEAM 教育的教学过程。我校以"建创客校园"为主题，以"3D 打印引领学校科技课程整合"为主线，以"培养学生新技术环境下的创新能力"为目的，建科技互动体验馆、比特实验室；请"创客"入校，校企联合，共建共享 3D 打印实践基地；将一直开展的科普体验教育、项目学习、DIY 课程等进行融合，整合课时，列入课表，全员参与。于是，"创客课程"应运而生。创客课程融合科学、技术、工程、艺术、数学等学科知识，使用技术搜集、分析数据，设计测试、改进解决等方式，与同伴交流研究成果。创客教育让学生的信息素养、创新能力得到了初步建立，让学生的想象力、创造力、解决问题能力、团队合作能力得到了极大提升。137 名学生获得国家发明专利；2320 名学生在各级各类科技创新大赛中获奖。第 25 届国际啤酒节期间，创客空间成员史衍钊、韩悦萌自主设计打印的"调酒神器"已经申请国家专利并有厂家计划投入生产。

教科书不再是学生的世界，世界成为孩子的课堂，学生的视野真正打开了，在体验数字环境下提出问题、网上搜索、合作探究、学习建构、最后取得并呈现结果的同时，学习了知识、提升了能力、奠基了人生。2013 年第 17 期《人民教育》"减负万里行"栏目，以"提高效率，增加趣味"为题报道了学校的经验。2014 年 5 月 20 日《中国教育报》以"信息技术成就高效课堂"为题推广了学校做法。

智慧教育的本质特征是智慧学习环境的感知性、学习内容的适配性，主要功能是传递教育系统的"智慧"；在新型学习模式下，学生的差异性和多样性得到尊重，从而促进学生轻松、投入和有效地学习，其核心是启迪学生的"智慧"；应用大数据来分析和动态模拟，为学校管理制度及教学制度提供改革方案和决策依据，其根本目的是形成现代教育制度，以孕育人类"智慧"。我校追求信息技术与教育教学的完美融合，用"互联网＋"重构学习，让智慧教育奠基未来，带来的不仅是教学手段的变化，更是立足当下，着眼未来，在教育理念、教育模式、学习方式、学习内容的创新。四年的实践使我们坚信"信息化引领未来教育"，学习改变命运，智慧教育成就师生未来幸福，做"互联网＋教育"的领跑者，向着智慧教育的目标快速前进。2016年1月14日应邀参加首届中美智慧教育论坛，代表中国与美国推选的学校同台PK，得到中美澳专家的好评。

参加中美智慧教育论坛

（五）开放办学，实现教育社会化

完美教育也是努力践行人民满意的教育，九年义务教育是政府向公民提供的一种服务，评判一所学校办学水准如何，关键是要人民满意。因此，学校教育应该超越围墙与社会接轨，让家长、公民甚至社会各界都来支持教育，关注教育，参与教育。唯有如此，才能形成良好的教育生态园，我们所追求的完美教育才能在和谐的环境中健康发展。

开放式办学首先是一种与以应试为主要目标的封闭式教育相对而言的办学理念，

它在学校教育情境中，借助国际、社会、社区和网络等资源，在社会资源、环境、课程、课堂教学、教师发展等方面实现开放式建构，培养能在国际层面进行创造性学习和工作的创新人才。

1. 挖掘社会资源，建立四大教育基地

充分挖掘社会资源，是推动学校健康快速发展不可或缺的教育策略。我们充分发挥社会资源优势，开发"走向社会"的实践课程，探索润德课程活动化的实施路径。我校借助地理优势，和周边的大学、纪念馆、工业园区合作，建立各种课堂拓展基地，还和远在北京的北京大学建立了基地联系。这样，学校就和不同层面的社会资源建立了协助关系，学校不断地得到这些大学、工业园区、纪念馆的帮助和支持，让学生从不同的地方、角度、层面得到帮助、提升和成长，真正实现了教育资源的社会化。

学校充分借助高校资源，在中国石油大学建立了校外实践基地。家委会多次组织"石大心、伴我行"走进石大校园系列活动。学生们参观了校园，走进了图书馆，参观了校史陈列馆、体育馆和国家级实验室等，近距离感受大学校园的文化和学习氛围；邀请大学名师开展"名师有约、专家论坛"活动，定期为师生和家长作报告；邀请中国石油大学优秀学子着力打造"走向卓越——学生干部论坛"品牌活动，提升了学校各项活动的层次，促进了学生综合素质的提高。

学校在黄海学院雷锋纪念馆、科普博物馆建立了爱国主义教育基地、青少年德育教育实践基地。家委会定期组织学生参观雷锋纪念馆、科普博物馆、航空博物馆等，深入开展集体主义、爱国主义教育。

学校在海尔工业园、澳柯玛等知名企业建立了校外素质拓展基地。家委会组织学生走进海尔、澳柯玛、海信等企业，了解社会，感受企业文化，拓宽知识视野，丰富知识面，提升综合素质。

学校在北京大学建立了学生素质教育拓展基地。每年寒暑假我们都要组织学生参加他们组织的冬夏令营，学生收获颇丰。学校建立了北京大学家长教育与人才成长课题共建基地，以北京大学为平台，联合国内知名的教育学家、家长教育专家共同开展"家长教育与人才成长课题"研究。定期组织家长讲座、报告会、互动沙龙，传播新的家长教育理念，有力地推动家长教育意识、教育方法的提升和完善，不断提升学生综合学习成长水平和学校的综合影响力。

借助社会这个大舞台，学校开展了珠山文化解读、赴南京红色之旅、社区志愿者服务、赴韩国科技交流、赴维也纳艺术交流等一系列社会实践活动，满足了学生对课程深度和宽度的个性需求，开阔了学生的视野。

2. 家校合作，让家长成为学校管理的同盟军

学校和家长是一对矛盾的统一体，因为所站的角度不同，看问题的方式、方法不同，在一些具体问题上由于相互的沟通不够，容易产生矛盾和误会，从而造成学校和家长之间相互排斥、互不信任，有时甚至矛盾激化。作为学校校长，应该是一个能够站得更高、看得更远、处理问题更智慧的人。我想，家长和学校在对于孩子的未来愿景的培养上是一致的、相同的，都是想让孩子成为国家的栋梁之材，只是由于双方的交流、对话、信任、理解不够，才会产生许多不必要的误会，如果能够让双方多交流，了解对方的所思所想，对话通达，把家长变成学校教育的同盟军，让每一位家长都成为学校发展的助推力而不是阻力，成为学校完美形象的宣传大使、代言人，那么家长就会成为学校发展的强大的后备军。这也是我所追求的完美教育的目标。

家委会是学校课程建设的参与者，是教育问题的应对者、家校关系的协调者。只有家校发挥合力才能促进学生的健康幸福成长。

学校支持并指导家委会全方位参与学校管理及民主监督。联合成立了实验初中家长学校家庭教育研究室，协助学校积极开发实施校本课程，组织开展了一系列社会实践和社区服务活动，组织评选书香家庭、优秀家委会委员、优秀家长义工等活动，发挥家长的一技之长，拓宽家校教育的渠道，取得了较好的效果。学校家委会的"家委会参与教育教学的规律研究"课题在全国家庭教育委员会立项，并在山东省素质教育论坛上进行了经验交流。

目前家委会为做好日常工作，逐步建立完善"五级作业规范"制度："每日走进校园"——我监督、我参与、我奉献值班制度，每周一次主席团例会制度，每月一次校家委会会议制度，每学期一次三级家委会总结汇报会制度，每年一次总结表彰研讨会制度。

在每日值班活动中，每天都有一个委员带领家长走进学校，参加学生班会，与学生交流，参加学校升旗仪式，听课进课堂，就餐进食堂，行使民主监督权；每天早晨，每个班家委会认真实施"早晨安全值班岗"制度，风雨无阻，家委会

2015 年 9 月 10 日教师节与家委会志愿者合影留念

为全校的老师和孩子们创造了一个安全的环境。每周的主席团例会，大家相互交流、分享工作意见和思考。在每月的校家委会会议上，每位委员汇报每月的工作和设想，全面部署下一步工作，形成良好的沟通互动。每学期的三级家委会汇报总结会是各级家委会总结、交流、相互学习的良好平台。每年 12 月份，学校家委会组织家委会工作总结表彰研讨会，全面总结梳理一年的工作，对家委会工作进行研讨表彰，查找自身不足，提炼好的经验和做法，相互交流思路，全面促进学校家委会的工作。

3. 学校资源全方位开放

学校拥有单个家庭所不具有的优质健康资源。学校本着建设和谐社会，搞好与周围居民关系的想法，在确保安全、有序、健康、和谐的基础上，加强学校资源的充分利用和整合，为达到为社区和谐发展做出贡献的目的，实行"开放式管理"。

学校的校园网、实验室、功能室、图书馆、龙圣书苑等面向学生全天候开放。在教学楼大厅设置"温馨书吧""英语角"，在校园安装多部上网终端机、查询机，为学生的个性化发展创造有利条件，为学生自主探究、协作创新学习提供有力保障。四年多来，学校功能室、实验室的物品及书籍完好无损，无一丢失。"开放式管理"不仅满足了学生的学习需求，更潜移默化地塑造了学生自觉自律的优秀品质，让学生在责任立校活动中得到愉悦、尊重和家的温暖。

学校与青岛泳联汇游泳俱乐部合作，开设游泳课，使学生中的游泳人才脱颖而出。学校心系社会，在平日放学后、周末、节假日把游泳馆和羽毛球馆等面向社会开放，丰富了周边居民的业余文化生活，提高了周边居民的生活幸福指数。

学校还建成了一个百变的多功能厅，这个大厅在日常情况下是学校的体育馆，保证学生在学校室内的各项强身健体活动的顺利开展，同时此大厅还是一个能够容纳1500人的大型会场，虽然不是阶梯教室的形式，但是充分利用多媒体技术、影像技术等，即使与会者都在同一平面上，也能够很好地参加会议。学校利用这个多功能厅，引进了许多大型教育教学会议。

举办高层次大型会议，展示自己，加快发展

学校总是抓住这些契机，让学校的老师们不用出校门就能够多次参加国家级的优质大型会议。与会的领导专家们不仅带来了很多的优质课和报告，还给我校的发展提出过很多切实可行的宝贵意见和建议，而我校的学生们也在这些进出的人流中学到了懂礼、守序、自尊、自爱等道德情操。学校的完美教育的办学理念也随着与会的领导、专家、老师们的参观学习得以在全国传播开来。

开放办学是学校和社会双赢的事情，虽然在具体操作的时候有些麻烦、阻力，但是，只要本着服务社会、完善教育，为了学生，办大教育的原则，认真、细心、周到、信任地去做，就会收到事半功倍的效果。学校教育是整个社会的一部分，完美教育的追求是：不把学校教育办成象牙塔，不让学生们都成为养在温室中的花朵，而是让学生们在经历社会的狂风暴雨前，就让他们在老师、学校的守护下试着去经历风霜雨雪，去迎接雨后灿烂的彩虹。开放办学，实现教育社会化的实践让我们深

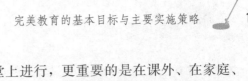

深懂得，素质教育不应仅仅在书本上、课堂上进行，更重要的是在课外、在家庭、在社会上进行，不论在校内还是在校外，我们都要想方设法同家庭、社会形成教育合力，努力培养学生在生活实践中的积极心态、合作意识和团队精神，培养学生终身受益的主动探索精神、爱家爱校爱国爱民族的健康情感，培养学生乐观向上积极进取的人生态度，这也是完美教育的不懈追求之所在。

（六）开阔视野，实现教育国际化

"地球村"已经是一个地球人的公用名词，因为交通的发达、网络的畅通，国家之间的联系已经像村落之间的联系一样便捷，把自己关闭起来的国家是难以发展的，绝对关闭也几乎是不可能的，所以让学生仅仅是在电视、电脑的屏幕上了解国外、认识世界是不够的，还需要让学生们用他们的双脚走出国界，踏上他国领土，用他们的双眼亲自去领略异国风采，感受这个大时代所带给人类的震撼，这是时代发展所必需的行程，是完美教育跟上国际化的步伐必须做出的努力。

德国教育考察团来我校交流

教育国际化已成为浩浩荡荡的时代潮流，培养具有国际视野、具有国际人文关怀的人才，已成为学校现代化过程中的必然选择。我校在"教育要面向世界"的指引下，本着"来者分享，出者学习"的教育国际化思路，通过走出去、请进来等方式，开拓师生国际视野，与不同国家的师生进行交流与合作。

大家都知道，在英国有这样一所人人向往的学校：每个学生都以被培养成最顶尖精英为目标，所有的学生都寄宿在学校，学校有自己的运动项目，校服制作精美且历史悠久，唱诗班有着天籁般的歌声，对学生的品行要求极严，教学方法别具一格，这所学校就是追求卓越的著名的伊顿公学。正如1896年的校长威廉·考利所言："比知识更重要的是学习可以贯穿一生的品质和习惯。"学校用自己的仪式、规范、教学、课程、活动，构成独特的"伊顿生活"，形成了令人骄傲和自豪的"伊顿性格"。

作为校长，我不敢奢望我的学校成为"伊顿公学"，我的学生人人拥有"伊顿性格"，但是我要拥有国际化的视野，尽我最大的努力向着"伊顿公学"一步步地踏实迈进。因此，我们要做的就是走出去，打开我们的视野。"伊顿公学"是我努力的目标，我正走向它，今虽不能至，心向往之。

带领学校小海鸥舞蹈团赴维也纳金色大厅演出获"杰出团队奖"

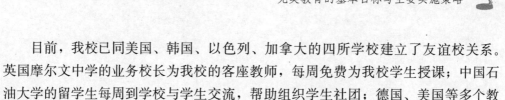

目前，我校已同美国、韩国、以色列、加拿大的四所学校建立了友谊校关系。英国摩尔文中学的业务校长为我校的客座教师，每周免费为我校学生授课；中国石油大学的留学生每周到学校与学生交流，帮助组织学生社团；德国、美国等多个教育考察团到学校访问，28 名干部教师分别赴美国、加拿大、韩国进行交流学习，几百名学生分别赴多个国家参加活动。我们的学生曾作为山东唯一代表队，赴维也纳金色大厅成功演出，获"杰出团队奖"。

教育国际化已经是大势所趋，只是在自己的小天地中闭门造车，那必定是井底之蛙，蒙蔽学生的视野。心有多大，教育的视野就有多广阔。我们应让学生们在完美教育的引领下，到国际化的广阔天地中去翱翔。

完美教育的学校
实践案例

　　生命的启示录就是在一个故事一个故事的衔接中得以升华、充实，完美教育也是一个一个具体的实践案例的传承，完美教育不是空中楼阁、海市蜃楼，而是我带领我的团队一个脚印一个脚印、一件事一件事地走出来、做出来的。它不是无源之水、无本之木，而是在我们的实践过程中有章可循、有据可依的，是我们用一点点的实践积累而建构起来的楼宇，是根深叶茂的参天大树。下面是完美教育中最美丽的风景。

一、完美教育之办学案例

　　完美教育是在教育教学实践中，踏踏实实地做出来的，包括六大板块的文化建设实践案例，有物质文化、精神文化、制度文化、课程文化、行为文化、网络文化，这六大文化各有自己的特色，同时也是相互促进、协调发展的，为完美教育的形成奠定基础。

（一）物质文化：构建内外兼修、纵横开阖的环境课程特色

　　学校物质文化是学校按照自己的办学理念由师生员工在教育实践过程中创造的校园布局、建筑、各种教学设施、文化设施等综合物质设施。在完美学校发展中，学校物质文化属于学校文化的表层，它既是学校文化的空间物态形式，又是学校精神文化的物质载体。它能使学生潜移默化地受到感染、熏陶和积极的暗示。这些物质载体本身不会自动发挥教育作用，需要赋予这些物质载体以文化特质和教育意义，才能发挥环境育人功能。

　　苏霍姆林斯基说过："要让学校的每一块墙都会说话。"学校的一草一木、一砖一瓦都蕴含着某种教育信息，都会有意无意地进行某种教育，都可能会潜移默化地对学生产生影响。青少年的教育不能依赖于单纯知识的灌输和技能的传授（显性课程），只有在校园中营造浓厚的教育氛围，长期坚持，才能真正促进学生内化形成自觉自主的行为，才能使其道德素质得到提升。

　　我们从学生的视角扮靓校园，从环境熏陶的角度设计校园，从而启迪师生自我激励。在学校各处都设置了一些诠释追求完美教育主张的景观，形成了"一石一像、

2015 年 5 月世界教育信息化大会在青岛举行，外宾到校 3D 打印创新实验室参观

两树两厅、三馆三苑、四廊四园、九中心"。一石：仁爱尽责石；一像：孔子像；两
树：玉兰树、水杉树；两厅：教改会客厅、学术报告厅；三馆：图书馆、校史馆、
游泳馆；三苑：龙圣书苑、书画棋苑、3D 打印苑；四廊：科技大世界、明星大舞
台、文化大世界、艺术大世界；四园：智馨园、学硕园、惠泽园、求实园；九中心：
行政后勤服务中心、教师发展服务中心、教务发展服务中心、学生发展服务中心、
信息化发展服务中心、社团发展服务中心及三个年级发展中心的校园文化格局，为
师生创建了一个开放、阳光、和谐、高雅的学习、生活、工作环境。在此基础上，
进一步重视文化设施建设，要体现高层次、高品位和实用性，创设良好的校园文化
环境，做到"面面墙壁会说话、一草一木能育人"，打造高品位的体现学校核心价值
观的校园文化、教室文化、办公文化、图书馆文化、龙圣书苑文化、餐厅文化、走
廊文化等，努力使校园成为师生工作、学习、生活的幸福场所。加强环境课程开发，
发挥师生的积极主动性，开发体现学校特色、渗透科学精神和人文精神的环境课程，

让学生在温馨和谐的校园氛围中耳濡目染，潜移默化地受到完美环境文化的浸润。

1. 教室文化，每个角落都育人

教室是学生每天学习的场所，教室环境对于学生潜在的教育影响自然不可忽视。教室环境建设对于学生学习是至关重要的，我用三个字来概括教室的文化建设，就是"洁、净、精"。

"洁"就是教室的整洁。学校的教室布局合理，采光很好。每当看到在明媚阳光照耀下的整洁的教室里，学生尽情学习、吸取知识养料的时候，都让人感到格外的心情舒畅，都想投入那份学习氛围中去。同时洁净还是陶冶学生情操、养成良好习惯的助手。我们都知道"破窗效应"，如果教室脏、乱、差，那么学生们就会变本加厉地让生存的环境更差，而在整洁的环境中生活的学生们，也会不由自主地高尚和文雅起来。所以为了达到"洁"，学校做了大量的工作，学生成立各种自立组织，做到教室无垃圾，物品摆放有固定的位置，窗明几净，学生存放物品的储物柜上不乱贴、乱放任何物品，清爽整洁、井然有序。

"净"主要是规范学生的言行要净。首先是学生要保持自己所使用的物品净。勤洗手，书本、衣服要保持干净，而这个习惯还要保持在校外的日常生活中，要勤洗澡、勤换洗衣服，勿使衣服脏乱、有难闻的味道。其次是语言"净"。在教室中要尽量使用礼貌用语，不随意开同学的玩笑，不说污言秽语，不中伤别人，做到"言净"。最后是内心的"洁净"。在没有经过别人同意的情况下，不随意动别人的东西，更不要顺手牵羊，做不道德的事，要做到"手脚干净"。这个"净"从教室向生活的每一分钟延伸，是堂堂正正做人的延续和规范。

"精"就是教室内的布局和装饰做到精。精不代表少，而是在不影响学习、促进学习的基础上装饰教室，装饰的内容要"精"，装饰时使用的材料要精打细算。

为了使每个教室的环境既有独特个性，又能彼此呼应，我们倡导每个年级紧密围绕"123"进行教室文化建设。"1"指教室的读书环境，"2"指润德主题和读书主题，"3"指宣传栏、图书角、校园电视台三个宣传阵地。各年级每个月确定一个环境主题，各班在相应大主题的框架内，充分利用班级的宣传栏、图书角、学生书橱等文化资源设计具有自主个性的班级教室环境。走进每一间教室，就如同来到了一个充满生命与活力的世界，令人流连忘返。

教室文化是硬件文化建设和软件文化建设的一个集合，教室配备的高科技的信息化设备同样是教室文化的组成部分。

电子书包从信息化的角度提供了一种为学生减负的思路，有利于提高教学的灵活性与趣味性。我们使用的电子书包不是孤立的一个笔记本电脑或一个平板电脑，它基于云计算、移动互联，它就是"云—端"模式的一部分，我们在应用电子书包教学时，除了人手一机，还有其背后教育云的强力支持。在此基础上，电子书包里预装了支持电子教室和课堂管理的软件，以及手写输入备份，图形绘制，电子书籍阅览，图像拍摄和编辑，词典应用软件，为学生学习带来了便利。老师发布各种各样的作业，学生可以利用电子书包照相、录音的功能完成作业，并及时提交给老师，整个学习不再是翻翻书本那样枯燥无味，多了许多乐趣。学习平台里提供了例题讲解、课件、图片、动画素材、英语听力和同步学习资料等，学生们可以像逛实体书店一样浏览选择，随时随地用电子书包辅助学习，提升自主学习的能力。

2. 走廊文化，贯通历史与未来

走廊就像一个贯通今天、昨天、明天的历史长河，在这里可以尽情地展现历史的沉思、现代的激情和未来的梦想。我们立足今天，和历史相晤，给未来插上飞翔的翅膀。走廊文化是教室文化的一种延伸。

随着"乐学楼""善学楼""勤学楼""笃学楼"四幢楼名的正式确立，走廊环境的营造成为学校环境课程建设的重头戏。

贯通一楼的长廊为科技大世界，会让在走廊中奔跑的少年稍稍慢下脚步，让奔跑的脚步化成飞翔的思绪，去与未来的自己做个约定，与在科技的翅膀上的自己握手言情，原来未来那天的现实就是今天奔跑少年暂时的驻足遐思。

贯通二楼长廊的是明星大舞台，它是实验初中全体师生展现自我的平台，张张照片所展露出的灿烂笑脸昭示着师生的乐观向上、追求完美，展现出实验初中在教育教学方面所取得的累累硕果。

贯通三楼的长廊为文化大世界，实验初中文化一览无遗：实验初中的精神文化、课程文化、课堂文化、网络文化、学科文化等，系统地构筑了学校的精神气质。

贯通四楼长廊的是艺术大世界，艺术是最感动人、感染人的，是生命中最灵动的部分，唯有艺术是瞬间直达灵魂的关怀。师生创作的一幅幅字画，营造了浓郁的传统文化气息，让我们能够阅读艺术家、学生们那份对于社会的温暖、感动和关怀。

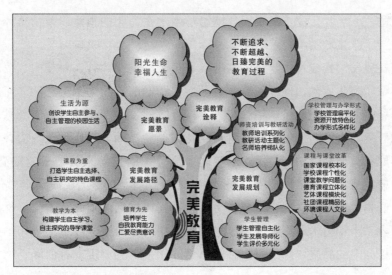

　　各楼之间的回廊上、各个楼层的走廊上，名人名言、环保提示、安全警示、名人事迹、体坛风采、笔墨世界、励志石刻等一系列文化美景共同构成了学校时时、处处皆教育的完美教育追求的境界。师生日行其间，耳濡目染，心灵得到净化，思想品位得到自然提升，真正体现出"每一片风景都育人，每一个标记都说话"的校园文化氛围，让师生倍感幸福。

3. 校园文化，高雅校园胜家园

　　绿色、优雅、和谐、智慧是开发区实验初中校园环境的四大关键词。古色古香的教学楼、图书馆、体育馆、礼堂在绿树掩映下构成了美丽的庭院式建筑群；校园空间更是富于想象和变化，竹木掩映，曲径通幽，别有洞天。穿过一座座大楼，庭院深深，水杉挺拔；步入一间间办公室，雅致美观，赏心悦目。红花、绿树、古琴、雕塑……共同构建了高品位的校园环境。中国传统美学上的明与暗、隐与现、拦与放、闹与静，在这片不大的校园中得到了完美的体现。四幢教学楼既相对独立又相互连通，不仅承载了不同的实用功能，又恰到好处地形成了山重水复、柳暗花明的美学效果，启人心智，给人以丰富而独特的审美享受。特别值得一提的是学校大门旁的一棵枝繁叶茂的玉兰树，玉兰寓意"感恩"，在大树下的石头上刻上"感恩"两个字旨在教育学生从小要有感恩之心。羊羔跪乳，乌鸦反哺，我们中华民族自古将这种爱的教育、感恩的教育渗透在深厚的中华文明的土壤里。而这种感恩教育已经成为学校的一张名片。完美的校园环境给学生带来完美的视觉以及情感体验，潜移默化地教会了学生欣赏美、追求美。

　　我们在完美学校建设中，充分发挥教职员工的聪明才智，对校树、校花等一些物质载体赋予文化内涵，借以涵养学生品性。我们的校花为玉兰花，其花集结之地命名为智馨园。玉兰花又名"望春花"，初春时节玉兰冒寒迎春，昂首怒放，象征着一种披荆斩棘、奋发向上的精神；盛开的花瓣晶莹洁丽，端庄雅致，清香远溢。伟大诗人屈原在《离骚》中用"朝饮木兰之坠露兮"的佳句来赞美玉兰的高洁品格。玉兰花为校花意在激励全校师生用美德的力量、用智慧的芬芳浸润我们"高雅圣洁"的校园，开拓进取，勇立潮头。校树为水杉，其树集结之地命名为修身林。水杉树为校树隐含"十年树木，百年树人"之志，意在引导师生学习水杉坚韧不拔、朴实正直、积极向上的品质，修德修智修体修美，做一个有厚度、有内涵、德才兼备的中国人。

　　包括前述智馨园在内的学校四园美其所美，寓意深远，成为学生的休憩赏美润德之地。

　　惠泽园：每到春和景明，杏花盛开，灿然如霞。史书记载：两千五百多年前，孔子于山东曲阜一片杏树林里，开坛授徒讲学。自此，开教育之先河，创儒家之学说。孔子后裔在《题杏坛》中用"独有杏坛春意早，年年花发旧时红"来赞美杏花。杏树多果，象征桃李满天下，果仁既可食用充饥又可入药治病，象征学生学成后回报社会。

　　求实园：石榴既可观赏又可食用。石榴花开于初夏，绿叶荫荫之中，燃起一片火红，绚烂之极。赏过花两三个月后，红红的果实又挂满了枝头，恰若韩愈《榴花》中云，"五月榴花照眼明，枝间时见子初成"，仿佛在春华中已经看到了粒粒饱满的果实。求实园寓意学校培养的每一个学生，做人必坚守诚实信用，做事必坚持实事求是，求知必做到"不唯书，不唯上，只唯实"。

　　学硕园：柿树是举世公认为起源于中国的古老树种，也称为"八德树"，看似普通，实有德行，相传柿树还被明太祖朱元璋封为"凌霜侯"。柿树象征吉祥圆满，红红火火，事事如意；结满果实的柿子树寓意"盛世"。学硕园寓意实验初中的每位学子学业有成，每位老师学术有成，学校发展事事顺利，硕果累累。

4. 读书环境，人文经典尽入怀

我们在办学中追溯中国教育的源头，是为了以更加开放的心态，为师生建立完整的历史感，塑造文化性格，提供学习思考的触发点和生动的环境。为此，学校充分利用既有条件，精心规划设计，营造出既彰显教育场所品位特征，吻合学校厚重格调，又极富文化气息，深具审美教育价值的文化环境，为实施完美教育奠定了坚实的物质基础。

矗立在实验初中中轴线上的孔子塑像给人以朴实庄重儒雅之感，完美彰显了孔子"温而厉，威而不猛，恭而安"的气质，使人顿生敬仰之情。孔子被尊称为"圣人"，对后世影响深远，其政治、经济、教育及美学思想在中国社会绵延千载，地位无可替代，可以说是中华文明的最杰出代表，中华教育的鼻祖。时至今日，有教无类、因材施教、启发式教育等仍是非常重要的教育思想，"温故知新""循循善诱""不耻下问"等教育思想和方法仍有极强的现实意义，不断指导着今天的教育教学。

作为实验初中教育文化研修室的"龙圣书苑"，是具有古文化风格的师生学习场所。在空间布局上给人以参差错落、古代与现代交相辉映之感，是外在美和含蓄美的经典融合。按照功能划分为"杏坛区""行知区""方塘区"。东西墙壁中央分别悬挂着山东省委常委、市委书记李群赠送的"金丝彩贴——先师孔子绣像"和"世界非物质文化遗产中国剪纸中华龙横幅"，这两件礼物蕴含着青岛市委、市政府尊师重教的传统和发展大教育的决心，同时隐含着对传承和发展中华文明的殷切希望。书苑内置古琴、设藤椅、摆书籍、挂字画，有工夫茶、咖啡吧供师生们小憩研学之用。龙圣书苑是学校一个小型的"中国教育文化博物馆"，一头挽起历史，一头通向明天。

开发区实验初中追溯中国教育的源头，积极为师生塑造文化性格提供学习思考的触发点和生动的环境，充分利用既有条件，精心规划设计，营造出既彰显教育场所品位特征，吻合学校厚重格调，又极富文化气息，极具审美教育价值的文化环境，为实施完美教育奠定了坚实的物质基础。

5. 文化氛围，书声琅琅有生机

走进校园，眼见的是净、美、雅的文化氛围，而传入耳中的应该是什么样的声音才是学校的标识呢？一定应该是琅琅书声，那才叫作校园的声音，是浸润人心田的温暖的书声之气。这书声并不单单指读书之声，而是指和着读书之声的各种校园应有之声的天籁和音。你看，那里有值日生和老师交流值日心得的微笑之声，那里有门卫师傅为了校园安全的问询之音，这些都融汇到学生们的琅琅书声中，就像贝多芬的《英雄交响曲》。这是学校所特有的，是完美教育呈现给学生们的华美乐章，是注入整个师生灵魂的书声琅琅，是天地间的大美之音。

我们在师生中大力开展"倾听八种声音"活动——走进校园听到的是悦耳的音乐声；走进教室听到的是经典诵读声；走进课堂听到的是讨论点拨声；走进办公室听到的是教学研讨声；走进大课间听到的是愉快交流声；走进运动场听到的是你追我赶的呐喊声；走进实验室听到的是学生动手操作声；走进图书馆听到的是潜心阅读的翻书声……所有这些都不是异声混杂，而是由完美教育谱写的音之相和，是风声雨声读书声，声声入耳的校园之曲。师生们在这样的大爱乐章中，心灵在梦想中起舞。琅琅书声彰显了浓厚的文化氛围。

（二）精神文化：追求心向一致的完美发展目标

精神文化是学校文化的深层表现形式，是一所学校在长期的教育实践过程中形成的为其全部或部分师生员工所认同和遵循的精神成果与文化观念，精神文化不是一朝一夕就能够形成的。精神文化，是学校文化的灵魂；精神文化建设，是学校文化建设的核心。

基于以上认识，我们本着"总结过去、立足现实、着眼未来"的原则，提炼了"仁爱尽责、追求卓越"的核心价值观，明确办学思想，制定办学目标，优化办学理念，规划发展策略，初步形成了系统、独特、能为全体师生广泛认同的、符合学校发展方向的完美教育精神文化体系。主要包括："培育阳光生命、奠基智慧人生"的办学思想，"教育即服务、质量即生命、特色即品牌"的办学理念，"追求完美教育、奠基幸福人生"的办学主张，"培养爱生活、善思辨、有道德、敢担当的现代中国人"的培养目标，"团结创新、求真务实、追求完美"的学校精神，"仁爱尽责、追求完美"的校训。

1. 办学思想：培育阳光生命、奠基智慧人生

我们把"培育阳光生命、奠基智慧人生"作为完美教育的办学思想。简单地讲，就是"教师阳光，学生才阳光，校园才阳光""没有一个不进步的学生，没有一名不

完美学校精神文化图

发展的教师"。这一办学思想激励师生不断发展，共同创造灿烂的未来。

（1）培育阳光生命

"阳光"在人们的心目中，代表着光明、温暖、多彩、和谐与生机，我们需要的正是阳光的这五种特征。光明代表着真善美的力量；温暖蕴含着幸福、快乐的情感；多彩显示着对价值多元化的尊重和对创新精神的肯定；和谐焕发着互相包容、互相映衬所体现的美丽；生机包含着积极乐观的生活态度，等等。学生就好像刚出土的幼苗，需要在教师的精心呵护下快乐学习、健康发展，追寻心目中的太阳；教师要像太阳普照大地一样，奉献自己的光和热，遵循教育规律和学生身心发展的规律，以学生为本，关注学生生命成长，塑造学生健全人格。因此，"培育阳光生命"是指引导师生形成阳光向上的生活态度，促进师生身心健康和谐发展，提高师生的校园生活质量，实现学校精神灵魂的升华和品位的提升。

培育阳光生命不是靠嘴上说说、开会动员、班主任发动发动就能够做到的，培育阳光生命首先给学生的是成功感、自信感、被尊重感。为了学生们的自信心的建立，我们做了大量的工作。当今时代，强调多元、推崇创新，已经成为教育的主导思想。我们积极改进创新教师和学生多元评价机制，用赏识的眼光和更多的尺子，不拘一格育人才，不拘一格奖人才，"星级评价"让每个教师和学生都能体验成功和进步，让教育的阳光洒向校园的每一个角落，培养阳光男孩、阳光女孩、阳光教师是我们的责任。我们创造了"532综合评价策略"——"学业成绩50%＋品德表现30%＋特长及活动20%"，根据综合成绩划分等级，全方位关注每个学生的学习、品德、劳动、礼仪、特长等综合表现，由教师、学生和家长全面参与评价过程，实行每天、每周、每月和每学期过程性评价和多维度评价。

我们还建立了"名生工程""天生我材必有用"，每个学生都有天生之才。所以，学校就为学生们搭建发现自己和他人特长、生命强势的舞台。学校为学生搭建了健康成长的台阶，从《中小学生守则》《中学生日常行为规范》落实和良好习惯养成等入手，全面考量学生的综合素质，让"人人是明星"，有效避免了以分数论英雄、只重学习不重素质的传统评价观，让学生从考试优秀上升为成长优秀。初三学生离校前的最后一天，依然当好"阳光值日生"，踏踏实实做好值日工作。完美教育关注的是每一位学生每一天的成长，每天有收获，每天的阳光生命就会成长一点，经过日积月累的生命成长，阳光生命也会逐渐成为学生生命的一部分。

（2）奠基智慧人生

这包括师生两个方面，一方面要求教师以学生为主体，启迪学生的心思智慧，引领学生挖掘心灵深处的智慧源泉。阳光生命也是智慧生命，在生命成长过程中，人都难免会遇到不如意，处在生命的低谷时期，在生命艰难处，如果有阳光心态的智慧生命，就能够得到那份根基中的几缕阳光的照耀，慢慢地走出黑暗、彷徨、孤独、寂寞；相反，如果一味地怨天尤人，抱怨生命的不公平，那么在生命的低谷中就会被那黑暗和孤独摧毁，整个的人生生命便会一蹶不振，丧失活着的激情，最终是得过且过，一事无成，终老一生。所以，教师培养学生的阳光心态，奠基智慧人生，是对于学生一生的生命关怀、慰藉，完美教育就是为打造这样的师生而存在。另一方面要求每位教师要不断发展、完善自己，实现专业化成长和智慧成长。《论语》中说"己所不欲，勿施于人"，自己都厌恶的阴霾心态，教师一定不要传递给学生们。所以，教师的阳光心态、智慧生命也就显得十分重要了。同样的阳光心态对于教师本身生命的成长也是至关重要的，《论语》中说"己欲立而立人，己欲达而达人"，只有有了智慧生命的教师，才会有"立人"和"达人"的教育教学，成就学生们的阳光生命。

奠基智慧人生对于教师而言首先就是要修师德，只有道德高尚的老师，才是真正的具有阳光生命的优秀教师。教师要以良好的职业道德立身。有德的教师，才会培养出有德的学生。我校高度重视师德建设，把每年 3 月、9 月设立为师德建设活动月，通过师德报告会、"明星教师""感动实中教师""十佳师德教师"评选等活动，大力表彰敬业爱岗的优秀教师，引导教师学先进，树师风，铸师魂。

具有阳光智慧生命的教师还要不断地强化自己的专业水平，这样才能够更好地培养阳光智慧型的学生。我们倡导教师"尽责做事"，做到"人尽其才、各尽所能、各得其所、乐在其中"。我们认真勾画教师专业发展蓝图，制订《教师专业化自主发展方案》，设立"实验初中教师名片"，建立教师发展银行，制订《教师个人专业成长计划书》，成立"教师智囊团"，积极承办国家、省、市等各类级别的教学研讨活动，让每位教师都有机会把自己的专业发展蓝图一步步地变为现实。

另外，作为智慧型教师要不满足于现状，要不断进取，不断拓展自己的事业和知识面。我们通过立体阅读提升教师素养。学校明确提出"为责任而读书，为理想而教书"的口号，勉励教师"视教育为事业，视教育为希望，视教育为理想，视教育为信念，视教育为生命，满怀激情，为追求完美教育而工作"，将个人的成长与学校的发展视为一体，和谐共荣。

将每年的 10 月定为教师读书月，每学期为教师提供阅读书目，为广大教师提供精神食粮并为教学和研究提供理论的支撑；实施"读教育名著，做智慧教师"读书实践工程，要求老师们将阅读同国家"十二五"教研课题《"问题导学"课堂教学模式的研究》结合起来，实现了用先进的教育理念促进教师专业发展和学校教育教学质量的提高的目的；以读书沙龙为平台，以学校网站"书香校园"栏目为阵地，开展"读书交流"活动，共享阅读智慧；以结集"我的读书生活"个人读书成长集为原点，每周组织教师论坛，每学期举行读书演讲会、读书节，开展书香教师、书香教研组、读书成果评选等活动，使之成为个人专业成长与发展的原动力。

智慧人生是个全方位的发展过程，是教师成为优秀的阳光型教师的安身立命之本，我校完美教育下的教师都在向着这样的方向努力着。

2. 校训：仁爱尽责、追求完美

校训是广大师生共同遵守的基本行为准则与道德规范，它既是学校办学理念、治校精神的反映，也是校园文化建设的重要内容，是一所学校教风、学风、校风的集中表现，体现了学校文化精神的核心内容。在完美教育思想指导下，我们把校训提炼为"仁爱尽责、追求完美"。

我们把"仁爱"分为以下几个方面：校长爱师生、家长，教师爱学生，学生爱教师、爱学校。"仁爱"是一切品格的基础，是一个人幸福所需的基本能力。"仁爱"就是从心底去爱人，希望别人得到幸福，并不求任何回报。"仁爱"的最高境界是奉献。要让学生懂得爱，教师自己要率先垂范，陶行知曾提出"爱满天下"，因此他才能为学生做到"捧着一颗心来，不带半根草去"。教师爱校如家、爱同行如手足、爱教如命、爱生如子，用爱去对待学生，用爱和学生沟通，关心他们的成长，学生才会爱祖国、爱自然、爱学校、爱老师、爱同学、爱亲人、爱学习。

"尽责"就是师生人人都尽心尽力、尽善尽美地做好自己的分内事；就是用尽自己全部的力量和智慧，去完成自己担负的责任，把分内应做的事，做到极致，做到相当高的境界。

"仁爱尽责"告诉大家，教育是仁爱的事业，育人就是尽责于人。全校师生都有同情、爱护、帮助他人之心，事事、时时、处处用尽责的行动体现仁爱的情怀。

"追求"表现为一种不断进取、不断超越、永不停息的精神。"完美"指最完善、最完备的"理想境界"。"追求完美"就是全校师生要有一种不把事情做到极致不罢休的精神，要以永不止息、创新超越的进取心态去追寻教育理想。

"仁爱尽责、追求完美"是不可分割、有机联系的整体。"仁爱尽责"是"追求完美"的内在要求，"追求完美"是"仁爱尽责"的自然延伸和必然结果。学校的每位教师都能践行，在日常教学中内化为自己的价值尺度，并最终依据这一价值尺度来及时调整和校正自己的行为，成为一名阳光、幸福、有追求的教师。

3. 校风、教风和学风

（1）校风：阳光向上、和谐高效

校风就是学校的风气，它体现在学校各类人员的精神面貌上，体现在学生的学风、教师的教风、学校干部的作风、各班级的班风上，还存在于学校的各种事物和环境之中。我们的校风是"阳光向上、和谐高效"。"阳光向上"是对办学思想的具体化，是办学思想在校风中的体现，是指师生在学校的教育教学中每天都要有阳光的心态，积极向上，努力进取，每天都有进步；"和谐高效"是针对学校的各种关系和各项工作来讲的，各种关系包括干群关系、师生关系、教师之间的关系和生生关系等，校内外的各种关系融洽，各项工作密切配合，这就是和谐。我们认为，学校只有阳光才能和谐，只有和谐才能高效。

（2）教风：博学乐业、精研善导

教风是一个学校的教师在教学中形成的风气，教风可以指一个教师的教学风气，也可以指学校所有教师的教学风气，它直接影响到教师的教学质量，对学生的学风也有一定的影响。我们在完美教育中形成了"博学乐业、精研善导"的教风。"博学"是对教师职业的基本要求，要求教师有渊博的知识基础，丰富的知识积淀，并且善于学习，做到终身学习；"乐业"是对教师的职业道德的要求，就是教师以教育教学为乐，要热爱教育事业，全身心地投入教育专业中去，正如孟子所言"得天下英才而教育之"；"精研"是对教师教学方法的教学艺术的基本要求，要求教师在教学中精心钻研，学会研究，这里的钻研是多方面的，既包括对教材的钻研，也包括对学生和教学方法等的钻研；"善导"是指教师在教学中善于对学生进行引导启发，而不是灌输。这样就构成了完整的教风。

（3）学风：乐学善思、自主合作

学风是指一所学校学生的学习风气，学风端正不端正，浓厚不浓厚，直接影响学生的学习质量。我们的学生在学习中，形成了"乐学善思、自主合作"的学风。"乐学善思"是指学生在学习中要乐于学习，善于学习，把学习当作快乐的事情，以积极的阳光心态去面对；善思是指学生在学习中要善于思考，善于质疑，不但学会知识，更要学会学习的方法，培养学习的能力。"自主合作"是对学生的学习方式的要求，也是学校探索的学生学习方式的集中体现。它要求学生在学习中首先要学会自主学习，充分发挥学习的积极性和主动性，另外在学习中还要学会合作，养成同学之间互相合作的意识和能力，并掌握基本的合作技巧。

4. 办学目标和育人目标

（1）办学目标

青岛经济技术开发区实验初级中学成立于2011年8月，总投资1.5亿元，占地面积4.4万平方米，建筑面积2.58万平方米，是开发区着力打造的一所高起点、高品位、高质量的全国名校。我们把"打造师生共同成长的幸福家园，建设高质量、有特色、国际性、现代化，国内一流的知名学校"作为完美学校的办学目标，这当然也是实验初中的办学目标。

我们对办学目标做出这样的解读："打造师生共同成长的幸福家园"是打造在文

化浸润下透着典雅、大气的书香校园；是打造为学生的一生幸福和可持续发展奠基的创新校园；是打造为促进教师专业成长而充满人文关怀的精神家园；是打造在阳光向上、和谐高效中践行完美教育的幸福家园。"高质量、有特色、国际性、现代化，国内一流"就是学校全力追求完美教育的理想，拥有勇于担负国家责任、敢于追求卓越人生、乐于造福人类社会的胸襟和气度，这是学校追求的核心价值和培养学生的目标。

（2）育人目标

育人目标是学校在培养人方面的基本要求，完美教育要"培养爱生活、善思辨、有道德、敢担当的现代中国人"。"爱生活"就是学生珍爱自然生命，积极面对人生，热情追求理想，优化生命过程。有声有色地学习、生活，心胸开阔，性格阳光，至少有两项艺、体方面的爱好。"善思辨"指的是崇尚科学，知行统一，学思结合，勇于实践，勤于探索，有批判性思维。"有道德"指的是行为举止文明礼貌，待人接物尊重平等，善交朋友，诚信豁达，品位高雅，融入团队，重正义淡名利，重感情讲仁义，重团队轻私利，先人后己，品性高尚。"敢担当"指的是爱祖国、爱民族、爱人民，能够对自己、对周围、对社会担当责任、履行道义。"现代中国人"指的是对祖国具有强烈归属感，具有国际视野、创新精神和较高综合素质的人。

5. 学校精神：团结创新、求真务实、追求完美

"团结创新"：团结是我校稳定发展的前提，取得成绩的根本，不断前进的动力。干部之间、教师之间、学生之间、干群之间、师生之间、家校之间要发扬团队精神，和谐共进。没有创新就没有进步和发展。一个没有创新能力的民族难以屹立于世界先进民族之林。作为教师要不断创新，要积极投身教研教改，不断摸索、探求行之有效的新的教学方法，努力提高教育教学质量。作为学生要多动手、善思考，能自己发现问题并解决问题，争取有新发现、新见解、新发明、新创造。

"求真务实"：是指尊重客观规律，实事求是，工作和学习脚踏实地，讲究实效，崇尚科学，追求真理，为真理勇于献身。

"追求完美"：是指师生自我力求进步、发奋图强、开拓进取、永不停息的心态，体现了我校对不断超越、日臻完美的完美教育境界孜孜不倦的追求过程。

为打造学校精神，我和学校的领导、老师、学生们一起，边实践、边总结了很多包含团结创新、求真务实、追求完美的学校精神的名言警句和信条，下面的这些仅仅是其中很少的部分，可以起到窥一斑而见全豹的作用。

（1）实中诚信十条

实中是：岛城发展的形象、家长放心的学校、学生成长的乐园、职业幸福的平台、教师发展的沃土、素质教育的天地、文化发展的舞台、教育创新的基地、问题导学的名片、开放交流的窗口。

（2）实中教师100项行动指南

①切记，一个学生一个世界。②做一名阳光的教师。③教师，请记住学生的名字。④教师，要有耐心。⑤要善于换位思考。⑥控制好自己的情绪。⑦谈心是一门艺术。⑧毫不吝啬地赞美学生。⑨换个思路激励学生。⑩给"特殊学生"特别的关爱……⑱学会真诚地赞美。⑲真诚地帮助同事。⑳清理好自己的办公桌。

（3）实中学生"七层次"责任教育

一是以对自己负责为起点，学会自律成长；二是以对家庭负责为原点，学会感恩与孝敬；三是以对他人负责为支点，学会尊重与帮助；四是以对集体负责为立足点，学会关心与协作；五是以对社会负责为着眼点，学会担当与报答；六是以对国家负责为核心点，学会忠诚与奉献；七是以对人类负责为制高点，学会敬畏与珍爱。

（4）实中学生习惯养成"八要八坚持"

要成为合格公民，坚持从学会感恩开始；要成就辉煌事业，坚持从认真值日开始；要造就健康体魄，坚持从规范跑步开始；要提升文化素养，坚持从注重细节开始；要完善自身形象，坚持从正确坐行开始；要学会文明礼貌，坚持从学会问候开始；要学会合作交往，坚持从微笑宽容开始；要养成节约习惯，坚持从节水惜粮开始。

与此同时，在全校师生中掀起了"团结创新、求真务实、追求完美"主题文化浪潮，诠释学校精神文化内涵。在管理文化、德育文化、课程文化、课堂文化、团队文化等方面形成了一套完整、系统的建设理念和追求完美教育实践体系。经过反复的锤炼和升华，最终形成了以"培育阳光生命、奠基智慧人生"为灵魂，以师生的发展为主体，以建设良好校风、教风、学风为核心，以优化、美化校园文化环境为载体的学校文化建设模式，形成了实验初中有个性、有特色、有品位的主导文化力量，构成了实验初中独有的办学智慧、治校高度和教育境界。天道酬勤，经过长期的、不倦的、辛勤的耕耘和探索，我们终于培育出绚丽的学校精神之花。

（三）制度文化：追求情理相融的文化特色

学校制度文化是学校文化的中间层次，既包括学校管理体制、组织机构与结构、规章制度，也包括学校在各项活动中的文化交往方式、礼仪与行为准则等。在现代教育理念的指导下，学校要基于人本的、科学的、发展的学校管理制度，根据学校办学思想和目标，完善有利于师生发展的评价体系。增强管理层对于学校共同价值取向的认同感，增强管理层的服务意识，使学校管理层能够更高效地服务于学校的育人目标。尊重每一位教师，尊重每一位学生，让每一位教师拥有归属感和荣誉感，让每一个学生体会成功的喜悦，使学校真正成为每一个师生的精神家园。学校要在精神上、情感上以及个人发展上对每一个师生予以关怀，促使每一个人能够在自觉的层面上不断完善自己、不断超越自己，创造学校管理文化的新亮点。学校要强化管理，重视发挥制度对教育教学的导向、激励、约束、保障等功能，明确制度建设的方向，努力形成与学校核心价值观相一致的、稳定、实用、体现人本与科学相融合的学校管理模式和制度体系。

在制度文化建设过程中，要充分尊重师生的主体地位，体现师生民主权利，充分吸纳师生的意见建议，保障制度体系的科学性；要做好制度的发布和宣传解读，使师生广泛熟知和认同各项相关制度，奠定自觉遵守制度的基础；要严格贯彻执行制度，做好制度落实的监督检查，形成依法治校的良好局面，构建"学校自主、教师自强、学生自治"的完美管理文化。管理文化是制度文化的重要组成部分，需要培育民主的管理文化，追求情理相融的文化特色。我们把学校制度文化建设的目标定位在：在现代先进管理理念指导下，构建激励全校师生终身学习，热爱学校，创造性地开展工作，体现人文关怀的运行机制，形成学校特有的改革、发展、民主、科学、创新、包容的现代制度文化。其建设内容主要包括建立"仁爱与尽责、民主与法制、学习与创新、平等与诚信、发展与和谐"的现代学校制度文化价值观及与之相应的行为方式。

学校制度文化建设的实施包括以下几个方面的内容：第一，建立扁平化民主管理机制，最大限度地调动全体师生的民主意识，让每位中层领导、项目负责人尽快成为具有校长品质的管理者，培养学校成员建设性地挑战自己和他人的意识，引导人们不断反思，多听质疑，检验、改进自己的想法，促进个人能力、水平的提升。

第二，以日清双轨制创设个人与组织实现系统思考、自我超越的环境与意识，不断超越自我的精神演绎成一种文化。第三，以项目负责制引导全体教职工积极参与学校事务，科学、有效地促进自我岗位工作的展开和学校全局工作的良好运作。第四，以责任推动让广大干部师生真正成为学校管理工作的参与者、支持者、评价者，实现管理功能向研讨、服务、激励、协调、归纳转化，构建起"学校自主、教师自强、学生自治"的完美管理文化。

学校自主在办学追求方面主要体现在对科学与真理的追求，对民主与自由的追求，以及重视人才、重视科研、办学与国际接轨等方面。在运行特色方面主要体现在各个部门和师生员工都各得其所、各司其职、尽心尽力、团结协作，学校工作达到全方位、自动化高效运转的完美状态。在管理上倡导扁平化项目负责制以及智囊团人才储备机制，其最大特点是"自主"：中层人人是副校长，每周有值周校长，每天有值勤监护小组。人人是主人、人人有事做、事事有人管的日清、校清机制使学校全方位高效运转，并在发现问题、解决问题的过程中追求完美。

2015 年 1 月 31 日在全国"现代学校制度建设"研讨会上介绍学校经验

（四）课程文化：打造"对学生未来负责"的完美课程群

课程不仅让学生学到知识、掌握文化，更重要的是形成一种教风、学风，一种学校组织精神，课程"所蕴含的价值、精神、意义并不是直接灌输给学生的，而是在师生协商与互动过程中通过达成共识的方式而生成的"。课程与课堂文化，作为现代学校文化的核心，是按照现代社会的要求和青少年的发展特点，对现代社会文化进行选择提炼而形成的一种课程观念和课程活动形态。我们课程文化建设的目标是：以培养学生具备"学会做人的基本道理，持续发展的基本能力，终身学习的基本知识，融入社会的基本经验，智慧人生的基本思维"为课程目标，以"学科基本能力、创新能力、实践能力"为能力基线，确立科学、人文与生活相结合的课程文化观，积极进行关注学生全面发展、个性成长的课程文化建设，形成体现自主与合作、对话与探究、体验与创新的优质丰富的完美课程文化。

一是在《基础教育课程改革纲要（试行）》《教育部关于全面深化课程改革落实立德树人根本任务的意见》精神指导下，以"爱与责任""阳光和谐""价值与追求"作为现代课程文化内容的重要标志。主要内容包括：弘扬我国传统文化的精髓，如厚德与博学、仁爱与尽责、真诚与善良、勤奋与自强等优良传统，同时注重传统文化与现代文化的融合，塑造具有民族情怀和国际视野的现代主体人格；促进学生在教师有效指导下的主动学习和个性化学习，引导学生在实践中乐于尝试、善于质疑、注重调查、勇于探究，培养学生的完美个性及包容理解、合作创新、全球意识等；培养学生具备协调人、自然与文化关系的能力，在课程内容上谋求"科学世界""人文世界"与"生活世界"的统一，加大综合实践、研究性课程、社团课程、学生主体实践课程等的建设力度，使科学与人文在学生的现实生活中真正走向融合；结合"问题导学信息化"课堂的构建，以学生主动参与教学为核心，突出学生主体的存在价值；关注学生学习的兴趣，为学生的终身学习打下坚实基础。

二是高举中国特色社会主义伟大旗帜，推动社会主义核心价值观进教材、进课堂、进头脑，着力培养学生高尚的道德情操、扎实的科学文化素质、健康的身心、良好的审美情趣，努力使学生具有中华文化底蕴、中国特色社会主义共同理想、国际视野，成为社会主义合格建设者和可靠接班人。本着"多学科整合、全方位育人、多样化发展"的原则，以构建促进学生全面发展的、具有教育意义的课程体系为基础，通过课程选择、课程补充、课程改编、课程整合、课程拓展和课程新编等多种形式，基本形成国家课程校本化特色：对国家课程的整合补充；翻转课堂和电子书包改革实验、信息技术与学科教学整合、国际教育课程化三大支柱性实验课程体系的构建；菜单式选修课程（信息技术类、兴趣拓展类、科学素养类、语言文学类）；活动课程（劳动技术与发明创造实践课、走进大自然、社区服务与社会实践活动等）与其他学科教学的整合，形成初中各学段上下贯通、有机衔接、相互协调、科学合理的课程教材体系；基本确立教育教学主要环节相互配套、协调一致的人才培养体制；基本形成多方参与、齐心协力、互相配合的育人工作格局；基本形成"为学生的发展提供丰富的民族文化与世界文化资源，以多元文化课程的设计提高学生的民族自豪感和对世界文化的理解与尊重"的课程文化意识。

三是把课程开发与实施作为载体，改进学科教学的育人功能。组织开展育人思想和方法研讨活动，将教育教学的行为统一到育人目标上来。要在发挥各学科独特育人功能的基础上，充分发挥学科间综合育人功能，开展跨学科主题教育教学活动，将相关学科的教育内容有机整合，提高学生综合分析问题、解决问题的能力。充分利用现代信息技术手段，改进教学方式，适应学生个性化学习需求。实施"润德教育共同体建设计划"，建立一批青少年社会主义核心价值观实践基地，充分发挥社会实践的养成作用，引导学生在服务他人、奉献社会中升华对社会主义核心价值观的认知和理解。积极探索课堂教学与社区服务、研究性学习与社会实践相结合的途径和方法，努力将"爱学习、爱劳动、爱祖国"教育要求融入相关学科的日常教学活动中，培养学生学习兴趣，养成劳动习惯，坚定爱国信念，将个人成长成才与投身实现中华民族伟大复兴中国梦的实践紧密相连。学校要全面落实以学生为本的教育理念，启动实施一批教育教学改革项目，发挥评价促进学生发展、教师提高和改进教学实践的功能，激发教师创新育人方式方法，打造合作型、研究型、学习型、反思型教师团队。

（五）行为文化：营造阳光向上的文化氛围

学校行为文化是学校教职员工在教育实践过程中产生的活动文化，是学校作风、精神面貌、人际关系的动态体现，也是学校精神、学校价值观的折射。与精神文化相比，学校的行为文化反映的是一所学校师生在教育实践中表现出来的行为。学校要坚持以人为本，将师生作为学校文化形成、传承和发展的主体。建立多层次、多形式、多渠道对师生开展学校文化教育的长效机制，并发挥师生在学校文化建设中的主体作用，使师生能够认同学校文化理念，传承和弘扬优秀文化传统，不断塑造具有学校鲜明文化特征的教师和培养具有学校鲜明文化特征的学生。

与中国教育学会刘堂江会长一起给我校"教育家成长实验基地"揭幕

1. 教师文化

教师文化是学校文化的主体。教师文化直接融入文化育人的实践中，同时又以独特的方式表现出来，从而不断彰显出新的亮点。学校应该以创新性的决策和思考推动教师文化在多元、动态育人环境中健康发展。我们学校教师文化建设的目标是构建"尊重理解、协作共存、探索创新、追求卓越"的教师文化，形成"博学乐业、精研善导"的教风，教师具有正确的教育教学观念、价值追求、行为方式和自觉精神，教育科研成为教师职业生活的一种新方式，最终建成一支人人优秀、人民满意的教师队伍。

学校将不断创新教师培养模式，着力提升教师综合素质，增强育人能力。以提升师德修养、育人意识和能力为目的，以"教师培训系列化、教研活动主题化、名师培养梯队化、读书活动习惯化"为立足点，从教师的教育观念和教师的教育教学行为方式等方面进行教师文化建设。

一是引领教师树立正确的教育观念。即对学校完美教育文化积淀和办学价值观的认同感；崇高的职业信念及对学校强烈的归属感；先进的教育理念、高层次的职业境界及自我发展的强烈意识和责任。

二是注重教师团队的文化建设。即转变教师的职业价值观和相应的行为方式，

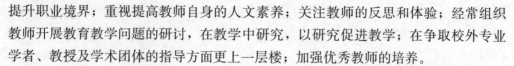

提升职业境界；重视提高教师自身的人文素养；关注教师的反思和体验；经常组织教师开展教育教学问题的研讨，在教学中研究，以研究促进教学；在争取校外专业学者、教授及学术团体的指导方面更上一层楼；加强优秀教师的培养。

2. 学生文化

学生文化是学校中学生学习和生活的特定文化环境和氛围，是学生的主体精神，是一种个体间不断传递着的信息流，是一种群体意识圈。学生文化包括德育文化、学习文化、读书文化、综合实践活动文化、文娱体育和审美文化、生活与心理卫生文化、社团文化等。我校学生文化建设的目标是：以"阳光向上、和谐高效"的校风促"乐学善思、自主合作"的学风，丰富学生的文化底蕴，培养爱生活、善思辨、有道德、敢担当的现代中国人。

实验初中的学生文化建设的主要内容有：以学生"乐学好行、自主合作、勤于探索、瞄准未来、挑战自我"为内涵的学习文化；以"志趣高雅、学识博雅、举止儒雅"为特征的形象文化；以开学典礼、习惯养成、升旗仪式、毕业课程等为基本形式的礼仪文化以及活动文化等。

一是学生文化建设紧紧围绕"立德树人"的教育目标，针对学生身心成长的特点，以培养社会主义核心价值观为核心，以课堂教学、综合活动课、主题班会、网络建设、学校制度建设、家庭文化建设、学校环境建设以及多种形式的系列活动为载体，以班级、年级、学生社团等为实施单位，充分发挥宣传栏、文化长廊、校园电视台、广播站、网站、校报、校刊等文化阵地作用，以学生自主管理为基本途径，将学生文化建设与润德教育有机结合，深入进行爱国主义、集体主义、社会主义和中华民族精神教育，大力加强公民道德教育，认真贯彻执行《中小学生守则》和《中学生日常行为规范》，提升学生的人文素养和科学素养。

二是学生文化建设要依据学生文化建设的多层次性，以理想信念、价值观的精神层次为核心去建设学生观念文化和活动文化。按照"学生管理自主化、学生发展个性化、学生评价多元化"系列，对七年级学生的教育系列以外显行为文化为重点，对八、九年级学生的教育系列以理性思考内涵文化为重点，同时，重视价值观培养与礼仪文明的建设；依据学生文化建设的层次性，重视环境课程、学科课程、社团活动、综合实践活动、社会课程等文化资源的开发，通过多层次建设，形成养成机制、自律机制和创新机制，形成具有特色的典型活动仪式和"美德生态园"德育品牌教育活动机制，打造"自尊自信、诚实勤奋、友爱坚强、文明进步、智慧幸福、追求完美"的学生群体。

（六）网络文化：追求开放包容的文化特色

随着科技改革与创新的不断发展，信息技术成为影响教育发展的重要因素，作为一所现代化的学校也要积极回应信息技术的影响与挑战，借助信息技术改变学校、发展学校，让现代信息技术为师生的发展服务。在这一过程中就会逐渐形成网络文化，这是一种新型的学校文化。我校网络文化建设目标是：建设现代领先、文明健康、融合创生、开放包容的网络文化，改变教师的教学方式和学生的学习方式。学校网络文化建设主要包括以下三方面的内容：

一是注重网络德育文化的构建，加强培养道德选择能力，提高道德意志水平和道德自律能力。强化教师的网络德育意识、网络主体意识、网络法律意识和网络资源意识；以网上学校、年级管理平台、班级社团管理平台、学生个人网上发展银行为阵地，积极抵制消极文化的影响；丰富网络道德生活的内容，以现代技术提高管理效能。

二是建设校园网络，开发教育教学文化资源。通过行政推动、典型带动、制度拉动、多方联动等举措以及建设信息化高速公路、构建数字化服务平台、共建共享集成数字化资源服务平台，让多媒体教室、计算机网络教室、数字探究实验室、物联网实验室、机器人实验室、智能录播教室等20多个功能室及数字化设备全天候地发挥作用等方式，有序推进"翻转课堂"探索实验。同时，努力把学校网站建成有吸引力、有大面积覆盖率的主流网站，使学校网、学生网、学生个人网页、教师个人网页相互链接，整合成一个独特的网络文化环境。建立健全学校网络管理中心，对所有电脑进行内容监控，防患于未然，出现问题及时发现、批评和指导。

三是构建智慧课堂，为学生提供个性化学习空间。对教师而言，网络可成为教育教学管理的重要载体，使课堂教学与生活、课外活动更多地结合起来，使网络文化成为课堂教学重要的组成部分。对学生而言，网络成为实现其自身价值的又一舞台，通过参与网络管理，制作、发表网络作品，开展网上自主学习，学生在网络世界中学会自主发展，自我教育，发挥特长，培养并提高创新和实践能力。为此，学校要进一步加大融合创新、博采众长、助力翻转课堂的力度。基于"工具"，构建

"电子书包课程"，让学生深入地学；基于"问题"，构建"翻转课堂"，让学生探究地学；基于"资源"，构建微课知识树，让学生自由地学；基于"网络"，构建智慧教室，让学生智慧地学；基于"平台"，构建智能测评系统，让学生有效地学。培养学生在体验数字环境下提出问题、网上搜索、合作探究、学习建构、最后取得并呈现结果的能力，让教育更精彩，让学习更愉快。

二、完美教育之管理案例

（一）扁平化管理，高效推进管理团队建设

1. 变科层制为扁平化组织机构，实行扁平化管理

目前我国大多数中小学校在学校管理上实行的是科层制管理，这一组织结构是建立在马克斯·韦伯的组织社会学的基础上的，呈现典型的金字塔型。在学校，学校校长、中层和基层管理者组成了一个正金字塔状的层级管理结构，管理上一般划分为三个垂直层次：最高层是决策层，中间层为管理层，最底层为执行层。在具体的执行过程中，科层制管理制度产生了明显的弊端和不足。一是管理层级过多，各管理部门和管理人员之间有着明确的分工，条块分割非常明显，缺少及时的沟通，影响到管理工作的效率。二是这种组织结构注重权威，特别是校长的权威，决策权在最高层的校长手中，事事都要由其来做决定。但很多情况下校长的权威并不是来自于人格魅力和专业领导，而是一种行政权威，当校长的权威不足时，就会产生推诿扯皮现象，遇到突发事件时也会出现信息不畅通，在请示汇报过程中耽误事情的最佳处理时间，影响管理的效率。三是注重管理结构和严格的规章制度，是一种刚性的管理手段，在执行时缺乏灵活性和弹性，容易破坏学校人际关系，造成人际关系的冷漠，影响师生员工的积极性、主动性和创造性。

鉴于这种情况，我们对学校组织结构进行了改革，进行了扁平化组织结构的尝试，实行扁平化管理。扁平化管理是指通过减少中间管理层次、扩大信息沟通的范围而增加管理幅度，通过实施权力、目标和任务分解，强化责权对等的分权式管理，调动基层的创造性、积极性，达到降低管理成本、提高管理效率的一种管理方式。

它的管理层级可以简化为：校长—年级组—教职工，这种组织结构效率较高，权力相对分散，更加主动灵活。它具有明显的作用：一是减少了管理层级，学校信息的传递速度快而准，传递量大而稳，提高了管理效率。二是使组织的决策更加民主化和科学化，校长不再是唯一的权威和信息来源，每一个人都是责任人，既是决策者又是执行者，既减轻了校长的压力，又增加了教职员工的参与感和责任感，提高了决策的科学性和可操作性。三是使学校组织的运行程控化、自愈化。扁平化管理靠的是共同的理念和目标进行引领和引导，而不是靠严格的规章制度的管束，是一种人性化的管理。领导者特别是校长首先不是一个行政权威而是学术权威或专业权威，在工作方式上注重沟通协调。所以扁平化管理层级减少，与之相对应的是各基层部门的业务范围扩大了，横向协作增多了，职能权限也都相对扩大了，管理的复杂程度也会相应提高。这就需要加强组织内部各部门之间的协作意识和服务意识，构建"开放、运转灵活、反应迅速"的责任利益共同体，打破以往僵化封闭的体制，尽最大可能调动员工的积极性、主动性和创造性，最大限度地提高组织的管理效益。扁平化管理能否获得成功，关键在于这种组织结构和管理方式是否得到了广大师生员工内心的服从和认同。

2. 扁平化管理的具体运行

基于以上的理论认识，在完美管理的实施过程中，我们改革了学校的管理组织结构，实行了扁平化管理。这是为了最大限度地调动全体师生的民主意识，让每位中层领导、项目负责人尽快成为具有校长品质的管理者。我们在管理中坚持以人为本，走责任化管理之路，构筑了以扁平化管理为核心的高效低位运行机制。

（1）改革管理层级的设置

我们依据扁平化组织结构理论，在扁平化管理中对学校的管理层级进行了改革，以减少管理层级，提高管理效率。我们的扁平化管理不设副校长，不设副主任，只设中层管理者，每位中层管理者都是竞争上岗。管理层级为：校长—中层干部—教职员工。所有中层管理者都直接与校长对接，每位中层干部都具有副校长的职能，直接对校长负责，使各位领导之间不形成上下级关系，而是形成"合作共同体"，每位管理者在所属项目管理中都能代表校长实施"首脑级"管理。

（2）建立与管理职能相对应的多种发展服务中心

管理层级的减少，与之而来的是管理权限和责任的增大，为实现无缝隙、无疏漏的扁平化管理，我们建立了相应的配套措施。学校根据实际需要设立教师发展服务中心、学生发展服务中心、年级发展服务中心等9个发展服务中心。学校把日常教育教学管理、监控、指导和部分评价等权力分别下放给各发展中心，使管理重心下移，各中心职责明确，管理顺畅，实现了以扁平化管理为核心的高效运行机制。以三个年级发展中心为例，年级主任与其智囊团成员一起全面负责年级教育教学工作，拥有对本年级所有教师的考核权、评优推荐权等，直接对校长负责；同时又与学校其他发展中心构成互助协作、指导监督、合作共赢的关系。年级发展中心定期召开班级联合会，研究班级管理中的问题，明确每位教师、每位学生的管理目标，形成"事事有人管、人人有事干、人人能负责"的全员责任管理体系。

（3）完善值周校长责任制和值班制度

扁平化管理不是不需要管理制度，而是不需要过于严格和刚性的管理制度。我们在扁平化管理中一方面建立健全相应的管理制度；另一方面实行人性化的管理方式，注重制度执行中的灵活性和人本性，努力做到刚性制度和柔性管理相结合。在具体运行过程中，我们又辅以值周校长责任制和"今日我当家"值班制度。每周由一名中层干部担任值周校长，行使校长职责；每日一中层干部作为组长，带领几位老师直接参与学校管理。每天的重点工作即是"走课"（行走式观察课堂），巡视校园，及时发现问题，并及时在一线解决，形成了颇具特色的"一线工作法"，即掌握第一手资料，问题在一线发现，困难在一线解决，亮点在一线发掘，经验在一线推广，特色在一线总结，提高了工作效率。

（二）常规管理，让自主管理落地生根

为使日常管理落到实处，培养全校师生的责任意识，我们在扁平化管理过程中实行了"日清双轨制"。学校常规管理就是对学校的日常事务的管理，包括行政管理、教职工管理、学生管理、教育教学管理、安全管理、后勤管理、校园管理等，这是学校最为平常、最为基础性的工作，在这方面需要明确目标、责任到人。学生自主管理简单地讲，就是让学生成为自己的主人，进行自我管理。学生的自主管理包括全校学生的自主管理和班集体中学生的自主管理，目的是调动学生的积极性、主动性和创造性，努力做到自己的事情自己负责。我们在学校里通过学生会、学生社团、学生智囊团等组织实现学生日常事务的自主管理，强化学生的主体意识，提

高管理成效。日清双轨制确保学校所有的人均有管理职能，实现了"人人有岗位，人人有责任，事事有人管，人人都管事，管事凭效果，管事凭考核，问题要解决，结果要兑现，亮点要发现，经验要推广"的全程全员责任管理目标，极大地提高了管理效率，使学校处于不断向上的良性循环之中。

除了日清双轨制外，班级管理也是常规管理的重要组成部分。班级管理可以是以班主任为主进行管理，也可以是学生自主管理，更多的是班主任指导下的自主管理。班级的自主管理并不是教师就撒手不管了，而是充分发挥学生管理的主动性。而要做好班级自主管理，教师首先要学会管理班级，做好班级的日常管理，在这方面我们学校的老师进行了创新性的探索实践，周平老师就是其中的典型，她对开学初的班级管理进行了探索，形成了独特的"五个一"班级常规管理策略：给学生留下良好的第一印象；与学生第一次的亲密接触——军训；第一次确立班委；第一次划分小组；第一次主题班会。以下是周老师记载的部分实录。

给学生留下良好的第一印象。第一次见面会，我是这样做的：为学生准备一篇热情洋溢的欢迎词，让学生感受到老师的热情、老师的真诚、老师的期待，为班级愿景的确立奠定基调，不着痕迹地将"责任"的概念抛给学生。在第一次见面时，我把李镇西老师的"让人们因我的存在而感到幸福"写在黑板上，作为礼物送给了全班学生，同学们兴奋而好奇。我让大家谈谈对这句话的理解，在几个胆大的同学发言之后，我发表了自己的见解，自然而然地就把视野拓宽到生活的方方面面："幸福不仅仅是一种美好的物质生活，更是一种愉悦的精神体验。有时，这种愉悦的精神体验，仅仅来自一声普通的问候或一个小小的行为。比如刚才进教室时，有几位我还叫不出名字的同学向我问好，我从这几位同学的问候声中感到了一种温暖，也可以说，感到了一种幸福。对于同学们来说做一个'让人们因我的存在而感到幸福'的人，更多的时候往往仅需举手之劳：在公交车上你为老人让座；在街头热情耐心地回答一个外乡人的问路；同学病了，你哪怕只送上几句亲切的问候……这种种情形，很多人都会'因为你的存在而感到幸福'。"接着，我把话题引向新的班集体："从今天开始，我们这个班级大家庭就正式成立了，我相信每个同学都能尽自己最大的努力，做到使

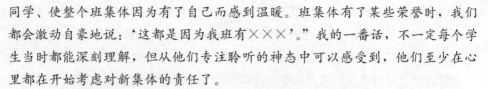

同学、使整个班集体因为有了自己而感到温暖。班集体有了某些荣誉时，我们都会激动自豪地说：'这都是因为我班有×××'。"我的一番话，不一定每个学生当时都能深刻理解，但从他们专注聆听的神态中可以感受到，他们至少在心里都在开始考虑对新集体的责任了。

第一次见面会，我通常还会给学生每人发一封短信，包括两方面内容：(1) 你希望以后我们的班级集体是什么样的？为达到这个目标，你有好的建议吗？(2) 你希望自己在班级中怎么定位？愿意担任班干部吗？你有何特长爱好，可以在哪些方面为集体出力？要求同学们填完，当堂交上。学生写信的过程，其实就是集体责任感在头脑中初步形成的过程，不知不觉进入到班级主人的状态。这对构建班级愿景、了解学生个人愿景，很有帮助。

充分利用与学生的第一次亲密接触——军训。利用军训让学生感受老师的关怀和耐心，培养班级的凝聚力。军训前，一再提醒学生带水杯喝水，注意防晒。尽管自己对紫外线严重过敏，但还是克服困难，全副武装，从始至终陪伴他们在操场上。看到谁的水杯没水了，便会到大水桶前把它灌满，悄悄放回原处；看到谁的皮肤晒红了，便会主动问他是否需要防晒霜。从他们的眼神中，我捕捉到了感激和信任……几天的亲密接触，大大拉近了老师和学生的心灵距离，结果，在军训方队比赛时，我班方队队列表演一举夺得"标兵方队"称号。在同学们的热烈掌声中，我感受到一股团结的力量。

成立好第一届班委会。尽快找到工作的帮手，培养学生的主人翁意识。为防止工作手忙脚乱，班干部要尽早确立。我的办法是让学生自荐出任临时班干部。有意向的同学可以向老师写一封自荐信，说明自己的意向和打算。由于设置的班委比较多，可能刚开始时，不会有足够的人报名，可先确立几个重要的职位人选，构成"临时班委"。向全班同学承诺，一个月后接受民主评选，其他同学在一个月后的选举中，也可以参与竞争。及时召开临时班委会议，强调工作原则：一要有感染意识，以自己各方面的良好行为去感染带动同学们；二要有服务意识，要随时想到，班委就是服务，而不是管人；三要有独立意识，不要仅仅依赖老师的指令，要积极地动脑开展各种工作，同时体现工作的创造性，在工作中体现我们的智慧。当然，临时班委像刚出生的婴儿，面对全新的环境，如果上来就把工作全交给他们，会增加他们的压力，影响他们正常的学习。老师要时刻关注他们，随时提供必要的指点，逐步培养他们的工作方法和协调能力。一个月后，正式班委如约在民主评选中产生，任期一学期。

划分好第一个小组。小组成员的调配主要采用互补式，将思想素养、文化成绩、行为习惯优秀的两名同学和两名中等层次以及两名低层次的学生调配成一个六人小组，兼顾男女比例。具体做法是：先临时成组，由于对学生不了解，暂时根据学生成绩将全班的男生和女生分别按上、中、下等次排列，每一组中择取男生三个层次的学生各一名，女生亦然，构成六人小组，每两个同层次学生结成帮扶对子，小组间各方面的量化总分基本相同。接下来，需要和任课老师一同在课堂、课间对学生留心加以观察和了解，再加上同学们的反映，一个月后及时进行调整，如将调皮、自制力差的同学与稳重、自制力强的同学排在一起，将班委与普通同学排在一起；将性格内向、胆小的同学与外向活泼的同学排在一起，等等。这样构成强弱搭配，性格互补。组内相互影响，团结协作，共同进步；组间总体水平相当，平等展开竞争。

第二个月后，如有需要，再做微调。小组的早日确立，会让学生尽快地进入合作与竞争的状态。当然，在小组初建之时，要马上对组长进行培训，进行小组文化建设指导，明确每个小组成员所担任的职责，做到小组内"人人有事干，事事有人干"，确保从一开始学生的合作就是规范的、有成效的。当然，对全体学生也要尽快开始常规的合作培训。由于学生的层次不同，随着学习进程中新情况的不断涌现，合作培训要不间断地进行，这是一项常抓常新的工作。小组的划分是否平衡，成员搭配是否合理，组长的培训是否到位，每位成员的责任心是否激发，直接影响着小组合作的成效和班级管理的成败。

开好第一次主题班会。主题班会作为管理班级、教育学生的主阵地，具有鲜明的校本特色，主题班会的设计要抓住以下几个特性：思想性，要与学校目标一致；针对性，要结合学生和班级的思想实际；全员性，尽量让尽可能多的同学参与发言；知识性，应渗透丰富的知识内容；趣味性，形式上尽可能活泼；艺术性，采用多种艺术形式来突出主题。班会的目的主要是帮助学生从思想上统一认识，形成良好的班级舆论。第一次班会是我自己主持的，我的第一次班会主题是"与学校班级同行，做最好的自己"。班会的目的：学生初步了解学校，老师初步了解学生，激发学生的自豪感——与学校班级同行，做最好的自己。班会重点：形成班级公约的雏形，习惯养成从今天开始。班会形式：介绍、讨论、发动。

班会议程：

（1）教师介绍学校、师资。

（2）教师自我介绍和学生自我介绍，结合第一次见面会写的短信进行。

（3）讨论、发动。

走进实中，就是实中的主人，走出实中，代表实中的形象。我们怎样做，才能与学校同行，做最好的自己呢？俗话说"不以规矩，不成方圆"，国有国法，校有校规，学校无大事，事事总关情。（因为学校的配备先进，设施齐全，并且各个功能室全天对外开放，如何爱护环境、爱护公物是第一件要解决的事情）怎样文明进校？（仪表着装，坐车、骑车、私家车）怎样保证楼道、走廊的优雅与安全？怎样对待校园的一草一木？怎样保持教室校园的干净整洁？最讨厌的破坏校园卫生的行为有哪些？男厕便池少，怎么文明如厕？

（4）谈论之后，布置任务，结合学习与生活，利用一周时间，每人制定一份班级公约，注意要有可行性、要有弹性、要有执行人和监督执行人。下周班会的时候，逐条进行民主评议，最终确立班级公约。

在小组合作学习的模式下，老师逐渐从台前转到了幕后，而将大片的舞台留给学生尽情展示。班会课从第二周开始就由班委协助策划主持，慢慢放手，在经过半年的磨合之后，我班采用小组承包班会的制度，根据期初的班会计划和大主题，结合班级当时的情况，确定具体的主题，由他们自己策划组织和主持，各组展开竞争，一年的尝试下来，效果是相当不错的。2013 年 7 月 11 日，我班学生自己策划主持的班级论坛《我的假期我做主》，以其全新的理念、新颖活泼的形式和独到的见解，吸引了来自全国各地观摩的老师们，博得了一阵阵热烈的掌声。

（三）责任管理，以特色活动为引领

1. 以责任教育文化建设推动责任管理

责任感是一个人在社会生活中对自己完成任务、履行责任的情况持积极主动的态度而产生的情绪体验。人的责任与生俱来，世界上只有不负责任的人，不存在没有责任的人。人一来到这个社会，就要为自己负责，为别人负责，为社会负责。人与人之间在很大程度上不是能力的差别，而是责任心的差别。一个人只要想办好一件事，他会千方百计地把事情做好。所以在学校里要进行责任教育，就是指在学校中进行的各种有目的、有计划的培育和发展学生责任感的教育活动过程。要通过责任教育，培育责任教育文化。完美教育的思想核心就是"爱"与"责任"，因此我们在完美管理中提出了"责任胜于能力，责任心就是竞争力，责任感就是凝聚力"的"责任教育"文化理念，大力构建"人人能负责"的责任教育文化，形成人人都能"尽责做事"的局面。

"尽责做事"就是"人尽其才、各尽所能、各得其所、乐在其中"。"人尽其才"就是学校创造条件，让每一位教职员工能够充分地发挥各自的特色和聪明才智。"各尽所能"是指学校教职工要充分调动自己工作的主动性、能动性，为学校建功立业。"各得其所"就是学校在分配制度和其他方面体现奖优罚劣，让想干事、能干事、干得好的人在学校扬眉吐气。"乐在其中"就是全校师生员工都要营造良好的学校人文环境，使学校成为一个教育的生态园，每个教职员工在这里都能够幸福地生活，努力地工作，提高自己工作的幸福指数和信心指数。注重细节就是扎实做好每一件小事，提升工作品质。细节决定成败，细节就是品位，细节就是管理，细节就是形象，追求细节就是追求一种精细化的管理。我们学校越是处于发展期，就越需要精细化管理。因此，我们从基础做起，从每一件小事抓起，从校长到全校教师要亲力亲为抓落实，做学生的表率。

在学校管理上，学校领导班子始终秉承"师之所思、我之所想、生之所需、我之所为"的思想，以扁平化管理为抓手，坚持责任立校。为了使扁平化管理锦上添花，更好地增进全校师生的主人翁意识，学校推进了"项目负责制"。即将学校日常工作以项目形式呈现，鼓励干部师生根据各发展中心和自身的专长进行项目申报，并负责酝酿组织实施，让广大干部师生成为学校管理工作的参与者、支持者、评价者。如学校先后成立"课程整合"项目、"电子书包"项目、"读书工程"项目、"名师工作室"项目四大项目中心，语文组、英语组、艺体组分别申报并指导学生承办学校诗文吟诵节、英语节、艺术节、体育节等，让普通老师真正品尝到了当家做主的感觉，受到了广泛的好评。

此外学校把责任和权力有机地结合起来，做到有责就有权，以"人人是主人、师师班主任、生生班干部"为目标，实现全程全员责任管理，形成了学校领导抓大事搞协调，中层干部上一线抓项目，班级、教研组创特色争一流的低位运行管理新格局。学校还推行了一些非正式评价项目，如每周推出一位周明星老师、周明星学生，使周周有明星，班班有明星，自下而上群星璀璨，在捕捉全校师生每一个精彩瞬间、每一个成功表现的同时，让师生的生命因此变得饱满充盈、日臻完美，提升了教师的职业幸福感，也让学生在快乐中学到了本领。

在管理体制上，我们通过竞聘上岗组建第一届管理集体，成立学生发展服务中心等9个中心，实现了过程管理纵横双向无缝隙发展；以"学生学会负责，教工尽心履责，家长知责担责"为着力点，制定"教书育人责任制"，构建"事事有人管，人人有事干，人人能负责，有责必追究"的全员责任管理体系；大力推进以"责任"为主题的校园文化建设，通过"我负责、我快乐、我成长"演讲，"今日我当家"值班制度，所有功能教室、图书馆、阅览室、实验室面向学生全天候开放等有效的形式，让责任文化在学校特色管理中拔节；家校协作建立三级家委会，联合成立家长学校家庭教育研究室，实施家校"联动管理"；通过校企合作，在平日放学后、周末及节假日把游泳馆和羽毛球馆等向社会开放；坚持办好"1＋1"教育联盟"学校开放日"，与开发区育才中学手拉手，帮助其提升办学水平，以优质资源帮扶带动教育均衡发展。学校坚持履行社会责任，积极辐射优质教育资源，大力构建责任教育文化，走出了一条内涵发展、和谐发展、品牌发展的管理之路。

2. 以特色活动引领责任管理

（1）形成以"责任"为核心的特色引领

责任是一种心理承受力，是一种担当，为激发出人们心中的那份责任心，有敢于担当的魄力，我们首先从情感上进行投入，坚持倡导"将心比心""老吾老以及人之老，幼吾幼以及人之幼"的管理理念，要求每一位教职工"把学生当作自己的孩子"，想象一下如果你的孩子在我们的学校读书，你会如何要求学校和孩子的老师，你希望老师如何对待你的孩子？学校开展了一些换位思考的活动和讨论，设置一些情景，让老师置身家长、学生的角色中，切身感受到一位负责任的老师是多么地受欢迎和重要。

（2）落实以"责任"为重点的特色举措

责任落实到每个人的心中后，还必须有各种相应的措施和规章制度加以规范和确定，不能是随意责任化，那样的最终结果还是无责任确定，而使责任化流于形式。我校通过各种方式，在全校师生中倡导和实行"责任教育"，建立"开发区实验初级中学教书育人责任制"，制定《领导干部责任承诺书》《班主任责任承诺书》等系列责任管理制度。每一个实验初中师生都与学校及班级签订《个人责任承诺书》，定期在部门会议上"述责"。通过制度设计、主题活动的感染内化，形成了"人人有事干，人人能负责，有责必追究"的全员责任管理体系。

（3）开展以"责任"为主题的特色教育

责任落实到人、到心，然后把责任进行制度化，这样就能够让责任管理有章可循，使责任成为人们行为习惯和教育教学的规范。但是，把责任进行制度化不是目的，责任化的最终目的是把责任上升为一种文化，一种常驻在人们心中的生命习惯，作为一种行为的必然而不是一种强制下的行为。为此，学校逐渐通过各种活动和形式把责任上升为责任文化。通过每位师生对学校责任文化的理解、认同乃至最终的自觉执行，达到最大的管理效能。

（4）创建以"责任"为核心的特色活动

责任成为我们学校的一种文化建设，对这种责任文化，我们要通过各种形式彰显出来，而不是仅仅放在人们的心中，或者仅仅贴在墙上、放在档案夹中。校园内处处可见以责任为核心的文化标识，通过"我负责、我快乐、我成长"演讲比赛、"讲学习做典范，讲责任比奉献，讲团结出效益"责任岗建设、"生生班干部、生生学科长"等有效形式，深入挖掘责任教育内涵，引导师生在工作、学习中体验成功，享受快乐，实现了以责任教育为核心的管理软文化的广泛认同。

（四）开放管理，多主体全方位提升管理品质

实行开放管理，学校首先开放的是管理者的心态。实行开放管理说起来容易，真正做起来却很难，这是一个配套的系统工程。封闭式对于管理者来说好管，事情越少，封闭得越厉害，管理者就越轻松，事情就越少。例如学生总是在教室上课，学生只是以分数来论英雄，那么，学校的管理者就会轻松很多。其实"封闭管理"正是现阶段很多的中学在践行着的，这样的学校里的学生们的分数可能会高，并且还有很多学校把"全封闭式"管理作为管理经验传播，殊不知这是以扼杀学生的各种天赋的灵动为代价的管理形式。我秉承的完美教育就是要释放学生们的天赋，尽

我所能发挥学生们的天赋优势，让每个学生都能够找到自己的生命强势而得以发展，找到属于自己的自信和骄傲。

与青岛市黄岛区张喜军局长一起和澳大利亚访问团领队合影留念

1. 校内实行开放管理

实行开放管理的第一步就是面向学校内部的开放，面向全体教师和全体学生们的开放。开放管理是开放办学的基本组成部分，开放管理不仅仅是活动场所和活动项目的开放，同时还包括网络信息的开放，思维方式的开放，视野、心胸的开放，是一个全方位的开放格局。而开放的同时面临的就是针对各项开放的管理，不能够让开放成为乱、无序、无制、自由散漫的起源，而是成为自觉约束学生、形成自主、自我管理的机制，达到"无为而治"的效果，所以开放是和与之配套的管理挂钩的，是与完美教育对于学生更高层次的文明、高雅的期待相伴而行的。

无论是管理还是办学都是为学生全面发展服务的，所以我们在开放管理的方式和管理活动上首先向学生开放。在开放管理之初，有很多领导和老师担心丢失物品和书籍，我认为："学生拿走书是因为喜欢。书只有读才有价值。我们给孩子一份信任，孩子会回报我们万份惊喜！"

不出所料，四年多来，学校功能室、实验室的物品及书籍完好无损，无一丢失。开放管理不仅满足了学生的学习需求，更潜移默化地塑造了学生自觉自律的优秀品质，让学生在责任立校活动中得到愉悦、尊重和家的温暖。一位学生家长义工介绍说，自己的孩子在七年级就读，原本非常淘气、贪玩，来校两个月后，家长惊喜地发现，孩子变得文明有礼、热爱读书了。有一次家长问道："你在学校还调皮贪玩吗?"学生笑呵呵地答道："学校让我有家的感觉，学习生活太幸福了，没时间也不好意思贪玩了呀!"

2. 管理向家长开放

家长把自己的宝贝送到社会、送到学校，对于离开他们的视线范围充满了担心、焦虑、疑惑，他们怕自己的孩子在社会上遇到坏人，遇到脾气暴躁、不负责任的班主任，遇到教学水平很低的老师，遇到不学好、不学习的同学，等等，担心、焦虑一直伴随着家长们，完美教育就是尽最大努力，从不同的方面让家长参与学校的管理，尽最大努力把学校的一切向家长开放，让家长能够真切地了解、理解学校为了学生们的成长所做的一切努力，并且家长也很愿意在学校需要的时候力所能及地为学校提供必要的帮助。

家长是重要的教育力量和教育资源，在学校发展和学生成长中发挥着不可替代的作用。家委会是学校课程建设的参与者，是教育问题的应对者、家校关系的协调者。在实验初中，每天在校园里看到家长是很平常的事。作为校长，我在家委会成立大会上就将学校与家委会的关系形象地定位为左手和右手的关系。对孩子的成长而言，只有左右手发挥合力才能促进学生的健康幸福成长。

一是支持并指导学校家委会全方位参与学校管理及民主监督。家校协作建立起校级、年级、班级三级家委会;出台《实验初中家委会章程》《家委会值班制度》《家委会选举条例》《"四级作业规范"制度》等规章制度。二是联合成立了实验初中家长学校家庭教育研究室，协助学校积极开发校本课程，推选出有特长的家长每周为学生开设网页制作课程、羽毛球、音乐等课程。组织开展"我爱大自然""爱心奉献""走进中国石油大学"等社会实践和社区服务活动，组织评选书香家庭、优秀家委会委员、优秀家长义工等活动，发挥家长的一技之长，拓宽家校教育的渠道，取得了较好的效果。三是设立"同文阳光"教育基金，组织开展"外语角""外语演讲比赛""外语沙龙"、学生赴韩国际交流、与台北国立初中建立姐妹校、"名校巡礼，我与北大清华暑期有约"等活动，丰富了学生课外文化生活，开阔了学生的视野，促进学生全面发展。四是定期开展家长培训交流活动。每学期至少组织两次全校性的专家讲座。全国知名教育专家孙云晓、杨晓丹以及感恩教育专家佐文的专题报告获得家长的一致好评。五是建立校级家委会 QQ 群、班级家长 QQ 群等信息平台，实施动态化的家校"联动管理"，共同创建实验初中家长教育精品管理工程。有的家长在 QQ 群中感慨地写道："学校和老师想得这么周到，把孩子每天的进步和努力方向写在上面，把对家长的期望写出来，还提供家庭教育方法指导，真是让人感动。"

面向家长的开放在实施初期虽然遇到了一些困难，但随着让家长们参与学校治理，向家长开放的深入发展，其中的收获却是非常大的，为此，学校把面向家长开放的问题作为一个非常有研究价值的课题，进行系统的开发研究，学校家委会"家委会参与教育教学的规律研究"课题在全国家庭教育委员会立项，并在山东省素质教育论坛上进行了经验交流。

3. 学校管理、学校资源向兄弟学校、向社会开放

学校在内部实行开放管理后，有了一些开放管理的经验，于是逐步地向家长开放，经过实践的检验，效果很好。随后开放的心态就更加广阔了。我校拥有的优质物质资源、管理资源、无形文化资源是否可以向其他的兄弟学校开放、向社会开放呢？甚至我想，完美教育应该是一个更加开放的系统，如果条件成熟我们完全可以向国外开放，就是面向世界的开放。于是，完美教育把面向兄弟学校、社会的开放纳入议题，经过研究论证，在做好思想准备和制度规范化后，开始面向兄弟学校和社会开放。

（1）向兄弟学校开放

随着社会经济的快速发展、人民生活质量的不断提高，广大百姓对优质教育的渴望日益强烈。实验初中等学校成为学生选择的热点。为进一步促进教育均衡优质发展，缩小教育差异，让开发区的学生共享优质的教育，使学校的优质资源在最大限度内得到充分利用，青岛开发区教体局党委决定由我任实验初中和育才中学两所学校的校长，两校进行联盟1＋1办学。两校携手，联盟办学呈现出"五位推进一体发展"的突出特点。

一是软硬资源一体统享。不同学校在硬件设施上的共享不易实现，因为那些硬件设施是固定在某个地方发挥其固有作用的，但是，附着在硬件设施上的文化、管理却是可以共享的。例如，在学校的消防设施上，让学生根据设施的大小，绘制出符合这个硬件设施的图画，来表达对于消防设施的爱护、了解等相关信息，这样既能够美化消防设施所处的环境，还能够起到宣传效果，更重要的是增加了学生们的消防安全意识，培养、锻炼了学生们的绘画才能和参与消防管理的自觉性。再如，学校的走廊文化建设的理念也是可以推广和供兄弟学习、借鉴的（走廊文化前面已经做了说明，此处不再赘述）。实验初中的软件、信息技术优势完全可以在异地共享。学校发挥现代化资源优势，在数字化管理、课件库、优质课库等方面为育才中学提供了很好的引导和帮助。

2013年8月兼任青岛开发区育才中学校长，这是现代大气的育才中学

在软件资源共享中还有更加关键的一点，就是优秀教师的培养和共同培训。教师是所有资源中最为关键和重要的资源，教师水平、素养、思想境界等的高低，直接关系到学校的发展和教育教学质量的提高。实验初中发挥名校、名师的引领作用，每学期开学初，与结伴学校进行教师联合培训，把完美教育的名师工程、"磨教材"工程为名师成长奠基、"七课工程"为名师成长铺路、修身工程为名师成长搭台等这些完美教育的先进思想和理念，介绍给兄弟学校，做到师资互通有无，互补推进，共同发展。

二是管理模式一脉同构。完美教育是开放的心态，不会保留自己的宝贵经验，而是在和兄弟学校共享管理经验时，本着知无不言、言无不尽的原则，在讨论、共享的基础上，把自己学校经过时间、实践检验是很好的、行之有效的管理经验共享，最终达成管理共识。实验初中的"扁平化"管理模式、"日清双轨制"管理模式在管理实践中取得了良好的效果，我们把完美教育的管理经验毫无保留地拿出来，和育才中学的领导们一起分析其利弊，分析在使用和执行过程中应该注意和避免的情况，有什么样的最大优势等，最终育才中学的领导们认为这样的管理模式是行之有效的，从而导入这种有效管理模式，使育才中学不断升级管理质量。同时他们不断推进开放办学，自我发展，都收到了很好的效果，而这也是完美教育的开放办学理念的更大发展。

三是教科研一体统筹。有了管理上的共识，两校的合作向更深的方向发展，在教育、教学、科研方面有了更多的合作、共享、研讨。育才中学利用集团化办学的优势，积极参与实验初中"问题导学"课堂模式的研究，并进行了很好的植入，有效地加快了课堂改革的步伐，达到了更好地为学生重终身发展服务的目的。

四是师生评价一体同台。建立健全两校共享的教师、学生的评价机制，在师生评价中，两个学校坚持一把尺子衡量，一个台子表彰。尽力一同举办各种师生活动，在师生评价、运动会、艺术节、教师节表彰等活动中合作与交流，共同进步。

五是文化认同一脉相向。实验初中和第八中学积极建构"爱与责任"同根文化，充分发挥文化的精神引领效力，取得了较好的效果。"我登上了实验初中的颁奖舞台，我荣获了未来领袖奖！"第八中学的邢耘栋同学喜悦的样子让他的家长至今记忆犹新，孩子进步的幸福写在家长的脸上……在青岛开发区灵珠山文联举办的《我爱我的家乡》征文比赛中，两校学生共同参与，用文字抒发对共享优质教育资源的赞美，用文字抒写对家乡的热爱，得到广泛好评。

（2）向社会开放

学校与社会是共生共荣的关系，二者的密切合作可以促进双方的发展。我们在办学中，在学校管理上和学校资源上积极向社会开放，同时也积极利用社会资源。我们与青岛泳联汇游泳俱乐部合作，开设游泳课，使学生中的游泳人才脱颖而出。我们心系社会，在平日放学后、周末、节假日把游泳馆、羽毛球馆、各类运动场地等面向社会开放。例如我校有一个设施齐全的大型多功能厅，平时是学生们的运动场地，但是这个多功能厅还是一个能够同时容纳 1000 多人的大型会场。学校利用这个会场，引进了一些优质的大型会议在我校召开，这样我校的教师、学生不出校门便能够享受到优质讲座、演讲、会议等。学校资源与社会共享，不但丰富了周边居民的业余文化生活，提高了人们的生活幸福指数，而且还是对办人民满意教育的别样诠释。

三、完美教育之德育案例

制度是刚性的，粗线条的，不可能涉及每个角落、每个动作、每句话、每个环节，所以，很多时候，完美教育中的师生就需要用心中的道德律令来约束自己，用心中的道德文化来看守心中的不良言行。只有整个学校的师生道德高尚了，制度才能够起到最大作用，也只有制度发挥了作用，道德的美才能够充分地展示出来。我们在完美德育中从文化的高度进行德育活动，形成了"一二三四五六"的德育文化发展目标，即一个核心，两个重点，三项原则，四种方式，五条渠道，六种做法。

在全国班主任专业化论坛上介绍学校经验

（一）一个核心

我们在完美德育中把培养学生的健全人格作为核心，我们认为健全人格也就是完美人格、完整人格。德育工作是构建健全人格、提升生命质量的教育，其目标指向的是学生人格的生成和一生的发展。一个忽视德育的学校，一个不注重塑造学生灵魂的学校，绝不可能培养出具有高尚人格的学生。教育的目的是养成健全人格，完整人格教育是学校德育文化建设的核心。

人格在社会心理学上是指人的个性，是个体在先天生理素质的基础上，在一定社会历史条件下，通过社会交往而逐渐形成和发展起来的个人稳定的心理特征总和。健全人格就是以正面的积极的态度对待世界，他人与自己，过去、现在与未来，顺境与逆境，做自立、自信、自尊、自强和幸福的进取者。

我国的传统文化蕴含着丰富的健全人格的哲理，非常值得我们学习和借鉴，如"塞翁失马，焉知非福"的善待挫折、辩证地看问题的坦然心态；"匹夫不可夺其志""富贵不能淫，贫贱不能移，威武不能屈"和"自强不息"的人格意识；"学而不厌"及"学贵有恒"的学习观；"究天人之际，通古今之变"的积极进取精神；"为天地立心，为生民立命，为往圣继绝学，为万世开太平"的强烈社会责任感和历史使命感；"先天下之忧而忧，后天下之乐而乐"的忧乐观；"人生自古谁无死，留取丹心照汗青"的生死观和"天下兴亡，匹夫有责"的大局观；孟子的"吾善养吾浩然之气"的铮铮傲骨。儒家的"中庸""仁爱"，墨家的"兼爱""非攻"，道家的"自然""无为"，庄子的"忘情""忘我"，超然于物外，从而达到大彻大悟、豁然开朗、悠闲自得的"心游入天"的境界，这些都体现了我国传统文化中健全人格的丰富思想。

经典文化是经过几千年大浪淘沙，代代人的传承发展而来的，是经过历史的考验，始终被人们奉为经典的，这样的传统文化对于健全人格具有突出的、积极的促进作用。完整人格教育的思想更突出以人为本，突出对人的发展需要的满足，特别强调青少年在成长时期要得到充分的发展，不要急于考虑谋生或社会分工的需要，要突出解决学生的"成人"问题，使他们成为人格健全的人。它让教育回到了原点，纠正"应试教育"带来的种种弊端。因此，我们学校实施完美教育首先立足于学生完整人格的培养，然后才是培养学生成为哪一方面的人才，自然而然的结果就是为国家、为家庭、为个人的发展做出贡献。以完整人格教育带动学生的全面发展是学校推行完美教育的核心组成部分，是学校育人教育最重要的内容。

基于以上的认识，结合当今社会发展的要求，我们在实验初中提出"456"的健全人格教育策略："4"即从"大真、大爱、大诚、大智"四个方面提出了健全人格的要求；"5"即把"真诚人格、博爱人格、诚信人格、智慧人格、创新人格"作为育人最重要核心；"6"即让"自主合作、乐学善思、自尊自信、诚实勤奋、友爱坚强、智慧幸福"成为每位学生的人格名片。

学校完整人格德育课程更加注重教育的整体性、综合性与实践性，更加注重与学科课程的融合，更加突出学生的主体性。结合学校"做三人""树三观""立四能"的德育目标，学校的德育课程包括中华传统德育课程、校园文化活动、学科实践活动、社会实践活动、志愿者服务以及德育选修课程等。学校立足于学生的全面长远发展，把学生培养成为道德上的"完人"，为学生奠定坚实的"人生基石"，让学生在追求做完美的自己的过程中体验到竭尽全力、超越自我的愉悦感、满足感、成就感。所谓"做三人"，指做中国人，做智慧人，做实中人；"树三观"，即树立正确的人生观、价值观、享乐观；"立四能"，指让学生具有明辨是非的能力，自我规划、自我反思、自我完善、自我超越、开拓创新的能力，人际交往和适应社会的能力。

（二）两个重点

"德"的本意为顺应自然、社会和人类客观需要去做事，不违背自然发展，去发展自然，发展社会，发展自己的事业。道是在承载一切，德是在昭示道的一切。大道无言无形，看不见听不到摸不着，只有通过我们的思维意识去认识和感知它，而德，是道的具体实践，是道的体现，大美无形、大爱无言的大道就是通过德行展现出来的。完美教育的德育工作，也是顺应学生生命成长、发展的大道，让学生能够顺应社会、人类进步发展的需要，培育学生的德行，为学生的终身发展奠基。德育工作是个非常复杂的系统工程，在实际中需要根据具体情况有重点地进行。我们在完美德育中把人生观教育和道德践行教育作为重点。

1. 人生观教育

人生观是人们在实践中形成的对于人生目的和意义的根本看法，它决定着人们实践活动的目标、人生道路的方向，也决定着人们行为选择的价值取向和对待生活的态度。不同的人生观、价值观决定了人在生命行走过程中的不同，所以，培养学生正确的人生观就显得格外重要。

培养学生正确的人生观是完美德育的重点之一，这是由人生观教育的重要性和初中生的身心发展特点决定的。人生观对人的一生有着重要的影响，不同的人生观就会呈现出不同的人生发展方向。所以进行人生观教育，帮助学生树立正确的人生观是非常重要的。

人们把初中阶段叫作"人生的第二次断奶期"，这个阶段的孩子的人生观还没有形成，但却处于刚刚开始形成的时期，这个时期的孩子叛逆、焦虑、渴望成长却害怕承担责任，身体发育正从童年期向青年期过渡，身心发展处在急剧变化的阶段，身心发展很不成熟。他们虽然在体貌上接近于成年人，但在心理上仍然十分幼稚，行为上也呈现出不稳定的特点，人生观还不稳定，具有很强的可塑性，这一时期是其人生观、世界观和价值观形成的关键时期。如果在这一时期进行适当及时的人生观教育引导，将有助于他们的健康成长。所以在德育中要引导学生正确认识社会、认识人生、认识自我，帮助学生树立正确的人生目标，保持积极向上的人生态度，从而形成科学的人生观。所以，人生观教育在初中生的成长中具有非常重要的意义。

2. 道德践行教育

正确的人生观是走向正确的人生轨道的思想认识，是第一步，在学术、生活的实践中，践行、运用自己的人生观则是道德价值观形成的第二步。道德践行教育是德育的又一重点，这是因为德育最终要体现在学生的道德行为上，德育的最终落脚点是道德行为。所以我们在完美德育中把道德践行教育作为重点，通过这一教育，培养学生的良好道德行为。

道德践行在我校中随处可见。进入学校后有秩序地进入自己的班级教室，不随地吐痰，不乱扔垃圾，帮助同学，尊重门卫师傅、伙房师傅，见到老师、长辈主动问好，等等。道德践行活动如影随形地伴随着学生、老师的日常生活和学习，是完美教育下的学生生命的一部分。

（三）三项原则

德育教育并不是戴高帽子或者只是唱高调子，而是要遵从一定的原则。德育原则就是人们在德育工作中制定或提出的基本要求，我们在完美德育中把"尊重学生、回归生活、知行统一"作为基本原则。

1. 尊重学生

德国存在主义哲学家雅斯贝尔斯在《什么是教育》中说："教育，就是一棵树摇动另一棵树，一朵云推动另一朵云，一个灵魂唤醒另一个灵魂。"虽然教育离不开知识，但真正的教育是用知识来充盈于人，服务于人，启迪人心，而决非把人变成贯彻某种知识的工具。教育离不开必要的技术技能的训练，但训练是为了涵养人的整体智慧，而不是把人当作训练的机器，使训练成为与人的心灵隔离的异己的活动。尽管知识技能的传授不可缺少，但真正的教育必须超越于此，上升到培育人的精神、安顿人的心灵的高度，以接近教育的本质。所以，古今中外对于教育虽然有不同的认知，但是都有共同的一点就是，教育是对于被教育者灵魂的慰藉和关怀，是教育者和被教育者之间相互的感动、尊重、唤醒，所以，德育教育的首要原则就是尊重学生。

教育是外部的言说、事例、实践等机制，通过引起学生内心的变化而发生作用。在完美德育中，学生是主体，只有充分发挥学生的主动性、积极性，才能取得实效。所以，教师首先要尊重学生，把它作为一项基本原则贯彻执行。这一原则的基本含义是，在完美德育过程中，教师要尊重、信任、热爱学生，又要对学生提出严格的要求，把严和爱结合起来，使教师外在的要求转化为学生内在的发展行动。在德育中，对学生的尊重信任是严格要求的前提，正如马卡连柯所说的：要尽量多地要求一个人，也要尽可能多地尊重一个人。我们从多方面尊重学生，尊重学生的身心发展规律和特点，在此基础上提出德育的目标和内容，还要尊重学生对德育活动的选择，和学生、家长等一道设计丰富多彩的活动内容。

2. 回归生活

德育不是束之高阁的，仅仅拿来说教的，德育也不是只出现在书本上、宣传册中的，而是实实在在地存在于学生学习和生活之中的。回归生活是完美德育的又一重要原则。德育来源于学生的生活，学生的道德发展只有通过社会生活才能实现。因此德育工作只有贴近学生生活，从学生生活实际出发，才能取得实效。真正的富有成效的道德教育必须有其坚实的生活根基，德育必然要贴近生活，回归生活。

具体来说，道德教育的内容和素材要来源于生活，贴近生活，要在生活中进行，德育的结果要超越生活，使学生不仅学会有道德地生活，而且形成探寻人生价值、自我建构可能生活和人格的能力。

德育只有根植于学生的现实生活，并着眼于学生的道德发展才有深厚的生命力。当然，我们这里强调的是学生的现实生活，是学生实实在在经历的生活，这是一种本真意义上的生活，而不是虚无缥缈为学生创设的生活情景。所以我们特别注重培养学生从点滴小事做起，培养高尚的道德品质与良好的行为习惯。我们定期开展"三小""四个一"等活动。"三小"即实现一个小目标、改掉一个小缺点、争做一件小善事；"四个一"即做一天学习小明星、做一天文明小明星、做一天感恩小明星、做一天合作小明星。这样的要求注重细节，从学生的生活出发，每个人只要经过努

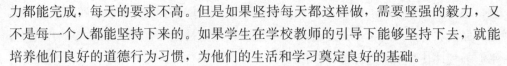

力都能完成，每天的要求不高。但是如果坚持每天都这样做，需要坚强的毅力，又不是每一个人都能坚持下来的。如果学生在学校教师的引导下能够坚持下去，就能培养他们良好的道德行为习惯，为他们的生活和学习奠定良好的基础。

3. 知行统一

道德认知和道德行为是一对比较难以处理的关系，道德认知是前提和基础，如果一个人是非不分、善恶不明，那么他也不可能表现出良好的道德行为；道德行为又是道德认知的必然结果，一个人仅仅有正确的道德认知，而不能体现在正确的行为上，他的道德发展也是不完整的。但二者之间往往产生矛盾，表现为知行不统一。所以我们在德育过程中，既要重视对学生进行系统全面的道德理论教育，同时又要非常重视给学生提供锻炼的机会，组织学生参与各种形式的实践锻炼，努力将学生的认知和行为结合起来，使学生做到言行一致、知行统一。

（四）四种方式

完美德育中遵循的"尊重学生、回归生活、知行统一"的三原则，要通过四种方式展现出来。我们在完美德育中采取了以下四种方式：民主化德育、个体化德育、实践性德育、美德型德育。

1. 民主化德育

民主化德育就是在德育过程中充分发扬民主精神，实现德育过程的民主化。其基本要求是教师在德育过程中发扬民主，尊重学生的主体地位，充分发挥学生的主体作用，以民主精神、民主作风和民主方法开展德育工作，提高德育的实际效果。传统德育中，教师往往是唯一的主体，学生是单一被动地受教育的客体，师生之间是一种权威与服从的关系，德育过程中的地位并不平等。并且，在德育过程中，教师大多从课本出发，采用灌输、说教的方式，一些空洞的大道理让学生越发地远离德育的实质和最终目的。

在德育的过程中采取简单说教、灌输的方式，会让学生非常反感。由于初中生正处于心理的叛逆期，比较容易出现逆反心理，所以他们很难接受简单粗暴的德育方式，只有与他们平等交流，让他们感受到教师的理解和尊重，才能取得实际效果。完美德育中，为了使德育工作顺利进行，老师们采用了多种形式，例如讲故事，很多时候是由学生们自己寻找学过的、日常生活中的或者是从网络上查到的故事来讲述。还有的老师组织本班级的学生把那些典型的故事通过话剧的形式展示出来。总之，完美教育中的德育不是走过场、不是说教，而是把学生放置在平等的位置上，平心静气地让学生来进行自我教育。

民主化德育首先需要教师发扬民主精神，从学生的需要出发设计德育活动，听取学生的需要和意见；其次要充分地尊重和信任学生，并通过多种有效的方式让他们感受到教师的理解和尊重、信任；再次要给予学生充分的自主权，让学生学会自我教育、自主管理。我们在学生的自我教育和自主管理上，实行生生班干部、事事有人管的制度，让每个学生都参与到班级管理中，让每个学生都体验到成功的快乐。

2. 个体化德育

每个学生的家庭背景、生活环境不同，有着不同的价值取向和不同的现实状况，所以德育针对的不仅仅是学生群体，更重要的是面对一个个鲜活、生动、千差万别的学生个体。所以，在对学生们实施德育的过程中就要关注学生的个性差异，例如针对单亲家庭的孩子时，在语言、形态、表情等方面就要格外地注意。面对性格暴躁的学生和面对性情温柔的学生使用的手段应有所不同。正如孔子一样，对子路、颜回交流时的语言方式就有很大的不同，这就是"因材施教"的妙处。

个体化德育就是把学生个体作为德育的对象，促进学生个体不断发展、完善的德育活动。它的最终目的是重视德育中的学生个体，发挥学生在德育中的主体地位，培养个性化的道德主体，进而造就个性化的人。这一价值的实现，需要学生的主体参与，他们的行为和观念的转变直接决定德育的价值。没有学生主体的自觉自愿的参与，就不可能有真正的道德发展。以前我们比较强调德育的社会功能，强调社会的规范和要求，相对忽视德育的个体发展功能。

我们在完美德育中，重视对学生个体生活境界的关注，注重在学生个体的经历、经验、体验中培育道德行为——通过个人的生命经历触摸生命感觉的一般法则和人的生活应遵循的道德原则。个体化德育从学生的需要出发，体现了对学生的个性的理解和尊重。我们的个体化德育着眼于提升学生个体需要的层次，激发个体的道德动机；培养学生理性的、自主的道德判断和道德选择能力；引导学生形成、遵循普适的道德底线。在教育的方式上拒绝灌输和说教，让学生在正确价值观的引导下进行自我建构，发展学生的完美德行。

3. 实践性德育

"实践是检验真理的唯一标准",真理尚且用实践来检验,完美德育的三原则、四方式到底是否适合学生的生命成长,就更需要具体的实践来进行检验了。只有建立在实践检验基础上的思想,才能够站得住脚,才会散发出强劲的生命活力。学校坚持在学生的行为习惯的养成实践中完善德育内容,提出:要成为合格公民、坚持从学会感恩开始;要成就辉煌事业,坚持从认真值日开始;要造就健康体魄,坚持从规范跑步开始;要提升文化素养,坚持从注重细节开始;要完善自身形象,坚持从正确坐行开始;要学会文明礼貌,坚持从学会问候开始;要学会合作交往,坚持从微笑宽容开始;要养成节约习惯,坚持从节水惜粮开始。小事做好,大事做"美",美中成就了"人格"。

德育在本质上是实践性的,实践是德育的起点。德育的目的并不是让人们懂得道德的教条,而是为了让人们能够实践道德精神,实践才是德育的目的和归宿。正如苏霍姆林斯基说过的:"我们可以形象地说,由道德概念到道德信念的道路是从行为和习惯开始的,而行为和习惯中又渗透着儿童对于所见所为的深刻情感和个人态度。"我国教育家陶行知先生也曾经指出:"行是知之始,知是行之成。"所以我们在完美德育中,把实践性德育作为重要的方式,发展学生的道德。

我们的实践性德育的宗旨是通过德育实践活动,让学生享受自然、享受生活,自觉养成爱护自然的意识,形成相应的道德文明行为,进而感悟人与人之间的文明交往、和谐协作、相互关爱的道德境界,建立一种崭新的自然观、人生观和生存发展观。主要目标是坚持"体验、实践、以人为本"的原则,倡导学校、家庭、社会共同育人,为学生创设丰富多彩的德育实践活动,让学生在宽松自由的心理环境里,在富有童趣和时代气息的实践活动中,不断强化内心体验与亲身实践,从而形成良好的道德品质。我们通过常规德育活动规范化、学科教学中的德育实践渗透、习惯与养成教育、主题活动系列、学生社团活动等多种方式实施实践性德育。

4. 美德型德育

德育是形成学生良好的道德品质即美德或德行的实践活动,所以美德型教育在目的上也强调培养学生的美德。那么如何才能在完美德育中实行美德型德育?首先要使学生形成正确的道德认知。知识是形成美德的基础,是美德行为的导向,只有在明确的道德认识指导下的行为,才是道德的行为,只有在明确的道德认识基础上形成的美德，才是具有自觉性的美德。其次是注重使学生在实践中形成美德，增加学生德育的实践体验，这也就是我们前面所说的实践性德育。学生只有按照一定的道德规范去践行才算是一个有道德的人。因此我们在德育的目标、德育的内容设计、德育的过程与方法、德育的评价上都注重实践性，而且这种实践是超越了功利性和表演性的，使道德实践成为学生的一种自觉的、自愿的、追求内在利益的实践。

在践行美德型德育活动中，学校制订了很多切实可行的行动方案，让美德型德育不至于仅仅停留在口头上、白纸黑字中。学校构建"德智双翼化"的培养模式，形成四个实践层次：一是坚持"四自"培养目标（人格自尊、行为自律、学习自主、生活自理）和"四深入"工作法（深入管理、深入教学、深入课堂，深入学生），充分发挥德育工作的动力、导向、保证作用；二是明确年段教育目标，提高德育的实效性；三是打造"行为＋生态"的润德课程群，开好学校课程、读书课程、社团课程，创设学生会、团委、学生社团联合会、学生自主发展智囊团四大学生自我教育组织，把素质教育切切实实地落到实处；四是学校每年举办"六节""两月"，创造适合学生全面素质和个性特长发展的环境。

（五）五条渠道

完美德育的各项原则，要通过各种不同的渠道很好地贯彻下去，才能够让完美德育的各项内容在学生的学习、生活中落地生根。

1. 突出教书育人的课堂主渠道

课堂教学既向学生传授文化知识和技能，又无形中发挥着德育的作用。美国教育家托马斯·利考纳认为，各科教学对道德教育来说是一个"沉睡的巨人"，潜力极大。从某种意义上来说，有时候课堂上的德育比传授知识更重要，如果我们经过了10多年的学校教育，仅仅是孤注一掷地教授知识，学生的成绩数一数二的，但是没有健全的人格，没有高尚的道德品质，甚至还带有反动的思想，这样的学生就是偏离了人生的正确轨道，这类学生学习的文化知识越多，分数越高，考上的学校越好，在错误的路上跑得就越快、越远，对于国家、社会、人民的伤害反倒越大。还有的学生在成长的路上受到了一点挫折，因为没有正确的人生价值观、德育观，最终自杀、杀人者也不在少数。所以，课堂教育不仅仅是知识的传授，分数不是第一位的，好的学校也不是学生追求的最终目标。作为学生，第一位的追求就是做一个堂堂正正的、踏踏实实的，仰不愧对父母、俯不愧对良知的大写的人。课堂是先成人的教育，然后才是成才的教育，无论什么学科都不能偏离这个主旨。但是，这不代表要求各学科的老师们放下所教的功课，主要进行道德教育，这就又偏离了完美德育的主旨，完美德育要求的是各学科老师要时刻绷紧德育的弦，在合适的时机贯彻道德教育。

每周一升国旗仪式上给学生颁发"完美学生"奖

我们在完美德育中，要求各学科在教育教学过程中渗透德育。首先要求教师认真学习各科课程标准和教材，积极挖掘教材内容的思想性。不仅语文、英语、历史等人文学科的思想教育内容丰富，物理、化学、地理等科学领域也包含了丰富的思想教育内容，教师要认真备课，在教学中关注学生的情感态度与价值观的教育，把思想教育内容科学地、有机地融入教学过程之中，完成德育在课堂教学之中的渗透。当然在学科中渗透德育内容，一定要正确地理解和运用，要结合各个学科的不同特点，发挥不同学科、不同内容的德育功能，而不能生拉硬套，牵强附会，更不能把各个学科都上成思想政治课。

2. 强化习惯养成和行为管理的育人功能

育人是德育的基本目标，完美德育把培养学生的健全人格作为目标，强化学生的习惯养成和行为管理的育人功能。叶圣陶先生曾说："教育就是养成习惯。"习惯养成在初中生的成长中起着非常重要的作用，主要包括学习习惯、生活习惯和品德习惯三个方面。抓德育就是抓学生习惯的培养，在此基础上进行人格塑造。

强化习惯养成和行为管理的育人功能，就是要把完美德育深入学生们的习惯中去，习惯的养成是很重要的，养成良好的道德习惯，制度就会隐藏在习惯之后，起保障和后盾的作用。举例来说：我在清怡中学招收寄宿制学生，要求孩子们在上床午睡之前，要把鞋子整齐地排列在床前。但是，无论老师如何严厉要求，孩子们都无法百分百地按照要求完成。聪明的老师想了一个好办法，在孩子们放鞋子的地方统一画了一条线，要求孩子们的鞋子的前面都压在线上。老师只要求了一两次，孩子们的鞋子就都摆放整齐了。过了段时间，老师画的线被磨掉了，但是，因为孩子们已经形成了在合适的地方摆放鞋子的习惯，那条线即使消失了，孩子们也不会乱放小鞋子了。这个典型事例说明了明晰、合适、可行的规章制度的重要性。订立规章制度不是最终目的，我们的目的是让规章制度隐藏在习惯的背后，最终是习惯约束人而不是制度约束人。

实验初中坚持将学生良好的行为习惯，内化成富有生命张力的精神源泉，内化为学生幸福人生的必备人格品质。我们把每学期开学的第一个月作为习惯养成月，开展习惯养成的主题教育活动。要求学生坚持小事做好，大事做"美"，在美中成就"人格"。我们提出了"八要八坚持"的细节要求。这些要求，贴近生活，与学生的学习生活紧密联系，是学生每天都要做的事情，关键是要求学生注重细节，把每一件事做好，这样长期坚持就能形成良好的行为习惯。

3. 在高质量的实践活动中育人

教育是教育者通过有目的、有计划地组织受教育者的活动而实现的，活动在教育中具有非常重要的作用，是检验教育成果的标准，它影响到学生的心理发展和个性的形成。德育也是这样，实践活动对学生品德的形成具有非常重要的作用。德育不是说教和灌输，不能坐而论道，要体现在学生活动中，使学生在实践活动中获得真实的道德体验。因此学校在德育中只有开展丰富多彩的活动，才能体现"德育在行动"。这些实践活动不是简简单单随随便便的活动，而是经过精心设计的高质量的实践活动，只有高质量的实践活动才能体现育人功能。

　　我们学校在完美德育中开展的实践活动丰富多彩，包括以诚实守信、文明礼貌、感恩教育、遵纪守法、勤劳好学、节约环保、团结友爱等为主题的系列行动；"学雷锋"等志愿服务和社会公益活动；家务劳动、生产体验劳动。利用博物馆、美术馆、科技馆等社会资源，充分发挥各类社会实践基地、青少年活动中心（宫、家、站）等校外活动场所的作用，组织学生定期开展参观体验、专题调查、研学旅行、红色旅游等活动。我们为加强社会实践，还进行了一系列的感恩教育、安全教育、法制教育、学生意志力培训、高考状元进校园等活动。初一年级参观雷锋展室，利用五一、清明假期组织学生走进社区，服务社区，增强社会适应能力。

　　2013年6月21日下午，在实验初中"心怀感恩，扬帆远航"九年级毕业典礼上，当主持人宣布，"请同学们向身边的父母深鞠躬一分钟……"学生们深深地弯下腰时，不少家长潸然泪下。一分钟的时间里，学生们用深鞠躬的方式表达对父母养育之恩的感激。鞠躬后，学生们与家长深情相拥。"好孩子，好孩子，你长大了……"一位母亲在接受女儿拥抱时喃喃低语。鞠躬拥抱感谢父母恩，这种质朴的教育让学生体会到了感恩的真谛。

4. 让学生把自己的社团组织作为增长才干的学校

实验初中社团发展服务中心负责人葛岩岩说："你很难想象学生的潜力有多大，学校做的是尽可能地给他们支持，给他们机会。"

与获奖孩子们合影留念

手工社、魔方社、表演社、灵感与设计社⋯⋯在实验初中，有许多让人"意想不到"的社团活动。每天下午的阳光大课间，学生们可以到自己喜欢的社团参加活动。

这些社团的发起人都是实验初中的学生，从邀请指导老师，协调功能室负责人，填写申请表，到社团发展服务中心审核，都是由学生负责；为了让社团持续有序地运行，中心制定了严格的制度；对社团负责人进行培训，并要求社团负责人写好计划、目标、预期成果等。周三社长例会，对社团活动进行信息化和量化评价。每个月进行社团微视频制作，让每个孩子都实现个性的张扬。

在开发区实验初中的走廊上，展示了不少作品，书法、绘画、剪纸、手工艺品⋯⋯这些都出自学生之手，有不少都是社团活动的成果；在学校举行的趣味运动会上，各个班级的精彩展示绝大多数来自社团活动成果；社团文化节，全部由学生主持、表演、摄影摄像、协调设备、布置场地；在"舞动梦想·2015国际青少年流行舞大赛"中，实验初中街舞社团获一等奖。

完美德育还利用课程整合的便利，加强学生们的交流，扩展他们的活动空间。在实行选课走班制的同时，加强学生爱护公共财物、保护公共环境的道德教育。完美德育还构建了"数学与生活""快乐数学""数学博览""快乐英语"等活动。在这一系列的活动中，德育始终贯穿其中。思想品德学科让"人格教育活动化"的课程理念走进课堂，将思想品德课与主题班会整合、与家庭教育整合、与社区服务整合，让生活中一切有利于促进学生人格素质完美生长的因素都转化为有效的课程资源，在不断加深人格培养与思想品德课程的有机融合方面加快改革步伐。

5. 用实验初中特有的文化资源、课程资源引领学生发展

德育有其共性，但因为不同学校及其周围的资源环境的不同也有很大的差异。德育活动的有效开展需要充分利用本校、本地的教育资源。我们的实验初中虽然建校时间不长，但初步形成了特有的文化资源，我们积极与社区、家庭、社会合作，建立了较为丰富的校外资源，我们充分利用这些资源引领学生发展。

我们根据完美教育理念从物质文化、精神文化、制度文化、课程文化、行为文化、网络文化等方面构建了完美教育文化体系，在德育过程中充分发掘这些资源的德育功能。我们开发了以品格为核心内容的"行为＋生态"的润德课程群，行为教育类课程包括责任教育课程、感恩教育课程、民主班会课程、环境保护课程、习惯养成课程、国旗下讲话课程；德育生态课程包括家校联盟、实践基地、家长学校、社团课程、入校课程等。除了专门的德育课程之外，我们充分挖掘各个学科的德育资源，做好学科渗透，实现学科知识的传授与育人的有机统一。同时，我们还把学科教学与学校的各种活动衔接起来，系统设计，实现学科学习与活动学习的有机整合。

我们建设实践基地，把学校与社会联系起来。学校充分发挥高校资源，在中国石油大学建立了校外实践基地、在黄海学院雷锋纪念馆建立了润德实践基地、在北京大学建立了素质拓展基地，学校定期组织学生走进大学、社区参加丰富多彩的社会实践活动，拓展视野，提升素质。

（六）六种做法

完美德育的深入、贯彻执行，最终成为学生们的言行习惯，是需要学校通过各种做法加以完善的，是滋养学生一生幸福、快乐、堂堂正正成长所必需的过程。在完美德育中，我们采取了六种典型做法。

1. 大力开展爱国主义教育

爱国主义是人们对祖国的一种最深厚的情感，加强爱国主义教育，发扬爱国主义精神，是中小学德育的基本任务和主要内容。我们在完美德育中，大力加强学生的爱国主义教育。首先通过各种方式让学生爱集体、爱家乡、爱祖国，了解家乡和祖国，了解祖国优秀的传统文化和传统美德，形成爱国主义认识。其次我们通过观看主旋律影片，参观革命和爱国主义教育基地等活动，让学生亲身体验爱国主义教育，并且利用清明节举行纪念先烈、报效祖国、圆梦中华祭奠活动，弘扬中华传统美德。

对于青少年而言，在当今和平的年代，不需要我们具有刘胡兰式的舍生取义，但是，我们却需要学习，学习先辈们的那种英雄气概，那种大无畏的爱国精神和情怀，刻苦学习报效祖国，遵纪守法奉献社会，尊老爱幼孝敬父母，举止文明美化环境，用良知、良心做一个善良的中国人。做一个有道德的人，并不是得做什么轰轰烈烈的伟大事业，而是要俯下身来，踏踏实实做好自己身边的、手头的事情。很多教育专家提出做学问第一要学会做人，这是最重要的，做人要做到在家孝顺父母、在校尊敬师长、在外关爱他人，这就是我们中华传统文化。中华传统文化影响我们，老师父母教育我们，让我们从小就明白学会做人很重要。不会做人，学问做得越好，最后出的问题就会越大。古时候讲忠孝，现在也要讲忠孝，我们现在做人对父母要孝，对国家要忠，爱祖国、爱家乡、爱学校、爱父母、爱老师、爱同学，这个就是做人的道理。第二要做好学问。光做人做得很好，学问一塌糊涂，这也是不行的。首先要博览群书，打好基础，再思考怎么做学问比人家更有特色。清华、北大自主招生，很多学校推荐的学生不仅学问做得好，还是班里的干部，平时为大家服务，同时还是学生运动会上的尖子，全面发展。第三要学会健体。对于一个民族来说，青少年的身心健康最重要。近20年，中国大陆青少年身体状况持续下降，如体力、承受力、耐力等方面。国家对这个很重视，提出阳光体育，每天青少年需要睡眠8小时等，保证了青少年的身体健康。所以说，讲道德、爱学习、健体魄，是目前中学生首先要做的并且能够做到的。

2. 以读书工程为依托开展读好书、做好人教育

书籍是学生进步的阶梯，腹有诗书气自华，读书可以涵养学生的品性，提升学生的道德修养。学校以"阅读引领成长"为切入点，启动"阅读引领成长，书香洋溢校园"读书工程，倡导、引领学生读书，开展各种形式的读书活动，对学生进行读好书做好人的教育。我们通过创设各种条件，给学生的读书创造良好的环境和氛围。学校建立了专门的图书馆，还有师生文化教育学习中心——"龙圣书苑"。倡导学生晨读、午读、暮读，让学生充分利用一切时间进行阅读。我们给学生的阅读提供书目和方法上的指导，避免学生阅读的盲目性，通过设立校园读书节和读书月，评选表彰读书活动中涌现的先进典型，激发学生阅读兴趣。

学生自主组织的"大家讲坛"

曾获得青岛市书香学生称号的杨若涵在读书活动中读完了《中国通史》。在她看来，历史就是由一个个故事串联起来的，特别有意思。她说："我从不觉得读书是一件晦涩枯燥的事，相反，读书是我生活中最大的乐趣。如今，刚上初二的我已经读了400多本中外名著，但我的目标是读完一万本书。"我校学生在《中国小作家》等全国知名刊物上发表几百篇作文，在北京举行的全国中学生现场作文大赛中荣获团体亚军，读书活动为学生的快乐成长涂上了浓墨重彩的一笔。

3. 开展中华优秀传统文化教育

中华优秀传统文化教育是爱国主义教育的重要内容，通过传统文化教育，可以使学生更好地了解传统民族文化，进一步激发学生的爱国情感。曾任美国总统的尼克松在《1999 不战而胜》中有一句话："当有一天，中国的年轻人已经不再相信他们老祖宗的教导和他们的传统文化，我们美国人就不战而胜了……"原来，最让美国人害怕的竟然是中国的传统文化。中华民族几千年流淌下来的优秀的传统文化，是我们整个民族的信仰，是我们的根，是贤哲们所赋予我们的大爱之道。我们在德育中，通过学科中的德育渗透，专门开设了德育传统文化课程，如书法课、艺术课等。学生在书法中书写经典，在绘画课中为古诗词配插图，在综合实践课上排练话剧……利用我国的传统节日如春节、中秋节、清明节等开展传统文化主题教育活动，激发学生了解和学习传统文化的热情，培养学生的爱国主义精神。我们扩大教育的范围和对象，在家庭和社会上开展相应的传统文化教育活动，让家长和社会共同参与到德育中。

4. 以学校德育资源为依托开展珍爱生命教育

生命教育是德育的重要内容，通过生命教育，可以帮助学生认识生命、珍惜生命、尊重生命、热爱生命，提高生存技能和生命质量。我们当前所处的社会，新的危机和挑战不断出现，社会竞争日益激烈，学生在成长过程中不会永远一帆风顺，会受到各种挫折。面对挫折，有些学生不是振作精神，继续努力，而是精神不振，甚至产生轻生的念头。媒体上每年报道的学生自杀事件令人痛惜。有的学生甚至仅仅是一次考试发挥不好，或者受到了老师的一次批评，就做出极端的事情，这种现象在我们周围并不少见。这些都说明加强学生的生命教育非常迫切和必要。我们充分利用学校的资源开展生命教育。我们在润德课程中通过开设生命教育课程，对学生进行专门的教育辅导，让学生认识生命、了解生命、尊重生命，通过实践活动，开展感恩教育和责任教育，提升生命的质量。

5. 以军训、志愿者服务、社团组织等为品牌开展高质量的社会实践活动和社区服务

社会实践活动和社区服务是综合实践活动的重要组成部分，2001 年颁布的《基础教育课程改革纲要（试行）》中规定：从小学到高中设置综合实践活动并作为必修课程，其内容包括：信息技术教育、研究性学习、社区服务与社会实践以

及劳动与技术教育。我们学校的社会实践活动和社区服务，是以军训、志愿者服务和社团组织为品牌进行的，充分发挥志愿者和学生社团组织的作用。开展小小志愿者走进社区义卖活动，把义卖所得款项全部捐给社会。

6. 以校园网为载体开创育人新模式

随着科技改革与创新的不断发展，信息技术成为影响德育的重要因素。信息技术日益发达，人们的沟通交流方式发生着深刻的变化，互联网、手机以及微博、微信等新媒体不断涌现，给德育工作带来了新的挑战。面对网络的冲击与挑战，德育也面临着新的热点和问题，学生获取信息的来源和渠道非常广泛，获取的速度越来越快，必须更新德育观念和方法，开创新媒体下的育人新模式。我们在完美德育中不断探索网络环境下德育工作的有效途径，注重网络德育文化的构建，加强培养师生的道德选择能力，引导学生正确对待网络虚拟世界，合理使用互联网、手机以及微博、微信等新媒体，提高道德意志水平和道德自律能力。

学生参加全国视像中国辩论赛

我们强化教师的网络德育意识、网络主体意识、网络法律意识和网络资源意识，引导学生文明上网，树立网络责任意识，增强对不良信息的辨别能力，防止网络沉迷或受到不良影响；我们以网上学校、年级管理平台、班级社团管理平台、学生个人网上发展银行为阵地，积极抵制消极文化的影响；开展积极向上的校园网络文化活动，组织以"中国梦""三爱""三节"为主题的微视频创作展示，丰富网络道德生活的内容。通过这些措施，开创了新的网络德育途径，提升了网络德育的实效性。

四、完美教育之课程案例

完美课程是完美教育的具象化呈现，如果说完美教育是一种教育思想，这种教育思想就需要通过许多的手段、方法、方式、途径、渠道、人员等呈现出来，而完美课程是完美教育思想呈现的重要途径之一。

（一）坚持国家课程校本化改造，实现改中取胜

20 世纪 70 年代在英、美等发达国家，校本课程开始受到广泛重视。开发校本课程，其意义不仅在于改变自上而下的长周期课程开发模式，使课程迅速适应社会、经济发展的需要，更重要的是建立一种以学校教育的直接实施者（教师）和受教育者（学生）为本位、为主体的课程开发决策机制，使课程具有多层次满足社会发展和学生需求的能力。

我们使用的课本无论是人教版、冀教版，还是山东教育出版社的，都是面向很多学生群体，而不是针对某一所学校编写的，根据这样的教材设置的课程同样是面对众多同龄学生的，而不是直接针对某一所学校的实际情况的。但是，我们的老师是隶属于某所学校的，学生是某一地方、某一所学校的学生，所以，学生是个性的，这样，针对本校的实际情况而提出的"国家课程校本化"，就是适合本校实际情况的改革。但是，由于各种主客观的原因，校本化改造困难很多，阻力很大，很多学校采取回避或者是避重就轻的做法，完美教育下的我校恰恰相反，因为校本课程改革是符合本校学生学习和发展规律的事情，所以，我们一定会迎难而上，实现改中取胜。

我国新一轮基础教育课程改革，根据课程管理主体的不同从课程管理体制上把课程分为国家课程、地方课程和校本课程三级，这三级课程由于管理主体的不同，而具有不同的特点。一所学校要想很好地落实国家课程和地方课程，就要对国家课程和地方课程进行校本化改造，实现国家课程校本化的实施，进而根据学校实际开

发独具特色的校本课程。因此校本化改造是国家课程实施的重要途径。

国家课程、地方课程、校本课程，"三级课程"是一个相互融合、动态组合、相互促进的完整体系，体现着人的发展对人本性、主体性、个体差异性、多元相融性的追求，对学生的发展有着不同价值，但都是为了促进学生的发展。为了保障国家课程和地方课程的有效实施，就需要对国家课程和地方课程进行校本化改造，对国家课程和地方课程进行校本化实施。整合三级课程要着眼于学生基础性学力、发展性学力和创造性学力的培养。在保证课程基础性与统一性的前提下，对国家课程加大有效实施力度，认真研读国家和省的课程方案、课程标准，指导学校的教育教学实践。根据学校的培养目标与现有的课程资源，研发拓展提升学校课程，进而形成学校的办学特色。

基于以上的认识和思考，我们在青岛经济技术开发区实验初中本着"以学生发展为本"的课改理念，紧紧围绕"课程整合目的是实现学生的终身学习和全面发展"这一目标，着眼于促进学生兴趣、需要和特长的个性化发展，着眼于促进学生当前和未来生活质量的提高，着眼于促进社会的进步和可持续发展，结合学校的具体特点和传统优势，开发并合理利用校内外各种课程资源，整体优化课程资源和课程实施过程，构建社会化与个性化相统一、基础性与发展性相统一、科学精神与人文精神相统一、适应学生个性发展与潜能开发的校本课程开发体系和运行机制，促进每一个学生富有个性地发展，走出了一条"国家课程校本化改造，校本课程精品化实施，特色课程品牌化发展"的课程现代化发展之路。

（二）坚持校本课程精品化发展，做到开中求精

校本课程是在国家预留的课程开发空间内，学校根据本校师生的实际情况和学校的办学特色开发的课程，是为本校的学生发展服务的，体现的是课程的个性化。我们在校本课程开发中，一方面注重通过校本课程开发让学生得到全面和谐的发展，开发了丰富多彩的课程，主要分为润德课程、启智课程和健美课程；另一方面从学生的兴趣和需求出发，为学生的个性化发展负责，开发了可供学生选择的个性化课程，满足学生的个性发展的需要。

1. 开创"润德课程群"，实现以德立人

"德"为立身之本，我们的教育首先要培养学生良好的品德，努力做到立德树

人、以德育人。因此德育课程是完美课程必不可少的组成部分。为了让学生的美德之树枝繁叶茂，我们为孩子开垦了一片丰田沃土——多姿多彩的润德课程。润德教育是以品格为核心内容的教育，具体而言就是以"自主合作、乐学善思、自尊自信、诚实勤奋、友爱坚强、智慧幸福"12 种核心品格为基本教育内容，引导学生"往下扎根，向上结果"，成为大写的人。

为了打造美德生态园，我们在润德课程群建设上注重教育的整体性、综合性、实践性、多样性，注重与学科课程的融合，突出学生的主体性。结合"做三人""树三观""立四能"的教育目标，润德课程分为行为教育类课程和德育生态课程两类：责任教育课程、感恩教育课程、民主班会课程、环境保护课程、习惯养成课程、国旗下讲话课程等属于行为教育类课程；家校联盟、实践基地、家长学校、社团课程、入校课程等属于德育生态课程。师生、家长、社区、高校共同开发并实施课程。

为保障润德课程的实施效果，充分彰显学生自主管理、自我教育、自主成长之特色，我们实行"学生自主管理模式"，坚持学生日常事务自主管理，加强学生对学校、班级工作的参与度，强化学生主体意识，提高管理成效。利用"社团"为学生搭建交流互动的平台。学生每 6 个人成为一个小社团，承包主题班会，以社团形式展开学习竞赛、特长展示等活动，每个社团都在积极打造未来领袖。每个班又是一个大社团，团团相连，形成德育生态园。为使润德课程卓有成效，还分级分批培训班级学生智囊团、校级学生智囊团，使学生自主管理有足够的人力资源。学生社团自办"大家讲坛"，每月一个主题；评选"感动实中"学生，树立美德榜样；评选美德小明星，激励学生互相学习、共同进步。自主管理课程让学生的思维更加活跃，个性更加鲜明，美德日渐形成。

为探索润德课程的实施路径，我们开发了"走向社会"实践课程，开展了珠山文化解读、赴南京红色之旅、社区志愿者服务、赴韩科技交流、赴维也纳艺术交流等活动，满足了学生对课程深度和宽度的个性需求。

2. 开设"启智课程群"，实现以智育人

智育是向受教育者有目的、有计划、有组织地传授系统的文化科学知识和技能，发展受教育者的智力的教育，是全面发展教育的重要组成部分之一。我们在完美课程构建中，全面准确地理解智育，注重全面开发学生的智力，开设了"启智课程"。

（1）"启智"校本课程百花齐放

我们在严格遵守《山东省普通中小学管理基本规范》的基础上，根据学生需求，充分发掘教师、学生、家长、社会等课程资源，开发丰富多彩的适合学生成长的菜单式、互动性学校课程，供学生自主选择，为学生的自主发展提供广阔空间。开设四大类32门特色鲜明的启智校本课程，包括计算机与摄影摄像、机器人、影视制作、网页设置、云体验等科技信息类课程，小记者、演讲主持、青少年领导力、历史与人物、国际交流等人文素养类课程，器乐、陶艺、剪纸、毛笔书法等艺术修养类课程，游泳、排球、足球、体育舞蹈等身心素养类课程，科学世界、生物组织培养、理化生探究实验、小发明创造、地球奥秘等科学素养类课程，原声影院学英语、英语口语数学博览、诗词鉴赏、读书与写作等学科拓展类课程，还有旅游博览、生命与科学等其他类课程。所有学生在每学期开学前都要在网上自主选报一门自己喜欢的课程，每周五下午第八节课，学生在自己所喜欢的课程中尽情徜徉，充分享受多彩课程所带来的幸福。

（2）信息技术课程自主创新

当前我们正处在一个信息技术时代，信息技术的快速发展深刻地影响着教育，也影响着学校的课程和学生的学习。信息技术与课程整合是改变传统教学结构、实施创新人才培养的一条有效途径，也是目前国际上基础教育改革的趋势与潮流。我们在启智课程实践过程中紧紧抓住机遇，充分利用信息技术，把信息技术与教育教学各项活动密切结合，特别是将信息技术与课程相整合，为师生发展打开了一扇窗，铺设了一条通往成功的路。

一是将信息技术与学科知识有效整合，让一切技能的训练变成一种任务、一项活动、一种成果。如打字训练与古诗文背诵、生活化随笔写作的整合；网页设计训练与"学科知识树绘制"大赛结合；网络空间构建与学习成果展示紧密结合；电脑绘画课与美术教学、历史教学密切结合，拓展学生思维的广度。

二是创设特色课程，关注资源整合。利用先进的电子书包，实现课堂的无纸化、全程电子化和师生全面的互动化、家校沟通的无碍化。通过电子书包的学习方式创建了师生互动、生生互动的网络学习平台。课前，学生利用教师提供的模拟实验、视频、动画等多媒体教案进行体验性自学；课中，教师根据学生课前反馈情况有针对性地实施教学，引导学生共同探究，学习效果及时反馈；课后，教师在网络平台上布置作业，对学生遇到的问题分层指导。从而实现了"课前、课中、课后"引导学生自主学习，让学生经历一个"体验、探究、应用和创新"的学习过程。特色课程建设将现代教育的思想观念、信息化教学内容和方式融于学科课程教学的过程中，引导师生用国际化的视角看世界，用数字化的方法有效地进行教与学，发展了师生自主学习与协作学习的现代化技能。

三是让网络技术与教育教学成果展示有效整合。我们让先进的多媒体教学辅助系统进入所有班级，网站采用实名注册，实现了"班班有空间、人人有博客"。学生可以通过网络实时交流研讨，获得学习资源的最大化。在校园网站上的"学生活动"和"学生作品"交流展示专栏中，各类作品精彩纷呈，成为志趣相投的学生切磋研究的平台。开设实验初中网络课程，汇集精品学案、精品课堂实录、精品教学资源的实验初中数字化学习平台，学生网上发展银行，将网络资料永久保存，为学生课内外自主学习提供多样化的选择，引领学生通过数字信息的无限进入学习的无限，也为学生自主创新、争做最好的自己增添了活力。

（3）开设科技课程，实现科技育人

启智课程注重对学生创造力的激发和培养，努力营造"处处是创造之地，天天是创造之时，人人是创造之人"的创造氛围。通过开设小小发明、机器人、科技创新讲座、生活科技实践、科技教育课程，举办"知识树电脑绘画比赛"、科技节等方式，实施生活科技计划。从科技带来的惊喜变化入手，让学生感悟科技的伟大力量，激发学生的探索精神和创新精神，提升学生的科学素养和实践能力，培养富有创新精神和实践能力的优秀人才。在 2011 年中国青少年创意大赛年会暨"发明创新教育体系"研讨会上，我校荣获"中国创意大赛先进单位"，张瑞梅老师荣获"中国创意名师"称号。在第 27 届青岛市青少年科技创新大赛中，"全方位防护雨伞"和"多功能筷子"分别荣获二等奖和三等奖，"全方位防护雨伞"获"第八届宋庆龄少年儿童发明奖"，学校已有 137 项学生新型科技发明获国家专利局颁发的专利证书。学校还走出国门，组织学生参加 2012 年 7 月在韩国釜山举办的"东盟十三国科技夏令营"，获得一金两银的佳绩。2015 年史衍钊、韩悦萌设计并打印的魔幻啤酒标获第67 届纽伦堡发明金奖。

（4）读书课程求真向善

"没有学习就没有未来"。学生与书香相伴，就会享受学习的幸福；学生与好书相伴，才能品味成长的快乐。学校是读好书的地方。为此，学校以"阅读引领成长"为切入点，启动"阅读引领成长，书香洋溢校园"读书工程，倡导、引领学生读书。一是经典打底色。下发《学生读书成长手册》《中华古诗文诵读》《名著推荐阅读》等校本教材，开设阅读课，让学生诵读古诗文，阅读中外名著，走进经典，体会经典，了解文化的源头，把握文化的精髓，增加文化底蕴。二是"三读"拓视野。"三读"是指"晨诵、午读、暮省"，它是朱永新教授开展的新教育实验倡导的一种回归朴素的读书生活方式，我们对此非常认同，并积极进行吸收借鉴。晨诵古诗文，午读品经典，暮省写随笔。晨诵、午读、暮省，将教育回归到一个朴素的整体，起到补充学科课程、锻炼学生意志、开阔学生视野、净化学生心灵的作用。三是热点激思维。教师借助课前演讲、辩论会、读书交流会等形式将社会热点引入课堂，引导学生关注生活、关注社会、关注人类共同关心的话题，从而使经典阅读与热点解读结合起来，将回望历史与关注现实结合起来。四是活动筑平台。读书活动月，开展读书考级、书香班级、书香学生、书香家庭评选等活动，培养各类读书人才。组织读书志趣相近的同学自发成立读书俱乐部，利用课余时间自主策划读书活动，畅谈阅读收获，分享阅读体会，勾画阅读愿景，让读书俱乐部活动成为每位学生丰富自身阅读的重要阵地。设计多项读书主题活动，有演讲、读书报告会、班级读书沙龙等，开展读书评比活动，如读书考级活动、古诗文诵读考级活动、设立读书活动月、"书香班级""书香少年""书香教师""书香家庭"评选活动等，丰富学生的读书生活，为学生搭建展示交流的平台。近4年来，学校涌现出2000多名书香学生，有300多名学生的作文在《齐鲁晚报》《中国小作家》等报纸杂志上发表。

（5）社团课程，激扬个性

作为实中社团发展服务中心负责人，葛岩岩遵循"让每个孩子享受充满生机的教育"的学校发展理念，不断改革社团制度，形成特有的社团章程，监管社团运作。使社团日常工作趋于正规化、专业化，真正锻炼学生能力，促进学生个性发展。

第一，完善的制度保障。

①用社团章程统揽大局。

②用四大职责定使命。即社团中心工作职责、社团中心主任职责、社长的工作职责、指导教师工作职责。

③用"四定例会"（定时间、定地点、定人物、定内容）促合作，定目标。

④用审批制度，保证活动质量。

⑤用优秀社长、指导教师、星级社团评选，明确标准。

第二，标准化的团审批流程。

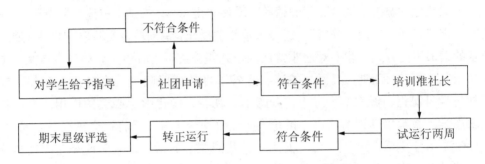

在标准化流程指导下，学生自行联系指导老师，协调功能室负责人，填写申请表，到社团发展服务中心接受审核，审核人也是由学生担任的。整个过程以学生为主体，有条不紊地进行。

第三，宣传社团，引领发展。

完善的制度及标准化的流程，不但降低了社团运行的难度，更将社团发展服务中心从繁杂的工作解放出来，提升了社团活动水平。

①建立社长QQ群。除正常的社团例会时间互通有无、交流经验外，平时随时可以发布通知、解决社长们的疑难问题。

②充实实验初中社团网站。各社团建立之初，通过开会布置任务。社长上传学期社团计划、管理条例和社团简介等。每周定时将社团总结发至实中在线网站，每个月进行社团微视频制作，扩大宣传，增强社团影响力。

③注重社团活动宣传。利用校园网站、学校宣传栏、大屏幕视频、微信平台等扩大社团宣传力度。

第四，量化评价，提升品质。

为使社团管理规范化，更为了调动社团学生的积极性，服务中心进行细化管理及量化评价。

通过培训团支书，监督检查活动情况，及时反馈检查情况，解决社团活动中存在的问题。每周三的社团例会,最重要的内容就是公布每个社团的量化结果。涉及计划、简介、照片、周总结、纪律、秩序、卫生成果等多方面内容,引导社团活动规范化,提升社团活动品质。与此同时,量化评价也是星级社团评选的重要依据。

目前为止,学校共有 91 个社团,社团参与人数 1855 人,指导老师 53 人,活动场地 69 个,上报社团活动记录表 1045 张,完成周总结 241 个。通过量化最终评选王牌社团 1 个,五星级社团 10 个,四星级社团 19 个,三星级社团 22 个。《半岛都市报》《青岛晚报》分别以"社团活动发挥学生无限潜能""缤纷社团,舞动青春"为题报道我校社团活动。跆拳道社团的节目《舞动青春》还登上了学校第四届艺术节文艺汇演的舞台,通过微信投票成为最受欢迎的节目。街舞社团荣获"舞动梦想·2015 国际青少年流行舞大赛"一等奖。

通过社团活动,学生们增强了自主管理和组织协调能力,学会了合作与分享,变得更有责任感。正如跆拳道社团社长李建勋所说:"通过学习跆拳道,组员们更加刻苦了,既强健了身体,又培养了坚忍不拔的精神。"

3. 开设"健美课程群",以美润人

美育是培养学生审美观和感受美、鉴赏美、创造美的能力的教育,是学生全面发展的重要方面,对学生的成长发挥着不可替代的作用。如果说智育解决的是如何提高人们对客观事物的认识能力,体育解决的是如何提高人们的体能体质,德育解决的是一个人健康心理所要求具备的心理素质,而美育就是从审美角度,通过人们对现实的审美观察,在审美实践中陶冶人的情操,美化人的心灵,丰富其精神生活,启发其自觉性,提高人们对于美的感受、鉴赏能力,从而使人们自觉地遵循美的原则,发挥其创造能力。因此,美育在素质教育中有着极其重要的作用。美育的作用的发挥常常是潜移默化的,"润物细无声"。我们在课程实践中对音乐、体育、美术进行了整合,形成了"健美课程群",使学生受到美的熏陶、美的启迪,从而形成完美人格。

音体美虽然学科性质不同,但都属于艺术学科,在课程内容上可以互相渗透、互相融合。我们的音乐、体育、美术教学整合了三年的教学内容,综合了学生的个性化发展需求和本校实际,开发了艺体教学课程群,构建了模块化教学新体系。我校将体育课整合成游泳课程、足球课程、篮球课程、网球课程、武术课程、健美操课程、围棋课程、体操课程等十几门体育活动化教学课程；将音美课整合成声乐课程、乐器课程、舞蹈课程、素描课程、剪纸课程、陶艺课程、书法课程等十多门艺术课程。

除了对音体美课程进行整合，我们还在实施方式上进行了探索和创新。学校高标准推进音体美课堂"双环节模块化"教学，打造寓教于乐、寓教于练的"健美课程群"，实现一生一特长的目标。每学期的前半段采取班级授课制，整合本学期的教学内容，集中完成教学目标，并进行学习评价；每学期的后半段，实行选课走班和"267""268"上课组织形式。教材内容整合成"理论与赏析"和"操作与实践"课。"理论与赏析"课集中在一个月完成，"操作与实践"课以全校统一的特色活动课程形式完成。每学期学生根据个人兴趣，对所设计的模块任选其一，学生采用选课走班的形式上课，所选模块一个学期变动一次。在模块选择中，艺体课采用"267""268"上课组织形式。2指2个环节，6指6个班级，7或8指7个或8个模块，6个班级分成7个或8个模块同时上课。游泳、足球、篮球、武术、健美操等体育活动化课程的科学有序开设，让健身成为一种愉悦身心的精神追求。国画、声乐、乐器、剪纸、陶艺等艺术生活化课程的开设，让孩子迈入了艺术的殿堂，让他们认识了美，创造和展示了美，多样的艺术课程为孩子艺术素养的提升开辟了广阔的空间。音乐学科还大胆尝试与其他非艺术课程的整合，如音乐与语文——古典诗词配乐欣赏；音乐与体育——广播操、韵律操；音乐与历史、地理——音乐文化中的民族沿革、地理环境、历史发展、方言习俗等；音乐与英语——英语歌曲传唱教学等。

每个学期每个孩子都有一次特色展示的机会，校园吉尼斯体育运动会，节日庆典文艺演出，高水平的艺术节、体育节、书画展，《砺新》校刊配图展等均由学生承办。迄今为止，由于高水平的书画展的举办，"艺术大世界"已成功展出学生作品2000多幅，不仅吸引了中国民盟学会的书画家们来校和学生们一起进行笔会大课堂活动，还将"小书画家培训基地"的称号授予我校。游泳队、羽毛球队、器乐队捧回团体总分第一名的好成绩，"欢乐嘉年华"元旦迎新活动给每个学生留下了美好的回忆。在国际狮子会和平海报设计大赛中荣获最佳组织单位，在青岛赛区101个奖项中，取得26个奖项，其中八年级十二班徐必达同学获得大赛唯一特等奖，他设计的作品《挣脱枷锁》将作为青岛赛区唯一的选送作品参加国际狮子会美国总赛区的角逐。在北京国家大剧院举行的"2013特仑苏新年音乐会"上，七年级十班申骐源同学有幸受邀与国际钢琴巨星郎朗同台演出，中央一台《朝闻天下》播报了此消息。学校艺术团还作为代表在维也纳金色大厅展现了山东中学生的艺术才华。

丰富多彩的活动培养了学生的综合实践能力。"健美课程群"已成为学校一张记录学生完美成长的亮丽名片，彰显着追求完美教育的特色。

目前，学校形成了以体育节、艺术节、读书节、科技节、经典诵读节、英语节六大节为主，以校园吉尼斯联赛、爱国教育月、感恩教育月、习惯养成月等学科、年级活动为辅的学校课程体系。各项活动定期举行，年年有创新，届届有传承。特生特教，特苗特育，校本课程精品化实施使学生的综合素质得到全面提升，"志趣高雅、学识博雅、举止儒雅"已经成为实验初中学生的文化标识之一。这样的课程设置让学生真正把知识根植于课程实践的土壤，让学生的学习生活因形式多样的课程变得缤纷起来，满足了学生对课程深度和宽度的个性需求，提高了学生解决实际问题的能力。

（三）坚持特色课程品牌化发展，实现精中出新

在开发校本课程的同时，我们惊喜地发现，还有一些特色课程是我们能够驾驭得了并且能够做好的。特色课程是学校校本课程开发的重要组成部分，与校本课程之间并没有十分严格的界限。我们的校本课程中有一些课程特色明显，便形成了特色课程，我们在特色课程开发中坚持品牌化发展，实现精中出新。对于特色课程，除了前面提到的科技特色课程的开发之外，还体现在社会资源课程的开发上。

开发"社会资源课程"，实现合力育人。完美课程具有开放性的特征，其中一个重要的体现就是，课程开发中社会资源的利用。课程资源可以分为校内的课程资源和校外的课程资源，校外的课程资源就是社会资源。社会资源既包括人力资源，又包括物力资源。人力资源包括家长、社区人员、社会人士、专业人士等，物力资源包括校外图书馆、科技馆、文化馆、博物馆、网络资源及乡土资源等。我们在特色课程开发中，充分与家长、社会人士合作，与企业合作，拓展了学生的活动场所，开阔了学生的视野，丰富了学生的经历，形成了品牌化的发展。

特色发展的核心是课程。为学生开设最适合的课程，促进全体学生全面健康发展是践行完美教育的重要途径之一。实验初中的许多学生家长总是不约而同地说："我们就是冲着实验初中开设的课程来的，孩子们很喜欢。在这里，我的孩子有充分

的自由发展的空间，能学到更多的东西，感觉很幸福。"

学校开设的校本特色课程包括三大部分，这三部分之间相互配合，相得益彰。一是校企合作课程。我校处于开发区，有着众多的企业，它们有兴趣也有能力与学校合作对学生进行教育，这样既满足了学生的兴趣和需要，又扩大了企业的知名度和影响，做到了校企合作的双赢。我们与多家企业建立了合作关系，开展了合作，例如与青岛泳联汇游泳俱乐部合作开设游泳课，建立"三高"游泳训练培训基地，培养"道德水平高、文化素质高、运动水平高"的体育后备人才。二是家长义教课程。目前家长正逐渐成为重要的教育同盟军，他们非常关心孩子的成长，愿意为孩子的成长贡献自己的智慧，他们也就理所当然地关心学校的建设和发展。我们的学生家长中不乏各种专业人才。为弥补学校师资中某类专业知识与技能不足的问题，我们积极聘请家长义工协助开设网页制作、羽毛球、乒乓球、劳动技术等课程，既解决了这方面师资紧缺的问题，又充分发挥了家长的特长，保障了特色课程的教学质量。三是家长参与课程。每个学生的家长都关心孩子和学校的发展，但是限于时间和能力的差异，不可能每个家长都能及时参与学校的事情，为此我们经过选择，并经家长推荐，组成了学校的家委会，成为连接学校和家长之间的纽带。家委会组织家长参加每日值班、升旗仪式、班教导会、进课堂听课、进食堂就餐、交通疏导等活动，合力促进学生健康成长。

在校本课程开发的带动下，我校已经形成了一套与学校课程设置相配套的完美教育课程体系。这个课程体系既能够保证学生们很好地学习国家颁布的课程，又能够发挥本校学生们的特长，完成校本课程，学生们能够让自己的生命优势尽可能地发挥出来。

五、完美教育之教学案例

完美教育不是靠校长一个人就能够完成的，而是全校教职工集体智慧、才华的结晶，是众人拾柴火焰高的完美呈现。完美教育的课堂是老师们的舞台，在纸质媒体上不能够尽情展示老师们的风采，只能够通过教学案例，以教案、课堂实录等形式展现给各位读者。没有这些老师的完美课堂，也就形不成完美教育理论。

语文导学案：小圣施威降大圣

设计人：刘　君

一、教师寄语

想象力是人类能力的试金石，人类正是依靠想象力征服世界的。

二、学习目标

1. 快速阅读，能够复述故事情节。

2. 品味语言，读出趣味。

3. 激发想象，感受古典名著的魅力。

三、课前准备

1. 查阅资料，了解《西游记》的有关文学常识。准备课堂上讲给大家听。

2. 默读课文，梳理故事情节。如果文中的打斗似乎就在你眼前展现，那你一定是个想象力丰富的人。

3. 勾画出文中的生字词，不会读的查出拼音并写在课本上，不理解含义的参看课下注释或查词典。考考你找得全不全，课堂上会有过关检测哦。

4. 读了本文，你有哪些不理解的地方，请写在下面：

_____

_____

四、问题导学

■情境导入

《西游记》里天马行空的想象世界，令人着迷。孙悟空是小说里面最具想象力的创造之一，他神通广大，兵器了得，七十二般变化更是让他如虎添翼。他"向龙宫强索得宝盔金箍棒，去冥府硬勾掉生死簿上名"，然后大闹天宫。玉帝命托塔李天王率领天兵天将去捉拿孙悟空，却两度大败。此时，观音推荐二郎神做救兵。二郎神乃玉帝的外甥，出身高贵，相貌英俊，武艺高强，法术无边。与别的一些神仙只靠法宝取胜不同，他跟仙界另外两位爱打仗的哪吒、孙悟空同属武功实力派。此番两神相遇，又将如何呢？

■初读感知

1. 大家已经预习了课文，下面挑战一下你的记忆力，看谁能用简练语言给大家复述斗法的过程。准备1分钟，有疑问先求助课文，后求助同伴。

2. 试着梳理出斗法的几个层次。

■品读赏析

1.《西游记》作为一部奇思妙想的神魔小说，最突出的特色就是神奇瑰丽的想象力。请速读课文，小组交流，选择你们觉得最有想象力的环节，读给大家听。

2. 作者是用怎样的生花妙笔表现出这样丰富的想象力的？（比如动词的运用、句式的特点、修辞的使用）让我们再一次深入课文，勾画出你印象深刻的语句，说一说它的妙趣。

小贴士 内容上：丰富的想象力（符合生活逻辑）。

手法上：动词的运用、句式的特点、修辞的使用等。

示例：大圣变作大鹚老的情节最吸引人，它写出了大圣逃跑躲避的速度之快，显示了作者丰富的想象力，这个情节给我留下了深刻的印象。

3. 课文中描述的打斗经过，紧张中透着诙谐；所使用的语言，给人妙趣横生的感觉。试找出并朗读品味一下。

示例：忽见一只飞禽，似青鹚，毛片不清；似鹭鸶，顶上无缨；似老鹳，腿又不红。

打花的鱼儿，似鲤鱼，尾巴不红；似鳜鱼，花鳞不见；似黑鱼，头上无星；似舫鱼，鳃上无针。

——句式工整，读来朗朗上口，很是幽默诙谐。

4.《西游记》是一部小说，小说在曲折的情节中，总要塑造生动的人物。本文在紧张有趣的斗法环节背后，显示了斗法者怎样的特点？

_____

_____

■我的困惑

文中有一些看上去似乎不合情理的情节，你是怎样理解的呢？对于以上学习内容，你还有哪些困惑？请提出来和大家交流解决吧。

_____

_____

五、当堂达标

1. 小练笔：假如我们也有吴承恩的生花妙笔，请再设想主人公斗法的两个回合，找准一个切入点，让主人公继续斗下去。看看在你的笔下，谁更厉害。（提示：合理想象，符合人物性格特点）

_____

_____

2. 给下面的加点字注音。

掣（　　）　　鹚（　　）　　嗛（　　）　　淬（　　）　　青鹞（　　）

鹭鸶（　　）　　鹳（　　）　　鳜鱼（　　）　　鲂鱼（　　）　　撺（　　）

花鸨（　　）　　蓼汀（　　）　　擎（　　）　　幌（　　）　　提防（　　）

蹡踵（　　）　　木木樗樗（　　）

六、盘点提升

这一课，我们通过品味语言，激发想象，感受了古典名著的魅力；了解了人物特点；明白了运用想象和联想的一定章法或规则；并且小试身手，化身大作家，体验了一把想象与创作的魅力。相信宝贵的想象力会陪伴你终生，让你不断享受它的魅力。

七、作业超市

【必做内容】

1. 抄写"当堂达标"中的词语并注音。

＿＿＿＿＿＿＿＿＿＿＿＿＿＿＿＿＿＿＿＿＿＿＿＿＿＿＿＿

＿＿＿＿＿＿＿＿＿＿＿＿＿＿＿＿＿＿＿＿＿＿＿＿＿＿＿＿

＿＿＿＿＿＿＿＿＿＿＿＿＿＿＿＿＿＿＿＿＿＿＿＿＿＿＿＿

＿＿＿＿＿＿＿＿＿＿＿＿＿＿＿＿＿＿＿＿＿＿＿＿＿＿＿＿

2. 今天我们品味了如此妙趣横生的斗法大战，大家知道斗法的结局是怎样吗？请大家在课下继续阅读相关的情节，并与同学们交流心得。

【选做内容】

阅读《西游记》其他章节，并与同学交流。也可以写在阅读笔记中。

八、传统文化链接

本文节选自《西游记》第六回，原标题为"观音赴会问原因，小圣施威降大圣"。

前五回故事梗概

花果山仙石孕育出一石猴，石猴觅得水帘洞被群猴拥戴为王。数年后，石猴拜菩提老祖为师，获名孙悟空，学得长生之道、七十二般变化及筋斗云，又向龙王讨得金箍棒，后大闹天宫。玉帝令托塔李天王率天兵天将去捉拿悟空，悟空两度打败众天神。于是，观音推荐小圣二郎神擒拿孙悟空，本课故事即从这里开始。

二郎神

二郎神出身高贵，是玉皇大帝的亲外甥，曾经力抗天神劈山救母，也曾出手阻挠其外甥沉香救母，杨戬也是中国神话中第一得力之战神。

玉皇大帝封他为"英烈昭惠显圣仁佑王"，道号"清源妙道真君"。但二郎神始终对这个舅舅不理不睬，坚决不在天庭居住，而是在下界受香火，帐前有梅山七圣相伴，麾下一千二百草头神，对于玉帝是"听调不听宣"，就是说只服从命令，没事别套近乎。这就是"心高不认天家眷，性傲归神住灌江。"

经过《封神演义》和《西游记》等神话作品的渲染，二郎神在中国是个家喻户晓的人物。在众多具象的描绘中，他长相英俊、个性独特、神通广大且率有一个忠诚的武装团队，与天庭的空头司令李天王等不同的是，他有调动私家军队力量的决定权；他武艺高强，打仗主要靠真功夫，这一点与别的一些神仙只靠法宝取胜不同，跟仙界另外两位爱打仗的哪吒、孙悟空同属武功实力派。跟他过从甚密或者与他为敌的对象，都是中国神话中的著名人物。在多种神话作品和广泛地域的地区神话体系中，都免不了有他或者他的化身存在。

杨戬被描述的"清奇秀气"，和那个《封神演义》中的"扇云冠，水合服，腰束丝绦，脚登麻鞋"的杨戬并不迥异，只可能是麻鞋换了锦靴。杨戬也是个高傲之人，"我输与他，列公不必相助；我赢了他，列公也不必相助""只可惜太上老君不是个磊落之人"，从这两句话就可看得出来。由于他是个顶天立地的英雄战神，民间对其恭敬之盛，可说是数一数二。有关他的出身传说之多，在民俗中可是少见的。

数学导学案：截一个几何体

设计人：葛岩岩　审核人：李素香

一、教师寄语

宇宙之大，粒子之微，火箭之速，化工之巧，地球之变，生物之谜，日用之繁，无处不用数学。

——华罗庚

二、学习目标

1. 能说出"截面"的含义。

2. 经历切截几何体的过程，能通过观察正方体的截面，知道用不同平面截同一几何体时截面的形状是变化的。

3. 能结合图形，识别出正方体、长方体、棱柱、圆柱、圆锥、球等常见几何体的截面的形状。

重点：正确识别正方体、圆柱、圆锥等常见几何体的截面的形状。

难点：根据问题情景或结合图形想象、理解截面的形状。

三、评价设计

通过课前准备，问题导学的情景设置，问题探究 2，反馈练习 1 等达成学习目标 1。

通过问题探究 1，反馈练习 1，当堂达标第 1、2 题等达成学习目标 2。

通过问题探究 1、2，反馈练习 2，当堂达标第 3、4 题等达成学习目标 3。

四、课前准备

1. 自己动手，用刀切开一个苹果（或土豆、黄瓜等），观察切开的面的形状；多切几次，观察形状的变化。

2. 观看微课程《1.3 截一个几何体》。

五、问题导学

在日常生活中，我们常常需要将一个物体截开，比如切橙子、锯木头等，观察"切橙子""锯木头"时截面的形状。

用一个平面去截一个几何体，截出的面叫作截面。

■问题探究 1

自学课本第 13 页，解决下列问题。

1. 用一个平面按不同的方式去截正方体，截面的形状可能是三角形吗？可能是四边形、五边形、六边形吗？试写出下列各图中截面的形状。

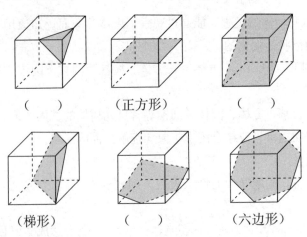

（　　　）　　　（正方形）　　　（　　　）

（梯形）　　　（　　　）　　　（六边形）

2. 用平面去截一个正方体，截面的形状可能是七边形吗？为什么？

■点拨提升

用平面截同一个几何体时，改变平面的位置和方向，得到的截面的形状通常是不同的。

截几何体的平面与几何体的几个面相交，就会得到几条交线，截面就是几边形。

用一个平面去截一个正方体，截面可能是三角形、四边形、五边形、六边形，不可能是七边形。

■反馈练习 1

1. 用_____去截一个几何体，截出的面叫作截面。

2. 用不同的平面去截正方体，会得到不同形状的截面，如下图所示：

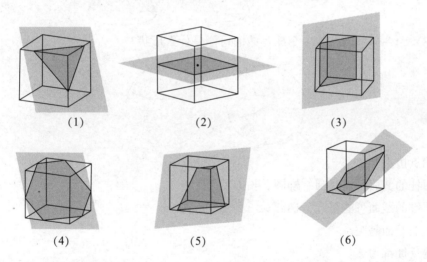

(1)	(2)	(3)
(4)	(5)	(6)

图（1）中的截面形状是_____，图（2）中的截面形状是_____，图（3）中的截面形状是_____，图（4）中的截面形状是_____，图（5）中的截面形状是_____，图（6）中的截面形状是_____。

■问题探究 2

1. 观察分析课本第 14 页的图 1-16，分别说出各图中截面的形状。

2.（1）用一个平面去截一个圆柱，截面可能是什么形状？

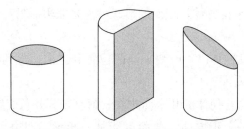

（2）用一个平面去截一个圆锥，截面可能是什么形状？

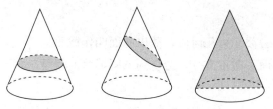

（3）用一个平面去截一个球，截面可能是什么形状？

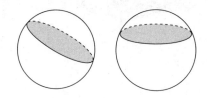

■点拨提升

圆柱的截面可能是圆、椭圆、长方形等。

圆锥的截面可能是圆、椭圆、三角形等。

球的截面是圆。

■反馈练习2

1. 写出下图中各截面的形状。

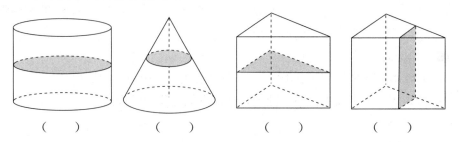

（　　）　　　　（　　）　　　　（　　）　　　　（　　）

2. 圆柱的截面形状可能是长方形、_____、椭圆等；圆锥的截面形状可能是_____、圆、椭圆等；球的截面形状是_____。

3. 下列说法正确的是（　　　）。

A. 正方体的截面一定是正方形　B. 长方体的截面一定是长方形

C. 球的截面一定是圆　　　　　　D. 圆锥的截面一定是三角形

■问题探究3

通过本节课的学习，你还有哪些未解决的问题？

六、盘点提升

截一个几何体 {

　截面的定义：用一个平面去截一个几何体，截出的面叫作截面。

　常见几何体的截面 {

　　正方体：三角形、四边形、五边形、六边形

　　圆柱：圆、椭圆、长方形等

　　圆锥：圆、椭圆、三角形等

　　球：圆

七、当堂达标

1. 用平面去截一个几何体，如果截面是圆，则下列说法错误的是（　　　）。

A. 这个几何体可能是球

B. 这个几何体可能是圆柱

C. 这个几何体可能是由一个梯形旋转一周得到的

D. 这个几何体一定是由三角形旋转得到的

2. 有下列几何体：（1）圆柱；（2）正方体；（3）棱柱；（4）球；（5）圆锥；（6）长方体。这些几何体中截面可能是圆的有（　　　）。

A. 2 种　　　　　　B. 3 种　　　　　　C. 4 种　　　　　　D. 5 种

3. 如果用一个平面去截一个几何体，所得任意截面都是圆，则这个几何体是_____。

4. 用一个平面去截长方体、三棱柱、圆柱和圆锥，其中不能截出三角形截面的几何体是_____。

八、作业超市

【必做题】

课本第 15 页，习题 1.5 第 1、2、3 题。

【选做题】

1. 如图所示的几何体是由一个三角形旋转得到的，用平面去截这个几何体，下列说法错误的是（　　　）。

A. 截面可能是圆

B. 截面可能是椭圆

C. 截面可能是三角形

D. 截面可能是四边形

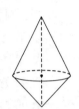

2. 如图所示，截去正方体一角变成一个新的几何体，这个新几何体有 7 个面，有_____条棱，有_____个顶点，图中阴影表示的截面形状是三角形，这个三角形的三边长_____。

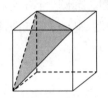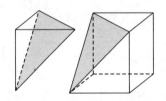

英语导学案：Section A 3a—Section B 1e

设计人：宋艳艳

一、教师寄语

Suffering is the most powerful teacher of life. 苦难是人生最伟大的老师。

二、学习目标

1. 按照听说读写四会要求掌握以下单词：

king，power，banker，pale，queen，examine，nor，palace，wealth

理解和识读以下单词：prime，minister，fame。

2. 能掌握和运用下列短语：

prime minister，call in，neither... nor...

3. 能熟练掌握以下句型：

1）He slept badly and didn't feel like eating.

2) One day，a doctor was called in to examine the king.

3) Neither medicine nor rest can help him.

4) I'm always worried about losing my power.

5) I'm always worried about being followed by others.

重点：掌握本节课的生词、短语和句型。

难点：学会用 happy，sad，relaxed 等形容词表达事物对我们心理和情绪产生的影响和自己的感受。

三、评价设计

通过课前准备 1、当堂达标，达成学习目标 1。

通过课前准备 2，细读课文，理解文本任务 4，达成学习目标 2。

通过速读课文，整体感知、细读课文，理解文本，达成学习目标 3。

四、课前准备

预习检测：

1. 重点单词：

1) 国王（n.）_____ 2) 权利（n.）_____ 3) 银行家（n.）_____

4) 苍白的（adj.）_____ 5) 王后（n.）_____ 6) 检查（v.）_____

7) 也不（conj.）_____ 8) 王宫（n.）_____ 9) 财富（n.）

2. 重点短语：

1) 想要做某事_____ 2) 招来_____

3) 给国王就诊_____ 4) 既不……也不……_____

5) 担心，忧虑_____ 6) 取代……位置_____

7) 大量的财富_____ 8) 首相，大臣_____

9) 失去权利_____

3. 自主探究：了解故事 The Shirt of a Happy Man。

4. 自我诊断：通过你的自主学习和学习结果评价，你发现的问题有哪些？

_____

_____

_____

五、问题导学

■读前热身，情境导入

Share the story The Shirt of a Happy Man with the members in your group.

■速读课文，整体感知

Task 1：Look through the passage quickly and answer the questions：

1. What was the matter with the king?

2. How many people was called in to examine the king?

■细读课文，理解文本

Task 1：Read the passage and answer T or F.

1. Along time ago，in a rich country，there lived a happy king. （　　）

2. The king's face was always pale. （　　）

3. The king often cried for no reason. （　　）

4. The king's banker was very happy. （　　）

5. The palace singer always worried about losing his power. （　　）

Task 2：Activity 3a：Read the story and answer the questions.

1. Can medicine help the ill king? Why or why not?

2. Why does power not make the prime minister happy?

3. Why does money not make the banker happy?

4. Why does fame not make the singer happy?

Task 3：Activity 3b：Find words or phrases from the story with meanings similar to these phrases.

1. did not want to eat _____

2. was asked to come and help _____

3. look carefully at _____

4. becoming less important _____

5. get my job _____

Task 4：Read again. Complete the passage by using the phrases in the reading.

A long time ago，there lived an _____ king in a rich and beautiful country. The king _____ and didn't _____ eating which made the queen and his people worried.

So one day, a doctor was _____ to _____ the king and he found _____ medicine _____ can help the king. Only the shirt of a happy person could help him.

Then the prime mister was called to _____ to examine the palace. But he said he was always worried about _____ and many people tried to _____ his position. He was unhappy too.

Next, the prime minister came to king and said that although he has a lot of _____, he was still _____ losing his money. He was unhappy as the king.

Also the palace singer was called in. But he was worried about _____ by others all day.

Finally, the king's top general was _____ to go out and find a happy man in three day's time.

Task 5: Discuss with your partner: What's the ending of the story about the unhappy king? Look at the possible endings, in Section B 1a, Do you think any of these is the right one? If so, which one?

Task 6: Activity 1b: Listen to the Shirt of a Happy Man (Part II) and check (√) the things that happened in the rest of the story.

_____ The general searched for three days and found a happy person.

_____ The general could not find a happy person.

_____ The general saw a poor man on the street.

_____ The poor man was a happy man.

_____ The poor man gave the general his shirt.

Task 7: Activity 1c: Listen again and answer the questions.

1. How long did it take the general to find the happy man?

2. What was the poor man doing on the street?

3. What made the poor man so happy even though he had no power, money or fame?

4. Do you think the general will return to the king with the poor man's shirt?

Why or why not?

■小组合作，拓展延伸

Extention of Activity 3b：

Act out the story with your group members，combining with the ending of the story if you like. An extar mark for creative group work.

Narrator：Long long ago...

King：I'm unhappy. I sleep badly and don't feel like eating.

Doctor：It's all in his mind. Neither medicine nor rest can help him. What he needs is the shirt of a happy person to wear. That'll make him happy.

Prime Minister：Although I have a lot of power，it doesn't make me happy. I'm always worried about losing my power. Many people are trying to take my position.

Banker：Oh，I'm afraid I'm not happy either，I have a lot of wealth，but I'm always worried about losing my money. Someone tries to steal my money every day.

Singer：It's true that I'm famous and everyone loves my songs. But I'm not happy because I'm always worried about being followed by others. I cannot be free...

六、盘点提升

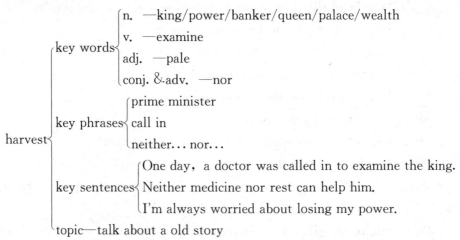

七、当堂达标

（一）根据汉语提示完成句子（每空 10 分，共 50 分）：

1. Our English teacher look _____ （苍白的） today. Maybe she was ill.

2. The king lived in a beautiful _____ （宫殿）.

3. The rich man has a lot of _____ （财富）.

4. The _____ （王后） fell in love with the king as soon as she met him.

5. His mother is a _____ （银行家） and he has a lot money.

（二）用所给词的适当形式填空，每词限用一次（每空 10 分，共 50 分）：

call in, examine, nor, worry about, lose power

1. I was always _____ my math.

2. The king was always afraid _____ .

3. Neither his mother _____ him can swim.

4. A doctor was _____ to look at the old man.

5. —Don't be lazy. I will _____ your homework.

八、作业超市

【必做题】

1. 熟练掌握本节课的单词、短语和重点句子。

2. 用本节课重要的短语造句。

_____

_____

_____

【选做题】

你认为国王的故事会怎样继续？请进行简单描述。

_____

_____

_____

_____

物理导学案：电路

设计人：刘金刚

一、教师寄语

实验可以推翻理论，而理论永远无法颠覆实验。

——丁肇中

二、学习目标

1. 通过实例能看懂电路及电路图。

2. 能从能量转化的角度认识电源和用电器的作用，记住电流方向的规定。

3. 能认识电路元件及符号，会读、会画简单的电路图。

4. 能判别基本的电路分类。

重点：画简单的电路图。

难点：串并联电路的判断。

三、评价设计

通过问题探究1中的活动1达成学习目标1。

通过问题探究1中的活动2达成学习目标2。

通过评价练习1中的活动2，当堂达标中的活动1、2达成学习目标3。

通过问题探究2中的探究一、二，评价练习2达成学习目标4。

四、课前准备

1. 电路图是指用_____来表示电路连接的图。电池的符号是_____；开关的符号是_____；灯泡的符号是_____；电动机的符号是_____。现实生活

中常见的电源有_____、_____，家庭中常见的用电器有_____、
_____、_____等。

2._____、_____、_____、_____可以组成电路，并且只有当电路
_____时，电路中才有电流。

五、问题导学

■问题探究1　电路的构成、电路图

1. 根据教材内容掌握电路由哪几部分组成，电路可分为几种状态，各有什么
特点。

2. 提供电能的装置是_____；要使这个电路中产生持续电流，必须有
_____且电路是_____。其中电荷的_____形成电流，在闭合电路的电源外
部，电流是从电源的_____极流向_____极的。

■点拨提升

画电路图必须遵守的要求：

1. 必须用电路符号表示元件。

2. 整个电路图画成方框图。

3. 按照实物图元件排列顺序画电路图。

4. 养成随时将各元件用字母表示的好习惯。

5. 各连接处不要形成开路，节点要点好。

■评价练习1

1. 获得持续电流的条件是（　　）。

A. 有大量自由电子　　　　　　B. 有用电器

C. 有电源　　　　　　　　　　D. 有电源且是通路

2. 在如图所示电路中，正确的是（　　）。

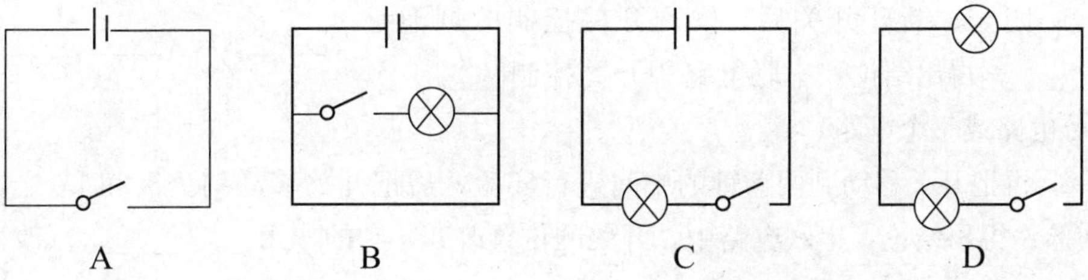

A　　　　　　　　B　　　　　　　　C　　　　　　　　D

■问题探究2　串联和并联电路的识别，探究串联和并联电路的特点

给你两只灯泡或更多的灯泡，想要控制这些灯泡的亮灭，可以有几种不同的连接方式？此电路将有几种连接方法，分别是什么连接方式？

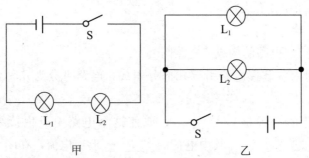

甲　　　　　　　　　乙

上面的两幅电路图你能判断出哪一个是串联电路？_____。哪一个是并联电路？_____。请用箭头描出两个电路图中的电流方向。（归纳一下）串联电路的定义：_____。

并联电路的定义：_____。

家里电灯、电视机、洗衣机等电器是以什么方式连接的？它们是否可以独立工作？

用来装饰店堂、居室、烘托欢乐气氛的小彩灯是以_____方式连接的？它们是否可以独立工作？_____。（填可以或不可以）

探究一、串联电路特点

按照独立思考—两人讨论—小组讨论—全班讨论的程序完成相关内容。根据电路图连接好实物图再进行实际的连接操作，经检查无误后两个人开始闭合、断开开关进行实验。

1.闭合、断开开关后，发现开关控制的灯泡是_____。得出结论：串联电路中开关控制_____。（部分电路或整个电路）

2.再把开关移动到两盏灯的中间进行实验，后把开关移动到负极和 L_2 之间进行实验。得出结论：串联电路中，开关的位置改变，它的作用_____。（改变或

不改变）

3. 闭合开关后，拧下其中的一个灯泡，观察另一个灯泡的亮灭。得出结论：串联电路中，各用电器_____（相互影响或互不影响），_____（可以或不可以）独立工作。

探究二、并联电路的特点

按照独立思考—两人讨论—小组讨论—全班讨论的程序完成相关内容。根据电路图连接好实物图再进行实际的连接操作，经检查无误后两个人开始闭合、断开开关进行实验。

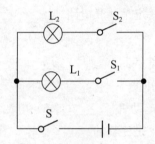

1. 三个开关都闭合后，断开、闭合开关 S，发现干路开关控制的灯泡是_____。得出结论：并联电路中干路开关控制_____。（部分电路或整个电路）

2. 再把开关 S 闭合，闭合、断开 S_1 进行实验，后把开关 S 闭合，闭合、断开 S_2 进行实验。得出结论：并联电路中，支路开关控制_____。（本支路或整个电路）

3. 闭合所有开关后，拧下其中的一个灯泡，观察另一个灯泡的亮灭。得出结论：并联电路中，各用电器_____（相互影响或互不影响），_____（可以或不可以）独立工作。

■评价练习2

如图所示电路中，A、B、C、D 是四个接线柱，开关是闭合的。

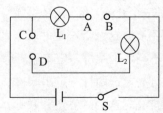

1. 用导线将 A、B 连接，再将 C、D 连接，则灯 L_1 和 L_2 是_____联。

2. 用导线将 A、D 连接，不使用 B、C 两个接线柱，则灯 L_1 和 L_2 是____联。

3. 用导线只将 B、C 连接，电路会出现_____现象。

■问题探究 3

通过本节课的学习，你还有哪些问题？

六、盘点提升

> 开关控制与其串联的用电器，所以你想让谁工作，就只要让与其串联的开关闭合就可以了。并联电路中的用电器既能单独工作，又能同时工作。要注意的是用电器之间是互不干扰的，所以一定是并联电路。

七、当堂达标

1. 画出以下电路元件的符号：

(1) 电池_____   (2) 开关_____   (3) 灯泡_____

(4) 电阻_____   (5) 电动机_____   (6) 电池组_____

2. 如图所示电路图，哪个是完整的？(   )

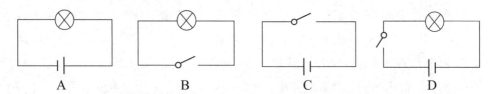

A   B   C   D

3. 下面列举的几种实际电路，各元件之间属于并联关系的是（   ）。

A. 电视机遥控器中的两节干电池

B. 家中的电灯和开关

C. 门铃和门铃按钮

D. 家中的电灯和电冰箱

4. 在电路中有两盏电灯和一个开关，灯泡正在发光，下述说法正确的是（   ）。

A. 若断开开关，两灯都不亮，这两灯一定并联

B. 若断开开关，两灯都不亮，这两灯一定串联

C. 若断开开关，只有一灯亮，这两灯一定串联

D. 若断开开关，只有一灯亮，这两灯一定并联

5. 如图所示，如果闭合开关 S_1、S_2，断开 S_3，则灯 L_1、L_2 是_____联；如果闭合开关 S_3，断开 S_1、S_2，则灯 L_1、L_2 是_____联。

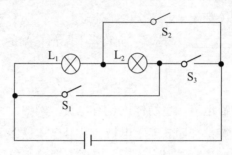

八、作业超市

■实战演习

1. 分析下图所示的实物连接电路，下列说法中正确的是（　　）。

A. L_1、L_2 是串联 　　　　B. L_1、L_3 是串联

C. L_1、L_2、L_3 是串联 　　D. L_1、L_2、L_3 是并联

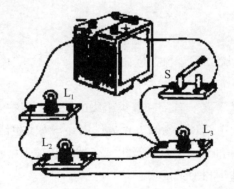

2. 图中，有三个开关 S_1、S_2、S_3 和两电灯 L_1、L_2。则：

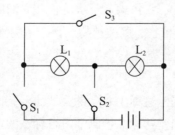

（1）闭合开关 S_1，断开开关 S_2、S_3，两电灯 L_1、L_2 的连接方法是_____。

（2）断开开关 S_1，闭合开关 S_2、S_3，两电灯 L_1、L_2 的连接方法是_____。

（3）如果把三个开关都闭合，那么电路处于_____（选填"短路""通路"或"断路"）。这种情况是_____（选填"允许""不允许"）的。

■拓展延伸

生物电

不但在输电线路中有电流，生物体内也有电流。例如，人体心脏的跳动就是由电流来控制的。在人的胸部和四肢连上电极，就可以在仪器上看到控制心脏跳动的电流随时间变化的曲线，这就是通常说的心电图。通过心电图可以了解心脏的工作是否正常。

生物导学案：3.1.1 藻类、苔藓、蕨类植物和种子植物

设计人：张　莉

一、教师寄语

热爱自然，珍爱生命，乐于探索生命的奥秘！

二、学习目标

1. 通过了解并收集藻类、苔藓和蕨类植物的图片、实物等，能说出它们的生活环境和形态特征，认同它们对生物圈有重大作用并与人类生活有密切关系。

2. 通过观察生活中的种子植物，说出裸子植物和被子植物的主要特征，并学会识别当地常见的裸子植物和被子植物。

3. 通过列举植物的主要类群，尝试对植物进行简单分类。

4. 结合《环境教育》——水污染，了解浒苔和赤潮的形成。

重点：藻类植物、苔藓植物、蕨类植物、裸子植物和被子植物的主要特征。

难点：尝试对植物进行分类。

三、评价设计

1. 通过反馈练习一和当堂达标 1-4 检测学习目标 1 的达成。

2. 通过反馈练习二和当堂达标 5 检测学习目标 2 的达成。

3. 通过反馈练习三检测学习目标 3 的达成。

4. 通过问题探究四检测学习目标 4 的达成。

四、课前准备

1. 教师准备：教学课件、微课、有关四大类群植物的实物等。

2. 学生准备：

（1）小组内分工：收集、整理有关藻类植物、苔藓植物、蕨类植物和种子植物等相关资料并准备课堂展讲。

（2）观看微课《藻类、苔藓和蕨类植物》和《植物的分类》。

五、问题导学

问题探究一：藻类、苔藓和蕨类植物

（通过自主学习课本第 72～77 页，归纳出藻类、苔藓和蕨类植物的共同特征）

分组探究：观察水瓶中的藻类植物、盆栽铁线蕨等并联系实际举例分析。

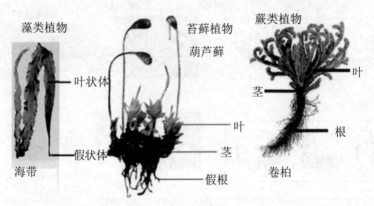

1. 藻类、苔藓和蕨类植物的生活习性分别是怎样的？

2. 藻类、苔藓和蕨类植物有哪些主要特征？

3. 与人类的生活有什么关系？它们在生物圈中有什么作用？

4. 苔藓植物为什么可以作为空气污染程度的指示植物？

反馈练习一：

1. "西湖春色归，春水绿于染"是诗人对春天的描写，这里的"绿"是指哪种植物？_____。使湖水变绿的这类植物，用肉眼很难观察到，它们跟草履虫一样是_____生物。

2."苔痕上阶绿，草色入帘青"是《陋室铭》中的著名诗句，此处的"苔痕"是指_____植物，苔藓植物植株矮小的原因是_____。

3.《满江红》是宋代爱国将领岳飞的著名诗句，为什么满江红生活在水中，却不属于藻类植物？_____

问题探究二：种子植物

（课前自主学习课本第79～86页，根据收集的种子或资料联系，小组合作探究）

1.什么是种子植物？常见的有哪些？

2.裸子植物和被子植物的区别是什么？

3.单子叶植物和双子叶植物的区别有哪些？

■点拨提升

双子叶植物和单子叶植物　　　　　　　　　双子叶植物和单子叶植物

双子叶植物：种子的胚具有两片子叶的植物　双子叶植物的叶的特点

蚕豆　　大豆　　花生

单子叶植物：种子的胚具有一片子叶的植物

水稻　　小麦　　高粱

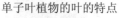
网状脉

掌状网脉　　掌状网脉

单子叶植物的叶的特点

平行脉

直出平行脉　　羽状网脉　　横出平行脉
弧形平行脉

4.分组讨论：（1）孢子和种子哪一个生命力更强？为什么？

（2）种子植物成为陆生植物中占优势的类群，其中一个重要原因是什么？

植物种类	数量
藻类植物	约3万种
苔藓植物	约23000种
蕨类植物	约12000种
种子植物	约25万种

反馈练习二：

1. 裸子植物与被子植物种子的主要区别是（　　）。

A. 有无果皮包被　　　　　　B. 胚的大小

C. 胚乳来源不同　　　　　　D. 胚乳有无

2. 单子叶植物和双子叶植物的主要区别是（　　）。

A. 具有根、茎、叶　　　　　B. 子叶一片或两片

C. 种子有果皮包被着　　　　D. 雌雄同株

问题探究三：植物的分类

1. 请你归纳：

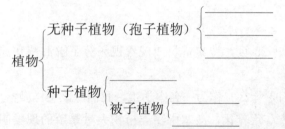

2. 请把各类植物类群按一定顺序（如从简单到复杂）排列。

藻类植物

蕨类植物

苔藓植物

种子植物

■点拨提升

1. 生物分类：孢子植物包括藻类植物、苔藓植物、蕨类植物。

2. 生物进化规律：低等到高等，简单到复杂，水生到陆生。

反馈练习三：

青岛植物园中植物种类繁多，为了便于游客的观赏，植物园管理人员根据花和果实的特征，对植物进行了分类挂牌。这是因为（　　）。

A. 花和果实容易采集和制成标本

B. 花和果实的遗传物质完整

C. 花和果实的形态结构比较稳定

D. 花和果实色彩鲜艳，容易分辨

问题探究四：结合《环境教育》——水污染

（自主学习《环境教育》第 19～25 页，搜集资料或观看视频等了解浒苔和赤潮的形成，小组合作讨论分析）

小组讨论：浒苔和赤潮的成因是什么？作为一名中学生，我们应该怎样做？

提示：污水排入水体，使水体富营养化，淡水中藻类植物大量繁殖的现象叫水华，海水中藻类植物大量繁殖形成浒苔、赤潮。

水华

浒苔

赤潮

问题探究五：发现并提出问题

通过本节课的学习，你还有哪些问题？

六、盘点提升

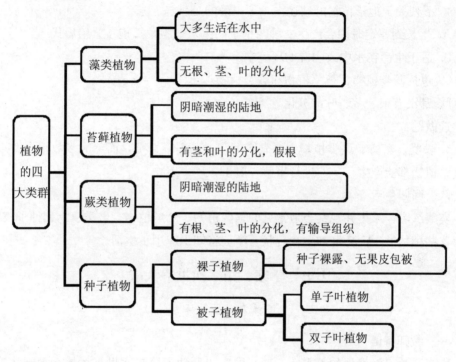

七、当堂达标

必做题：

1. 下列各种植物中，常作为空气监测指示植物的是（　　）。

A. 苔藓植物　　　　　　　　B. 藻类植物

C. 蕨类植物　　　　　　　　D. 种子植物

2. 肾蕨叶态优美，易于种植，常被人们作为观赏植物来栽培。要使盆栽肾蕨生长良好，应如何管理？（　　）

A. 放在向阳的地方，少浇水　B. 放在向阳的地方，多浇水

C. 放在背阴的地方，少浇水　D. 放在背阴的地方，多浇水

3. 某类植物提供了空气中绝大部分的氧气，没有根、茎、叶的分化，分布在占

地球表面约71‰的水域环境中。这类植物是（　　　）。

    A. 苔藓植物　　　　　　　　B. 藻类植物

    C. 蕨类植物　　　　　　　　D. 种子植物

    4. 下列关于孢子植物的叙述中，不正确的是（　　　）。

    A. 生长到一定时期会产生一种叫孢子的生殖细胞，靠孢子繁殖后代

    B. 适于生活在水中或阴湿的环境中

    C. 包括藻类植物、苔藓植物和蕨类植物

    D. 都没有根、茎、叶的分化

选做题：

    5. 藻类、苔藓、蕨类植物主要靠产生_____进行繁殖，而绝大多数粮食、瓜果和蔬菜植物都能产生_____进行繁殖，属于_____植物。

    八、回归生活

    实践练习：采集并观察当地常见的苔藓植物、藻类植物、蕨类植物和种子植物，了解这些植物的生活环境和生存现状，学会将知识应用于生活。

历史导学案：第二次世界大战

设计人：孟兆莲

一、教师寄语

    由于政治经济发展的不平衡，轴心国集团发动了第二次世界大战。刚刚从第一次世界大战的灾难中走出的世界人民再一次陷入了战争的苦难中。这一课，我们一起去感受世界人民艰难的反法西斯战争吧。

二、学习目标

    1. 知道第二次世界大战的原因、主要进程、影响。

    2. 掌握《联合国家宣言》签订的背景、内容。

    3. 掌握雅尔塔会议等国际会议。

    4. 理解世界人民反法西斯战争的艰巨性和胜利原因。

重点：

    1. 第二次世界大战胜利初期欧洲许多国家败亡的原因。

2. 第二次世界大战的进程。

难点：第二次世界大战胜利的原因以及启示。

三、评价设计

通过课前准备 1，问题探究 1 第 1、2、3 题，评价练习 1、2、3、4、7，当堂达标（一）第 1、2、3、4、6、7 题，当堂达标（二），问题探究 2 第 1 题等，达成学习目标 1。

通过课前准备 2，问题探究 1 第 4 题，评价练习第 5 题，当堂达标（一）第 5 题等，达成学习目标 2。

通过课前准备 2，问题探究 1 第 5 题，评价练习第 6 题，问题探究 2 第 2 题，当堂达标（一）第 8、10 题，达成学习目标 3。

通过问题探究 2 第 2、3 题，当堂达标（一）第 9 题，当堂达标（二），达成学习目标 4。

四、课前准备

1. 回顾第一次世界大战的相关内容。

2. 回顾中国抗日战争的相关史实。

3. 观看微课程。

五、问题导学

■问题探究 1

1. "慕尼黑阴谋"的时间、参与国家、内容、影响。

2. 什么是绥靖政策？西方大国推行绥靖政策的原因有哪些？

3. 第二次世界大战的主要进程。（全面爆发的时间和标志性事件、扩大标志、进一步扩大的标志、转折事件、最后的胜利事件）

4. 《联合国家宣言》签订的背景、内容。

5. 雅尔塔会议召开的时间、地点、参与国、内容。

■点拨提升

第二次世界大战是轴心国集团发动的，是人类历史上一场空前的浩劫。战争初期主要由于西方大国长期推行绥靖政策，使以德国为首的法西斯势力占据上风。世界反法西斯联盟的建立，使世界力量联合起来并取得了战争的最后胜利。

■评价练习

1.1938 年 9 月，_____四国在慕尼黑签订了协议，捷克在十天内将_____割让给了德国。史称_____，将_____推向了顶峰。

2. ___年___月___日，德国对_____发动了突然袭击，英法被迫对德宣战，第二次世界大战全面爆发。

3.1941 年 6 月，德军掉头对苏联发动战争，斯大林组织了_____保卫战，打破了希特勒"天下无敌"的神话。

4. ___年___月___日，日军偷袭美国太平洋军事基地_____，第二天，美国对日宣战，第二次世界大战规模进一步扩大。

5.1942 年 1 月，美英中苏等二十六国在_____签署了《_____》，标志着国际反法西斯联盟的建立。

6. 为了协调行动打垮法西斯，1945 年 2 月，美英苏三国首脑在_____召开会议，会上决定成立_____。

7. 第二次世界大战的转折点是 1942 年的_____（战役），开辟欧洲第二战场的事件是 1944 年 6 月 6 日的_____。

■问题探究 2

1. 第二次世界大战爆发的原因有哪些？

2. 反法西斯国家取胜的原因有哪些？有何启示？

3. 未来会爆发新的世界大战吗？说说你的理由。

■点拨提升

战争给世界人民带来了深重灾难，第二次世界大战中各国人民为反法西斯战争进行了艰苦卓绝的英勇斗争，并取得了最终的胜利。深刻说明了只有全世界人民加强联合，团结战斗，才能有效地战胜邪恶势力。

■问题探究 3

通过本节课的学习，你还有哪些问题？

六、盘点提升

第二次世界大战是人类历史上一场空前的浩劫。战争初期主要由于西方大国长期推行绥靖政策，使以德国为首的法西斯势力占据上风。战争后期世界人民联合起来，团结战斗，最终取得了战争的胜利。

七、当堂达标

（一）选择题（10分）

1.《慕尼黑协定》所反映的重要问题是（　　　）。

A. 德国与捷克斯洛伐克矛盾激化

B. 英法为本国利益而牺牲小国利益的绥靖政策发展到顶点

C. 英法与德国为同一阵营的侵略者

D. 捷克斯洛伐克国内民族矛盾尖锐

2. 德国进攻波兰之前，英国政治家反复强调："波兰作为一个殉难者比作为一个主权国家更有利于英国。"英国的考虑是（　　　）。

A. 波兰的殉难有利于德国进攻苏联

B. 波兰的存亡对英国的利益无关紧要

C. 波兰保持独立会打破欧洲的均势

D. 帮助波兰维持独立会消耗英国国力

3. 奥地利著名作家茨威格，一生中经历过两次世界大战。他在《昨日的世界》中写道：时任英国首相张伯伦为了拯救和平，准备第三次去德国同希特勒谈判。那天，他正在国会演讲，德国回电了，声称：希特勒和墨索里尼同意与张伯伦在慕尼黑举行一次会议。"英国国会在那一瞬间失去了控制……国会议员们跳将起来，喊叫着，拍着手，大厅里响彻了欢笑声。"这个历史细节说明（　　　）。

A. 英国在第二次世界大战全面爆发前奉行绥靖政策

B. 张伯伦与希特勒是传统的盟友

C. 张伯伦与希特勒、墨索里尼都是法西斯政权

D. 英国在张伯伦领导之下最终赢得了第二次世界大战的胜利

4. 太平洋战争爆发的根本原因是（　　　）。

A. 美国的太平洋舰队严重威胁到日本

B. 美日在东亚和太平洋地区的利益冲突

C. 美国对日本没有好感

D. 美日积怨太多

5. 世界反法西斯同盟正式形成的标志是（　　　）。

A. 1941年12月8日美国对日本宣战

B. 1942 年《联合国家宣言》的发表

C. 1943 年斯大林格勒保卫战的胜利

D. 1945 年苏军出兵中国

6. 斯大林格勒保卫战的胜利是世界反法西斯战争的转折点，其主要依据是（　　）。

A. 苏联保证了重要工业基地的安全

B. 苏军解放全部被占领领土

C. 德军完全丧失抵抗能力

D. 德军从此被迫转为战略防御

7. 下列事件的先后顺序是（　　）。

①斯大林格勒战役　②偷袭珍珠港　③诺曼底登陆　④德国投降

A. ②①④③　　　　　B. ①②③④　　　　　C. ①③④②　　　　　D. ②①③④

8. 直接促使日本投降的重要事件是（　　）。

①中国人民发起全面反攻　②苏联出兵中国东北对日作战　③美国在日本投放两颗原子弹　④德国、意大利投降

A. ①②③　　　　　B. ①②④　　　　　C. ①③④　　　　　D. ②③④

9. 两次世界大战（　　）。

A. 都是帝国主义的战争

B. 都是英、法、美代表人类正义的一方战胜德国非正义的一方

C. 第一次世界大战是帝国主义战争的性质，第二次世界大战是反法西斯战争的性质

D. 战后都建立了维护持久世界和平的国际组织

10. 巴黎和会和雅尔塔会议的共同点是（　　）。

①大国强权政治色彩明显　②都决定建立维护国际和平与安全的国际组织③重新确立了战后欧亚的政治版图　④严重损害了中国主权

A. ①②③　　　　　B. ①②④　　　　　C. ②③④　　　　　D. ①③④

（二）史料分析题

阅读下列材料：

材料一：朕今向美国及英国宣战……美、英两国支援残存之政权，助长东亚之

祸乱，假和平之美名，逞称霸东洋之野心，进而勾结与国，于帝国之周围增强武备，向我挑战，更对帝国之和平通商横加阻挠，终于断绝经济关系，对帝国之生存予以重大威胁。……近来更日益加强经济上军事上之威胁，欲使我屈从彼意。……事既至此，帝国现为自存自卫计，惟有毅然奋起，冲破一切障碍，岂有他哉！——日本天皇《宣战诏书》（1941 年 12 月）

材料二：前者，帝国所以向美英两国宣战，实亦为希求帝国之自存与东亚之安定而出此，至如排斥他国主权，侵犯其领土，固非朕之本志。……敌方最近使用残酷之炸弹，频杀无辜，惨害所及，真未可逆料。如仍继续交战，则不仅导致我民族之灭亡，并将破坏人类之文明。……此朕所以饬帝国政府接受联合公告者也。——日本天皇《停战诏书》（1945 年 8 月）

（1）根据材料，你认为日本对美国及英国宣战的理由成立吗？日本发动太平洋战争的真正原因是什么？

（2）在材料二中，日本天皇所说的"残酷之炸弹"是指什么事？除此之外，你认为促使日本投降的原因还有哪些？

（3）比较两则材料，分析这两份天皇诏书的异同。

八、特色作业

今年（2015 年）是世界反法西斯战争和中国抗日战争胜利 70 周年，中国将举行盛大的纪念活动。请你写一篇小论文，分析世界大战爆发的原因，并就怎样预防新的世界大战爆发提出自己的建议。

九、探索发现

第二次世界大战十大名将之一——麦克阿瑟

麦克阿瑟不同于美国历史上其他任何将领。他的一生充满了传奇色彩。他创造了美军历史上的数个第一：1903 年从美国西点军校毕业时，他以高分打破了该校 25 年来的纪录，成为该校历史上首位被破格晋升为上尉的学员；1919 年晋升为少将，成为美军历史上最年轻的将军；第一次世界大战后出任西点军校历史上最年轻的校长之一；1930 年晋升为四星上将，成为美军历史上最年轻的陆军参谋长。麦克阿瑟是美国历史上参加过第一次世界大战、第二次世界大战和朝鲜战争的唯一将军。他是有才能的军事家，但又是糟糕的政治家；他忠诚于他的国家，但对抗这个国家的总统；他取得过辉煌的胜利，但也遭到过惨重的失败；他有时似乎宽宏大量，有时又显得小肚鸡肠；他有时温文尔雅，有时又暴跳如雷；他爱慕荣誉，但最终被虚荣所毁灭……

地理导学案：保护海洋环境

设计人：隋秀伦

一、教师寄语

不要学花儿只把春天等待，要学燕子把春天衔来。

二、学习目标

1. 通过对《蓝色的家园》的学习，了解主要的海洋自然灾害，了解海洋污染和生态破坏的成因、危害和治理措施。

2. 理解科技发展与海洋资源发展的关系；形成主动保护海洋环境的意识，养成保护海洋环境的自觉行为。

三、评价设计

通过问题探究1，反馈练习1，当堂达标等，达成学习目标1。

通过问题探究2，反馈练习2等，达成学习目标2。

四、课前准备

预习《蓝色的家园》第二单元和课本第三章第四节《中国的海洋资源》。学会建构本节的思维导图，完善各分支的基本知识体系。

丰富的生物资源 ⎱
丰富的矿产资源 ⎬ 资源 ←→ 海洋 → 污染
巨量的化学资源 ⎰

问题
保护

石油污染物
工业废水污染
赤潮污染

五、问题导学

■问题探究1

1. 举例说明我国的海洋资源分类。

2. 我国海洋资源面临的主要问题有海洋灾害频繁、局部海域_____加剧，_____等。

3. 常见海洋灾害有_____、_____、_____等。

4. 海洋污染突出表现在_____污染、_____污染、核污染和固体废弃物污染等几个方面，它们对海洋及其生态系统造成多种危害。

5. 海洋生态破坏主要体现在人类的_____、_____海水养殖及乱砍滥伐红树林、破坏珊瑚礁等活动。

■反馈练习1

1. 下列不属于我国海洋面临的严峻问题的是（　　）。

A. 海洋灾害频繁　　　　　　　　B. 局部海域环境污染加剧

C. 近海渔业资源枯竭　　　　　　D. 海事时常发生

2. 近年来，我国在近海海域实行伏季休渔，其目的是（　　）。

A. 充分利用渔业资源　　　　　　B. 保护海洋渔业资源

C. 减少海洋污染　　　　　　　　D. 禁止海洋捕捞

■问题探究2

探究主题：海洋灾害和治理

1. 读下面四则材料，回答问题：

材料一：由于全球气候变化、水体污染导致富营养化等原因，造成海洋大型海藻浒苔绿潮频频暴发，2011年7月以来，大面积浒苔出现在山东青岛，对岛城旅游、渔业养殖等带来一定影响。

材料二：自2014年开始，青岛在海上设网拦截、打捞工作，现已初见成效，为将浒苔变废为宝，青岛市浒苔资源化利用基地进一步加大技术创新和设备投入，已经开发了50余种浒苔肥料产品，远销20多个国家和地区。

材料三：2013年7月4日，青岛老尹家海参加工厂研制出用养殖池中夏天的浒苔做冬季海参、鲍鱼"过冬粮"的办法，既避免了浒苔入侵养殖池的危害，也解决了冬季海珍品喂食的饲料问题。

材料四：2010年6月，复旦大学环境科学与工程系课题组将浒苔成功地转化制成了生物质油，从而有望使浒苔这一污染的"元凶"成为一种制造新能源的绝佳原材料。

（1）读材料一思考，浒苔的主要形成原因是什么？有哪些危害？

（2）读材料二、三、四，浒苔的主要处理方式是什么？浒苔如何变废为宝？

（3）面对大海遭受的污染，我们应该如何从身边做起，保护蓝色的海洋呢？

2. 班级辩论会："围海造陆的利与弊"。

阅读《蓝色的家园》第40页"日渐消瘦的青岛胶州湾"，请以"围海造陆的利与弊"为主题开展班级辩论会。

■反馈练习2

下列行为不利于海洋生态环境保护的是（　　）。

A. 休渔期间继续捕捞　　　　　　B. 加强海洋执法力度

C. 防止海洋污染　　　　　　　　D. 用高科技促进渔业可持续利用

■问题探究3

通过本节课的学习，你还有哪些问题？

六、盘点提升

我的思维导图：

我的收获：

七、当堂达标

读漫画图，完成第1~3题。

1. 该图提示的问题是（　　）。

A. 海洋生态破坏　　　　　　　　B. 海洋污染

C. 海洋渔业发达　　　　　　　　D. 海洋渔业发展前景不大

2. 导致该图问题的原因是（　　）。

A. 人们喜食小鱼　　　　　　　　B. 过度捕捞

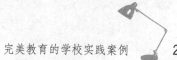

C. 海洋污染　　　　　　　　　　　D. 气候的变化

3. 解决图示问题的合理有效措施有（　　）。

A. 禁止鱼产品上市　　　　　　　　B. 治理海洋污染

C. 植树造林，调节气候　　　　　　D. 实施"休渔期"制度

4. 阅读下面图文材料，回答问题。

材料一：我国东部、南部濒临海域广阔，但是近年来由于海洋污染、过度捕捞等原因，我国近海渔业面临着枯竭的危险。

材料二：如图。

（1）我国近海渔场很多，A、B、C、D 四渔场中＿＿＿＿＿＿（写出渔场代号及其名称）渔场位置适中，是多种鱼类洄游的必经之地，成为我国第一大渔场。

（2）我国近海渔业面临枯竭境地的原因是＿＿＿＿＿＿＿＿＿＿＿＿＿＿＿＿＿＿＿。

（3）图中▲表示＿＿＿＿＿，淮河南北两侧的▲大小和数量有什么不同？＿＿＿＿＿。

（4）由上题可知，我国海盐产量的大部分集中在淮河以＿＿＿＿＿＿的＿＿＿＿＿＿盐区。主要原因是＿＿＿＿＿＿＿＿＿＿＿＿＿＿＿＿＿＿＿＿＿＿。

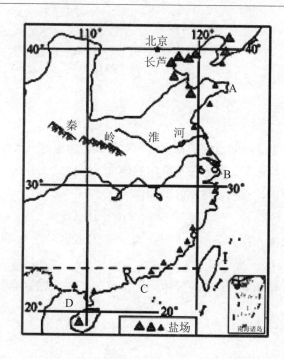

八、回归生活

1. 中国在夏商时代就有"夏三月，川泽不入网罟，以成鱼鳖之长"的规定，现在，许多国家和地区的法律法规中对江河湖泊、海洋的禁渔期做了明确规定。你认为禁渔期的时间与什么有关系？执行"禁渔令"有何意义？

2. 阅读材料，回答问题。

2010 年上海市海洋捕捞量为 12.15 万吨，同比下降 27.92%。受到资源和气候影响，远洋捕捞量减少了 4 万多吨，因此海产品价格也有一定的上升。带鱼、鲳鱼、小黄鱼等海产品领涨水产市场。

(1) 我国四大渔场中离上海市最近的渔场是_____。

(2) 上海市远洋捕捞量减少的主要原因是_____。

(3) 我国自 1995 年开始实施海洋伏季休渔制度，目前，休渔海域已覆盖了我国管辖的全部海区，伏季休渔的目的是什么？

思想品德导学案：我们向往公平

设计人：蔡万滨

一、教师寄语

公与平者，即国之基址也。

——清·何启

二、学习目标

1. 了解公平的含义，知道维护社会公平对于社会稳定的重要性。

2. 学会与人合作，提高与人公平合作的能力。

3. 树立公平意识，积极参与良好的合作。

三、评价设计

1. 通过阅读教材、自主学习、小组合作，完成问题探究一，从而初步达成学习目标。

2. 通过小组合作和老师点拨，完成问题探究二，在问题情境中进一步达成学习目标。

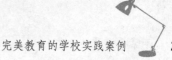

四、课前准备

1. 通过网络或电视媒体，了解本地区还存在哪些不公平的现象。

2. 了解本地区政府在推动社会公平方面的重大措施。

五、问题导学

问题探究一

（一）自主探究

阅读课本第 3~8 页正文部分，思考并回答下列问题。

1. 什么是公平？

2. 公平对于合作有什么重要意义？我们应该怎么做？

3. 社会公平主要有哪些方面的表现？

4. 维护社会公平有什么重要意义？

5. 如何维护社会公平？

■点拨提示

同学们先带着问题独立阅读和思考，同时用铅笔在课本上做出标划，再将自己的见解或疑问与本组同学交流，进一步充实完善自己的答案。

（二）自我反馈

1. 公平意味着参与社会合作的每一个人既要_____，又要_____。公平要求对参与社会合作的每一个人都要实现_____。

2. 公平是合作不可缺少的_____。我们与他人合作时，应树立_____，努力维护合作公平。

3. 社会公平主要表现为社会为每个人的全面发展提供平等的_____，并使每个人能够按照自己的劳动和贡献得到_____。

4. 维护社会公平的重要意义在于：

（1）能促使社会合作取得成功，有利于_____。

（2）能促进良好人际关系的形成，有利于_____。

（3）能协调社会各方面的利益关系，正确处理社会矛盾，减少或避免社会冲突，有利于_____。

5. 维护社会公平，不仅要靠_____，而且要靠_____。要求每个社会成员要树立_____，积极承担_____，学会维护自己的_____，不侵害_____。

问题探究二

（一）校园 AB 剧

片段 A：李甲是班上的宣传委员。一次学校进行黑板报比赛，班主任让李甲负责此事，他当即表示一定完成任务。放学后，他却说自己有事，把工作推给了宣传组的其他同学，一走了之。其他同学很好地完成了任务，在学校评比中获得了一等奖，李甲也因此获得"优秀宣传委员"的称号，受到了表彰。

问题 1：李甲受到表彰，你认为公平吗？为什么？

片段 B：又过了几天学校要举行运动会，要求各班设计并制作班徽。班主任又找到李甲，让他组织宣传小组的同学做好这项工作。

问题 2：如果你是宣传组的成员，李甲找到你，你会怎么想、怎么做？

问题 3：这件事给我们什么启示？

■点拨提升

1. 不公平，因为公平意味着参与社会合作的每个人既要承担应分担的责任，又能得到应得的利益。李甲没有承担责任却受到表彰，是很不公平的。

2. 因为曾经有过的不公平待遇，我不想继续与李甲合作。做法：和李甲说明，让他对上次的事情如实反映；自己找班主任反映情况，请班主任帮忙解决。

3. 社会需要合作，更需要良好的合作，而公平是合作不可缺少的重要条件。生活中，我们与他人合作时，要树立公平意识，努力维护社会公平。

（二）热点直击

热点一：修改后的《选举法》，实行城乡按相同人口比例选举人大代表，城乡居民选举实现"同票同权"。

热点二：开放异地高考，是为了进一步解决外来务工子女的升学问题，让非户籍地考生享有与本地考生相同的高考资格，使更多外来务工子女能够更好地享受父母务工所在地的教育资源，让非户籍地考生享有与本地考生相同的高考资格。

热点三：《国务院关于开展新型农村社会养老保险试点的指导意见》指出：60岁领养老金，不再只是城镇居民的"福利"。

问题 1：根据材料，你能看出社会公平分别表现在哪些方面吗？

问题 2：你还能列举出哪些国家促进社会公平的重要举措吗？

■点拨提升

1. 关键是准确理解社会公平的两大表现，然后结合材料，一一对应即可。

2. 主要考查大家对大政方针政策的关注，可以从经济生活、政治生活、文化教育生活等几大领域展开。例如，家电下乡补贴制度、粮食直补政策、《选举法》的修改、个税起征点的调整等。

（三）名题赏析：关注社会发展

青岛市规划建设房源共 2.2 万套，完成 10 个保障性安居工程项目，开工规模为青岛市有史以来房源数量最多的一次。市政协委员张洪义表示，近年来，青岛遇到了"用工荒"问题，而为外来务工人员建立廉租房，能留住外来农民工，缓解当前的用工荒。

保障性住房配建制度的实施，不仅能解决农民工子女上学的难题，从更深层面上还缓解了政府财政投入压力，更重要的是适应和满足了被保障家庭就近居住、就业、就医、就学、出行需要，降低了生活成本，促进了社会的和谐发展。同时，使不同收入阶层可以平等共处，有效缓解了社会矛盾，维护了社会公平，促进了社会稳定。

问题：结合材料，分析青岛市的做法是如何体现维护社会公平的意义的。（6分）

■点拨提升

知识限定：维护社会公平的重要意义。

思路：理论＋材料

参考答案：（1）为外来务工人员建立廉租房，留住外来农民工，缓解当前的"用工荒"，体现了维护社会公平，能促进社会合作的成功，有利于社会合作的不断延续。

（2）"保障性住房配建制度的实施，满足了被保障家庭的需要，降低了生活成本，促进了社会的和谐发展"体现了维护社会公平，能促进良好人际关系的形成，有利于社会和谐发展。

（3）"保障性住房配建制度的实施，使不同收入阶层可以平等共处，有效缓解了社会矛盾"体现了维护社会公平，能协调社会各方面的利益关系，正确处理社会矛盾，减少或避免社会冲突，有利于社会的长治久安。

问题探究三：你还有什么发现或是困惑？

六、课外拓展

公平不是绝对的，而是相对的。差距悬殊不是公平，但干多干少一个样的平均主义也是不公平的。（1）每个人都有自己的感受，有自己的好恶，这就很难保证一个人对其他任何人都公平对待。（2）如果有绝对的公平，那就很难解释：为什么地球上的土壤有贫瘠和富饶之别，气候有冷暖之分，非洲人民要面对干旱和饥饿，等等，面对不同的环境讨要绝对的公平这是不现实的。

七、盘点提升

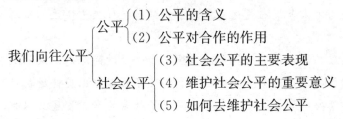

八、当堂达标

（一）单项选择题（2分×8＝16分）

1. 古今中外，公平一直是人们追求的目标，对公平的认识正确的是（　　）。

A. 公平就是自己需要什么就应该得到什么

B. 公平就是平均分配

C. 公平可以保证人们应得到的利益，使人们各得其所

D. 生活中可以做到绝对的公平

2. 党的十八大报告指出：大力促进教育公平，合理配置教育资源，重点向农村、边缘、贫困、民族地区倾斜。支持特殊教育，提高对家庭经济困难学生资助水平，积极推动农民工子女平等接受教育，让每个孩子都成为有用之才。这一决策（　　）。

①充分体现了中国共产党执政为民的理念　②表明中国向现实社会绝对公平又迈进了一大步　③有利于维护社会稳定，促进社会和谐　④有利于促进教育资源均衡发展，保障公民的受教育权

A.①②③　　　　　　B.①②④　　　　　　C.①③④　　　　　　D.②③④

3. 在新华网与《半月谈》杂志社联合开展的"中国进步我来点——十八大每日

调查"活动中,"腐败""发展不平衡、收入差距大""社会保障体系不完善"等关乎社会公平的话题居于前列。人们对这些问题的高度关注直接表明(   )。

A. 公正的制度是人们获得公平的保障

B. 个人和社会都渴望和需要公平

C. 公平有助于提高效率,维护秩序

D. 公平就是人人拥有相同的权利

4. 公平正义是中国特色社会主义的内在要求。这是因为,公平的社会可以(   )。

①为每个人的发展提供平等的权利和机会　②使人们依法享有的权利不受任何约束和限制　③为每个社会成员的生存和发展提供保障　④使每个人的各种利益都得到实现

A.①②　　　　　　B.①③　　　　　　C.②④　　　　　　D.③④

5. 人力资源和社会保障部表示,目前全国已经有 24 个省市取消了公费医疗,公费医疗正在逐步退出历史舞台。取消公费医疗(   )。

A. 会打击公务员的积极性

B. 有利于实现社会公平

C. 不利于社会的和谐发展

D. 会彻底铲除"公费医疗"这个巨大的消费漏洞

6. 实现公平是构建社会主义和谐社会的主要任务之一。下列属于我国维护社会公平而采取的措施是(   )。

①在全国全部免除义务教育阶段学生的学杂费　②实行新型农村社会养老保险制度　③实施下岗工人再就业工程　④实行国家公务员录用考试制度

A.①②③　　　　　　B.①②④　　　　　　C.②③④　　　　　　D.①②③④

7.《政府工作报告》指出:继续加大教育资源向中西部和农村倾斜。贫困地区农村学生上重点高校人数要再增长 10%,使更多农家子弟有升学机会。这(   )。

①有利于促进教育公平　②有利于实现公民的受教育权　③可以促进义务教育的均衡发展　④有利于社会和谐稳定

A.①②③　　　　　　　　　　　　B.①②④

C.①③④　　　　　　　　　　　　D.①②③④

8. 在我国，社会公平得到了基本实现，但在很多方面还存在一些不公平的现象。我们对待这些不公平现象的正确态度是（　　）。

①在自身权益受到侵犯时，要学会维权　②维护社会公平是国家和政府的事，和我无关　③客观对待生活中的不公平现象　④如果和自己没大关系，就不要多管闲事

A. ①②　　　　　　　　　　　　B. ③④

C. ①③　　　　　　　　　　　　D. ②④

（二）材料分析题（9分）

9. 为推动义务教育均衡发展，教育部部长袁贵仁指出：各地要加大对农村、边远、贫困和民族地区的支持力度，保证所有义务教育学校教学生活资源配置基本均衡；要建立健全城乡校长、教师定期交流制度，从根本上消除农村义务教育薄弱学校；要努力解决好进城务工人员子女、农村留守儿童和家庭经济困难孩子上学问题，提高残疾儿童少年义务教育普及程度。（2015年中考）

问题：依据材料，谈谈我国推进义务教育均衡发展的举措对于社会稳定的重要意义。

【参考答案】

1. C　2. C　3. B　4. B　5. B　6. D　7. D　8. C

9.（解析：此题要求学生从材料中提取有效信息，并运用所学知识加以分析。思路是理论＋材料，其中每方面理论2分，材料1分。题型是意义类，基本句型"有利于"。）

（1）加大对边远、贫困、民族地区的支持力度，保证所有义务教育学校教学生活资源配置基本均衡，有利于协调社会各方面的利益关系，正确处理社会矛盾，维护社会的长治久安。

（2）建立健全城乡校长、教师定期交流制度，能促进社会合作取得成功，有利于社会合作的不断延续。

（3）努力解决好进城务工人员子女、农村留守儿童和家庭经济困难孩子上学问题，能够为每个受教育者提供平等的权利和机会，有利于社会的和谐发展。

其他合理答案：有利于缩小收入差距、贫富差距、促进社会公平、维护社会稳定等。

九、特色作业

通过网络了解我国当前亟待解决的民生问题还有哪些，进一步关注国家为推动公平、保障民生所采取的重大举措。

六、完美教育之学生培养案例

（一）培养学生良好的习惯

养成良好习惯是培养学生的重中之重。完美学生首先要形成良好的习惯，我们把学生习惯的培养作为完美教育的重要内容，并贯穿到学校工作的各个方面，通过习惯培养，让学生掌握终身学习的能力。学校坚持从细节做起，要求学生在习惯养成中做到"八要八坚持"。学生的习惯培养包括生活习惯、品德习惯和学习习惯，我们在全面培养学生习惯的同时，在对学生的学习习惯培养上进行了探索，取得了明显的成效。

我们特别关注学生合作学习习惯的养成。新的课程改革中合作学习是一种重要的学习方式，这需要学生学会合作的技术，养成合作的习惯。我们首先对学生进行分组，学生在"课上"以问题为导向，先自主学习，后小组合作，形成一个高效的知识探究的小循环，让每一个学生都得到提高。"课下"以学生小社团的形式开展学习探讨、读书交流活动，将合作小组作为全员育人导师制实施的"最小功能单元"。班级的各项活动均纳入小组合作活动，比如值日组、就餐组、跑操组、活动竞赛组等。建立捆绑式评价体系，通过干部走课反馈、班级日总结、级部周评比、学校月表彰等形式极大地强化学生的小组合作责任感与集体荣誉感。良好的合作习惯提升了合作学习的质量。

习惯的养成是一个艰难的过程，在此过程中的跟踪评价尤为重要。我校班主任许洪波老师在学生学习习惯养成过程中，除了坚持根据学生们日常的学习行为去肯定并提出改进建议以外，还实施集体评价和网上评价。刚开始的阶段，许老师总会占用上课前几分钟时间让学生交流习惯养成的心得，且不断强化概念："好习惯使人终身受益。"让学生通过学习其他人的好做法，学会去分析什么是适合自己的好习惯，以此肯定鼓励已经养成好习惯的学生，为还没养成好习惯的学生提

供示范作用。同时，许老师还利用学生博客群进行跟踪评价。她的做法给我校老师很大的启示。

（二）加强学生的自主管理，注重学生自主发展

2012 年 6 月 20 日的《中国教育报》以"人人有事做，事事有人管——青岛开发区实验初中推进学生自主管理"为题对我校的学生自主管理进行了报道，这篇报道讲述的是一个真实的故事。

2012 年 5 月 25 日上午 11 点 20 分，距离青岛经济技术开发区实验初中校门口 50 米处突发燃气管道泄漏事故，学校家委会的值班家长第一时间发现情况，和学校保安等立即告知学校。学校迅速疏散师生，在短短不到 1 分钟的时间内全部师生有序地从教室撤离到学校操场上。

在这一事件中，学校领导老师管理到位，冲锋在前，撤离在后，学生都说，看到他们就有了安全感。初一（7）班尹晓航平时是个调皮的孩子，当他看到邻班腿脚不方便的同学吃力地往外跑时，二话不说，背起来就跑，一直从学校背到江一小，此刻他平凡举动里闪现出的高贵品质感动了所有人。在办公室里备课的老师听到警报，首先想到的不是自己往外跑，而是各就各位，组织学生撤离。有三位老师，她

们的孩子就在本校，但是危险发生时，她们没有一个人跑去找自己的孩子，而是和学生们在一起。101班班主任怀孕了，其他老师代她组织学生疏散，在疏散的过程中，不断有学生问："老师，我们班班主任怀孕了，她跑出来了吗？"事发当时，有一个班级正在上游泳课，两名体育老师留下来组织他们撤离，确保每一个角落都没有学生后，自己才跑出去。一句句"快点跑""抓紧时间""小心点"不时地在耳边响起，一张张紧张、关心的面容不断出现在眼前……师生之间、同学之间、同事之间互相关心、互相帮助，爱和感动溢满了实验初中这个大家庭。

燃气泄漏事故最后得到圆满解决，学生在这次事故中之所以有这么优秀的表现，缘于我们在平时的教育教学中，注重培养学生自我管理的能力，通过班级文化建设、习惯养成教育、学生干部培养和社团活动等，增强了学生的责任感，养成了良好的行为习惯。

这是发生在我们学校的真实的故事，故事中学生面对突发事件临危不惧，有条不紊地处理，是我们推行自主管理、让学生自主发展的集中体现。

教育是培养人的事业，那么教育培养什么样的人呢？我认为教育培养的是自主发展的人。陶行知曾经指出，教育的目的就是要养成"自主""自立"和"自动"的共和国公民。联合国教科文组织在1972年也指出："人永远不会变成一个成人，他的存在是一个无止境的完善过程与学习过程。人和其他生物的不同点主要就是由于他的未完成性。事实上，他必须从他的环境中不断学习那些自然和本能所没有赋予他的生存技术，为了求生存和求发展，他不得不继续学习。"这些都表明了教育是培养自主发展的人。学生的自主发展包括学生发展的以下方面：一是内在发展，发展是由学生自己发起的，又以自己为对象的变化过程；二是独立发展，就是在教师指导下学生自己独自进行学习的过程；三是选择发展，就是在一定的范围内学生自身拥有学习选择的权利；四是创造发展，就是学生能够在支持的环境下发展自己赋予事物独特新颖意义的变化过程；五是差异发展，就是每个学生在发展的方向和程度上有着明显的差异。我们主要是通过学生的自主管理实现自主发展。

我们在完美教育上，坚持以立德树人为根本任务，构建"人格自尊、行为自律、学习自主、生活自理"的学生自主管理体系，打造美德生态园。基于自主教育的理念，强调学生"四自"培养的目标性和养成性，明确年段教育目标。将七年级定位为学生自我发展的习惯养成阶段，八年级定位为学生自我发展的理想引领阶段，九年级定位为学生自我发展的卓越实践阶段。学校以此规划每个年级的学生管理目标，设计学生活动，并逐步形成"行为课程＋生态课程"的主体性润德实践课程体系。通过"责任教育课程、友善至爱课程、民主班会课程、品牌环境课程、行为习惯养成课程"等行为类课程和"社团课程、家校联盟、实践基地"等生态课程提高学生自我规划、自觉修养、自我历练、自主管理、自主实践的能力，实现德育建设品牌化发展。

1. "生生班干部、师师班主任"

要让学生实行自主管理，教师就要在管理方式上进行改革，赋予学生管理的权利。我们为此进行了多方面的改革。

一是实行"生生班干部、事事有人管"的制度，每个学生都认领班级事务，成为具体的负责人。每个小组设立学科长，学科长对每天的作业进行监督，实现生生班干部管理方式，让每个学生都参与到班级管理中，成为班级的主人，体验到成功的快乐。

二是实行值周班主任制度，每天的事务由值日班主任负责，每个学生都可以担任值日班主任。

值日班主任承担班主任的工作，对班级学生进行考勤，对每个小组的学生每节课的小组合作情况，乃至每项事务的表现进行评价。如：值日班主任十件事：①到教室，开窗通风，保证教室空气清新。②每天早晨在黑板上填写日期、签名、实到人数。③检查教室卫生：地面、墙裙、黑板、讲桌、卫生工具、垃圾桶情况。④值日班长每天早上进行就职演讲，强调注意事项及问题。⑤早读时自觉维持好教室纪律，确保每一个同学认真学习并记录迟到同学。⑥提醒同学们准备好课前资料，课前两分钟确保教室纪律。⑦中午组织好同学午休，记录迟到情况。⑧自习时坐在教室前面，边学习边维持教室纪律。⑨下午第四节课下课前5分钟总结一天的学习、卫生、纪律情况，表彰优秀、批评落后。⑩记好班级日志。

值周班主任对一周事务进行总结点评：①对本周值日班长工作进行点评。②表彰本周最佳值日班长。③对本周重点工作开展情况进行总结。④下周值周班长宣布下周工作重点。

实行值周班主任制度的宗旨是人人参与管理，打造班级自主管理能力。

三是实行主题班会制度，主题班会由学生自主管理。学生分组对主题班会的主题内容进行布置，以全班讨论和小组竞赛的方式进行主题班会的交流，让学生在谈论和交流中明确要求和做法，实现自主教育。

附：

班级日常事务型班会课

905 班的日常事务型班会：

每周一的第七节是班级的班会课，班会课的主持人是值日班长。

今天 905 班的值日班长是董晓飞，今天班会的主题是班级常规行为教育。

班会开始，董晓飞主持会议，先由各位班干部对上周本部门的工作进行总结点评。

第一个做点评的是体育班长，他就班级上操集合，从室外往操场带队的秩序，集合的速度，跑操的队形，口号等对每个同学和每个组做出点评，并公布上周跑操的优秀个人和优秀小组。就班级带队秩序提出建议，为了更好地集合，在课间操方面保持级部第一，教室外站队采用以小组为单位的方式，组长互换站队，即一组的组长站到二组，二组的组长站到三组，依此类推，从而对别的小组做出评价，就所督促小组的秩序等方面做出反馈。提醒同学们严格要求自己，齐心协力，争创最好的小组。

第二个做点评的是卫生班长，她就上周班级的卫生在学校最美教室评比中的成绩做出反馈，指出上周生生班干部、事事有人管方面做得好的个人，表扬了事事有人管方面个别同学的创新做法。如：护花使者跃龙每天选择在放学后浇花，可以让花吸收一晚上的水，不至于早上到校浇花，让水溢出来，且影响擦窗台的同学。传达了上周卫生部干部培训会议的内容和精神。提醒同学们，天气越来越暖和，空气容易不清新，而且易滋生细菌，传染疾病，不要把垃圾掉到地上，也不要攒在桌洞内，应在课间随手带到卫生间的垃圾桶内。要求同学们每天必须洗脚，换洗袜子、鞋垫。建议两天换一双鞋子，不穿的放在家中阳台晾晒，既能除味，更可以杀菌。

第三个做点评的是财产管理员，他公布了上周学生会财物部一周的检查成绩，905 班在上周财物管理中是全校第一名。他对负责各项事务的同学表示感谢，并继续提出，升旗、上操、午餐、音体美微机课时，要随手把班级的灯、投影关好。告诉同学们要把游泳的用具放到室外的橱子里，室内的书籍要摆放整齐，今天下午放学后要对每个同学的内橱子再进行一次评比。

第四个做点评的是学习班长，他指出班级在上周的班级值日评比中成绩不理想，原因是有几个组的记录不及时、不认真，他把优秀班级的班级日志借了过来，并和全班同学一起学习如何记录。指出上周交的学法交流有三个同学的内容不充实，建议继续修改。

第五个做点评的是各科的学科助理，他们对上周每个组的作业情况进行了评比，评出了作业优胜小组，并提出了本周的要求。

接下来是各组组长在组内进行交流，点评每个组员上周的表现，提出本周的要求。全组表决心，互相激励，齐心协力争取下周在各方面取得理想成绩。

最后值日班主任对班会做出总结，对纪检部提出的要求做出布置。全体唱班歌结束会议。

专题型主题班会

903班学生自主确定班名班训的主题班会：

一个班级的文化是一个班级的灵魂，在确立班级的名字和口号时要得到学生的认可。所以903班在确定班级名字和班训口号时仍然采用了以学生为本的学生自主管理的方式。

903班开学第二周的班会上学生们异常兴奋活跃，他们在自主确定班名班训。

主持班会的是当天的值日班主任，"同学们，大家好，今天我们来给班级确定班名和班训。上周，我们每个组的同学积极参与，在组内展开了热烈的讨论，并在小组内达成共识。今天我们全班交流，每个小组展示一下你们拟定的班名、班训。我们采用小组评议的方式，最后集体决议，采纳其中一种。集全班的智慧确定我们班级的班名、班训、口号、班级愿景等。有请第一组展示的同学。"

第一个展示的是一组。"大家好，我们组拟定的班名是弘毅班，取自《论语》'士不可以不弘毅'，我们取这个名字，意寓九年级的我们要弘扬刚强勇毅的精神，直面苦难，坚强勤奋，为理想拼搏。我们组的班训是'慎思、勤奋、团结'，意为我们要谨慎，勤思，勤奋，相互团结，打造我们团结向上的903。"

第二个展示的是二组。"大家好，我们拟定的班名是谨睿班，我们取这个名字意在激励我们大家学习要谨慎，用我们的勤奋努力激发我们的睿智。我们组定的班训

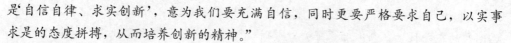

是'自信自律、求实创新',意为我们要充满自信,同时更要严格要求自己,以实事求是的态度拼搏,从而培养创新的精神。"

第三个展示的是三组。"大家好,我们三组拟定的班名是'鹰之班',首先和大家分享《鹰之重生》的故事。鹰是世界上寿命最长的鸟类,它的寿命可达70岁。要活那么长的时间,它在40岁时必须做出困难却重要的决定。要么等死,要么经过一个十分痛苦的150天漫长的蜕变。鹰首先用它的喙击打岩石,直到其完全脱落,然后静静地等待新的喙长出来。鹰会用新长出的喙把爪子上老化的趾甲一根一根拔掉,鲜血一滴滴洒落。当新的趾甲长出来后,鹰便用新的趾甲把身上的羽毛一根一根拔掉。5个月以后,新的羽毛长出来了,鹰可以再度过30年的岁月!"

"这个故事触动了我们,所以我们拟定的班名是'鹰之班',希望我们都像雄鹰一样能历经磨砺,勇往直前。我们组定的班训是'宁静致远、厚积薄发','宁静致远'取自诸葛亮的《诫子书》'非宁静无以致远',意为我们要沉静下来,潜心钻研,多多积累,博学多识。"

三个小组交流完后,值日班主任说:"感谢三个组带给我们的班名设计,下面请大家讨论一下并要发表自己的意见。"

最后全班一致通过,采纳三组的方案,用雄鹰重生的故事激励自己,把班级名字定为"鹰之班"。

确立班级名字之后,值日班主任召集大家一起商议确立班训。"我们903'鹰之班'在大家的共同努力下成立了,接下来请大家根据前几个组的提议,讨论确立我们的班训吧。如果大家对前几个组的提议不满意的话,我们可以重新讨论。"

各小组踊跃讨论,组内交流,各抒己见,然后在班内交流。大家对前几个组的提议不是很满意,虽然他们的提议都很精彩,但与"鹰之班"的精神还有一点距离。这时四组提议:"大家的讨论很精彩,我们组认为,既然我们是鹰之班,我们就是一只只奋飞在理想路上的雄鹰,就应该像雄鹰一样去搏击长空,我们是一个团体,又是一只只勇往直前的鹰,我们既要团结,又要超越,所以我们组的意见是把班训定为'和谐竞争,拼搏超越'。"

全班交流后,采纳四组的方案,确定班训为"和谐、竞争、拼搏、超越"。

定完班训后,学生的情绪比较高涨,感觉到奋飞的雄鹰在激励着自己,集合一组、四组的意见,全班定班级口号为:"搏击长空,展翅翱翔。我是雄鹰,我必飞翔。"虽然学生们的意见并不是非常精彩，但这是源自学生内心的声音，是他们给自己制定的奋斗目标。每次上课呼喊口号时，学生们的声音总是很洪亮，精神很振奋。

班级愿景的讨论是在组间进行的，每个组陈述自己的见解，值日班主任汇总大家的意见，集合所有同学的智慧，定班级愿景为"打造经典，创造一流，为美好的明天而奋斗"。

最后学生们邀请班主任做点评，班主任兴奋地说："感谢各位同学，为了我们的班集体，同学们各抒己见，老师为大家对班集体的这份热爱感动。老师欣慰我们903'鹰之班'的成立，同时送给大家一句话，与大家共勉，'只要有蓝天的呼吸，我们就不能放弃奋飞的翅膀！'希望在奔向中考的一年我们一起拼搏。"

班会在全班同学一起高唱班歌《我相信》中结束。

后来，班级里爱好剪纸的同学创作了一只奋飞的鹰的作品，作为全班的班徽。

主题班会内容多样、形式多样，可以结合班级具体情况进行。

结合节日：母亲节——献给母亲的颂歌；五一劳动节——我看农民工；六一儿童节——我的童年多快乐；教师节——老师，我想对您说；国庆节——祖国颂（诗歌朗诵会）；元旦——新年音乐会（才艺展示）。

结合班级具体情况：①我为班级添光彩——各项竞赛前的动员会；②人人为我，我为人人——班级工作承包会；③洒向人间都是爱——为灾区捐款捐物；④夸夸我的同桌、夸夸我们班的××同学——增进同学间的友谊；⑤民主评议班干部——对班干部的监督促进；⑥从××事所想到的——引以为戒；⑦小议绰号——评论不正之风；⑧××事之我见——评论不正之风；⑨拒绝游戏机的诱惑；⑩学习经验交流会；⑪各科优生答疑；⑫完美学生、班级之星评选。

结合社会、学校情况：①勿忘国耻——南京大屠杀××年；②警钟长鸣——安全知识竞赛；③知识改变命运——激励学生勤奋学习；④一周要闻发布会——引导学生关注国家大事。

道德品质教育：①我骄傲，我是中国人；②真金是怎样炼成的（请优秀生在班里做报告，介绍他们如何做人和学习。用他们成长的故事，启迪和激励同学，共同展望无限美好的明天）；③律己宽人——同学之间发生矛盾；④一屋不扫何以扫天下——如何认真负责，如班级值日等；⑤腹有诗书气自华——读书会；⑥走进唐诗

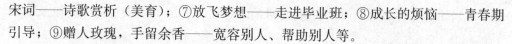

宋词——诗歌赏析（美育）；⑦放飞梦想——走进毕业班；⑧成长的烦恼——青春期引导；⑨赠人玫瑰，手留余香——宽容别人、帮助别人等。

心理疏导：①谁能为我支一招（全班同学之间交流）；②悄悄话（与老师的交流）；③辩论会（电子游戏、不文明现象等）。

四是实行值周班制度。值周班的学生承担校级干部的角色，对学校事务进行全方位的管理，从学生入校、晨读秩序、班级卫生、班级候课、课间秩序、大课间上操质量、午餐秩序、午休秩序、室外课带入带出秩序到学生离校秩序等进行全面考评。值周班学生的考评作为班级考评的重要依据，这就发挥了所有学生的主人翁意识，培养了所有学生自主管理的能力，让每个学生参与到学校管理中，从而提高学生的自我教育能力。

五是实行值周班级护旗制度，升旗、护旗不是由专门的护旗手承担，而是分到每个班级。从升旗主持、国旗下演讲到护旗手都是由自己班级负责。每个护旗班成方队整体站立，齐呼班训口号。让每个学生体验到升国旗的庄严和使命感，在护旗中得到锻炼和自我管理。

六是探索和建立"师师班主任"的全员德育工作机制，健全德育组织，完善德育制度，规范德育行为。成立班级智囊团，并分期对纪律、学习、卫生、体育、财物等班长进行培训和指导，让班级智囊团成为班主任的好帮手，并且发挥学生主动性，实现学生自主管理。

2. 开展丰富多彩的活动，让学生在活动中实现自主管理

学生的自主管理需要在一定的平台和条件下进行，开展各种各样的活动是重要途径，学生要积极参加各种活动，利用学生社团组织各种活动。学校设有"学生大讲堂"、"小小金话筒"主持人协会、"七色光"书画协会、"五彩青春"实验话剧团、"砺新"插图社、"机器人"社团、"我爱小发明"社团等72个校级学生社团组织，"科技节""体育节""艺术节""读书节""社团活动周"、校园吉尼斯、学生科学与人文游学考察等丰富多彩的校园活动，不仅锻炼了学生的组织协调能力，而且培养了学生自主发展、自信自强的意识。学校建立的学生会、学生社团发展服务中心、学生社团联合会、学生自主发展智囊团四大学生组织形成了实验初中学生自治组织网络，着力培养组织策划、协作交流、务实创新的"领袖"意识与素质，实现德育管理自主化发展。学校开展了一系列内容健康、格调高尚、丰富多彩的学生社团活动，把兴趣活动作为课堂教学的延伸和补充，努力为学生提供自由、健康发展的机会。

通过开展多种兴趣小组活动，丰富了学生的校园生活，逐步形成健康的校园文化和文明的校园环境，从而推动整个校园文明程度的提高。我校开办了演讲、乒乓球、美术、书法、舞蹈、音乐、篮球、航模、微机等学生社团活动，由于学生社团活动是学生主动参加的，兴趣浓厚，学习氛围好，积极性高，学生才华和特长得到了很好的发展。

我们举行校园好书伴成长及感恩征文大赛、中国梦征文大赛、魅力校园征文大赛、校园书法大赛、汉字英雄大赛、安全展板评比、书香教室评比、最美教室评比、校园安全绘画比赛、阳光体育节等活动，对校园篮球、足球、排球等球队进行专门训练和培养。开发多样的大课间活动，将拉丁舞引入操场，让学生在灵动的旋律中进行愉悦的身心锻炼。举行踢毽子活动和比赛，基础年级大课间练习踢毽子，四周后进行踢毽子比赛。举行"感恩母校，扬帆远航"首届毕业课程教育，学生在毕业课程学习中对母校怀着深深的感恩，同学之间相互激励，满怀信心地展望未来。举行盛大的毕业典礼，所有毕业班的老师送上自己的祝福，师生共同讲述一年来感人的故事，学生与家长拥抱，表达对父母的感恩。学生心怀感恩，步入人生的更高殿堂。举行发现身边的美活动，学生用发现美的眼睛寻找身边最美的老师、最美的同学、最美的风景。把发现的美用图片或录像的形式展示出来，并进行评比，让学生感受到身边的榜样的精神，并以榜样为目标，在正能量的引领下健康成长。

自主管理让学生得到了自主发展。实验初中学生会主席魏雪在"大家讲坛"演讲时深情地说道："感谢学校为我们搭建自主管理平台，让我在不断地历练中有一种超乎自己年龄的成熟与淡泊，繁忙的工作并没有影响我的学习成绩，班级学习委员和学校学生会主席这两份责任让我深深觉得养成良好学习习惯、培养领导能力、提升综合素质的重要性。我未来的梦想是做一名外交官，我正在朝这个方向努力。"

（三）开展高质量的小组合作学习

学识博雅是完美学生群体的形象之一，要想达到这样的目标，学生就要学会学习，掌握科学的学习方式和学习策略。小组合作学习是新课程改革倡导的学习方式之一，它对培养学生合作意识、合作能力、合作精神具有非常重要的意义，也是实现高效课堂的有效方式之一。但实际上，学生的小组合作学习常常是流于形式，表面上热热闹闹，实际上效果不大。这需要高质量的小组的组建、管理及职责分工、小组评价。我们在培养学生的学习习惯时，注重小组合作学习，在小组的组建、管理及职责分工、小组评价上进行了探索，提高了小组合作学习的效率，保障了学生的小组合作学习质量。

1. 合作小组的组建

小组合作学习中，合作小组的组建非常关键。小组组建得好，就为合作学习的成功奠定了基础，其中分组、排位和小组长的选拔是关键。

在学生的分组上，我们兼顾性别、个性、特长等，保证各小组有各学科优秀学生。根据本班学生的多少，可6人一小组，做到优势与劣势的整合。在学生的排位上由传统的插秧式变为方阵式，便于1帮1或多帮1。在小组长的选拔上，遵循以下四个标准：组长要有较强的责任心；组长成绩比较优秀；组长要有较强的语言表达能力和组织能力；组长在组员之间要有模范带头作用。

2. 合作小组的管理分工及职责

在合作小组中，具体明确的职责划分非常重要，小组中的每个人任务清晰，分工明确，就能在学习中各司其职。

合作小组中，组长是组织者和领导者，组长的职责是：①组织督促小组学生一起完成学习任务；②给小组同学分配确定具体的学习任务并帮助其确定知识的展示方式；③负责本组的上课纪律；④评价本小组学生的上课表现和目标任务达标情况。

小组内学生的评价细则：

①每个组准备一个小组合作评价手册，设正副两个组长。

②正组长负责学习，副组长负责管理纪律，一节课一考评，一天一统计，一周一评比。用"正"字统计自己负责的5位同学一天参与小组合作学习及展示的成绩情况。

考评共分四项。一是课堂发言：发言一次五号六号加3分，三号四号加2分，一号二号加1分（正字画一笔得1分）；回答错误不加分。二是课堂展示：展示一次五号六号加3分，三号四号加2分，一号二号加1分，有解题方法的总结或得到老师的特殊表扬加2分；展示错误不加分。三是组内讨论：积极参与组内讨论的，一节课加 1 分，表现比较突出的加 2 分；不积极、不参与该项为 0 分。四是完成任务：老师或组长分配的学习任务，及时完成的加 1 分；不及时为 0 分。

③组长每周一总结，找出每组学习上的问题，确定下周努力方向。组员每月月初自定学习目标，月底要达标，各小组根据组员完成情况，自定奖惩措施。

④学习表现好，但是纪律最差的不能当选最优秀组员。

3. 合作小组的评价

合作小组的评价在原则上坚持以激励为主，关注每一位学生的发展；在评价方式上实行小组合作与个人表现相结合，评价的目的是激发学生的上进心，促使学生竞争，以实现更好的发展。

评价机制上从以下方面进行要求和完善：

①课前准备方面：课前准备好学习工具、坐姿端正，奖励小组 1 分；所有同学课前已经进入学习状态，奖励小组 1 分；保证所有学生能课前准备好学习工具，认真预习或复习，进入学习状态。

②合作学习方面：自学和合作学习时听讲认真，坐姿端正，精神面貌好，点名表扬一次加 1 分，批评一次减 1 分；合作过程中能认真倾听，及时补充，文明争辩，合作过程中能主动参与，积极展示，表达清晰；合作汇报时能完成任务加 1 分，展示时积极大胆等，效果好五号六号加 3 分，三号四号加 2 分，一号二号加 1 分。

③作业完成方面：课堂上，组员能全部按时完成各科作业给小组加 5 分；个人完成质量高加 1 分，完成质量差减 1 分。个人不能按时完成的减 1 分，当天不能补完再扣 1 分；家庭作业能认真完成加 1 分。

④日常秩序方面：规范着装，按要求穿校服，干净卫生，每人加 1 分，不穿或不干净减 1 分；讲究个人卫生，地面干净每人加 1 分，地面不干净减 1 分；室外课集合迅速，每人加 1 分，迟到减 1 分；集合安静读书每人加 1 分，不安静减 1 分。不认真值日，每人次减 1 分。

小组合作学习的评价分为日评、周评、月评和期评。日评由小组长每天下午汇总，为组员加小星。值日班长每天评出组明星个人和班级明星小组。周评由值日班主任每周五汇总，每组得分根据小组成员个人累计得分，按小组组数分四个等级给小组加分，一、二、三等分别加 3 颗、2 颗、1 颗红星，最后 2 名为 2 颗黑星，最后 2 名的小组周一班会后由班主任召开小组会议，每名成员分析本组落后的原因，并

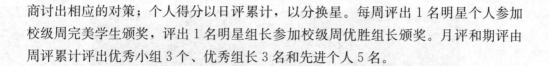

商讨出相应的对策；个人得分以日评累计，以分换星。每周评出 1 名明星个人参加校级周完美学生颁奖，评出 1 名明星组长参加校级周优胜组长颁奖。月评和期评由周评累计评出优秀小组 3 个、优秀组长 3 名和先进个人 5 名。

（四）开展丰富多彩的社团活动，为学生提供选择空间

社团活动可以增加学生的自尊自信，培养学生的参与意识和参与能力。我们学校所有特色课程都采用社团化运行机制，按照种类建立了学科社团、特色社团、微型社团。

1. 学科社团，让孩子的生活变得多姿多彩

在学校，学生自发成立了科普、插图、摄影、机器人联盟、小小志愿者等 90 余个社团，涵盖人文、艺术、科学、健康等方面，在社团中学生自主参与，自主管理，自主选择。科普社团学生走进中国石油大学感受科技进步，小小志愿者社团走进社区开展义卖活动，插图社团为校刊《砺新》设计精美插图，街舞社团在"欢乐嘉年华"班级春游活动中大秀舞技……与此同时，学生会自主筹划、自主管理、自主开设了"实验初中学生大讲堂"，组建了校园电视台，创立了学生报纸《捷报》。丰富多彩的社团活动，陶冶了学生性情，张扬了学生个性，提高了学生的综合实践能力。

2. 特色社团，让孩子的能力变得与众不同

我们高度重视对学生创造力的激发和培养，通过开设小小发明、机器人、科技创新讲座、生活科技实践等活动课程，举办"知识树电脑绘画比赛"、科技节等方式，实施生活科技计划，从科技带来的惊喜变化入手，让学生感悟科技的伟大力量，激发学生的探索精神，提升学生的科学素养，培养富有创新精神和实践能力的优秀人才。

3. 微型社团，让孩子尽显卓越风采

我们学校每个班级都是一个社团，每个社团中都蕴含着 8 个微型社团，那就是 6 人合作小组。我们发现 6 人学习小组有利于学生发现问题能力、有效表达能力、合作探究能力的提升。每个小组的每个成员都做到了四个参与：参与自学、参与讨论、参与展示、参与评价。

微型社团的构建，铸就了"问题导学"教学模式。问题导入，使学习和思维从问题出发，直逼核心地带，学生自主学习的目的清晰而明确。呈现目标，直入问题

书画社团的同学给美国朋友赠送礼物

本质，让学生通过目标解读启发对问题的思考。释疑巩固又分五个小环节，五个小环节环环相扣。"自主学习"是能力支撑，"合作探究"是形式保障，"展示交流"是成长弦歌，"质疑点拨"是智慧源泉，"巩固练习"是必要手段。盘点提升是引导学生总结归纳本节课的主要内容，寻找解题的规律、技巧和方法，用知识树或网络图的形式梳理要点、把握重要内容，形成完整的知识体系。达标检测是当堂检测学习效果，当堂反馈教学成效，并努力做到堂堂达标、人人达标。除语、数、英各有不超过 20 分钟的作业外，其他学科均实现了课外"零作业"。

微型社团，互帮互助，互查互促，见贤思齐，共同创造属于自己的吉尼斯，成长真的成了最快乐的事。

（五）学习过程多元评价机制激励学生成长

科学的评价机制可以激发学生之间的合理竞争，激励学生的成长。为此，我们在完美学生培养中注重集体评价，运用了小组捆绑式评价、班级捆绑式评价、即时性评价。

1. 小组捆绑式评价

我们在学生评价中运用了小组捆绑式评价，这既是起点，也是终点。这种评价强调团队意识，每个人的团结合作才能使集体真正强大起来。学科长及老师对每个组员进行评价，促进组员的进步。把小组内的每一个人捆绑在一起，每个组员为了一个共同的目标紧紧团结在一起，在评价机制的激励下进行着和其他小组的竞争。学科长不仅仅是督促的作用，更重要的是在课堂上及时评价组员，看组员是否能快速聚焦、认真倾听和反应、及时参与讨论和质疑。

　　小组成员评价的具体实施办法是：①每个小组的记录员将每天小组成员每堂课的得分情况记录在小组评价表上。课后及时公布个人得分情况。作为一节课的"今日之星"评选依据，小组成员总得分加上小组本节课的表现分，作为本节课的"明星小组"的评选依据。②每周根据记录员的记录结果，将评选出的本周"今日之星"和"明星小组"公示在评价台。获得"今日之星"的个人和"明星小组"的小组，可以在"星星知我心"（周评价台）获得一颗星，个人可以在个人周评价台上获得一颗星。③连续一个月被评为"今日之星"和"明星小组"的个人和小组在校宣传栏中予以公示。④学期末，小组所有成员的得星总数作为评选优秀小组的依据，个人得星总数作为评选各种个人荣誉的依据。

　　2. 班级捆绑式评价

　　班级捆绑式评价的理念是：个人好不是真的好。我们以小组为基础单元，依据制定的相应的组规、组约进行评价，是一种高效的学生自主管理、自我约束。每个小组之间进行捆绑，实现了班级捆绑，让学生有了班集体的概念。由各个小组捆绑而成的班级，力量更大，要求更高，因此只有让他们在自己的集体中发挥各自的潜能，取长补短，才能在竞争中促进自己深入学习，壮大集体的力量。

　　班级评价的具体实施办法是：①每个班内挂有一块专门用来记录各班每天评价总得分的黑板。②结合值周员每天检查纪律、卫生扣除相应分值后，最后得分就为本班当日班级评价得分。③一周下来，总计得分最高的班级就评为"最佳课堂"，颁发流动小红旗。

　　3. 即时性评价

　　教师上课要抓好小组学习的即时性评价：一评知识，二评情感态度，三评行为习惯、动作语言。这是班级内部的考评制度，主要由语数两科任教师执行。课堂上的即时性评价和班级平时的纪律、卫生等又进行捆绑——双捆绑。

　　实施小组捆绑式评价和班级捆绑式评价及即时性评价的方法之后，课堂上每一个组员为了一个共同的目标紧紧团结在一起，在评价机制的激励下进行着和其他小组的竞争。

在升国旗大会上依据各班小组评价表得分记录，分别对评选出的各班"今日之星"和"明星小组"予以表彰奖励，极大地调动了全体学生的学习积极性和竞争性，为进一步推进高效课堂进程加大了力度。班级与班级之间上演着激烈的争夺"明星班级"星级评价，暗中都攒着劲，在课堂课余都争取做到最好，在这样的竞争中，班级之间增加了友谊，同学之间增加了了解，拓展了学生的交际范围。校园内团结向上、积极进取的氛围渐渐形成了。

在运用小组捆绑式评价、班级捆绑式评价、即时性评价中，我们还重点做好以下三个方面的工作：一是设立"学生学习过程评价专栏"。学校要求任课教师根据学生前置研究的完成度、课堂上学生发言的精彩度、讨论的参与度、展示的广度和小组成员的配合度等方面对学生课堂表现进行评价，对综合表现突出的学生个人（或小组）奖励五星。这样，个人的表现直接关系到小组的荣誉，捆绑式的激励机制成为学生参与课堂的极大动力。为配合活动的实施，学校统一给各班建立了学习过程评价专栏，将各小组受奖情况及时统计上墙，并作为评选"合作学习优胜小组、优胜个人"的依据。同学们每天都能在专栏上看到自己的进步，增加了学习的信心和热情。二是设立"学生学习评价荣誉专栏"。学校每月评选一次"本月最佳组合"（小组）和"本月展示之星"（个人），将评选出来的同学的照片张贴在教室门口外墙荣誉栏中，宣传其优秀事迹，增强小组和班级的集体荣誉感。三是期末将学生学习过程评价汇总结果与期末诊断性评价结果相结合，评选"合作学习优胜小组"和"优胜个人"，学校统一表彰。从每节课的积累，到每月的汇总，再到期末的总结表彰，我校形成了比较完备的评价体系。这一评价体系突出做好"三个结合"，即终结性评价和过程性评价相结合，学生个体评价和小组集体评价相结合，教学质量评价和学生多元发展评价相结合。

（六）运用信息技术减轻学生负担

完美学生必然是身心健康发展的学生。减轻学生的课业负担，让教育回归生活本真，让学生找回七彩童年，这是我们共同的教育梦想。然而，目前学生普遍负担过重，严重影响了他们的身心发展。我们通过课程整合、课堂教学改革、丰富的社团活动、信息技术减轻学生过重的负担，取得了明显成效。通过课程整合、课堂教学改革和社团活动减轻学生负担，在其他章节已经有所体现，以下集中探讨运用信息技术减轻学生的负担。

2014 年 9 月应邀参加全国智慧教育高层论坛并做主题演讲

1. 优质学习资源整合与减负

在数字化时代，学生对手机、平板电脑等新媒体充满好奇并乐于接受新生事物。基于此，我们将零散的教育资源，通过学习中心、教学工具、阅读中心、个人学习空间等模块分类管理，建立适用于学生个性化学习的平台，把孩子们感兴趣的手机、平板电脑武装成电子书包，使他们可以随时随地访问学习平台，轻松愉快地进行个性化学习。同时，平台把老师、学生、家长以及学校的管理者联系起来，搭建成一个互联、互动的学习圈。老师通过平台进行备课、教学、发布学习资源等。学生通过手中的移动设备学习、做作业、上传资源等，这些数据再通过平台反馈到教师的平板电脑上。这是师生间互动方式的改变。这些数据被平台分门别类地记录、管理起来，家长通过平台即时了解孩子的学习情况、课堂表现等，学校管理者通过平台了解某一老师的教学情况、某一班级情况、学生情况等，为管理者提供系统、翔实的数据。这样一个平台的应用已经超越了我们传统上课堂的范畴，超越了一个校园的范畴。这样一个数据丰富、互动紧密的平台的使用必将改变我们的传统教学，为减负提供有力支持。

2. 数字化教学与减负

在传统课堂中，我们需要学习资源、学习内容，在数字化学习中，这些资源全部以数字化形式呈现。我们通过备课中心、教学工具、授课中心等模块将这些资源分类管理起来，通过网络传送到移动终端上，用手机、PC、平板电脑甚至智能电视都可以访问平台，实现数字化的学习。

教学包括备课、授课、课后辅导以及课外活动。在我们的数字化学习平台中，这些教学环节也全部实现了数字化。备课环节是在平台的备课中心实现的。目前很多老师常使用的是 PPT 备课，如果使用教材，会运用图片模式插入 PPT 中。综合考虑老师的备课需求，在数字化学习平台上，既可以使用电子课本备课方式，也可以使用 PPT 备课方式。这种方式操作更简便。比如对电子课本备课的优势资源简单拖动即可完成备课，资源内容所见即所教，一目了然，避免了授课时在不同窗口间切换的麻烦。又如在 PPT 中插入视频、音频，只要拖动即可，不用再进行烦琐的超链接操作。

教师只要简单地单击，就能播放备课时加入的数字资源，实现课本与拓展资源的无缝链接，轻松自如，保持教学思路的连贯流畅。白板的优势是课程的生成性比较丰富。数字化学习平台的授课中心的页面上还提供了"画笔""放大镜""聚光灯"等工具，教师可以用画笔标注学习重点，描画思维结果，展现认知情况。用放大镜和聚光灯强调，凸显教学重点，提升课堂学习的关注度。

我们使用的电子书包设备，页面整齐划一，在学习时学生就可以在电子书上做批注，进行个性化学习，然后分享给同学、老师，老师与学生、学生与学生间的互动就发生了改变。学生按照这样的模式学习，手中的平板电脑会成为学生个性化的学习工具。

3. 资源推送，分层教学与减负

我们学生人数比较多，水平参差不齐。传统课堂上老师照顾的是中间的学生。这样的教学可能造成的问题是部分学习水平较高的学生"吃不饱"，一些学困生又"吃不了"。运用数字化学习的授课平台教学，教师可以在对基本内容讲解完成后，利用系统提供的资源推送功能，针对不同水平的学生，提供不同的拓展学习资料或发送不同的练习。通过这样的系统，实现班级的分层教学，让不同水平的学生都有所收获，有效地减轻了学生的学习负担。

4. 实时反馈与减负

传统教学由于环境设备限制，教师只能通过学生的表情判断学生对于学习内容的掌握程度，即使做了小测验也无法当堂了解结果，做出教学调整。数字化学习平台的"评测"功能让以往的不可能成为可能。教师通过平台发布练习，学生在自己的移动设备上作答并提交。系统对学生答题情况进行统计，给出学生完成练习情况：每题答对的人数及每个学生答题情况。教师根据学生完成练习情况，调整自己的教学内容和方向。这样教师既了解了每个学生的学习情况，又很好地保护了学生的自尊心，还可以定量地了解班级学生对某个知识点掌握的情况。

另外，针对学生练习的情况平台还能自动生成错题本，使课后练习的针对性更强，学习效率更高，从而达到课改的减轻学生负担的要求。这样的测评可以用于教学前测，也可以是教学后测，让教学更加科学有效。课堂的统计功能是针对一套练习设计的，针对某一个具体问题如果想了解学生的认知，这时就可以使用投票功能。比如对学生作品的评价。传统课堂上，有些评价学生不好意思说出来，通过这个平台可以真实地表达自己的想法。课堂教学的变革者还是教师，在具体运用中需要发挥教师的智慧。

5. 多元评价与减负

新课程提倡对学生的学习开展多样的评价。除了老师在全班课堂上口头的表扬外，我们还可以用平台中的课堂表现这样的功能对学生进行评价，直接推送到学生的平板电脑上。如课堂练习中学生表现不错，这时我们就可以使用课堂表现的功能进行不同程度的评价，学生平板电脑上能形象地展现老师的鼓励，而且也不会打扰其他学生。

6. 学习成果展示与减负

每个学生的学习思维、学习成果都是不一样的。如何展示这些成果，实现生生互动呢？在使用平板电脑学习时，学生的学习过程、学习成果被记录在平板电脑中，教师就可以通过平台的"投影"功能展示学生的学习成果，与全班同学分享、交流。与传统课堂相比，其优势明显：一是促使学生积极参与活动。教师布置活动任务后，可能会有学生精力不集中、参与不认真。此时教师可以提醒该生，准备将其活动成果展示出来进行交流。一般情况下，学生的自尊心会促使其改变态度，认真参与活动。二是对于全班共有的问题，教师可以投影到大屏幕上，全班共同探讨交流，投影的问题出自哪些人只有老师知道，其他同学不知道，这是对事不对人，既发现了问题，又保护了学生的自尊心，极大地减轻了学生的心理负担。

新课标提倡课堂教学要以学生为中心，以学生为主体，让学生参与到课堂活动中。"参与"活动有三个维度：一是学生的情感参与，实际上是吸引学生的注意力，让学生爱学。我们在日常的教学中通过 PPT、音视频等媒体手段吸引了学生的注意力，参与到教学活动中。二是行为参与，让学生动起来。真正的行为参与应该是读、写、做。我们的平板电脑学习通过平台记录功能就可以判断学生是不是参与了教学活动。三是思维参与。这里的思维应该是深度的思维，不是回答一个问题、回答对与错的浅层参与。

7. 小组合作学习与减负

小组协作学习是新课程提倡的学习方式之一。数字化学习系统提供了网络虚拟分组方式，教师可以在电脑上根据需要将学生划分为几个小组，不受学生实际所在位置的限制。同组学生可以通过电脑协同研究问题，探索知识。避免了传统班级课堂小组活动时的不便，也避免了传统小组合作学习时有人搭车的情况。

8. 分析、测评功能为教师减负

可以通过利用信息技术来分析教学活动，为教师减负。教师在教学中要关注全体学生，关注师生互动，教师用手、用笔统计这样的互动是比较困难的。运用信息技术平台可以把课堂的师生互动情况记录下来，如学生举手几次、回答问题几次，哪个学生得到老师的奖励等，这样老师可以对自己的教学行为做出量化的评价，使教学反思更有针对性，以便及时调整教学。

运用信息技术的测评功能也能为教师减负。教学中的测验、测评是必不可少的，测验完成后老师需要改卷子，需要统计每个题的得分情况，全班的平均分等，这些烦琐、机械的数据分析工作占用了老师很多时间和精力。在数字化学习系统中只要将学生成绩导入，就可以看到不同维度的统计数据，比如学生历次考试分析、班级单次考试分析、班级历次考试分析等。通过系统分析结果，形成完整、系统、科学的学生学习结果、学习行为的分析，为教师的教学提供清晰可见的数据依据，减轻了教师的负担。

9. 分散式自主学习与学生减负

数字化课堂是超越课堂时间和范围的，它可以向课前和课后延伸。在课前可以延伸到学生的预习阶段。在平台上通过"我的学习——课前预习"环节，学生可以完成老师指定的预习任务，平台可以把预习情况、成果记录下来，传递给老师，老师可以根据学生的预习情况对自己的教学设计进行针对性的调整。学生还可以带着预习中的疑惑、难点更有目标地听课。此外，像语文、英语等语言类学科，预习作业可能是阅读、朗读。通过这个平台，学生可以通过录音功能展示自己的朗读成果。学生往往希望把自己最好的一面展示给老师，往往一遍一遍地录，无形中也训练了学生的朗读能力。

向课后的延伸，包括课后作业等。老师可以通过平台把作业发布给学生。学生的作业不一定在课堂或家里完成，比如在放学的路上就可以使用平板电脑完成。学生完成的作业提交到老师处，老师也可以在回家的路上批改，随时随地利用碎片时间完成工作，使我们的时间利用率更好，效率更高。

10. 家长参与减负

我们通过信息技术让家长参与教学，以此发挥家长在学生减负中的作用。家长可以利用平板电脑查看学校有关活动的通知。老师也可以有意识地给家长推送一些关于教育的书籍、文章或建议。另外，教师与家长间可以做一些个性化的交流，通过平板电脑的课后作业功能，家长可以清晰地了解孩子的作业信息，及时督促孩子完成作业。

（七）完美教育引领学生个性成长

案例一：这里有真正属于我们自己的课堂

我叫刘佳菁，是一名七年级学生。我酷爱读书，同学们都称我为"书虫"，现在我在这里生活得很开心，很幸福。

可是回想刚刚升入实验初中时，第一次听到"网上自主申报课程""选课走班"这些陌生的词语，我一脸茫然……更让我吃惊的是这里的学习方式：课堂上，老师先下发导学单，同学们以小组为单位，以问题为导向，先自主学习，然后小组讨论、合作探究、解决问题，忙得不亦乐乎，而老师呢，或参与小组讨论，或点拨引导，成了学习的引路人，学习既轻松又高效。"事事我当家"，值日、就餐、跑操等诸多活动都纳入小组合作之中，这让习惯了由老师安排一切的我真有点手忙脚乱。而此刻，早有一双关爱的眼睛在注视着我，第一周班主任就找到我，开始了一对一长谈。

在老师的鼓励帮助下，我不断调整自我，转变学习方式，而变化也在悄然发生。

学习能力大幅提升的同时，我找到了适合自我发展的舞台，申报小记者课程、成为学校金话筒社团成员，组织策划"自主管理我践行"主题班会，在剪纸、游泳课上大显身手……在我的眼里，没有什么比享受丰富多彩的学校生活更幸福的了。

新学期结束，我真是收获颇丰。不仅成绩名列前茅，担任了班级学习委员，还成为学校第三届文化艺术节的主持人。

在全新的学习方式中，我逐渐发现了一个越来越自信的自己，学校倡导的"自主学习七字诀""上课十要"等学习方法让我找到了学习的"金钥匙"，学会了用新的方式学习、思考和创新。每当遇到难题困惑，我都不会放弃，因为我知道，在我的冥思苦想之后，还有一个团队帮助我，我发现自己越来越喜欢并且适应这样的学习方式了。

（开发区实验初中710班刘佳菁整理）

案例二：我的学习我做主

我叫申骐源，一个酷爱音乐和科技的男孩，在丰富多彩的课程中，我的每一天都过得愉快而充实。

校园网站成了我的学习伙伴。每天晚上6：30左右，我都会迫不及待地坐到电脑前：先登录校园网站的微课知识树助学系统，通过微课自主复习或预习。在自主学习意犹未尽之时，我会登录校园网站的个人及班级学习空间，与老师同学交流切磋学习所得。自由惬意的网上学习方式锻炼了我的自主学习能力和对时间的管理能力。

信息化智慧课堂让我们跑得更快。作为"一对一数字化学习"实验班的学生，我和我的同学们都拥有一件数字化学习终端。它让我们在课前、课中和课后都能以自己感兴趣的方式全程参与学习。同时，学校还将微课与移动数字学习终端融合，构建"翻转课堂"学习模式，使我们的学习可以随时随地进行。信息化智慧课堂充分尊重了我们学习能力和程度的差异，让我觉得学习是一件实现自我需求的有意义活动。

社团活动中，我是同学也是老师。我喜欢弹钢琴，也喜欢科技小发明。在北京国家大剧院"2013特仑苏新年音乐会"和青年钢琴家郎朗同台演出是我最引以为傲的

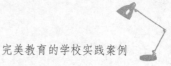

事。在科技发明课上驰骋想象与探索，动手制作，培养了我的创新精神和实践能力。

（开发区实验初中 809 班申骐源整理）

案例三：我们的生活充满阳光

我是 901 班的魏雪，作为校学生会主席，我的每一天都过得充实而快乐。

学校让我们施展才华的舞台太广阔了。就拿升旗仪式和大家讲坛来说吧，每个班级都有承办的机会，每个学生都有登台发言的机会。活动中，我们学会了关注生活、关注社会、关注国家，有了光荣的责任感和沉甸甸的使命感。

参与主持名著阅读交流活动，在校园电视台参加"视像中国"辩论赛，全程参与学校第三届艺术节筹备活动，组织学生大讲堂……丰富多彩的课程让我们开始明白，学习出色仅仅是人生小小的一部分。因此，除了埋头读书，越来越多的同学参加到各种活动和实践中来，几乎所有重大校内活动全部由学生会自主策划、主持、当主角，校长和教师反而成了"被邀请者""被安排者"。我们自己组织策划的体育、艺术、读书、科技四大节日及经典诵读、校园吉尼斯、阳光体育联赛等活动，吸引了全校学生参加。

香港中文大学黄宝财教授为学校题词

　　进入实验初中后，我的理想是成为一名有社会责任感的主持人，为什么会有这个理想呢？可能是源于一次"实中大讲堂"活动，学校邀请了鞠萍姐姐为我们开设讲座，与我们分享她在工作学习中的故事，对我启发很大。学生大讲堂让我了解了名家大师身后的世界，他们的话就像一盏灯，照亮我们前行的路。

（开发区实验初中 901 班魏雪整理）

七、完美教育之教师培养案例

（一）精心设计不同层次的教师发展目标规划

1. 确定完美教师的发展目标

　　目标就是人们想要达到的境地或标准，是一个人努力的依据和动力。没有目标，人的能量就得不到充分释放。要想充分发挥自身的潜力，就要专注于目标。因为目标能集中人的精力，激发人的潜力，促使人产生战胜一切的动力。可以说，没有远大目标，即使有着巨大潜力，也很难取得巨大成就。完美教师的发展也是这样，首先要明确发展目标，才能在行动上做出努力。我们把"具有较高的人文师德修养，较高的专业素养，较高的育德育才能力，鲜明的教育教学特色，形成大气、正气、书卷气特质"的"三高一特"作为完美教师的发展目标，以此激励教师不断成长，打造一流的现代化教师团队，为完美教育发展奠定坚实基础。

　　（1）较高的人文师德素养

　　师德是一名教师的基本职业道德，是教师和一切教育工作者从事教育活动时必须遵守的道德规范和行为准则，以及与之相适应的道德观念、情操和品质，它是教育职业对教师的基本要求，对学生的发展起着潜移默化的作用。完美教师要具备较高的人文师德修养，努力做到爱国守法、爱岗敬业、关爱学生、教书育人、为人师表、终身学习。只有这样，教师才能真正成为学生健康成长的指导者和引路人。

　　（2）较高的专业素养

　　教师要承担好教书育人的任务，就要具有较高的专业素养，这也是对完美教师的基本要求。专业素养一般包括专业理念、知识结构和能力结构三个基本方面。完美教师要具备专业理念,也就是先进的教育理念,包括正确的学生观、教育观、教学观、教师观等,它统摄着教师专业素养的其他方面,是一种较深层次的教师专业发展要素。教师的知识结构既包括学科专业结构,也包括广博的文化基础知识。教师的专业能力是个体在教育工作中体现出来的制约教育工作效能的稳定的心理特征,包括教育能力、教学能力和研究能力三个方面。

(3)较高的育德育才能力

育德育才能力是教师专业能力的一种,是教师的教书育人能力的集中体现。教师具备这种能力,就要在教育教学中努力做到立德树人,培养学生的完美德行,为把学生培养成适合自己个性发展的人才奠定坚实的基础。

(4)大气、正气、书卷气的教师特质

教师的大气、正气和书卷气,是对教师特质的形象的描述。大气就要心胸开阔,用宏观的视野认识和看待教育,看待学生的发展;正气要求教师在教育中做到公平公正,给每个学生提供适合其发展的机会;书卷气要求教师成为终身学习者,不断学习,提高和充实自己的各方面素养。

2. 设置教师专业化发展"五个一"目标

教师的专业化成长是一项立足现在、放眼长远的系统工程,需要建立科学、合理、务实的管理模式,指导教师制订切实可行的个人发展规划,使学校发展规划、教师个人发展规划在整体联动中和谐发展。我们根据教师的发展需要,实施"科学策略、分层整合、个性强化、互动发展"培养策略,将"五个一"作为教师专业化成长的重要目标。

目标1:敬业爱岗,争取育人成果(教书育人)

坚持德育为先,一岗双责,以生为本,做好班主任及任课教师工作,以突出的成绩,争获校级以上德育先进和优秀班主任等光荣称号。

目标2:提高教学质量,确立自己的教学地位(教学质量)

研究教学方法,勇于改革创新,全面提高教学成绩,争取获得校级以上教学能手或专业技术拔尖人才等称号。确立自己的教学地位,完成自己从教书匠到专家型教师的转变。

目标3:打造"问题导学"高效课堂,形成特色课堂教学模式(课堂教学)

主动参加校内研究课、公开课、一对一数字化学习、翻转课堂展示等各类课堂教学活动，通过备课、上课、评课等摸索出适合自己特点的"问题导学"高效课堂教学模式，争取一节区级或区级以上研究课、公开课或评优课获奖。

目标4：参与课题研究，争取优秀科研成果（教科研）

主动参加校内外教育教学课题研究，结合自己的教学经验，写出高水平论文、研究成果或著作，争取在教育教学重要刊物上发表或学术交流。

目标5：争先创优，教育教学双丰收（综合业绩）

全面提高自己的教育教学综合能力，争取教育教学双丰收，努力获得年度考核优秀等级以及校级及以上先进工作者、优秀教师等光荣称号，以优异的育人成果、出色的教学成绩、优秀的综合评价实现专业发展和提升。

教师在学校规定的"五个一"目标中选择相应的"一"完成，完成情况纳入教师个人发展目标考核。"五个一"目标从老师中来，到老师中去，对调动老师工作积极性、增加工作动力，营造人人奋发向上的氛围起到了推动作用。

3. 制订不同层次教师的发展规划

"着眼全体教师，关注骨干教师，培养青年教师，追求人人是名师，打造在全国和省内外影响较大、成就突出的名师体系"是完美教师的培养目标。在学校中既有形成了一定影响力的名师，也有起到带头作用的骨干教师，还有走上工作岗位不久的青年教师，他们的专业化发展水平和未来的发展需求是不同的，所以我们将名师培养、骨干教师培养和青年教师培养系统整合成"三级人才链"。以制订教师个人发展规划为着力点，针对不同层级的教师提出不同的个人发展理念，体现了不同层次教师发展的差异性。主要做法包括以下几个方面。

（1）激发名师的使命感

名师在多年的教育教学中，逐渐形成了明显的教学特点和风格，在校内外都具有一定的影响力和知名度，他们的言行对其他教师有明显的示范和引领作用。因此我们在教师培养中，通过多种措施激发名师的使命感，发挥他们积极的辐射作用和引领作用，也就是让名师做到——"我不仅自己要做得最好，还要帮助别人做好"。

那么怎样才能激发名师的使命感呢？我们主要是通过以下措施来进行：

①学习出名师。大力引导教师树立终身学习、自觉学习的理念，提高师德水平及业务素质，提升职业成就感和幸福感。一是制度保障。在资金紧缺的情况下，每学期划出至少10万元用于课改实验及购买教育教学资料，随时向教师推荐优秀理论

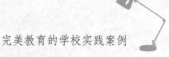

书籍报刊。每周组织教师集体学习和自主学习，每人写出读书笔记，每学期举行读书演讲会、经验交流会、"书香教师"评选、科研论文评选及读书成果展览会等。二是措施保障。为每位教师配置电脑，建立教师博客群，实施网络化学习，送教师外出学习观摩，请专家学者讲座，利用多种措施开阔教师视野。三是激励机制保障，通过创新激励机制保障教师的学习效益。对表现突出、学习效果显著的教师，隆重表彰奖励，树立典型，培植模范，推荐参与各级各类课题实验及学术研讨等活动。

　　"教改会客厅"举措指明了教师专业成长方向。我们注重在专家引领下积极进行以课程、课堂、课改为核心的三维课改的高位探索。邀请全国知名教育专家来校指导工作，聘请赵春凤等齐鲁名师有效跟进。鼓励教师积极与大家、名家切磋交流，大胆教学创新，勇于登台展示，每学期开展名师观摩课、达标课、多轮赛课等活动，实现了教师专业化水平的快速提升。积极建立与国内外名校、名家的联系交流学习制度。

和老师们在教改会客厅

　　②科研出名师。我们坚持以课题带队伍，以教研促发展，致力于教师队伍教科研能力的提升。科研坚持"五步走"策略。一是健全制度。将教师培训、校本教研、师德与业务考评等各项制度进行整合，以教研组、备课组建设为重点，大力推动教科研制度建设，推动学科教研梯队建设。二是措施激励。以"问题导学"为龙头，

领导班子全员参与教科研活动，鼓励教师从身边入手，以案例和小课题的形式，激励教师自觉树立"问题意识"和"研究意识"，努力实现"人人有课题，人人搞教研"。三是创造机会。帮助教师申请各级各类实验课题，鼓励教师踊跃参加国家及省市级教学研讨活动。四是专业引领。通过教育理论学习制度化和聘请专家学者举办讲座和报告，与先进教育理论零距离接触，引导广大教师紧追教育理论的前沿，开阔理论视野，实现教师专业化水平快速提高。五是加强"主题教研活动"。开展"课例"研究，开展教师与专家的合作，以研促教，积极鼓励教师以团队合作的方式进行课堂教学改革实验，支持教师开展不同级别的课题研究，并推动研究成果的辐射推广。

③规范出名师。坚持围绕名师建设全面锤炼教师教学基本功。一是开展教师教研过"三关"、讲"三能"活动。二是"研课制"。通过同课异构、名师示范课、骨干教师模板课、每人一节公开课等各类公开课评比，努力实现"人人能上精品课"的目标。三是"帮扶制"。由名师和领导帮扶年轻及后进教师，每周互相听课2～3节，全程跟踪扶助。大胆起用青年教师执教全省公开课或前往外市区送课助教，选派青年教师参加全国教学研讨会。四是大力创建书香校园，实施"实中教师读书成长计划"，为教师征订教育理论刊物、光盘等资料，向教师推荐必读书目，创办龙圣书苑，开展"读书沙龙""校长推荐""读书大讲堂""做智慧型教师读书计划""书香校园我践行"等一系列长效活动，显著提高了教师的人文素养和教育理论水平，增强了教师自身素质，促进了教师的专业化成长。

④发展出名师。一是设立"实验初中教师名片"，建立教师成长档案。帮助每个教师制订《个人专业成长计划书》，设立三年专业发展目标，量身定做"个人成长路线图"，根据学历、职称、年龄、教学经验、教学效果、科研成果、思想素质、业务能力等确定个人"最近发展区"，描绘发展目标。二是创建实验初中资源库。如"经典书库""优秀教案库""名师资源库""优秀课件库""网上教研平台"等网上资源平台。三是每学期举办特色课程展示、青年新秀、学科带头人、首席名师等评选活动，鼓励教师自主创建"读书沙龙""教师智囊团""教育研究会"等社团组织，让每位教师都能发现自己的闪光点，都能在原来的基础上得到发展，充分享受工作带来的幸福与欢乐。

（2）激励骨干教师的进取心

对于骨干教师，我们在培养中激励他们的进取心，给他们提供发展的平台，特别是与名师学习的平台，让骨干教师充分发挥他们的进取心——"我一定也得做到最好，我不比别人差"。

（3）鞭策青年教师的自信心

青年教师有着极大的工作热情，但往往缺乏经验，在遇到教育教学问题时容易失去信心，我们在师资培养中注重鞭策青年教师的自信心，努力使他们做到——"我有能力做得好，我也一定能做得好"。为此，我们实施建立青蓝工程，关注青年教师的成长，做好"教学相长"的结对工作，并对师徒提出各自的具体要求，签订师徒结对协议，制订实施方案，从而加快我校新教师的成长，真正达到"一至二年适应，三至四年成熟，五年成为骨干"的总体目标，为学校培养一支年富力强的教师生力军，使教师队伍和我校的发展同步前进。

在不同层次的教师发展规划中，我们让教师量身定做"个人成长路线图"，根据个人"最近发展区"描绘发展目标。在此基础上，建设以学科教研组为基本特色的六大发展共同体单位，使其内部相互提携，相互促动，"三级人才"各尽其责，各显神通，共同发展。

（二）实施促进完美教师发展的"三大举措"

1. 营造浓厚氛围

每学期利用教职工大会、教研组长会、宣传栏等途径鼓励教师"敢做名师，争做名师"。针对不同的教师提出不同的成才理念：激发骨干教师的使命感——"我不仅自己要做到最好，还要帮助别人做好"；激励先进教师的进取心——"我一定也得做到最好，我不比别人差"；鞭策青年教师的自信心——"我有能力做得好，我也一定能做得好"。这样，让每位教师都有创造属于自己一片天空的想法，形成人人奋发向上的竞争机制。

2. 健全相关组织

为保证学校教师专业化发展工作的贯彻落实，将名师培养工作作为学校工作中的重要部分，纳入学校的发展规划和议事日程，校长挂帅成立名师培养领导小组，由教师发展中心具体负责名师的师德业务培训，指导"名师工作室"开展各项活动，确保名师培养工作顺利有序地开展。

3. 完善相关制度

为扎实推进名师培养工作，我们及时出台了《开发区实验初中名师培养工程的实施意见》，建立与健全名教师专业发展评估机制、奖励机制，制订"三级人才链"培养规划和计划，完善教学资源的保障机制，在机制上调动积极性、增强工作动力，为名师专业发展提供保障。

①建立健全教师校内、校外培训体系，采用请进来、走出去、鼓励本校教师参与校本教研等多种方式使教师头脑中逐步形成教育教学的理论体系并始终走在教育改革的前沿。

②推进教科研工作，重视课题研究，依靠骨干教师，大力开展校本研究，校本教研。依托国家主课题"问题导学"中的子课题，有深度、有记录、有计划地进行成果交流。以撰写教学反思、教学设计、教学心得、教学论文等为主要形式，以解决教育教学工作中存在的亟待解决的问题为主要内容，树立教科研意识，普及教科研方法。

③以"在学习中用，在使用中学"学用结合为基本组织形式，辅以专题培训，以网络应用技术、"电子书包"授课、"微课"制作翻转课堂、"智慧数学"无纸化教学、电子白板有效应用、课件制作升级为主要内容，通过培训，举办信息技术课教学竞赛、教师自制课件、微课评选等活动，提高教师运用计算机进行辅助教学和从网上获取教育信息和资料的能力。

④切实有效开展教师读书活动；要求每位教师要认真研读教育教学理论、名师名著，并做好读书笔记。通过开展读书沙龙、读书心得汇报、"书香教研组"评比、"书香教师"评比等读书活动，努力营造书香校园。

⑤多方力量促使新教师办好教育教学沙龙活动，使其更快地找到位置，进入角色，打造新教师知名度，促进新教师更快成长。

⑥建立名师工作室，详细记录成长过程中的点滴收获。通过网上互动式交流，建立知名度，为逐步打造全市、全省、全国名师做准备。

（三）实施完美教师发展"三大工程"

有什么样的教师就有什么样的课堂，有什么样的课堂就有什么样的教育，有什么样的教育就有什么样的国家和公民。教师在为国家培养高素质公民中发挥着不可替代的奠基作用，其中教师自身的发展是基础。基于此，我们以"修身工程""磨教材工程"和"七课工程"三大工程提升教师项目实施水平，在日臻完美的道路上不断拓宽它的内涵，以此培养完美教师，走出了一条促进教师专业发展的创新之路。

1. 修身工程，乐在其中

在教师队伍建设中，把师德建设放在首位。号召教师牢固树立热爱学生树师德（想学生之所想，急学生之所急，谋学生之所求），为人师表修师德（用良好的品德感召学生，用高尚的人格影响学生，用美好的心灵净化学生），爱岗敬业强师德（有爱心，有奉献精神，有责任感、使命感）的思想。我们要求教师做到"三有"：有情（用真诚的爱净化学生的心灵）、有度（把握好尺度、宽严并济、不矫枉过正）、有效（灵活运用教育规律，为每名学生撑起一片晴朗的天空）。倡导教师"仁爱尽责、追求完美"，做到"人尽其才、各尽所能、各得其所、乐在其中"。

和老师们一起参加读书展示活动

我们把《中小学教师职业道德规范》作为全体教师的第一准则，把《给教师的建议》《做卓越的教师》等作为教师必修课，通过开展师德报告会、"明星教师、感动实中教师"评选、"我学习、我快乐、我成长"演讲比赛、制作宣传片等形式，宣传师德典型，引导教师学规范，学先进，树师风，铸师魂，将本职工作与实现自我价值相联系，提高职业幸福指数。我们在实验初中开展修身工程，形成了比较系统的制度规范。

（1）完美教师诚信十条

我的存在是实中的一份财富；我的人格是实中的一面旗帜；我的好学是实中的一个亮点；我的课堂是实中的一份精彩；为学校增光是我幸福的享受；让学生进步是我执着的追求；学习和创新是我发展的需求；家长与我沟通他会感到满意；同事与我合作他会感到舒心；学生跟我相处他会感到快乐。

（2）完美教师 100 项行动指南

在完美教师培养中，我们制定了完美教师的 100 项行动指南，它的内容非常丰富和广泛，包括了教师的教育习惯、教学习惯、学习习惯、生活习惯和行为习惯。

附：

教育习惯篇——做一名有智慧的教师

1. 切记，一个学生一个世界

2. 做一名阳光的教师

3. 教师，请记住学生的名字

4. 教师，要有耐心

5. 要善于换位思考

6. 控制好自己的情绪

7. 谈心是一门艺术

8. 毫不吝啬地赞美学生

9. 换个思路激励学生

10. 给"特殊学生"特别的关爱

11. 期盼是更深层的爱

12. 威信，教育的潜在动力

13. 公正，就是对学生的尊重

14. 做学生的知心朋友

15. 宽容是一种美德

16. 教育需要严格

17. 引导学生相互欣赏

18. 把学生放在第一位

19. 主动问候学生

20. 与家长常沟通

21. 每天反思一下自己

教学习惯篇——做一名有魅力的教师

22. 创新，教出个性

23. 坚持个性备课

24. 不可忽视的课前准备

25. 养成"问课"的习惯

26. 拥有教学的勇气

27. 掌握问题式教学

28. 细化你的课堂

29. 提前三分钟进教室

30. 面带微笑进课堂

31. 上课要有激情

32. 走下讲台，到学生中去

33. 课堂多预设些"问题"

34. 课堂上，警惕隐性霸权

35. 追求课堂的简约

36. 锤炼你的课堂语言

37. 不可小看教学语调

38. 丰富你的表情

39. 幽默是一种魅力

40. 要有自己的课堂文化

41. 鼓励学生多提问题

42. 课堂不妨适当"留白"

98. 学会真诚地赞美

99. 真诚地帮助同事

100. 清理好自己的办公桌

(3) 完美教师"三爱、三全、三让"

完美教师在教育教学中要努力做到"三爱、三全、三让"。"三爱"即爱教育、爱学生、爱自己;"三全"即全面贯彻教育方针、全面推进素质教育、全面提高教育质量;"三让"即让社会满意、让家长放心、让学生成才。

(4) 完美教师"七项修炼"

修炼事业心,让敬业乐业成为一张名片;修炼爱心,让爱人爱己、爱家爱校、爱生爱教成为一种追求;修炼意志力,让勤奋、坚持成为一个支柱;修炼胸怀,让豁达宽容、感恩尊重成为一种美德;修炼团结协作能力,让同学习共提高成为一种文化;修炼认真态度,让踏实做人、认真做事成为一种习惯;修炼自律意识,自觉做践行《中小学教师职业道德规范》等各项规章制度的典范。

2. 磨教材工程,智慧丛生

钻研教材和把握教材是教师永远的基本功,一个老师课标教材不过关,教书育人中的"教书"是绝对不可能做好的。"磨教材工程"要求教师下足课前准备功,不是单纯地写导学案,而是充分地备课标、备教材、备学生、备自己。具体做法是,每个学期期末放假前和新学期开学前,组织教师以教研组和备课组为单位集体备课,全体教师反复地、充分地分析总结该学期的经验和不足,开始新学期的备课工作。教师在研读教材和课程标准的同时可以通过知识树的形式进行"说课标、说教材"大赛,吃透标准,保障课堂教学中高屋建瓴。同时在实际教学过程中教师还应认真钻研《课程标准解析与教学指导》和《课程标准案例式解读》,将教学目标扎实地落实在每一节课的细小环节中,教学中更加游刃有余,将知识、能力、情感目标落到实处,始终关注学生的可持续发展。

吃透标准,要求教师"咬"定课标不放松,全面深入地通晓本学科、本学段的知识体系、能力体系和价值体系,把整个学段的知识纵向、横向联系起来,保障在课堂教学中高屋建瓴,胸有成竹,游刃有余;要求教师在教学时不但要用好教材,还要超出教材开发整合课程资源;实行"三项比赛":"说课标比赛""说教材比赛""说课程资源开发",让每个老师主动向前走一步,对课标、教材及课程开发了如指

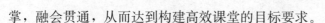

掌，融会贯通，从而达到构建高效课堂的目标要求。

画知识树，要求教师人人能画"三棵树"，即教材知识树、单元知识树、每堂课知识树。在备课的时候，备课组成员群策群力，反复讨论，共同研究，熟练地画出本学科、本学段的知识树、能力树、价值树等，做到对整本教材、单元内容以及每节课的教学内容融会贯通，举一反三。学生一入学就要让他们学习画知识树，让他们知道在初中阶段要学习哪些知识，要学习的每一部分知识都是这棵知识树上的一个分枝、一个叶片、一个果实，用知识树教会学生把厚书读薄。教师在备课时统筹安排时间，在教学时按照单元主题把课堂教学、阅读、写作、小实验、小制作等有机地整合起来，积极开发课程资源，开展研究性学习。

为此，我们大力构建互助提高的教师团队学习文化，提倡教师向名师学习、向同事学习、向学生学习、向网络学习、向书本学习、向实践学习。以人手一本的课程标准为抓手，利用学校"网上教研平台""经典书库""优秀教案库""经典试题库""名师资源库""优秀课件库"等网上资源，坚持开展"三个一"活动：寒暑假超前集体备课，出好一本导学案集；举行一次"说课标、说教材"比赛，吃透标准；开展一次"微课知识树"技能大赛，促进教师专业化成长。

教师在上"论坛课"

3. 七课工程，掷地有声

教师成长有三个层次：站上讲台的教师，是合格教师；站稳讲台的教师，是骨干教师；站好讲台的教师，是专家型教师。为了引领教师早日成为名师，学校以"教改会客厅"为主阵地，采用科学规划、统筹部署、目标驱动、规范流程、领导挂靠、专家坐诊等方式将"七课工程"置于开放的、主动的、多元的环境中，以"七课"为名师成长铺路，有效促进了教师的专业化发展。

（1）七课的具体实施

即专家课引领课堂教学改革思路；论坛课诠释课改目标方向；集研课打造问题导学教学模式；走推课解决教学模式操作不足；模板课发挥骨干教师示范作用；优质课促进教师专业成长；展示课推动名师工程有效展开。

专家课引领课堂教学改革思路。为着眼未来，筑高平台，我们从教育规划、学校愿景、课堂模式等方面进行高位探索，先后邀请王敏勤、韩立福、魏书生、徐圣三等专家到校指导培训，让教师与专家零距离接触，让专家的教育智慧启迪教师，给教师的教研工作指明方向，促进教师专业化水平的快速提升。

论坛课引领教师发展方向。以"问题导学"教学模式为推手，每月进行一次教师和学生需求调查，由课改小组承担教师培训任务，每周一下午最后一节课由专家或优秀教师现身说法，任课教师全员参与。教学论坛制度化、常态化已成为教师思维碰撞、转变教学理念、改革教学方式、共同成长的一片沃土。

美国著名学者波斯纳曾经提出教师成长的公式为：教师成长＝经验＋反思。这个教师成长的公式揭示了教师专业发展的本质。校本研究则可以从"提高经验认识水平"和"强化教学反思能力"这两个方面促进教师理论素养的专业化。因此，将普通教师推上论坛主位，从身边事现身说法使全体教师产生共鸣，具有较强的针对性、说服力和指导性，有利于加速教师的专业化成长。

集研课通过轮流上课、说课反思、集体评课等形式，扎实推进"问题导学"教学模式和课堂评价体系的研究和实践。精心打造课堂三级模式，即深化"学校模式"、建构"学科模式"、打造独具魅力的"个人模式"。重点利用每周半天的教研活动和每周各教研组制定的不同主题进行培训，在这一主题下通过教师上研讨课、观摩课以及听课、评课和集体学习的形式，促进教师的教学基本功和教学基本技能的形成和完善，把教学理念内化为教学行为。同时集研课推动学校重点工作的展开。

例如，教材整合与微课嵌入课堂等，实际上就是在助推教师专业发展的主动性。我们还具体实施了研课签到制、评课记录反馈制，制度的建立加强了研课、评课的严谨性，切实提高了每个人的教学能力，把握教材的能力，驾驭课堂的能力，关注学生的能力和评价能力，研课活动带动了"微课"有效嵌入"问题导学"课堂，加快了老师们对微课的理解和应用，给课堂教学增添了新的活力。以录播教室为平台，确定了各教研组每周半天的观摩集研内容。观摩集研按"个人备课、同伴互助、轮流上课、人人亮课，说课反思、集体评课"的研究形式来开展。集研活动的开展给个人备课拓展了空间，提高了教师的教学能力和驾驭课堂能力，收到了以老带新、以优促新的效果。集评使集研活动更加具有目的性和科研性，观看录像，个人回顾，培养了教师的反思修正能力，增强了课堂的实效性，有力地助推了教师的成长。

走推课解决教学模式操作不足。走推课的目的是掌握一线课堂老师的实际教学情况，发现问题，挖掘亮点，及时反馈，推塑典型，完善"问题导学"教学模式。走推课常态化，促进了教师教学技能的日益成熟，向实现优质课常态化迈出了坚实的步伐。

模板课牵引。每学期组织学科模板课解读，加深老师对于"问题导学"教学模式的理解，促进了教研组教师的互助合作和课题研究。模板引领，充分发挥了骨干教师的示范带头作用。

优质课领航。利用教研组教研时间，定期进行优质课评选活动。教师全员参加优质课评比活动，有效提高了教师驾驭课堂的能力，提高了教师的综合素质，有力地促进了教师群体的专业化发展。

展示课利用一切资源搭建教师展示平台。在观摩汇报、校际交流、课堂比武等舞台上，让教师尽展风采，开阔视野，磨砺成长，完善自我。薛梅、王守峰老师在全国班主任高层论坛中出示电子书包和应用计算机测评系统的展示课，同时带动了英语和数学两个学科计算机测评系统的应用。目前两个学科测评系统应用已进入出题并向系统中上传习题的阶段。王可盛、厉希华老师在全国名校长之旅中出示展示课，李健老师为全区语文教师出示诗教课。展示课的推出极大地增强了教师的职业幸福感，为名师工程的开展打下了较好的基础。

（2）七课工程得以有效实施的保障措施

为保证七课工程的有效实施，我们以"四定"规范操作流程，以"四到位"细化落实操作要求。

"四定"：一定时间，每学科每周半天。二定人员，依据校本教研制度，教研组细化落实，开学初由教研组统一安排上课人员并报教师发展中心公示。三定内容，上课教师结合学校的"问题导学"课堂模式实施四级研课制度，即个人主备—集备主讲—备课组研讨—教研组主题评课。四定地点，研讨课统一在教改会客厅进行。

"四到位"：一是组织到位。研讨课前一周教研组要组织好教材解读与交流并进行集体备课。个性化教案务必在上课前一天送至教研组长、备课组长与预定的研讨课主评教师。二是落实到位。听课实行签到制，若课冲突自行调整。三是领导到位。挂靠领导和教研组长必须全程参与自己学科组研讨活动，把握学科教学动态。四是要求到位。教师必须听完本大组研讨课，每人每学期至少20节以上，中层干部和教研组长25节以上，校级领导30节以上，本学科研讨课必听外，鼓励跨学科听课，拓宽大学科教学视野。

（四）搭建完美教师发展"三个平台"

在完美教师培养过程中，我们积极创造良好环境和条件，鼓励教师在教育教学实践中不断提升师德水平及业务素质，享受职业成就感和幸福感，努力让教师的发展成就自己，成就学生，成就学校。

1. 搭建学习平台，提升教师视界

终身学习是现代社会对教师的基本要求，也是教师专业标准的基本理念之一，我们从多方面努力，通过多种途径，为教师的学习搭建平台。

一是通过高端引领，打开教师专业发展的视野。我们特别注重专家的引领作用，而且随着课程改革的不断深入，随着教师成长需要的不断提高，专家对教师的引领方式、引领作用也要发生变化，要由教师走"近"专家逐步过渡到专家走"进"教师，由仅听专家报告过渡到向专家拜师学艺，与专家同台切磋，共同研讨，这样专家不再是高高在上的让教师崇拜的对象，而是实实在在的言传身教的引导者、参与者和共享者。为此学校建立了由中国教育学会、中国教育报刊社、北京大学素质教育课题研究中心、天津市教科院、中国石油大学、齐鲁名师等机构和专家组成的教师成长指导团队。以每学期开学前教师集中培训为主阵地，在专家引领下积极进行以课程、课堂、课改为核心的三维课改的高位探索。先后邀请中国教育学会原会长、

北京师范大学教授顾明远，教育部基础教育一司司长王定华，教育部课程中心主任田慧生、中国教育科学研究院科研处处长陈如平，国家督学、江苏省教科院原基础教育研究所所长成尚荣，以及魏书生、韩立福、王敏勤、张斌、邱学华等20余名全国知名教育专家来校指导工作，聘请王阳明、赵春凤等齐鲁名师有效跟进。通过与名家切磋交流，举办名师观摩课、同台展示课等活动，实现了教师专业化水平的快速提升。

二是实施立体阅读，提升教师专业发展的水平。我们注重引导教师树立终身学习、自觉学习的理念，着力构建爱读书、能创新、会研究的现代教师群体。

首先，实施"读教育名著、做智慧教师"读书实践工程。每个教师都制订"做智慧型教师读书计划"，根据学校下发的"教育教学类书籍推荐阅读书目"精心研读一批教育教学著作，让其成为读书成长的起点。学校一次性购买了8000多本教师专业成长类书籍，配备到开放阅览室，鼓励教师每日必读。每个假期赠送优秀理论书籍供教师自觉阅读。

其次，以读书沙龙为平台，以学校网站"书香校园"栏目、"我的读书成长集"为阵地，开展"三个一"活动（每天阅读1小时，每月阅读1部教育教学专著，每学期有1篇高质量的读书文章得到交流），共同分享阅读智慧。英国作家萧伯纳说：你有一个苹果，我有一个苹果，彼此交换，那么每个人只有一个苹果；你有一种思想，我有一种思想，彼此交换，每个人就有了两种甚至多于两种的思想。这说明了交流研讨的重要性。在阅读了《给教师的建议》《第56号教室的奇迹》《做卓越的教师》等多部教育教学类书籍后，教师们纷纷利用博客群进行学习交流。在共同学习交流过程中，教师发现好书，可以推荐购买，分享阅读。通过举办读书演讲会、读书节，开展书香教师、书香教研组、读书成果评选等活动共同分享阅读智慧。

最后，利用每周一下午第八节的"未来教育家论坛"，依据培训规划开展特色培训、创新培训、轮回培训等项目培训活动，如课程标准分科分系列培训、网络教研技术培训、微课制作培训、电子书包课程培训、教研培训、教学评价培训、"问题导学"讲座、师德师风报告会、读书交流会、教研课题研讨交流、教师完美课堂的构建等培训。每一次全员培训采用外聘专家、教研组承包、教师主讲等灵活多样的方式进行。在上述培训中，教师发展中心都做到了目的明确，精心策划，管理到位，教师们兴趣盎然，在项目驱动中不断地自我发现、自我评价、自我调整、自我完善，

教师阅读分享

形成了"不用扬鞭自奋蹄"的良好局面。学校还以结集"我的读书生活"个人读书成长集为原点，每周组织教师集体学习，教师把自己的阅读与别人的阅读进行整合，写出读书笔记，成为个人专业成长与发展的原动力。学校每学期举行读书演讲会、读书节，开展书香教师、书香教研组、读书成果评选等活动。书香校园建设提高了教师的人文素养和教育理论水平，促进了教师的专业化成长。林殿丽老师在《做幸福的教师》读书心得中写道："是学校给老师创造一切读书学习的机会，让老师的能力不断提高，学习的结果是，你不想进步都不行。实中教师不应仅仅当一支蜡烛，而应该像一支冲天的火箭，在把一批又一批学生送上预定轨道的同时，让自己在学习中一级比一级飞得更高，达到事业的巅峰，从而让学生体验到学习的幸福，自己体验到成功的快乐……"2013年5月，我校读书团队以"邱学华与尝试教育人生"为题代表青岛教师在山东省第五届教育科研会议做教师读书沙龙展示。学校在2013年6月被评为青岛市书香校园。

2. 搭建科研平台，提升教师行动研究能力

教育是艺术，也是科学，有着自身的发展规律，作为现代教师要遵循教育规律，研究教育规律，这就需要利用科学的研究方法解决教育教学中的问题，因此教师的科研能力和科研意识成为教师的基本素养之一，我们通过科研平台建设提升教师的

行动研究能力。

一是通过课题带动，强化教师专业发展的自主科研意识和科研能力。我们推出《开发区实验初中高效课堂减负提质行动方案》，成立专家指导委员会，以国家级课题"问题导学"课堂教学模式的项目研究为抓手，以专家指导委员会为引领，引导教师自觉树立"问题意识"和"研究意识"，从身边入手，以案例和小课题的形式，开展课题研究。创造机会，让老师参加国家及省市级课题研讨活动。老师们从教育教学一线挖掘子课题正进入深入研究阶段。通过开展专家预约式听评课、备课组同课异构、首席名师示范课、骨干教师特色课、青年新秀亮相课、每人一节集研课、翻转课堂展示、电子书包课程展示等活动聚焦课堂，研究课堂，创新课堂，实现教师专业发展从个性到共性、从共性到特色、从关注评价到关注发展、从关注结果到关注过程的全面提升，实现教师角色从被评价者到研究者的转变。

二是实践反思，促进教师专业发展的行动研究能力。

首先，推动"三级人才链"建设。对新教师采用带培制，举行帮扶反思课，进行基本功比赛，评选优秀师徒，促使他们快速成长；对骨干教师采取集体备课制，进行组内解剖课，实施跟踪指导课；首席名师举行对外开放课，开展课题研究，成立名师工作室。我校 2011 年参加工作的青年教师葛岩岩，总是带着实践反思的心态从事每一天的班主任工作和教学工作，每天坚持在自己的博客上发表教学感想，不到两年时间，已成为我区小有名气的课改名师。

其次，落实"走出请进"项目管理，建立与国内外名校名家的联系交流学习制度，借脑生智，借梯登高，借外力提内力，促进教师专业发展，提升学校整体竞争力。学校采取请进来走出去的学习方式促进研究交流。如校际交流式（组织教师到兄弟学校观摩学习、邀请兄弟学校名师来校讲课等）、外出学习式（分批次、有目的地选派领导、教师到外地观摩学习，学习课改名校先进的经验，有选择地吸收，促进本校的课改进程）、专题讲座式（邀请教育界专家来校进行有针对性的专题讲座，或者本校领导、名师、骨干教师举行讲座）、课堂观摩式、沙龙研讨式，等等。每次"走出请进"活动就是一个大脑跟随实践的思考过程，就是一段灵魂的自由出行，就是一次刷新知识结构的精神放逐，就是一次提升心灵境界的反思。

三是教研促进，提升团队专业发展的教育科研能力。首先，以教研组、备课组建设为重点，大力推进教师培训、校本教研制度建设。其次，以每周一次的"教学论坛"为平台开展"每周一讲"活动，各教研组结合本学科的教研主题进行汇报。研讨往往是头脑风暴式的观点碰撞，这样的主题教研给教师提供了一个宽松的研究平台，不但让每一位教师从中受益，而且使教研组的研究经验得到推广。最后，开展"问题导学"教学模式研究。新教育专家朱永新教授说：课堂教学改革最终要落到课堂模式上，离开模式什么都是浮云。为保证"问题导学"五环节教学模式有效实施，我校采用专家引领、同台切磋等方式，鼓励各教研组积极开展符合学科特点的不同课型的教学模式研究，切实提高课堂教学实效，推动我校走向全市乃至全省、全国高效课堂教学改革的制高点，打造全国一流的科学高效课堂，真正实现素质教育所倡导的"三个面向"和"三个还给"的目标。

3. 搭建发展平台，提升教师专业品质

一是实施凤凰计划，勾画教师专业发展蓝图。首先，制订《教师专业化自主发展方案》，把教师专业发展的权利真正还给教师，学校进行必要的资源保障和支持。其次，采取设立"实验初中教师名片"、建立教师发展银行等措施，帮助每个教师量身设计"个人成长路线图"。最后，成立"教师智囊团""教育研究会"，每学期举办"教学节"，积极承办国家、省、市等各类级别的教学研讨活动，大胆起用青年教师执教全省公开课或前往外市区送课助教，让每位教师都有机会为自己的专业发展蓝图描绘浓墨重彩的一笔。

二是开展特色活动，拓宽教师专业发展路径。以"三个三"项目争优活动，全面锤炼教师教学基本功。即：人人过"三关"（说课标关、说教材关、说教学常规关）；人人讲"三能"（人人能上精品课、人人能做课程开发、人人能当教学行家）；人人参"三赛"（"说课标说教材"大赛、微课制作大赛、微课知识树大赛）。通过备课组同课异构、首席名师示范课、骨干教师模板课、每人一节公开课等各类公开课评比，努力实现"人人都上精品课"的目标，进而全面提升教师专业能力。

三是变革评价办法，提高教师专业发展价值。教师专业发展既是个人价值实现的内在需要，更是为学生创造更多价值的必然要求。每一位教师不仅要实现高质量与高效益相统一的教学效益，还应当为学生的人生规划、知识结构完善、个性发展等方面提供精神动力和智力支持。我们以"培养爱生活、善思辨、有道德、敢担当的现代中国人"为学生发展目标，变革了教师评价办法，由单一的分数指标评价，转变为贡献评价、发展评价。让"努力提升自身的教育素养和优势智慧，引领学生

与王敏勤教授和获奖老师合影留念

智慧学习，阳光生活，争当完美教师"成为每个老师的不懈追求。我们组织评选的"明星教师"，每周一名，通过选出教师群体的不同层面的代表，作现场拍摄，将这一美好时刻永恒地定格下来的方式弘扬实中正能量，增强教师凝聚力；学校还通过给每位教师寄节日电子贺卡，以"享受教育幸福"为主题举办大型优秀教师评选推介活动，让工作在平凡岗位上或某些方面有突出成绩的教师体验到成功、感受到幸福……我们推选出的20余名教师，通过网络、报纸，乃至我们的校刊、电视台和专门拍摄的宣传片，在社会广泛宣传。在隆重的颁奖会上，老师、学生都特别开心。

　　四是根植教育信条，提升教师专业发展境界。提出"四个一"教育信条，即学校第一、学生第一、工作第一、他人第一，以此作为衡量个人与学校、学生、工作和同事关系的原则和标准；用"海纳百川"的精神感召教师有包容和博爱之心，发扬并传承学校"仁爱尽责"的校训；用"大学之道，在明明德，在亲民，在止于至善"激励教师以"追求完美教育"之心服务学生、社会和人类；用古语"助人为乐"修炼"利他"之心，提升教师工作境界……精神引领使每位老师都具备了良好的职业素养，在崇高的精神追求中不断实现自我超越。

　　五是重视教师团队力量的发展与培育。当今社会，团队合作的影响力越来越大，个人只有在集体和团队中才能发挥更大的作用，为此我们在为每个教师搭建发展平台的同时，更加注重教师团队力量的发展与培育，通过打造完美的教师团队，促进教师的发展。

我们根据"博学乐业精研善导"教风，在学校文化中注入更富有内涵的团队精神，让教风凝结成一种充满团队凝聚力的学校文化，成为我们建构完美学校文化的重要内容。我们营造一种"1+1＞2"的工作、研究、学习的共同体，并借助一个又一个共同体的齐心协力，实现学校办学水平的整体飞跃。

那么学校应该如何贯彻落实教师的团队精神，校长、教师等不同责任主体应承担什么样的责任，从哪些方面进行团队建设呢？现代版的龟兔赛跑的故事给了我们很好的启示。第一次，龟兔赛跑，由于兔子太自信，太大意，在树下睡着了，所以乌龟赢了。第二次赛跑，兔子总结了教训，全力以赴，从头到尾，一口气跑完，显然兔子赢了。第三次赛跑，是特殊路线，有一段陆地，还要过一条河，河的对岸是目的地。乌龟和兔子合作才能达到目标。在陆地上，兔子扛着乌龟跑；在河里，乌龟背着兔子过河。合作出效益。这就是双赢思想，这就是打造团队精神！这告诉我们，合作的意识和能力，是现代人必须具备的基本素质，是事业成功的基本条件和必要保障。要学会与人合作，在合作与交流中共同提高，发挥群体优势。

具体到学校，学校中各团队成员发挥着不同的作用，校长是团队的精神领袖和精神导师，骨干教师是团队的顶梁柱，普通教师默默无闻担起学校工作，特殊人才可以活跃气氛，可以调节关系，可以点缀人生。要从四个方面做好教师团队建设。简单地说，要处理好四种关系：一是处理好同行关系。教师之间要倾力相助、真心相处；多沟通、多宽容，顾全大局；认真听取他人意见，及时总结教训，为别人提出改进工作的合理化建议。二是要处理好与领导的关系。学校的每个领导对教师的发展都起着重要的作用，备课组长主要体现在帮助教师成长，年级组长、教研组长主要是指导教师成长，教学领导主要是赏识教师，"一把"校长肯定教师的成长。三是处理好个人与团队的关系。要努力做到"三不、三给"，即不借力攀高，不抱怨推辞，不趁机炫耀；给任务做好，给荣誉感恩，给机会把握。四是借巧力提升自身的综合素养。要借领导之力——争取领导的支持，借同事之力——注重同志间的合作，借朋友之力——广交八方朋友，借学校之力——保持与学校的步调一致，借家长之力——善于发挥家长的作用，借学生之力——充分发挥学生的主体作用。

我们倡导的完美教师团队研究，它不是单打独斗式的研究，而是就某一问题共同展开探讨，并在交流与对话中获得对问题的整体认识；倡导的团队学习，不是每人独处书房式的个人阅读，而是一种沙龙式的学习，一种大家共同在场的学习；我们强调每一位教师要形成自己的个性与风格，但更倡导这种个性应该是"合唱背景下的独唱"，唯有有了背后强大的合唱力量的支撑，独唱的声音才会散发出更大的魅力；学校要求教师做好个人规划，教师以学校五年发展规划为蓝本，着手制订个人发展五年规划，建立自主发展的工作目标。总之，学校教育是一个有机的整体。只有充分发挥每一个人的力量，并将所有力量团结凝聚在一起，形成一种合力，我们的教育才有可能取得更大的成功。

参加青年教师沙龙

（五）完美教育引领教师专业成长

案例一：实中梦、我的梦

　　2012 年 8 月，我怀揣着对教育的梦想来到了实验初中，见到了我们的美女校长——李素香校长。第一次领会了完美教育的深切内涵，我暗下决心一定努力，践行完美教育。

　　从那时起，我一直朝着这个方向努力着、拼搏着。2014 年 1 月 15 日的学期总结大会上，李校长提到我时说："生物教师张莉来实验初中后，进行了一次彻底的蜕变……"是啊，我想我要抓住青春的尾巴努力一把，放飞我的梦想。

在实验初中的日子里，每一次的外出学习都有收获，每一次的听课都有启发，每一次的比赛都有提高。一次次的历练，促使我不断地成长。2013年4月28日，我参加了全国首届"和谐杯"七说说课大赛，荣获特等奖。刚开始准备课件和说课稿时，我一头雾水。我观摩了很多老师的课件，每天晚上反复琢磨修改。

在准备过程中，领导、同事给予了我很大的指导和帮助。比赛前两周，每天晚饭后我都在反复背诵、练习和不断修改。赛前我突然想起了女儿的话："妈妈，老师说紧张时要深吸气，把双肩自然放松！"于是我深吸一口气，从容地上台，在陈越老师鼓励的目光中进行了说课。在整个说课过程中，看到四位评委老师微笑赞许的目光和台下几十位参赛老师专注的眼神，我一下子觉得我就是这个舞台的主人。思路顿时犹如泉涌，很流畅地把我准备已久的说课尽情地演讲给大家。功夫不负有心人，这也正应了那句"有志者事竟成"的古语吧！

2013年11月14日，我参加了在厦门举行的"中陶会"的"同课异构"大赛，荣获一等奖。课后评委老师对我校的教学模式、教学设计给予高度评价，用"整堂课没有浪费学生一分钟"和课件制作合理、精美等高度赞赏了我校打造的高效课堂。

通过这次比赛，我收获了很多，既增长了见识，又提升了自己。

2013年12月19日，我上了一节实验初中电子书包展示课。信息化教学的目的是实现真正的减负增效，我利用不同的教学环节来展示电子书包的功能和使用。比如预习任务的拍照反馈、百度搜索、实验视频的播放、实验过程录制拍摄等，同时利用测评系统对学生进行评测。这次展示课再一次历练了我。

2013年12月27日，我参加了华东师范大学慕课中心C20联盟在镇江外国语学校的现场研讨会。李校长做了《慕课助力，追求信息技术与教育教学的完美融合》的报告。精彩纷呈、实实在在的内容获得了广泛赞誉，使我们实验初中每位参会老师倍感自豪。

通过本次学习，我明白了翻转课堂的真正内涵。MOOC（慕课——大规模开放在线课程）Coursera、edx、Udacity，立足于在线交流。翻转课堂立足于课堂，是在线学习（以微视频为主）＋课堂教学，是一种个性化、自主、高效的教学新模式。我深刻地认识到翻转课堂给我们带来了新的挑战，包括教育信息化素养、信息技术的掌握运用等。促使我们老师面对机遇与挑战，自我加压，在改革创新的浪潮中不断学习，不断提高，适应时代潮流。

未来的日子里，有很多知识我要努力学习，有很多机会我要努力把握。我将在实验初中这片教育的沃土上一路远行，放飞梦想！

（开发区实验初中生物教师张莉整理）

案例二：我的电子书包成长日记

作为一名拥有十多年教龄的老师，职业的倦怠感让我开始不求上进，不想去当一盏灯，却总是想要借助别人的光亮行进。但是在实验初中工作了一年的时间，自己的思想就发生了转变，尤其是在准备 2013 年全国班主任论坛电子书包展示课的这段时间里，让我开始学会擦亮自己，绽放光彩。

2013 年 9 月，微课教学在我校轰轰烈烈地开展。12 日李校长听了我的一节微课教学后通知我出一节电子书包课。这是一个新鲜的事物，出于自己的第一反应就是：我先练练看看。

9 月 13 日，林永恒主任通知电子书包实验班的老师开会，我和其他老师比，是落后分子。我就像莎士比亚笔下的哈姆雷特一样，处于一种对新生事物学习的徘徊状态：继续学习还是立刻放弃，这是个问题。

9 月 16 日，微机室成立，金老师的课很多，可是只要他一空闲，就帮助我学习电子书包的知识。当感觉学不会时，隋校长给予了我这样的鼓劲：李校长是一座灯塔，引领着我们实验初中这艘航母在大海中航行。于是，我问自己为什么我就做不了这个航母中一个船舱的点灯者呢？

9 月 17—19 日，王校长询问我电子书包的学习情况并通知我下周一西南大学的巩教授想来我校听一堂电子书包课。我必须在周一之前设计出一堂电子书包课。

9 月 20 日和 21 日，到校加班。到校一看，好多同事都在，心里给自己加劲儿：加油！大家都这么努力，你也要加把劲儿！到网上看了三个电子书包视频后，我心里有底了：原来北京、上海的学校的老师讲的电子书包课也在探索中啊，我一定要当一个比他们还有探索深度的人。经过这两天的努力，我的课有了雏形。收获：学会用暴风影音剪辑音频。

9 月 22 日，到 812 班与学生的电子白板进行第一次切换。收获：实践是检验真理的唯一标准。

9 月 23 日和 24 日，教体局张局长、校领导、巩教授，与出课教师进行座谈会。

收获：电子书包的优势是试题测评功能以及电子书包的音频功能的设计。

9月25—30日，开始构思10月份全国减负会议中的课程设计，并给全校老师进行初步展示。收获：学会英文绕口令的设计，构思出如何导入有关新单词flash动画的思路。

10月16日，拜访全国优秀班主任任小艾老师。收获：任老师教会我如何把一节小课放眼到一堂大课的思维，教会我如何让一节课成为学习一册书的桥梁与纽带。

10月8—18日，反复磨课。感谢李素香校长、王明阳校长、隋同梅校长、李立岩、林永恒主任，每次都陪同听课并指导我的课改。收获：我每磨一次课，就会出现一次状况。出现状况的时候，我学会应对策略。同时培养了自己在真正出课时，出现状况不惧场的心理素质。晚上7点半，我凝视着实中，灯火通明，很多同事还在为了明天的会议忙碌着。他们在用自己的奉献为实中添光彩。

10月19日早上6点40分，李校长早已带领众多同事在校门口忙碌着。随着时间推移，我的心情越来越紧张，但我身边这群可爱的同事都在为我加油鼓劲。到我讲课的时间了，我一开始还在担心网络、桌椅等外在的因素问题，这时候我才发现什么都不需要我操心，我的任务就是站在这个讲台上，踩着众人的肩膀往上行进就行了，是我的领导和同事们把我捧成一盏明亮的灯啊。讲完课，什么紧张感都没有了。我的眼光直奔李校长，看到她在竖大拇指，我幸福的泪水在眼眶里打转：我突破了自我，又一次走在了前行的路上！

这节课过后，我开始反思自己最初的想法，如果我只是一再地借助于别人的光亮前行，今天我会在哪里？作为实验初中的普通一员，现在我可以骄傲地说：我点亮了这艘航母上的一盏灯。虽然一盏灯的光是有限的，但我们实中人能团结一心去点亮无数盏灯，而当我们点亮所有的灯时，就能凝聚成这辉煌的太阳了！

（开发区实验初中英语教师薛梅整理）

案例三：幸福在哪里

幸福在哪里？

幸福就在实验初中小海鸥舞蹈团的成立、演出、领奖的时刻里！

幸福就在小海鸥舞蹈团从艰难到成熟，从幼小到壮大，从泪水到欢笑，从梦想到现实的成长蜕变里！

而今，2013年2月5日，小海鸥舞蹈团的舞蹈《春的欢歌》在"维也纳金色大厅"演出，并荣获了"杰出团队奖"，为此实中荣获"杰出组织奖"，我也获得了"杰出艺术指导奖"。

而今，2014年1月20日，小海鸥舞蹈团的舞蹈《青岛小嫚》在"魅力校园·第九届全国校园文艺汇演暨第十四届全国校园春节联欢晚会"活动中荣获金奖，李校长获得"全国十佳魅力校长"，我校获得"全国十佳魅力校园"，我被评为"2013年度百佳艺术教育工作者"。

而今，2014年2月9日，小海鸥舞蹈团继欧洲维也纳金色大厅演出后，又登上美国国家艺术中心林肯中心的星光盛典舞台。孩子们的天籁之音，唯美、清新的舞姿将歌舞的东方魅力演绎得淋漓尽致，赢得了现场观众雷鸣般的掌声。演出前，舞蹈团的小演员们来到美国哥伦比亚大学，身临其境地感受到了美国常青藤盟校严谨而充满活力的教育氛围，并参加了国际艺术比赛和哥伦比亚大学之夜的演出活动，孩子们的精彩演出受到美国学生领袖和国内外专家评委的充分认可。实验初中荣获"文化中国·国际文化交流先进单位"，李校长获得"文化中国·校园文化建设优秀校长"及"中美文化使者"称号，我获得"文化中国·校园文化建设优秀指导教师"及"中美文化使者"称号。

一个又一个激动人心的时刻啊，让我彻夜无眠！

在舞台上旋转、奋发、升腾、提升着的是曼妙的舞姿，是升华的灵魂，是执着的梦想！

我想：那是一个多么激动人心的时刻啊，让我在创新中满怀信心地坚守灵魂里的舞之美！

还记得，2011年9月，学校成立之初，李校长就高屋建瓴地给艺体课程定位为"艺体模块化教学"，其中音乐模块分为：舞蹈、声乐、器乐三部分。这一理念给我这个舞蹈教师的教学灵魂注入了新鲜的血液，一颗小小的种子沐浴着春风和阳光正悄悄地萌发——我要和孩子们在全新的舞台上尽情地舞蹈，我要引领孩子们舞到李校长搭建的最高舞台上！我想，也唯有这样，才能不辜负李校长培养孩子，给予厚望的火热的心！

就这样，实验初中小海鸥舞蹈团成立了！

它承载着李校长的信任，承载着家长们的期望，承载着孩子们的梦想！

我感到责任重大，但我更深知义不容辞，因为这是我的责任，更是我的梦！

　　我想：那是一个激动人心的时刻啊，让我在鼓励中执着不懈地追寻艺术中的舞之美！

　　还记得，2012 年 11 月底，惊喜地接到了 2013 年 1 月 30 日出行"维也纳演出"的通知，我彻夜难眠。是激动，这是多少文艺工作者梦寐以求的艺术圣殿啊！有压力，这是刚刚成立两年的小海鸥舞蹈团敢登上的舞台吗？众所周知，维也纳金色大厅没有功放设备，不能播放 CD，没有麦克风扩音器。在那里演出是真真实实展现演员的实力。对十二三岁没有丰富舞台经验的初中孩子是巨大的挑战，作为指导教师的我深感压力之大，责任之重。

　　我们行吗？我行吗？我能行！我一定能行！

　　满打满算就只有 2 个月的时间，马上就要面临期末考试，时间紧任务重，我丝毫不敢懈怠，从演员海选到确定音乐及节目形式，从得到各部门的支持到与班主任的交流，从与家长、演员的逐一沟通到不耽误演员学习的承诺……

　　我分秒必争地算计时间，紧锣密鼓地进行工作，夜不敢寐地设计编排节目、梳理当天工作的得与失、做好第二天的工作计划，真恨自己没有三头六臂。

　　事情总不是一帆风顺的。体力和精力的透支不说，那扑面而来的方方面面的困难就压得我喘不过气来。再加上节目一改再改不如意、一练再练没成雏形的苦闷，让我几乎要崩溃了，自弃了。

　　黑暗中，一盏灯亮了。

　　"作为一名艺术工作者能站在维也纳金色大厅演出是多么荣耀的事，徐懿，你是一名舞蹈老师，你应该去跳。"李校长的话不仅为我推倒了四面的墙壁，而且给了我启发，让我的节目有了新思路。得益于李校长的教诲，我勇敢地挑战自己，我的梦想、我的幸福就在那一刻绽放在维也纳金色大舞台上，绽放在我的生命里，永远定格在生命的长河里。

　　还记得：那是一个又一个激动人心的时刻啊，让我在团结互助中执着不懈地谱写生命里的舞之美！

　　众人拾柴火焰高。得益于李校长的引领，得益于全校领导和老师的大力支持，实验初中小海鸥舞蹈团圆满地把原汁原味、富有中国魅力的文化通过舞蹈在维也纳金色大厅，在"魅力校园·第九届全国校园文艺汇演暨第十四届全国校园春节联欢晚会"，在美国国家艺术中心林肯中心的星光盛典舞台完美地展现出来，掌声经久不

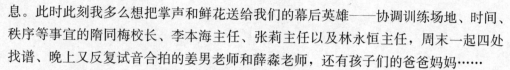

息。此时此刻我多么想把掌声和鲜花送给我们的幕后英雄——协调训练场地、时间、秩序等事宜的隋同梅校长、李本海主任、张莉主任以及林永恒主任，周末一起四处找谱、晚上又反复试音合拍的姜男老师和薛淼老师，还有孩子们的爸爸妈妈……

多少个激动人心的时刻啊，让我彻夜难眠！

在这难眠的夜晚，我品悟一路走来的酸甜苦辣，品着品着，我就笑了，挂着眼泪的我就幸福地笑了。

聆听着不断吹来的改革的号角，一次又一次转变教育理念，翻转了一个又一个艺术教育课堂。我已不再是从前的我了，现在的我，满怀着幸福、带着微笑，在洒满阳光的舞台上我要继续前行，再一次书写生命的华章！

（开发区实验初中音乐教师徐懿整理）

完美教育的社会反响

一、完美教育成就学生完美人生

中国教育学会原会长，北京师范大学教授　顾明远

当前我国教育改革与发展正处在新的阶段，正在通过不断深化教育领域综合改革，全面贯彻党的教育方针，全面落实素质教育，促进学生全面而有个性的发展。推进教育领域综合改革，就要办好每一所学校，改革只有落实到学校层面才能取得实效，因此高质量的内涵发展成为学校发展的重要追求。办好学校，就需要有一个好的校长，特别是一个有思想的校长。"一个好校长就是一所好学校"，有人认为这句话说得太绝对，还有一批老师呢。但校长是带头人，教师队伍需要校长来引领。好的校长有着自己的教育理想，先进的教育思想，并能将这种理想和思想转化成为全校教师共同努力的方向，并带领他们去实践。青岛经济技术开发区实验初中的李素香校长就是这样一位有理想、有思想的校长，她在多年的办学实践中，形成了"完美教育"的思想，通过完美教育成就学生的完美人生。最近她将这一教育思想进行了系统梳理，形成了《李素香与完美教育》一书。

其实，"完美教育"是没有的，任何事物很难说达到完美，教育尤其如此，但需要有追求完美的心，追求完美的理想。有了这个理想才能有一个远景目标，激励大家去努力，"完美教育"就是李素香校长的梦想，她正在带领全校教师为实现这个梦想而努力。

李素香校长从一位普通的数学教师做起，担任过年级主任、教导主任，最终成为一名校长，在多年的教育实践中探索怎么使教育做得完美，提出"完美教育"的主张，取得了明显的成效。在滨州市清怡中学，她通过 5 年的时间将一所薄弱校发展为一所优质学校，在青岛实验初中，仅仅用了不到 4 年时间就将这所新建校打造成了全国名校。

李校长注重理论学习，在《李素香与完美教育》一书中探讨了她理想中的完美教育的内涵及特征，梳理了完美教育形成的过程，确立了学校、管理者、教师、学生和家长五个层面的基本目标，构建了完美教育的六大支柱。书中详细介绍了她如何把完美教育思想贯穿于学校工作的各个方面。她从七个方面全方位构建了

完美教育，详细内容请阅读她的书。本书是李校长以"爱与责任"为核心，实施完美教育取得的丰硕成果，是她多年带领学校师生共同努力奋斗、进取和开拓的结果。

我曾两次到这所学校参观访问，虽然时间不长，但看到学校浓郁的文化氛围、舒适的学习环境、生动活泼的生活气息，感到学校确实在追求完美，学生在这所学校学习是一种幸福。希望学校在李校长"完美教育"理念下不断探索、不断发展，臻于完美。

二、让每个儿童达到他所能达到的高度

全国人大代表，山东省教育厅副厅长 张志勇

按照《辞海》的释义，"美"是指"存在于自然、社会、物质、精神中的被人发现、创造、体现人的本质力量，令人愉悦或爱慕的形象"；《说文解字》则认为"完，全也"。一个人不但对美孜孜以求，而且追求"全美"，可谓要将"美"做到极致，这样的人，称得上是为美而生的人。

《礼记·大学》开篇："大学之道，在明明德，在亲民，在止于至善。"这可谓是中国教育追求完美教育的源头。李素香校长从迈进教育之门的那一刻起，就将追求"完美教育"作为自己的人生志向。

1. 完美是一种教育人生

如果说，英国教育家斯宾塞将教育功能定位于"为完满生活做准备"，深刻揭示了教育的本质，那么，作为教师、作为班主任、作为校长，就是为未来社会培育那些具备"完满生活能力的人"。

列夫·托尔斯泰曾说，人类的使命在于自强不息地追求完美。李素香，作为一名"钟情于教育"的有志青年，从20世纪80年代初，就怀着"没有什么能阻止我做'最好的自己'，没有什么力量能阻挡我成为'完美的教师'"的人生梦想，走进了一所师范学校。从此，开启了她追求"完美教育"的人生之路，最大限度地追求至诚、至善、至美的完满人生，成为照亮她31年教育人生路的灯塔。

做老师，她争当完美教师，将自己的教育使命定位于"让我所教育的孩子们因

为我的追求而变得更加快乐、幸福、自信、美好，进而去追求他们自己的完美人生之旅。"

做班主任，她坚持缔造完美班级，致力于让每个班级充满积极向上的生命能量……

做校长，她追求建设完美学校，力求让自己的学校成为致力于追求完美品格、具有"完美之魂"的学校。

2. 完美是一种教育理想

什么是完美教育？李素香校长知道，人生没有完美的事情，自然世间也没有什么完美的教育。既然如此，她又为什么把自己的教育定位为完美教育？

完美教育是她的一种教育理想。她对这种教育理想的追求缘于对教育价值的深刻理解。她说：有一句话宛如天籁一般回响在我的耳边：教育的价值在于促进人的发展，促进所有人的发展，促进人的全面发展，促进人的个性发展，促进人的主动发展。

请看她对教育所负载的儿童生命意义的深刻理解——

完美教育就是激发生命，充实生命，协助孩子们用自己的力量越来越好地生活下去，并帮助他们发展这种精神的教育过程。教育必须保有孩子们先天赋予的、不被外界所左右的原始生命优势，并能够让这些优势资源在完美教育中最大限度地发挥和呈现出来，是完美教育的终极目标。

让每个儿童对学习拥有如饥似渴的需要。只有形成了这种需要，才能主动去寻找和发现自己感兴趣的学习资源，并能战胜学习中遇到的种种困难。把学习当成自己的事情，独立、认真、扎实地做好学习中应该做的每件事情，解决好学习中遇到的每个问题。

让每个儿童达到他所能达到的高度。李素香校长在办学实践中深切地体会到，在教师与学生身上，蕴藏着极大的潜能，有着极大的智慧。教育的使命，就是要让每个孩子能达到他们自己所能达到的高度。

让每个儿童学会为自己的生命负责。李白说："天生我材必有用。"要让每个生命都绽放出生命的美丽，就必须让每个儿童学会为自己的生命负责。

3. 完美是一种教育超越

完美教育需要一种勇气，一种自我批判、自我反思，甚至是自我否定的勇气。完美教育是对卓越教育的自我超越，而这种自我超越不仅体现为李素香校长对自我办学实践的不断超越，更体现为她对时代教育思潮的一种探索甚至引领。

制度的力量从根本上讲是一种思想的力量。只有用制度创新唤醒全体教师的民主意识，使之成为自觉且能觉他的人，教育这棵常青树才会蓬勃参天。李素香校长在学校治理中充分彰显民主、法治、公平、科学、责任意识，出台了《青岛开发区实验初级中学章程》，让现代学校制度成为她实施完美教育的基石，构建了以校长负责制为主体，"教职工代表大会"和"学校教育董事会"为两翼的"一主两翼"学校法人治理结构，构筑了以扁平化管理为核心的高效低位运行机制，从单一向度的行政管理，走向了多元治理主体共同治理、合作共赢。

打造完美教育，必须重构学校课程体系。李素香校长认为，没有课程的多样化，就没有教育的个性化。要让课程具有生命力，必须在"适合学生"上下功夫。学校大胆进行课程整合，将每学期的课时整合为自主学习时段和课程推进两个时段，大力推进课程的学科内整合、学科间整合、超学科整合。在课程整合中，李素香校长特别强调教育与生活的整合。她认为，一所高品位的学校，必定是一个孩子们因为有了真实经历而产生故事的地方。

李素香校长在追求完美教育中致力于把校园建成随时随地都可以学习的乐园，成为青岛乃至全国数字化教育的弄潮儿。在这里，教科书不再是学生的世界，世界已成为孩子的课堂。线上线下混合学习、翻转课堂学习、网络学习、引导式移动探究学习、协同知识建构学习、能力导向式学习、创客学习，等等，早已成为学校教育常态。

教师是完美教育的实践者，是学生成长历程中最亲密的陪伴者，没有教师的完美发展，就不会有学生的完美成长。学校以"修身工程"树立教师良好形象，以"磨教材工程"奠基教师专业发展，以"七课工程"培育奋发有为的骨干队伍。这"三大工程"，为广大教师的专业发展搭建了广阔的平台，对打造大气、正气、书卷气的优秀教师团队起到了极大的促进作用。

李素香校长立志将自己的一生献给完美教育，我坚信：完美教育永远在路上。

祝愿李素香校长在今后的教育生涯中开出更加灿烂的完美教育之花。

三、"我"眼中的李素香

李素香，在不同人眼中，反射出不同的光彩。专家说她是卓越的，同行说她是完美的，老师说她是亲切的，家长说她是神奇的，孩子说她是靓丽的……

三识李素香

尝试教学的创立者，特级教师　邱学华

初见李素香

2011 年，我第一次走进青岛市经济技术开发区实验中学，初见李素香校长。

李校长亲自陪我参观了学校，学校规模宏大，设施齐全，教学楼、办公楼、图书馆、体育馆、游泳馆一应俱全。但因刚开学，校园文化建设、各类设备还没有跟上。

李校长给我的初步印象是：热情、刚毅，全身有一股使不完的劲；智慧、灵活，对教育有独到的见地。她毫不掩饰地谈了学校面临的困难。

最大的困难是教师队伍的建设。该校教师由三部分组成：三分之一是从分流学生的学校开发区四中调入的，三分之一是从山东省内招聘来的，三分之一是刚毕业的大学生和研究生。

学生都是从周边几所初中划拨来的。由于学校刚开办，没有办学经历，没有升学业绩，没有知名度，家长信不过，有些家长就安排孩子去其他学校就读了。第一年只有 900 多学生。

我当过校长，深知当校长的艰辛。李校长孤身一人到一个新地方，人生地不熟，又要面对如此困境，肩上的担子有多重，只有她自己知道，我真为她捏把汗。

学校能否在短时间内走上正轨，何时能列入全国名校，都要打上问号。我带着疑问和担心离开了实验初中。

再看李素香

2015 年 10 月我第二次走进实验初中，再见李素香。我是带着疑问去的，时隔 4

年，学校会有什么变化？

这次也是由李校长陪同参观，一边走，一边讲解。李校长一身朴素高雅的打扮，满脸笑容。她充满自信的语气，使我感觉到她成功了。

走进校园，眼前一亮。这所规模宏大的校园披上了新装，显露出深厚的文化内涵。一步一景，装扮得分外漂亮。学校有一石一像、两树两厅、三馆三苑、四廊四园，形成中西合璧完美的文化格局。

师生在这样幽雅、阳光、绿色的环境下工作和学习，一定会心旷神怡，乐此不疲。

俗话说，外行看热闹，内行看门道。学校文化环境布置究竟是外表的东西，应着重在内涵。我问李校长现在质量如何，李校长充满自信地告诉我，第一次迎接中考就名列第一，而且连续三年都是第一。现在全校学生有 2000 多人，许多家长都争着要把孩子送到实验初中。

不但教学质量提高了，学生素质也得到全面发展。学校有丰富多彩的社团活动，成立了插图、摄影、街舞、民乐、机器人联盟、创客空间、3D 打印开发等 90 多个社团，涵盖了人文、艺术、科学、健康等各个领域。通过丰富多彩的活动，激发了学生兴趣，拓展了学生视野，培养了一大批各类人才。

在课内课外特别重视培养学生的创新意识和创造性思维。几年来已有 137 名学生获得国家发明专利，2320 人次在各级各类科技创新中获奖。创客空间组员史衍钊、韩悦萌自主设计 3D 打印的青岛啤酒节酒杯已获国家专利，并在 2015 年第 67 届德国纽伦堡国际发明大会荣获发明金奖，有关厂家准备投入生产。机器人社团在东盟 13 国科技大赛中摘得一金二银。

钢琴社团成员申骐源被推举到北京国家大剧院与国际钢琴王子郎朗同台演出。小海鸥艺术团应邀到维也纳金色大厅、美国林肯文化中心演出中国民族舞，被外国人亲切地称为"东方小茉莉"。

听了以上介绍简直不相信自己的耳朵，这些骄人的成绩，竟是在办学只有 4 年的学校诞生的。此刻，我只想说：实验初中的孩子真是太幸福了。

实验初中不就是我苦苦追寻的理想学校吗！以前我在《人民教育》发表过一篇文章，题为"我所追求的理想学校"，文中提出在这所理想学校里要重点解决三个结合问题：一是把东方教育和西方教育结合起来，二是把教育民族化与教育现代化结合起来，三是把素质教育与提高教学质量结合起来。李素香校长带领实验初中全校师生经过 4 年的努力比较完美地解决了三个结合问题，这应是国际教育上的奇迹。

稍有办学经验的人都知道，一所新学校起码要有 3 年磨合期才能走上正轨，再经过 5～10 年的创新期才能成为一所名校。现在实验初中只用 4 年时间已经做到了。

李素香是怎么做到的，对我来说是个谜，由于时间所限不及细问，我又带着谜团离开实验初中。

三读李素香

最近有机会拜读《李素香与完美教育》书稿后，我心中的谜团逐渐解开了。原来李素香有她独特的教育理念，有整套的课堂教学模式，还有详细的具体措施和策略。采用顶层设计，逐步推开，逐步提高，逐步走向完美。

李素香为什么能够只用 4 年时间，把一所新校打造成全国名校，靠的是什么？这本书一开头就回答了这个问题。她说："我不是完人，但我是个尽己所能追求完美的人，我从不把懒惰、借口、安逸、差不多、得过且过当作生活本身，照亮我生命旅程的是最大限度地追求至诚、至善、至美的灿烂人生。"

这段富有哲理的话，道出了一个朴素的真理：一个人事业上要有所成就，靠的是人的精气神。一个人如果没有精神，没有执着的追求，没有吃苦耐劳的勇气是办不成大事的。

李素香是一个追求完美的人，做工作尽心尽责，把每一项工作做到极致。她为什么能这样做，做的目的又是什么，也可从书中找到答案。她说："竭尽全力让我所从事的教育成为'完美教育'，让我的学校成为'完美学校'，让学校里的教师成为'完美教师'，让我所教育的孩子们因为我的追求而变得更加快乐、幸福、自信、美好，进而去追求他们自己的完美人生之旅。"她"一切为了孩子"，有了这样的思想境界，李素香才会拼命地工作，才会去学习古今中外优秀的教育思想和教学方法，才会去不断追求完美。

更可贵的是，李素香不但亲自实践了，而且已经上升到理论，形成了自己独特的"完美教育"理论体系。

她把"完美教育"明确定义为："完美教育是不断追求、不断超越、日臻完美的教育过程。""完美教育是一种教育的理想，也是理想中的教育。"我认为这种解释是科学的、合理的。完美教育不仅是结果，而且是一种教育理念，一种教育过程。它是动态的，它是变化的。"完美"是相对的，没有终点，但我们可以逼近完美。

完美教育由相对独立又互相联系的七个模块组成："完美学校、完美管理、完美德育、完美课程、完美课堂、完美学生、完美教师。"每个模块的实施策略更为详尽地介绍具体操作的方法，例如"完美德育"有一个核心、两个重点、三项原则、四种方式、五条渠道、六种做法。又如"完美教师"中有促进完美教师发展的三大举措、三大工程、三个平台，并附有十条诚信，100项行动指南，具有极强的可操作性。

这本书的内容几乎涵盖了学校工作的方方面面，既有理论又有具体操作方法，并且语言流畅，通俗易懂，娓娓道来，亲切感人。没有洋腔洋调，没有大话空话。这本书其实是一本具有中国特色的《校长学》。

李素香的完美教育理论和实践，是科学的，是先进的，是可操作的，是值得推广的。

读了李素香的书，进一步认识了她，逐步读懂了她。她是一位有思想有见地，始终站在时代前沿追求完美教育，吃苦耐劳、执着实干，一心扑在孩子身上，为了孩子什么都能舍弃的好校长。

当今中国有经验的校长很多，但像李素香那样同时具有较高理论水平、能著书立说的还不多。李素香还在行进中，她散发出来的素香，将会越来越浓，在中国教育界的影响力将会越来越大。

李素香：一个追求完美的校长

天津教科院基础教育研究所原所长，研究员，天津师范大学兼职教授　王敏勤

我们经常说：有个好校长就会有所好学校。有些校长总是埋怨学校的客观条件不行，自己没有把学校办好是因为学校的生源太差、师资太差、校舍太差……"如果给我一个条件好的学校我也能办好"。把好学校办好了不算本事，把差学校办好了才是能耐。如江苏省洋思中学的老校长蔡林森，把一所地处边远的农村初中办成了全国名校。他2006年65岁退休以后到河南省沁阳市永威学校，把一所濒临倒闭的15年一贯制民办学校又办成了全国名校。李素香校长也是把两所弱校和新校办成名校的好校长。

李素香原来所在的山东省滨州市清怡中学，是一所条件很差的公办民助学校，招生困难，师资流失。2004年暑假，初一年级招生不足160人，招来的学生也留不住，其中初二一个班在不到一个月的时间内就转出十几人，最终，这个班被迫解体。李素香临危受命，从滨州三中一个教务主任的位子上直接就任清怡中学的一把校长。她没有校长和副校长工作的经验，但她有积极学习的态度，有勇于创新的激情，有不怕困难的斗志。短短几年的时间，就把清怡中学办成了一所全国名校，教学成绩也超越了她原来所在的区重点中学。正是由于骄人的办学业绩，她被评为山东省特级教师、齐鲁名校长。

2011年，她被引进到青岛市经济技术开发区实验初中任校长，是二次创业。这是所四新学校——新校长、新老师、新校舍、新学生。虽然学校建得很漂亮，但没有办学的历史，没有升学的经验，家长信不过。李素香校长只身一人赴任，没带一兵一卒，想在一个人生地不熟的环境中尽快打开局面，其困难可想而知。

事实给出了最好的答案，这所学校只有四年的办学历史，但已经有三年的辉煌业绩。他们参加了三届中考，每届中考都是全区第一，并且冠军都诞生在他们学校。这所学校不但教学成绩好，各项活动都做得很好，真正把素质教育和升学有机地结合起来，达到了一种完美的结合。这就是李素香校长提出的完美教育。

说实话，教育是一门遗憾的艺术，不可能尽善尽美。但这并不影响他们实施完美教育。因为教育是个过程，完美教育就是一个不断追求完美的过程。有了这样一种追求，就会使学校工作越来越完美，教学工作越来越完善。

实施完美教育，就要把学校建设的美丽漂亮，富有文化内涵。走进实验初中，你会看到一步一景，就像走进了一个漂亮的文化公园，他们在学校各处都设置了一些诠释追求完美教育主张的景观，形成了"两厅、两馆、两苑、四廊、四园、九中心"的校园文化格局，为师生创建了一个开放、阳光、和谐、高雅的学习生活工作环境。让师生在温馨和谐的校园氛围中耳濡目染，潜移默化地受到环境文化的浸润。

实施完美教育，就要把工作做细做精。在实验初中，每项工作都力求完美，做到精致化。他们提出"管理零缺陷"，追求管理工作的完美和精致，注重管理的水平和质量，努力做到完美无缺。"管理零缺陷"并不是要求人们不犯错误，而是不允许重复犯错误。作为学校管理者，在学校管理中要抓好每一个环节，尽量减少工作中的失误，作为教师在班级管理和课堂教学中也要抓好每个环节。

　　他们还提出"服务零距离"，也就是在学校管理中要为教师、学生、家长和社会提供及时周到的服务，满足不同主体的需要。这样的服务，就是人性化、个性化的服务。

　　追求完美，就要不断改革创新。他们在课程整合方面取得了很大的成绩。他们首先对语文教材进行有机整合，将阅读与写作对接，实现读写一体化。在此基础上按照文体对教材进行阅读教学的板块化整合，即分为小说阅读、散文阅读、文言文阅读和诗歌阅读等模块。

　　模块式读写一体化教学改革，大大提高了语文教学效率，每周3课时即可完成教材学习，其余3课时（语文与传统文化整合成6课时）便进行"大语文阅读"和研究性学习、活动性语文读写活动。

　　在语文学科的辐射带动下，思品、历史、地理、生物学科把"打造高效完美课堂"作为减负提质的突破口，将"整合教材，实行零作业"作为教研课题，大胆尝试课程创新。思品学科也实行模块化教学，总结出"学习内容模块化、学习形式团队化、人格教育活动化"的行知课程整合经验。

　　音乐、体育、美术教学整合了三年的教学内容，综合了学生的个性化发展需求和本校实际，开发了艺体教学课程群。

　　在课堂教学改革方面，他们也大胆改革。他们将每学期的课时分为两个时段：自主学习阶段和课程推进阶段。第一阶段是开学的前3周，学校统一安排学生自主学习。他们每个学期在放假前就把教材发下去，让学生用一个假期预习下学期的教材，开学后就是基础知识考试，这样培养了学生的自学能力，提高了课堂教学的效率。开学后利用"问题发现课"集中时间让学生独立自学，提出自己的问题，解决所能解决的问题，记录解决不了的问题。

　　第二阶段是从第四周开始，为课程推进阶段，全面落实国家、省、市有关课程实施的各项要求及规范，开足、开齐、开好各类课程。学科课程本着"关注差异，不让每一个学生掉队"的原则，实行选课走班，分层教学。根据学生差异将学习内容分为A、B、C三个层次，学生可根据自己的学习能力及水平在A、B、C三个层次上自由选择所学内容，教师根据自己的教学专长在A、B、C三个层次的教学内容中自由选择授课内容，3个学科3个班级同一课时交叉授课。

　　他们的"三级建模"工作也做得扎扎实实，在学校"问题导学"教学模式指导下，各门学科不同课型都构建了系统的教学模式。如英语学科，分为听说课、精读课、泛读课、复习课和试卷讲评课，五个课型均以学校的问题导学教学模式为核心，让学生在对问题的探究中快乐学习，获得成功的体验，在体验中萌发新的问题，实现新一轮的探索与学习。其中听说课和精读课是两个主流课型，其教学流程有四个共同的环节：前两个环节是"复习巩固，预习检测；问题引领，明确目标"。后两个环节是"课堂小结，达标检测；小组评价，延伸拓展"。英语听说课中间的三个环节是："创设情境，感悟新知；听说结合，句型操练；小组合作，拓展提升"。英语精读课中间的六个环节是："读前热身，情境导入；速读课文，整体感知；细读课文，理解文本；小组合作，梳理知识；把握线索，复述课文；学会写作，拓展提升"。英语范读课的教学流程是："读前热身，情境导入；方法引领，明确目标；速读课文，整体感知；细读课文，理解文本；小组合作，拓展延伸；课堂小结，达标检测"。英语复习课的教学流程是："问题导入，呈现目标；知识梳理，整体建构；典题引导，点拨深化；达标测试，提升能力；盘点收获，拓展延伸"。

他们创立了"微课知识树"，在知识树上挂"微课"，把现代教学手段与知识树结合起来，做到动静结合。

追求完美，就是"唤醒人心"的工程。实验初中注重启发师生的自觉性、积极性，启发他们的责任感，发挥他们的潜能。学生愿意做的事就不是负担，老师愿意做的事就一定能做好。

实施完美教育，就要让学生的个性特长得到发展。根据学生需求，学校开设四大类32门特色鲜明的校本课程。所有学生在每学期开学前都要网上自主选报一门自己喜欢的课程，每周五下午第八节是校本课程的开设时间。所有特色课程都采用社团化运行机制，孩子走进一门课程，就加入了一个社团，找到了一群志同道合的朋友，拥有了一个快乐成长的家。

每年，学校都举办体育节、艺术节、读书节、科技节、经典诵读节、英语节，开展校园吉尼斯联赛、爱国教育月、感恩教育月、习惯养成月等。各项活动定期举行，年年有创新，届届有传承。

总之，李素香校长是一个不断追求完美的人，在不断追求的过程中，她享受着职业的幸福感、创新的愉悦感和办学的成就感。

我眼中的李素香

山东省首届齐鲁名师，特级教师，崂山教研室语文教研员　赵春凤

李素香，如同圣洁的白玉兰，在春寒料峭的早春，绽放出东风第一枝。她芬芳而高雅，笃定而慧心，用自己独特的智慧，为教育开辟了一款通向未来的路。

智慧，来自最执着的追求……

坚守在左，思考在右。

她坚守课堂，研究孩子，叩开了孩子的心扉。她知道，每颗心灵都是美丽的星辰，激活智慧，每个孩子都可变得聪慧。

如何叩开孩子的心扉，让他们"脑洞大开"，她在灿烂的星辉里苦苦思考。智慧之光终于驱散片片浮云。拂去尘埃，她忽然发现了真理所在。思维是智慧之根，问题是症结所在。

于是，她首先提出"问题导学"，直逼教育的核心地带。

她"审问之，慎思之，明辨之，笃行之"，这就是李素香校长高效课堂根基所在。问题是教学的起点，更是高效的关键，抓住了问题，也就进入了教育的核心地带。李校长是务实的，也是精致而简约的。她的课堂"删繁就简三秋树，标新立异二月花"。课堂从问题出发，尤其是从学生的问题出发，直抵学生的核心素养，让思维在合作中碰撞出智慧，让课堂成为师生共同成长的能量场，让师生在对问题的思辨中绽放生命的精彩。

"我的课堂我做主"，自学、质疑、展示、碰撞、盘点、提升，课堂成为思维的跑马场；激情涌动，绽放自我，合作探究，课堂成了个性化生命成长的情感场。

智慧在左，激励在右。

从孩子出发，是李素香思维的出发点，也是落脚点。教育就是为孩子扮靓人生，就是培养阳光生命。她觉得，课堂必须改变一边倒现象，孩子应该成为学习的主人。激活课堂，是改革的关键。而激活课堂，首先要让孩子感受到爱与真诚，才能让他们打消顾虑，展示精彩，享受智慧的创造。

孩子是需要激励的，智慧是需要碰撞的。"水本无华，相荡而生涟漪；石本无火相击而生灵光。"李校长熟谙此理，所以，她构建了合作学习小组，以评价促动，人

人成功；让博师学友，教学相长。

激活生命，激活智慧，于是成功悄然无数次与实验初中结缘。从青岛到全国，实验初中，让一个个鲜活的生命在舞台中央炫舞。

千人，万人，数万人；省内外，国内外的学习者，络绎不绝，踏香了实验初中的条条大美之路。

人们在惊叹，在赞美，在思索，李素香何以在短短四年间，打造出如此精致而完美的实验学校？

仁爱在左，尽责在右。

李校长经常对大家讲的一句话就是，做教育必须有大爱，有大情怀，才能做大教育。成功的路上并不拥挤，因为有毅力且尽责的人是多么少啊！所以，仁爱尽责必能使人生高远。

一线工作法，让她守住一方沃土，察秋毫于始末，解问题于初生。她日日行走在课堂之中，时时工作在教学前沿。抓住问题不放，力求完美解决，已成为一种追求，一种习惯，一种性格。

她生就一双慧眼，总能发现大家视而不见的问题。发现问题即可解决，绝不拖到明天。"今日事，今日毕"是她的口头禅；"发现问题在一线，解决问题在一线"是她成功的法宝。

一线首创，灵感丛生。聚智再聚智，思考再思考，在解决问题的过程中，她便日日成长，壮大，完美。

她做完美教育，她说因为我们的教育不够完美，所以我们才追求完美。当我们把一个个问题解决之后，我们才会品尝到付出的欣慰。

追求在左，创新在右。

大道至简，唯简约而新美。李校长是求真的，什么事到她那里总会变得简约。

为了减少环节，令出即达，直接让完美教育品牌落地生根，她首推"扁平化管理"。扁平化，简约化，高效管理即可开花结果。

她要让所有的中层领导都具有校长的视野和情怀，她推出项目负责制，10个服务中心负责制；她采取民主管理，让所有的师生都拥有展示自我的舞台；唤醒他们心灵的自觉，让决不放弃刻入每一个实中人的心底，让超越自我成为一种品质。

她总是站在时代的前沿思索教育，她总是站在教师和学生的角度思考教育，她总是站在历史的长河中思考教育，关注未来。

"苟日新，又日新，日日新，做新民。"创新，在李校长的词典里，已经成为最寻常的事。因为她日日思考，如何让教育日臻完美，如何让每一个孩子变得阳光智慧。如何构建全息课程，让学校成为师生共同成长的乐园。黎明的曙光璀璨成智慧的火炬，日日思索已成为一种习惯。

日日思索，实施创新，这就是她不断超越自我、不断生长拔节的重要原因。

自信在左，胆识在右。

李校长是成功的校长，更是有胆识的校长。敢于担当，敢于摸着石头过河，敢于大胆试水……一次次实践，一次次成功，一次次磨砺，一次次超越，使她变得从容淡定，自信满满。

在别人彷徨的时候，她鼓荡风帆；在别人放弃的时候，她着力前行。信息技术来了，多少人质疑，但坚定而远见的她一马当先，于是撷来东风第一枝，她成为首届世界教育信息大会上真正的东道主，她的声音令多少教育者叹服。

首届中美智慧教育论坛，她折服了多少研究者，十大学习新模式——基于设计的学习，让每一个学生成为一名"创客"。在互联网来临的时候，李素香勇立潮头，独领风骚，赢得多少羡慕的目光！

依法治教，新常态，新管理，新制度，谁来制定？她雷厉风行，那个夏天她组织全校精英，封闭两周，一本数万字的现代新制度，赫然而出。多少人惊叹，多少人探寻，多少人望尘莫及！

课程整合来了，她第一个试水，模块化教学首先成为典范。全市现场会推广以后，她又寻到全国课程整合专家，完善提升，于是山东省课程整合会议又在实验初中召开，一道道崭新的风景，让多少参观者惊奇不已。

她的目光一直在仰望，教育的制高点，她的脚步一直在拾级而上。北京十一学校是她的比对校，国内著名，世界知名，是她的愿景。没有最好，只有更好，教育就是永无止息的追求的过程，是她的觉解。

她的眼里，她的心里，所见所思全是教育，她的生活里也只有教育，仿佛她真是为教育而生的。

素香如兰，芬芳而慧智；素香如花，绚丽而完美；素香如海，宽容而大气；素香如山，尽责而仁爱。

这就是我眼中的李素香，一个优雅而美丽、从容而淡定的教育奇葩，淡淡香沁人心脾，微微笑风采怡人……

至诚完美李素香

齐鲁名校长，山东省淄博市沂源实验中学校长　王明阳

认识李素香校长是缘自 2009 年开始的山东省首届齐鲁名校长建设工程，六年的时间里我们同在初中第三协作组，一起外出培训，一起到学校研讨，才有缘了解李校长的为人、理解李校长的追求、敬重李校长的成功。

作为校长，李校长是最成功的！她的事迹经常见诸各种媒体，好评如潮，方方面面对学校管理者都有很好的启示，最让我感动和应该学习的是李校长在学校治理中一以贯之的真诚、执着和智慧。

李校长的真诚让师生行有归属。做校长难，做一个好的现代校长更难，有人研究出了做好校长的十项能力，有人甚至研究出了校长治校兵法，等等，可李校长成功地实践出了最简单好用的真诚，她对事业真诚到宵衣旰食、对老师真诚到无微不至、对学生真诚到视如己出，真可谓"此心光明"。这真诚换得真心，使师生把学校当作自己温馨的家，安身、安心、有归属感，学校才有一路春光春色；这真诚是壁立千仞无欲则刚的博大，是"言必信、行必果"、一诺千金的承诺，是品行、是责任、是道德，更是一种治校理教的准则、一种做人做事的声誉、一种可持续发展的资源。正如圣贤云："唯天下至诚，为能尽其性。唯天下至诚为能化。"

李校长的执着让师生做有成就。李校长从滨州被聘请到青岛经济技术开发区创建实验初中，单枪匹马、人地生疏，工作中遇到的困难可想而知，学校能平稳运转已是不易，可李校长凭借一种向着目标孜孜追求、不达目标绝不罢休的执着精神，硬是用不到四年的时间取得让人惊叹的成绩。这执着就是高度关注民生、群众利益第一的要求，才使中考成绩连年名震岛城；这执着就是"咬定青山不放松，任尔东西南北风"的铮骨和立场，才使课程整合引领山东，使现代学校制度誉满全国，使信息化走上国际舞台；这执着就是"千淘万漉虽辛苦，吹尽黄沙始到金"的豪迈和希望，才有小海鸥艺术团起舞在维也纳金色大厅，创客教育与美国名校 PK 在中美智慧讲坛上，学生有一百多项国家发明专利，有的还获得国际金奖，老师三百多人

次获市以上表彰，国内外考察取经者络绎不绝；这执着就是"人比山高，脚比路长"的豪情万丈，对师生是感动、是示范、是引领，让师生找到自己、成就自己、完美自己，他们创造了多个区域第一次，创造了多个区域教育的史无前例，把一个又一个不可能变成无上荣光。李校长的执着体现了她追求完美的教育理念，是这执着让李校长和她的学校赢了，赢得让人心服口服，赢得精彩，赢得漂亮……

李校长的智慧让师生心有梦想。据说哥伦布在他每天的航海日记上总是写着这样的一句话："我们继续前行！"这句话看似平凡，实则包含着深刻的道理，这就是梦想的力量。在青岛经济技术开发区实验初中这艘现代化航母上，李校长让每个人都心有梦想，每天都在为实现梦想而努力，都甘愿为改变中国教育做点事。对于学生发展，独具特色的完美教育课程体系使每个学生学得知识、习得能力、修养德行、规划梦想，用校长和老师的智慧为每个学生奠基智慧人生。对于教师发展，李校长满腔热情又公平正义、任贤用能，为老师成长搭建各种平台，为人才发展加油助力！一个校长不能发现人才，是个人水平问题，校长不使用人才，却是个道德问题。李校长深知一个学校绝不能仅仅藏龙卧虎，要营造氛围，只要有龙的理想就让他腾，有虎的理想就让他跃。完美名师培养、值周校长制、项目负责制、今日我当家、未来教育家论坛，等等，让每一个人都释放内部活力，这正是对"尊之则为虎""用之则为将"、让每个人都微笑着走近梦想的智慧注解。校长具有识人、用人的慧眼和魄力，也一定能激发教师团队的凝聚力创造力，激活学校的每一个细胞，学校的整个肌体才能得以健康、高效地运转。让老师们感到人尽其才，才尽其用，又怎能不拥有自信、常怀幸福、取得更大的成功呢！对于学校发展，李校长更是用大智慧把握教育发展趋势、科学谋划、分步推进，首创完美教育特色理念，用文化引领学校发展。紧紧抓住个性化、信息化、国际化、品牌化这些教育现代化的核心要素，四化整体构建、四化一体育人，全员、全程、全方位创新接轨未来。

李校长"捧着一颗心来，不带半根草去"，用真诚、执着和智慧，修炼成功现代优秀校长的一切品质，她是一个清晰认识到自己的价值与使命，具有奉献精神和人文关怀的校长；一个具有大爱、大气、大格局并极富个人魅力的校长；一个执着追求自己的完美教育办学理念，具有独特办学风格的校长；一个有着海纳百川的宽广胸怀和极强的感染力、凝聚力的校长；一个既仰望星空又脚踏实地，用自己生命铺路、让师生理想延伸的具有前瞻性和创新性的校长。这就是我眼中至诚完美的李素香校长。

我心中的"完美"校长

齐鲁名校长，荣成市实验中学校长 梁德华

我与李校长结识于 2010 年 11 月省厅举办的齐鲁名校长人选培训班上，机缘巧合，我和她相邻而坐。培训期间，得知她所在的滨州清怡中学承办了一个全国的课改会议，洋思中学、杜郎口中学、乌丹五中等众多名校汇聚一堂，切磋交流，共商大计。感觉到机会难得，我便通知我校骨干教师前去取经。培训结束回校后，老师们向我反映，清怡中学超前的课改理念和先进的管理水平给他们留下了深刻的印象，很多做法不仅让人眼前一亮，还令人深思。老师们的话让我联想起了培训期间与李校长的几次长谈，不由得对这位文静的女校长平添了几分敬佩。

一年后，为了筹建新学校，我和荣成市教育局的几位领导来到滨州清怡中学学习观摩。走进校园，除了校园的清雅怡人之外，以"责任教育"为主题的校园文化和"培育阳光生命，奠基智慧人生"的办学理念更是给我们一行留下了深刻的印象。他们的校园文化和教学理念不是仅仅挂在墙壁上、刻在石头上，而是体现在教与学的每一个细节中，贯穿在学校每一个具体的活动中。那一刻让我心生许多感慨：是什么让外表看似柔弱的李校长蕴含着如此巨大的能量？

与李校长深交是在 2012 年 10 月赴美学习期间，我们一起被分到康涅狄格州大都会学校参观、考察。李校长千方百计克服了语言不通的困难，抓住与学校领导、与师生交流的任何机会，深入了解学校的办学理念、师生管理的细节、学校课程的实施、课堂教学的操作特点，等等，可谓事无巨细，不耻下问。面对中美教育之间巨大的差异，我们也交流着思考、碰撞着感悟，她的很多见解深刻而独到，让我受益匪浅。后来，我得知她已经受聘于青岛经济技术开发区实验初中，欣喜之余我也坚信，在一所现代化的学校里，她一定会书写出职业女性的完美人生！

2013 年 3 月，我们荣成市实验中学和青岛经济技术开发区实验初中的友好往来进入了新纪元。从那时起，我们每学期至少两次派领导和教师前去学习。三年走过来，我见证了青岛经济技术开发区实验初中的高速发展，并深知其发展的主要动力在于李校长大力推行的"完美教育"。完美教育作为一种教育思想已经嵌入实验初中学校教育的方方面面：扁平化管理，践行教育民主化；优化课堂，实现教学问题化；创生课堂，实现教育个性化；高端占位，推进教育信息化；开放办学，实现教育社会化；开阔视野，推进教育国际化。在她的带领下，学校发生了脱胎换骨般的变化：一项项国家级荣誉的获得、一次次走出国门的交流、一波波国内外友人的来访、各级媒体的争相报道……李校长用心书写着她挚爱的"完美教育"。每一次去李校长的学校，我都感觉学校一直在变化，而且变化之大、变化之快令我震撼！

交往多年，我最钦佩李校长的地方有二：一是敏锐。她始终关注着教育的最前沿，似乎拥有着一种对教育发展的敏锐触觉。当很多学校刚刚接触教育信息化的时候，她的学校已经在电子书包、翻转课堂上取得了卓有成效的成绩；当课程整合刚刚步入教育人的视野时，她已经在相关专家的引领下进行了教师的集中封闭培训，开始了跨学科、学科间、拓展性的整合。二是执着。认定了路，她就会坚定不移地走下去，不管遇到多少坎坷，栉风沐雨，胼手胝足，不达目的誓不罢休。而最终的结果都应了那句话——"艰难困苦，玉汝于成"，她的努力都赢得了成功的眷顾，合作学习如此，三级建模如此，课程整合亦如此。而且无论工作怎样繁忙，她的目光始终没有离开课堂、没有离开学生，每天听课、评课是她的工作常态，这对身兼两所学校校长的她来说需要付出多大的精力？而她竟然做到了！事实证明，正是这些历练和担当，才铸就了李校长非凡的人格魅力。

一路走来，我始终把李素香校长当作良师益友，秉持着共同的信念，坚守着共同的情怀，接受着她的熏染，也产生了更多的共鸣。在我心中，她永远是我学习的榜样。我相信，青岛经济技术开发区实验初中在她的引领下，一定会闯出一片新的天地。在此祝愿这位我心目中的"铁娘子"，砥砺前行，青春永驻！

"完美教育，成就完美人生"

中国石油大学（华东）文学院党委副书记，实验初中首届家委会主任 杨武成

与李素香校长相识五年，亦师亦友，获益匪浅。"完美教育，完美人生"，这是我作为一名学生家长眼中的李校长的真实写照。

李校长是一名卓越的教育工作者，其教育思想、管理理念和教学方式给同为教

育工作者的我做出了良好的典范。她的教育思想深得学生的喜爱,家长的信赖,所谓师者:传道、授业、解惑也。教师工作不容易,而把这份工作做到人人称赞,更是难上加难,但是李素香校长做到了。这与她独特的教育"秘诀"是分不开的:"把学生当作自己的孩子,把每一个孩子当成璞玉去雕琢,用心去培养。"正是她的辛勤付出,换来了实验中学各项成绩的硕果累累,她被学生和家长称为心目中的"完美教师""完美校长"。

作为一名校园管理者,拥有科学的管理方式尤为重要。李校长正是一位这样的校园管理大师,结合实验初级中学的情况,她确立了"完美教育""亲情教育"的教育理念,"仁爱尽责、追求完美"的校训,以及"培育阳光生命、奠基智慧人生"的办学思想。她注重教育的细节和教育品质,用责任和亲情感化师生、引导师生。这份情感的付出和对美好生活价值观的认同,让实验初中从一所刚刚建设起步的学校,一跃成为拥有耀眼光环的全国名校。她推行的"全员导师制""零缺陷管理"和"日清双轨制"富有成效,值得一提的是开发区实验初级中学没有副校长,所有的中层领导轮流做校长。这种扁平化的管理模式形成了"事事有人管,人人有事干,人人能负责,有责必追究"的全员责任管理体系,实现了工作效率最大化,过程管理纵横双向无缝隙发展,效果深入人心。

作为一名家长,除了关注学校的发展,更关心自己孩子的成长成才,而如何加强教育改革,培养阳光生命也正是李素香校长一直不断追求的目标。建设科学高效的完美课堂和高素质的教师队伍,让学校在课堂教学上进行有益的尝试,实施了"七课制度",以专家课为引领,构建"问题导学"课堂教学模式;以论坛课为推手,诠释课改目标方向;以集研课为平台,解决教学模式操作不足;以走推课为常态,完善"问题导学"教学模式;以模板课为牵引,发挥骨干教师示范作用;以优质课为载体,促进学校教师专业成长;以展示课为契机,推动名师工程有效展开……一项项政策、一条条措施都是素质教育的提高和升华,全面促进了孩子们的教育发展。"要让每个孩子享受到高端、公平的教育,不能让一个孩子掉队,让每个孩子都能健康快乐地成长。"有了李素香校长的承诺,我们家长倍感欣慰。

李校长是一位好老师,也是我们学生家长的好朋友,为了孩子们的健康成长,她非常重视家校合作,通过家委会的桥梁为家长了解学校、监督学校、服务学校提供机会,搭建平台。即使学校事务再忙,李校长都会抽时间积极和学生家长进行交流，通过"校长接待家长日""我与校长面对面""校长带你进校园"等活动，及时有效地解决家长提出的问题和建议。记得有一次，李校长因工作劳累而病倒住院，当听到几位家长因为孩子的事情和班主任老师有矛盾冲突，她不管医生护士的劝阻，第一时间赶到学校，马上召集会议专门讨论，因为处理得及时、恰当，事情得到圆满解决，家长们也被李校长的举动和诚意深深打动。最后，一位家长动容地说："实验初中有这样的校长，做家长的放心、满意。"

由于学习安排时间紧张，大部分学生选择中午在学校食堂就餐，虽然只是每天一顿饭，但家长们却非常关心饭菜的质量，自然，餐厅的管理、服务就成为家长们关注的焦点。李校长知道情况后，多次主持召开家校联席会议专题研究学生就餐问题，还亲自带领家长走进餐厅实地考察、调研餐厅的情况，餐厅逐渐成为展示学校服务形象的一个窗口，家长们交口称赞。正是这样一件件的事情温暖着家长们的心，家长们视学校如家，积极主动为学校的发展献计献策，出谋划策，人人争做"完美家长"。家校合力凝聚，形成良好的联动机制，助推了学校发展，共创一流业绩。实验初中家委会的工作相继得到了省市各级领导的充分认可，被授予"全国家委会工作先进单位"，成为全国学习的标杆。

"完美教育，成就完美人生。"李素香，一位完美的老师，一位完美的校长！

我眼中的李校长

实验初中 2011 级学生、学生会副主席　杨若涵

冰，是坚硬万倍的水，结水成冰，是一个痛苦而美丽的升华过程。

——朴槿惠

今日的天空有些昏沉，晨曦被一层薄薄的微雨笼罩。这样的天气对于生活在岛城的我来说并不陌生，却唯独在此时将我带进了回忆。入学第一周轮到我值日，6：30 的校园有点冷清，窗外也是烟雨蒙蒙。正当我百无聊赖时，走廊里响起了清脆的高跟鞋声。这个时间，老师们应该还未到呀？我好奇地趴在门口向外望：一身裁剪合身的西装，一丝不苟地盘在头顶的卷发和那双打断我思绪的高跟鞋。她胳膊下夹着一个本子，步伐稳健，看样子是巡逻的老师吧。实验初中的老师们真勤快呀，我这样想着。谁知，在不久后的全校大会上我才惊讶地发现，这位干练的女老师便

是我们一直期待的李素香校长。

　　身为这样一所知名初中的校长，李素香老师不免有些过于低调。她将整所学校管理的有条不紊，却从不在全校师生面前宣扬自己曾获得的无数荣誉。她就像学校里一个最普通的老师，听课、巡逻，在上课时发现学生走神会小声地提醒，在走廊里遇见学生会和蔼地微笑。我们曾开玩笑说，你在校园里的任何一个地方都有可能遇见李校长，除了校长室。

　　一次自习课，我回班时，又一次看到李校长静驻在教室外，看着同学们奋笔疾书的身影，露出了欣慰的微笑。一边巡视，一边认真地做着记录，迫近黄昏的日光从落地窗倾洒下来，为李校长轻蹙浅笑的脸庞镀上了一层细细的金边。毫无做作的姿态，温暖善良的目光，这个模样一直是我心中最向往的老师形象。人只有在没有任何杂念和虚妄，心灵纯净，全神贯注于某一问题的时候才能拥有那种模样，这便是我心中最好看、最崇高的师者形象。

　　她总是把最温柔的一面留给我们，让我们时不时地忘记，这个犹如邻家阿姨一般的女老师，也是那个用自己娇小的身躯撑起两个学校校长职责的女强人。每次在校园里看到或赶去观课或驻足教导的李校长，那道身影总是在我脑海中与另一个温柔坚强的形象重合——朴槿惠。作为大韩民国现任总统，也是东北亚地区首位女总统，在光鲜亮丽的背后，我们不难想象她在这个过程中遭遇了多少痛苦与煎熬。但面对无尽的绝望，她没有选择沉沦，而是坚守住内心的希望，在经济萧条的1977年，挺身而出，抛去一切杂念带领大国家党，扶大厦之将倾，挽狂澜于既倒。在这条通往鲜花与掌声的道路上，一定会遇到数不清的冷眼与质疑，但我坚信，我们的李校长，一定会在不久的将来，带领实验初中，登上更高的舞台！

玉兰花开润心田

实验初中学生发展中心主任、语文教师　赵秀英

　　洁白的玉兰花热烈地开在洋溢着青春活力的校园，沁人心脾的清香伴着微风拂来，弥散在每个书声琅琅的教室。

　　沉浸在学生专注晨读的氛围中，一转身，看到李校长亲切的笑脸："最近学生状态挺好吧?"

　　早已经习惯于每天随时会在学校见到她这样的笑容，习惯于她这样亲切的关注。平时很少见到李校长坐在办公室里，她每天早早到校，不停地走在各个教室，随时随处和老师学生亲切地交流。她就像一位大姐，真挚地关注老师们的生活，关注学生的学习。

　　"孩子们挺可爱的，都很勤奋，学习劲头也足。"我高兴地回答。她也欣慰地笑着，笑得很灿烂。

　　"你自己最近怎么样？"

　　我不禁一颤！

　　考录应聘到实验初中时间不长，本以为李校长不会这么快熟悉我，全校一百多名教师，她怎么会了解每一位老师的生活呢？

　　那段时间真的是我最煎熬的日子，在办理档案等关系的时候遇到一些困难，我想尽了所有的办法，依然一筹莫展。我想到过放弃，可是真的不舍得离开。李校长很有思想，为人正直，并且非常爱惜每一位有才华的老师，这是我来到实中后经常从老师们那里听到的。

　　"放心吧，还有我呢！"李校长从眼神里读懂了我的内心，温和地说。

　　"有我呢！"一句温和的话语顷刻间融化了多日几近崩溃的焦虑的心。强忍着，泪花还是溢出了眼眶。

　　黄昏的校园格外安静，孩子们都雀跃地回家了，我终于把我的档案材料等办理完毕，在校门口遇到刚刚出差回来没顾得上回家的李校长。我高兴地向她汇报这个喜讯，意外的是她大步上前，给我一个拥抱，"太好啦！祝贺我们真正成为一家人！有你真好！"她的热情和喜悦感染着我，那是一股直逼内心的温暖。

　　"有你真好！"能这样关注一位普通教师的校长也只有李校长了吧！正是她的这份真诚，感染着每一位实中的老师，我们才会都拥有一种家的温暖。

　　在工作的第十九个年头，我第一次走上学校的管理岗位，学生管理这份工作让我在大胆创新的同时也谨思慎行，唯恐辜负李校长的厚望。

　　"你能行！我相信像你这样优秀的班主任一定会很好地培训班主任并帮助学生成长！"在我不是很自信的时候李校长给了我定心的鼓励。"你能行！"这是最能激励人心的话语。

　　"学校应该是学生的家，是他们最喜欢的地方。要相信学生的能力，让他们的才能得到充分的施展。让他们在各种快乐的活动中增长才智。"

李校长随时随地对我的工作进行中肯的指导，在她的点拨和启发下，我领略到德育工作要领并开始了自己的创新管理。

学生的自主成长得到长足发展，学生的领袖精神在学生会的八大社团中得到培养，各种德育活动缤纷绽放。艺术节、体育节、科技节、吟诵节、读书节、英语节六大节日丰富了学生的生活。班主任培训积极开展，班主任名师工作室顺利建立，主题班会得到创新，家委会工作有声有色。

"看秀英那轻盈步子，阳光的心态，多像一只乐观的小燕子！"办公会上李校长这样鼓励和赞许。

"乐观的小燕子！"她就这样一次一次地向我传递着能量，分享着喜悦并激励着我成长。

花开花落了五年，玉兰花愈发地茂盛。

又是三月，玉兰花尽情地绽放，满校园又是那温馨的花香。

四、一所新建学校超常发展的规律探讨

天津教科院基础教育研究所原所长，研究员，

天津师范大学兼职教授

王敏勤

一般说来，一所新建学校至少需要三年的磨合期才能走向正轨，更不用说成为一所优质的学校。而青岛经济技术开发区实验初中却打破了这个惯例，只用了两年的时间就取得了全区中考第一的好成绩，并且素质教育搞得红红火火，成为一所在全国有一定知名度的优质学校。

为了给当地孩子提供优质的教育资源，2011 年，青岛经济技术开发区管委会投资 1.5 亿元新建了实验初中，并从原滨州市清怡中学引进了李素香校长。李素香校长虽然是齐鲁名校长、特级教师，但要办好一所新建学校谈何容易。这是一所真正的"四新学校"——新校长、新校舍、新学生、新老师。学生是周边几所初中学校划拨来的初二的学生，生源不能说是最差的，但肯定不是最好的，有一个事例可以

证明——当时应该报到的学生中有 35 个学生不报到，家长设法把孩子转到了别的学校。虽然学校是新的，但毕竟没有升学的历史，家长对学校信不过。教师队伍由三部分组成——三分之一是本区各校抽调的，三分之一是全省招聘的，三分之一是刚毕业的大学生和研究生。这样一所"四新"学校，没有成熟的办学经验，没有长期的文化积淀，没有优质的学生来源，没有统一价值理念的教师队伍，学校边建设边开学，可以说举步维艰。群众对学校的高期望值似乎不允许学校有磨合期，两年以后的中考就是一次考验。

2013 年该校的学生第一次参加中考，就取得了全区第一的好成绩。我们反对片面追求升学率，但也不能不要成绩；成绩不能代表一切，但在很大程度上反映了学校的教学质量。而事实上这所学校真正出名的不是她的升学率，而是追求完美的教育理念，丰富多彩的校园生活。一所新建学校如何能在比较短的时间内超常规发展？是否有规律可循？探索这所学校的办学规律，对其他新建学校也是一个借鉴。我想其基本规律有如下几点。

（一）"三级建模"统一教学思想

李素香校长在滨州市清怡中学工作时创立了"问题导学"教学模式，在全国有一定的影响。调任实验初中后，她利用暑假期间培训教师，让老师们尽快熟悉"问题导学"教学模式的原理、原则和操作策略，一下子统一了大家的教学思想。特别是刚参加工作的青年教师，一下子就找到了教学的抓手，迅速成长起来，工作几个月的青年教师就敢外出上公开课，参加全国大赛。由于学科之间差别很大，不同课型不能机械套用一种教学模式。为了处理"教学有模式而不惟模式"的辩证关系，他们开展了"三级建模"的工作，这就是"一校一模、一科多模、一模多法"。在学校"问题导学"教学模式的基础上，各门学科不同课型都探讨了具体的教学模式，如语文学科的散文教学模式、诗歌教学模式；英语学科的听说课教学模式、读写课教学模式。目前他们已经总结了各门学科不同课型的几十种教学模式。有了这些教学模式，老师们上什么课用什么模式，就像干什么活用什么工具一样，得心应手，驾轻就熟，提高了课堂教学效率，减轻了老师和学生的负担。

为了体现不同教师的特长，在学科教学模式的基础上他们提倡"一模多法"，如同样是导入新课，可以创设情境导入，可以复习旧知导入，也可以提出问题导入。

教学模式并没有束缚大家的手脚，只是给大家提供了一个基本的流程和途径，每个老师都可以形成个人的风格。"三级建模"，既体现了学校领导对课程改革和课堂教学的领导力，又体现了学科之间和课型之间的差异，还充分发挥了每个教师的创造性和积极性，真正做到了"有模式而不惟模式"。

（二）扁平化管理激发工作热情

现在一般的学校除了"一把"校长外，还有分管教学的副校长、分管德育的副校长、分管后勤的副校长……有的一个学校就有五六个副校长，更不用说党支部书记、副书记，校级领导班子开会就是七八个。一所新建学校工作千头万绪，有几个副校长也未必能忙得过来，而在实验初中连续两年没有副校长，就是李素香校长兼党支部书记，她还要经常外出参加会议，参加"齐鲁名校长学员班"的学习，在学校她更多的时间也是听课评课，深入课堂。一个校长分身无术，她靠的就是扁平化管理。

学校虽然没有副校长，但每个中层干部都是副校长。学校采取"值周校长制"，每周由一名中层干部担任值周校长，行使校长职责，在这一周的时间，值周校长要协调学校的各项工作，还要接待家长。这样既锻炼了中层干部的能力，又使校长从繁忙的日常事务中抽出时间，考虑学校的发展，深入实际进行调研。扁平化管理不仅调动了中层干部的积极性，也调动了全体教师的积极性，每日一个中层干部带领几位老师直接参与学校管理，全天候对学校的角角落落实行地毯式的管理，做到了学校管理无死角。

学校还大胆实行"项目负责制"，如举办学校诗文吟诵节、英语节、艺术节、体育节、九年级毕业课程等活动，不一定都由校长来考虑组织，可能有些学科教师更专业。学校采取招标制，不管是学校中层干部还是普通教师，甚至刚毕业的青年教师，只要有热情、有能力都可以自愿申请，通过竞争成为项目负责人。这样就给更多的教师提供了发展才能的机会，搭建了施展才能的平台，很多青年教师毕业不久就显露出才华，得到锻炼。

可以说，通过扁平管理，做到了全员参与，人人既是管理者，又是被管理者。教师通过参与管理，增强了主人翁意识，学到了管理经验，使自己的才能有了展示的机会。而学校领导则有更多精力深入一线研究教学。

学校不但调动教师的积极性，甚至连家长的积极性都调动起来，每次组织大型活动，都有家长戴着红绶带参与执勤和管理，融洽了家校关系，也使家长更多了解了学校，支持学校的工作。

（三）"三说"活动立体驾驭教材

在正常情况下，刚参加工作的青年教师，需要经过三年一轮的初中教学工作，才能基本掌握本学科初中阶段的教材。如何使青年教师尽快熟悉本门学科的课程标准和全部教材，提高课堂教学效率？实验初中从建校初始就在全体教师中开展了"说教材"活动。所谓"说教材"就是用演讲的形式，对一门学科的整个学段，或一册教材，或一个单元，或一个专题，对其课程标准和教材进行解读和整合，并结合课程标准的要求和自己的实际，提出三大建议：教学建议、评价建议、课程资源的开发建议。所以这项活动也称为"三说一演"（说课标、说教材、说建议、看演讲）。他们在每年寒、暑假前分别布置老师在假期准备春季、秋季学期所用教材的说教材活动，开学后的第一周就按照"学科组选拔比赛——学校学科组竞赛"的方式开展说教材比赛。通过层层选拔和层层演讲，全体教师一遍一遍熟悉课程标准，一遍一遍研究教材。现在这项活动已成为学校的一项常规工作。通过几轮说教材大赛，全校老师对本门学科的课程标准都烂熟于心，对所教学科的教材都能整体把握，真正做到了"高占位把握课标，立体式驾驭教材"。所以老师们在教学中能够紧扣课程标准，落实课程标准，真正做到了"心中有课标、口中讲课标，上课落实课标"，大大提高了课堂教学的效率。

（四）校园文化引领师生成长

到过实验初中的人留下的第一印象就是：这所学校太美了！他们从一开始建校就注重校园文化的建设，形成了"一石一花一树、两厅两苑四园"的校园文化格局，为师生创建了一个开放、阳光、和谐、高雅的学习生活工作环境。

环境文化的布置，让师生在优美高雅的环境中静心地学习和思考，而艺体模块课程、校本选修课程和各种社团活动，又让学生获得了锻炼的机会和意外的收获。艺术浸润心灵，体育塑造性格。在校园吉尼斯联赛、校园艺术节、体育节、元旦文艺会演、教师节庆典、社区交流等各项活动中，学生个性得到了张扬，特长得到了发展。在实验初中，师生最自豪的是优美的育人环境，是学生全面而有特长的发展。

五、信息化让每个孩子的梦想都精彩

华东师范大学公共管理学院院长，教育部中学校长培训中心主任

陈玉琨

最近我总是在推荐中小学校长与教师如果有时间的话，去看看中央电视台财经频道的 10 集连续纪录片《互联网时代》。该片记录了人类从农耕时代中经工业化时代，到如今互联网时代的发展与变迁。尤其是其中互联网与大数据对各行各业的冲击与对人类生活方式的改变。遗憾的是：尽管纪录片有一段关于可汗学院的描述，但对互联网时代教育的变革描述得不多。这可能也是当前全球教育变革的现状，当然也包括中国教育在内。

"慕课"与"翻转课堂"的出现预示着教育领域重要的甚至革命性变革的时代已经到来。"慕课"（MOOC）是大规模在线公开课程（Massively Open Online Courses）的简称。"翻转课堂"，是由教师根据教学目标和教学内容，创建教学微视频，学生在家中或课外观看视频中教师的讲解，进行练习，回到课堂上师生面对面交流和完成作业的一种教学形态。"慕课"与"翻转课堂"的结合，被国内外学者称为"自班级授课制以来基础教育领域最大的教育革命"。

2011 年 9 月，美国联邦教育部长邓肯重复提出著名的"乔布斯之问"：为什么在教育领域信息技术的投入很大，却没有产生像在生产和流通领域那样的效果呢？邓肯认为，原因在于"教育没有发生结构性的改变"。在相当程度上可以说，"慕课"＋"翻转课堂"就是"教育结构性变革"的标志。

国务院副总理刘延东在 2012 年 11 月《全国教育信息化工作电视电话会议的讲话》中指出："当前，无论是发达国家还是发展中国家，都在着手布局信息化，力图抢占未来发展的战略制高点。信息化能力已经成为衡量一个国家或地区综合实力的重要标志。谁在信息化潮流中落伍，谁就会被时代所淘汰。"

互联网将人类的学习推向一个新时代，信息技术正在改变着人们生产、生活方式及学习、思维方式。微课、慕课、翻转课堂、在线教育、大数据，移动学习、个性化学习、泛在学习、终身学习纷至沓来，教育改革和发展面临着前所未有的机遇

和挑战。学校培养的学生能否适应信息化社会的要求？学校教育该如何对学生的未来负责？这是每一所学校需要积极应对的问题。

青岛经济技术开发区实验初中是推进教育信息化积极探索的先行者。2011年建校之初就确立了学校信息化发展策略："以教育信息化带动教育现代化，以让信息技术成为课堂教学的常规手段为立足点，以探索信息技术在教育教学中的有效应用和深度融合为主线，以立德树人、培养学生信息化环境下的问题意识、学习能力和创新精神为目的，为学生学会学习奠基。"为此，实验初中开展了积极有效的探索。

在软硬件环境建设方面，抓好三大建设，优化了信息化学习的基础环境。以硬件保障为基础，建设了信息化高速公路：构建起了云架构数字化校园网，宽带网络班班通，网络空间人人通、Wi-Fi覆盖处处通，使师生随时随地网上学习成为现实；以服务师生为目的，建设了数字化管理服务平台：支持学校行政、教学、资产、人事等各种教育管理活动开展的信息化服务，学校常规工作和日常管理都在平台上即时展示、实时更新，不仅做到了学校治理民主、公开透明、及时高效，也为下一步老师建设管理自己的MOOC做好了准备；以共建共享为基本原则，建设了数字化资源服务平台：集成了软件应用系统，为教师备课、课堂教学、教学研究、教师培训、学生学习等各种教学活动提供信息化服务，特别是集全体教师智慧的"微课超市"的建成和使用，为学习水平层级不同学生的"翻转课堂"提供了自主选择，学校全天候的开放式管理，使师生可随时使用校园内的任何数字设备看微课，做测评。构建起了信息化智能学习环境的学校才更像是学校，师生实现了随时、随地、随需的学习。

在激励机制与师资建设方面，用好五动机制，提升了教师队伍的信息技术应用水平。行政推动转变观念：学校成立了以校长任组长的信息化建设推进领导小组，定期研究分析推进工作中的经验和问题；聘请专家、领导做专题讲座，引导教师更新观念。应用驱动急用先用：从优化教学、减轻负担、提高质量等师生最急需家长最关注的重点环节上寻求信息技术的支持，增强应用信息技术的积极性。典型带动试点先行：鼓励志愿者先行先试，经教师自愿申请、学校选定，落实每周一次集体研讨、每周一节校级观摩课的实验工作常规活动，取得一定经验再推广。制度拉动多维鼓励：建立了拉动信息技术与学科深度融合实验的相关备课、作业、评价等配套制度，还在优质课推荐、教学骨干能手推选、课例比赛推优等方面向实验教师倾斜，鼓励实验教师放开手脚，大胆改革，积极探索。多方联动增强合力：校企合作，完善硬软件功能；学校、家长、学生共同参与制定信息化环境下学习策略和数字设备使用办法，调动了各方面的积极性。

在丰富信息化实践载体方面，创新五途径翻转课堂，构建了以学为中心的学习新模式。一是构建了"基于微课知识树的翻转课堂"，让学生自由地学：各学科按册梳理知识图谱——绘制知识树；按知识点分工设计录制高质量微课，再按知识体系将微课链接成微课知识树，上传到学校教育教学资源服务平台；教师上课可以随时调用；学生随时登录校园网，自己选定主题，进行巩固或预习。二是构建了"基于问题的翻转课堂"，让学生探究地学：将微课和学校原有的"问题导学"有机融合，以问题解决为主线，形成三段五环节"翻转课堂"教学模式，家校翻、校内翻、课内翻教师运用自如。三是构建了"基于电子书包的翻转课堂"，让学生深入地学：教师基于"电子书包"这一信息化网络学习工具来设计"翻转课堂"学习活动，一对一数字化学习，让学生在课前、课中和课后以自己感兴趣的方式全程参与学习，使翻转课堂呈现"主动、互动、生动"的特点。四是构建了"基于网络的智慧教室"，让学生智慧地学：把学习的全过程置于数字化网络环境下，将教、学、信息技术深度融合，为学生提供完全数字化的学习环境，其网络平台提供的针对每个学生、每个小组及全班的学习分析、学习评价、学习档案使教与学更有科学依据。五是构建了"基于智能测评平台的翻转课堂"，让学生有效地学：教师网上发布经过精心设计的课堂习题、课后作业、单元检测试题，学生网上作答提交，利用平台即时跟踪、诊断、获取和保存功能，对每个学生在巩固、达标、作业中暴露出来的错误，进行原因分析和统计，系统根据错误问题动态形成每个学生的学习"病历本"，并开出"药到病除"的补偿矫正练习题，减轻了学生过重的课业负担，给学生提供了发展兴趣特长的更多空间，同时减轻了教师繁重的作业批改负担。

信息技术的应用不会自然而然地创造教育奇迹，任何技术的社会作用都取决于他的使用者。李素香校长清醒地认识到，信息技术带来的不仅是教学手段的改变，改变的背后是理念，更是面向未来的教育理想、教育模式、学习方式的创新。信息技术与教育教学的深度融合必将催生和造就一批学习新时代的名师。信息技术的引领创新作用一定会让现有格局的"名校"、普通学校、薄弱学校重新洗牌。谁抓住了这一机遇，谁就有可能引领未来教育的发展。

青岛开发区实验初中，抢抓机遇，勇立潮头，以改革创新的精神推进信息化建设，追求信息技术与教育教学的完美融合，充分满足学生甚至包括老师的多样化与个性化需求，更加体现立德树人的本质要求，尽力为每个学生提供适合的教育，给孩子种下一颗追求完美的种子，让每个孩子的梦想都精彩。

六、锻造"完美"的精神品质

——青岛经济技术开发区实验初中优质快速发展解码

山东教育社原总编辑、编审，《创新教育》执行主编

陶继新

近年来，青岛经济开发区实验初中异军突起，在很多方面做出了骄人的成绩。短短几年，已经跃进全国名校的行列。那么，何以能有如此的生命突围？记者带着好奇与追问，走进了这所学校，去感受它追求"完美"的精神品质。

开放办学：实现教育社会化

传统的学校，是一个相对封闭的地方，有高墙与外界隔离，有门卫严格把守，尤其是学校安全事故屡屡发生之后，就更成了与世隔绝的一个禁区。这固然有利于学生的安全，可是，也阻隔了学生与社会的联系。联合国教科文组织教育丛书《学会生存》已然指出："教育正在越出历史悠久的传统教育所规定的界限。在一个空前要求教育的时代，人们所需要的不是一个体系，而是一个无体系，即逐步在时间和空间上扩展出来的真正领域。"

构建一所现代化的学校，就不能"闭关锁国"，生活世界中的教育教学与教育教学中的生活世界是大教育与小教育的关系，学校应当在保障学生安全的前提下，最大限度地对社会开放。用李素香校长的话说，这也是一个教育人应当履行的社会责任。

人类学家格里高利·贝特森提出："在教与学的过程中起到主要和决定作用的是社会环境和信息传递的方式。"而作为青岛开发区政府高标准配置的初中，学校建有全塑标准化跑道，多功能室内体育馆和标准游泳池。为使学校资源发挥社会效应，

李素香校长在学校资源社会化管理方面进行了大胆的尝试，通过校企合作，在节假日、周末、晚间等闲暇时间将学校的体育运动场所向社会开放，使开发区居民有了高标准的健身场所，提高了周围居民的幸福指数，受到社会的广泛赞誉。学校还不断盘活教育教学资源，与青岛泳联汇游泳俱乐部进行合作，每周每班开设两节游泳课，使学生群体中的游泳人才脱颖而出，为学生"每天运动一小时，幸福生活一辈子"的全面发展打下了坚实基础。与此同时，学校还发挥联盟办学的优势，积极为周边小学开设游泳课，让小学生也充分体验到游泳健身的乐趣。

于是，学生不出校门，就能得到高级教练的指导，学到了游泳的本领。企业借用游泳馆理应支付学校一定的费用，这则为学校增加了一定的经济收益。由于周六周日开放，且与学校设置了隔离，因此在保证学校安全的同时，还让当地的老百姓有了一个很好的学习游泳的地方，获得了居民的一致好评。学校的优质资源，当然是属于学校的；可是，当有些资源太多闲置的话，无疑是一种浪费。学校不是孤立于社会之外的一个封闭之所，而应当成为一个开放之地，无论是杜威的"学校即社会"，抑或是陶行知的"社会即学校"，都体现出教育不能脱离社会的教育理论基础。李素香校长的这种大胆尝试，不但让学校"名利双收"，也给其他具有优质资源的学校一个良好的启示。生态主义课程观认为，人、自然、社会与文化本身是一个有机统一的整体。应为学生提供能使他们与自然环境、社会环境和谐相处，并从中汲取力量，获得智慧而使身心得到和谐发展的教育经验。

故而学校充分挖掘社区资源，建立四大实践教育基地，通过"走进中国石油大学""小小志愿者服务"等系列社会实践活动，促进学生综合素质的提高。学生的成长，需要文化科学知识的不断丰富，同时，也需要社会实践能力的持续提高。古人之所以强调"读万卷书"，还要"行万里路"，就是因为知道一个起码的道理："纸上得来终觉浅，绝知此事要躬行。"现代学校，就要为学生提供社会实践的机会，让他们形成"有弗行，行之弗笃，弗措也"的良好的社会实践习惯。后现代知识观从知识的本源上考察其源于生活、源于实践，主张知识首先意味着实践能力和实践智慧，而不仅仅是一种理论能力。而现代学校的一个重要表征，就是培养出来的学生要能适应现代社会的需求。而让学生走出校园，参加社会实践活动，不只是提高了他们的社会实践活动能力，更让他们感受到社会实践的意义，并为未来步入社会奠定一定的基础。

　　与此同时，学校注重家校合作，让家长成为学校管理的同盟军，通过支持并指导学校家委会全方位参与学校管理及民主监督，联合成立实验初中家长学校家庭教育研究室，建立完善"五级作业规范"制度，设立"同文阳光"教育基金，建立校级、班级家长 QQ 群，实施动态化的家校"联动管理"。学生家长来自不同的社会阶层，他们走入学校，参与学校管理等，不但可以融合家长与教师的关系，还会让不同家长的理念相互碰撞并汇，进而形成更为优质的家庭教育共识。这既是一种深层次的社会对学校教育的介入，也是对不同家庭教育的一种辐射与影响。不同家长为学生所开设的座谈，以及走上讲台承担某些课程教学任务，让学生打开了一个学校教育本身无法抵达的境界。正如雅斯贝尔斯所深刻阐明的："教育是人对人的主体间灵肉交流活动，是人与人精神相契合和我与你的对话。"而在这种教育共同体模式中，学生学到的何止是技能，更开阔了眼界，从另一个角度来说，也是走进了一个更加重要而又丰富的社会。

　　中国第一篇教育学论著《学记》开篇就说："发虑宪，求善良，足以谩语闻，不足以动众；就贤体远，足以动众，未足以化民。君子如欲化民成俗，其必由学乎！"看来，我们的古人早就知道办学的目的是"化民成俗"，而不只是让学生学到书本知识。如果办学的时候与"民"隔离，没有影响百姓、有利百姓、教化百姓的思想与行动，其办学的品位就大打折扣。两千多年过去了，这种教育思想非但没有落伍，反而与现代教育如此一脉相承，相得益彰。这不能不让我们惊叹我们古人的境界与智慧。李素香校长的高超之处在于，她清楚地认识到了肩上的责任，她本身就是从"民"中来的，也是不断地服务于"民"的。而服务于"民"，就要让百姓的孩子从小走进"民"中，就要有"化民成俗"的意识与行动。教育的中心和灵魂在学校，而作为社会文化系统的子系统，学校需要开放办学，实现教育社会化，形成独特的学校文化，不但是为百姓提供方便，也不只是为了学生走进社会，更有了"化民成俗"的精神意义。我国明代平民思想家颜钧一生讲学民间，韩贞"生成难并衣冠客，相伴渔樵乐圣贤"，黄宗羲曾描述他们"以化俗为己任，随机指点农工商贾，从之游者千余"。总之，恰如苏国勋在《理性化及其限制——韦伯思想引论》中所言："'化'需要的是'伦理先知'的教育引导，更需要'楷模先知'的教育引导。"

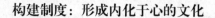

构建制度：形成内化于心的文化

学校文化是课程改革的载体，而学校制度文化是学校文化建设的根本保障。青岛经济技术开发区实验初中根据《国家中长期教育改革和发展规划纲要（2010—2020年)》"坚持以人为本、全面实施素质教育是教育改革发展的战略主题"的指示，确定了"努力打造师生共同成长的幸福家园，建设高质量、有特色、国际性、现代化，国内一流的知名中学"的办学目标，不但构建了一系列的学校制度，而且也让这些制度有了文化的特征。

（一）构建以文化人的制度文化

几乎所有的学校都有制度，可是，有些制度只是挂在墙上，装订成册，并没有内化到师生的心里，更没有变成自觉的行动。所以，这样的制度只是制度，而没有形成制度文化，没有步入现代学校管理制度的殿堂之上。

李素香校长在实验初中建校之初，就决定构建一整套现代学校管理制度，并希望尽快形成一种文化自觉。为此，她组织人员广泛搜集、分析研究、征求、沉淀，相继出台了《章程》《制度汇编》《管理流程》《学校的资源社会化制度》《扁平化管理制度》《家长委员会制度》《家长全员参与评价学校》《学生社团管理制度》《学校教育董事会工作规程》《学校基金会制度》《家长义工制度》《学校救济制度》等60多项制度。制度的构建，旨在形成做事的标准与流程。现代化的企业，无一例外地注重标准与流程。因为标准是告诉我们做到什么程度，流程是告诉我们怎么做。

这些制度的建立，一律经由全校教师共同参与，彼此有相同的意见，也有不同的见解，甚至有时还有面红耳赤的争辩。从一定意义上讲，制度的变革与实施是一定学校的现有文化与变革建议所隐藏（或昭示）的文化之间的交汇、冲突、融合的过程。上述制度是在公开状态下产生的，反映了老师们的心声，当然，制度也就有了文而化之的功能。在某种程度上说，这些制度就是老师们用生命孕育出来的"孩子"，他们呵护她，遵守她，以至敬畏她。

制度之于学校，具有"法"的特质，不管什么人，只要触犯制度，都要受到相应的惩罚。正如杜威在《民主主义与教育》中所阐述的："从制度层面上讲，我们的学校依据社会的组织原理和模式构筑了与社会具有同一性的组织框架、管理控制方式以及权力分层的特点，对学校中的每一个成员的权利，如校长、教师、学生的权利都有明确的规定，师生自己的行为只能在一定的制度允许范围内回旋。"但是，制度不只是惩戒，也有奖励。如果说通过惩戒可以警示师生少犯错误的话，奖励则会让师生士气更加高涨。

李素香校长认为，建立制度的目的，不是框限人的创造性，而是激发人的积极性。所以，学校制度并不是冰冷的，而是内蕴着人文的温度。陕西师范大学博士生导师张立昌教授说："建设民主规范的制度文化，关键是要使学校由'藩篱'变成'家园'，在制度建设中重塑人的尊严和生命的可贵，以生命的观照重建学校的制度文化。"比如，不是等待师生问题出现的时候去惩罚，而是适时友善地予以提醒。这种提醒文化，不但让师生更少违反制度，还让他们感到来自学校的人文关怀。而当有的师生取得优异成绩的时候，也就有了奖励的制度保障。

李素香校长说，我们学校提倡远离原点，坚决反对在原地踏步。因为每一个人都有巨大的发展潜能，制度的作用，就是让这种潜能有效地开发出来，从而让学校不断地发展，让师生持续地前进，从而产生生命的超越。俄国著名教育家乌申斯基指出："任何章程和任何纲领，任何人为的管理机构，无论它们设想得多么精巧，人格在教育事业中的作用，永远是其终极价值目标。"

（二）构建"一体两翼"的现代学校制度

社会改造主义代表人物布拉梅尔德指出，学校应该是民主社会的先导，因而学校首先应该是民主的学校，要确保学校的民主，校长必须具有主体的意识和相应的生活方式，而教师必须有意识地进行民主教育生活。青岛经济技术开发区实验初中即构建了以校长负责制为主，"教职工代表大会"和"学校教育董事会"为两翼的现代学校制度。教职工代表大会侧重协调学校内部关系，学校教育董事会侧重协调外部关系。一内一外，构成管理中环环相扣的网络。放开学校管理权，激发办学活力，践行教育民主化。

李素香校长认为，现代学校制度下的"教职工代表大会"有审议建议权、审议通过权、审议决定权、评议监督权。所谓审议建议权，即教职工代表大会依法享有对学校重大决策审查、讨论的民主权利，比如听取讨论校长的工作报告，对办学指导思想、发展规划、重大改革方案、财务工作报告等有关学校发展的重大问题，提出意见和建议，并做出相应的决议；所谓审议通过权，即教职工代表大会对涉及教职工切身利益的重要方案、规章制度等享有审议并就通过或不通过进行表决的职权，这是教职工代表大会对学校重要规章制度和方案的认可权；所谓审议决定权，即审议决定有关教职工生活福利费使用的原则和办法，及其他有关教职工生活福利的重大事项；所谓评议监督权，即教职工代表大会评议和监督学校领导干部的职权，这是教职工代表对干部行使的评议监督和任免建议权。

即使再有水平的校长，也没有分身之术，所以，所有大权小权集于一身的校长，都会陷入忙乱之中。而有了"教职工代表大会"，并赋予其相应的职权之后，校长就可以从繁忙的事务堆里抽出身来，思考一些大问题，去办一些大事情。这种明确权限、厘定职责、践行义务的做法，让学校事务更加公开透明，让老师们体验到了有权的愉悦与责任。

"学校教育董事会"主要由学校举办方代表、学校校长、教师代表、学校管理干部代表、专家代表、学生家长代表、社区代表、社会贤达及企业家代表八方代表组成。其职能是提出学校管理和学生教育的建议，协调学校、家庭、社区之间的关系，让社会和家长对学校享有知情权、参与权、监督权。毋庸讳言，目前学校在整个社会中已经成为"众矢之的"，有些校长为此烦恼不堪，无力应对。好在实验初中周边的社会环境较好，李素香校长没有因此而烦事缠身。可是，与校外的很多交道，却是颇费时间的。而有了"学校教育董事会"之后，涉及校外的绝大多数的事情，李素香校长不必再去过问，而由董事会来做。这样，不但会让社会更信服，也树立了学校良好的公众形象。

美国课程理论研究者乔治·A. 比彻姆曾在其著作《课程理论》中谈道："教育委员会对所有学校来说，都是制定政策的权力机构。"他同时坚决主张："所有专职人员，即教师、督学、校长都应该和学校管辖范围内的非专业市民一道参加教育与课程规划。"可以得见，"一体两翼"学校制度的建立，让实验初中与世界先进国家学校管理体制接轨，也让学校有了更好更快发展的可能。

扁平化管理：让人人有权又有责

在采访一些校长时，总感到他们有一种心力交瘁的感觉，忙得不可开交，可管理的效果并不理想。然而，在青岛经济技术开发区实验初中采访李素香校长的时候，却感到她有一种洒脱与轻松，而学校的各项管理却井井有条，各得其妙。管理者与专职教师的精神状态，不但是积极的，而且是愉悦的。

李素香有什么回天之术？又有什么经天地之大纬？随着采访的渐次深入，其管理的内在密码也慢慢地浮出了水面。

孔子说："不在其位，不谋其政。"可一些校长，不但谋了校长之政，还谋了副校长之政，甚至还谋了中层干部之政。副校长与中层干部因没有了权力，也就没有了责任，甚至心怀不满。这种微妙的情绪，有时还会让校长的管理出现梗阻。

李素香校长是智慧的，她大权在握，可绝对不越权行事。她会大胆地分权，也会巧妙地分责任。扁平化管理，则是她的得意之作。

自 2011 年 9 月建校以来，李素香校长就构筑了以扁平化管理为核心的高效运行机制。没有副校长，校长直接与中层干部对接，他们直接对校长负责，其间也不设副主任。中层干部之间不形成上下级关系，而是互相支持和谐相处的"合作共同体"。中层干部在其所属的项目管理中，都能代表校长实施"首脑级"管理，行使其学校所赋予的权力。

中层也一改传统的叫法，称之曰"发展服务中心"，比如教师发展服务中心、学生发展服务中心、信息发展服务中心、三级部发展服务中心等 9 个发展服务中心。学校把日常教育教学管理、监控、指导和部分评价等权力分别下放给各发展中心。例如年级发展中心，作为中层干部的年级主任全面负责年级教育教学工作，拥有对本年级所有教师的考核权、评优推荐权等，直接对校长负责；同时他们又与学校其他发展中心构成互助协作、指导监督、合作共赢的关系。年级发展中心定期召开班级联合会，研究班级管理中的问题，明确教师和学生的管理目标，形成了"事事有人管，人人有事干，人人能负责"的全员责任管理体系。

之所以冠以"发展服务"之名，是因为在这个运转系统中，每个人都要有强烈的发展意识和优质的服务意识。发展既是一种状态，又是一个过程。没有个体的发展，就没有整体的发展；没有整体的发展，个体发展也会受到影响。这种互相促进又互为关联的中心，就形成了真正意义上的发展共同体。这样的中心主任，说其是官，权力还真不小，大凡其所管辖的范围，几乎都可以说了算。可是，中层干部的话语权，不是建立在校长所赋予的权力上，而是建立在优质的服务上。所以，中层干部又不是官，他们更多的是责任，是真正意义上的师生的公仆，一切围绕着师生的发展而去工作。

　　中层干部的权力是校长与教师赋予的，所以，也要对校长与老师们负责，甚至有时还要行使校长的职责。这就是李素香校长的值周校长责任制：每周由一名中层干部担任值周校长，行使校长职责；每日一中层干部作为组长，带领几位普通老师直接参与学校管理。每天的重点工作即是"走课"（行走式观察课堂），巡视校园，及时发现问题，并及时在一线解决。中层干部体验"校长值周制度"折射出的是教育赋权的深层次问题。社会学家狄尔泰说："人们生活在体验之中，并透过体验而生活。"后现代主义者伽达默尔也谈道："如果某个东西不仅被经历过，而且它的经历存在还获得使自身具有继续存在意义的特征，那么这种东西就是体验。"值周校长责任制就是这样一种体验的过程，使中层干部们经由这种体验获得了生命价值的深刻意义。

　　这是对中层干部的重用，也是对他们的锻造。在担任值周校长期间，中层干部不是校长，胜似校长。他们要公正、果断、正确地处理出现的问题。这不但需要良好的品格，还需要管理的智慧。渐渐地，中层干部也就在自觉不自觉地思考全校发展的谋略，以及如何让自己部门更好发展的问题。久而久之，一些中层干部就有了立足本部门，心怀全校发展的高品质。李素香欣慰地说，如果将哪个优秀中层干部提拔到某个学校担任校长，无须再行培养，便可力能胜任。

　　在采访中，笔者发现，中层干部个个精神饱满，意气风发。这不仅仅是因为他们有了权力，更重要的是，他们在行使这些权力的时候，有了强烈的责任意识、服务意识，有了克服困难、走向成功的自信心与自豪感。

　　绝大多数的中层干部，有着潜在的管理能力，很多时候，校长过多地干涉与专权，会让这种潜力慢慢地沉寂下去。结果，他们自己也没有了自信，也认为不具备做领导的智慧与魄力。李素香校长的扁平化管理，让中层干部有了一展才思的舞台，其潜在的管理能力在体验中被一次又一次地激活了。能干事，能干好事，甚至能干成大事的思维越来越活跃。可以说，体验是超越的源泉，超越经验而达到理性，超越物质而达到精神，超越暂时而达到恒久。对此，李素香校长兴奋不已，适时给予鼓励；于是，中层干部就有了更大的干事热情，更优质的管理水平。我们颂扬体验，因为体验让生命的珍贵显现。

　　让中层干部有权用权，并不等于让他们专权，他们也要像校长一样，学会分权；因为每一个教师与学生，都是学校的主人，都应当拥有属于他的那份权力，以及与之相关的责任。为此，李素香推进了"项目负责制"。即将学校日常工作以项目形式呈现，鼓励干部师生根据各发展中心和自身的专长进行项目申报，并负责酝酿组织实施，让广大干部师生成为学校管理工作的参与者、支持者、评价者。威廉姆·多尔曾明确指出，教师在教学交往中的角色作用是"平等者中的首席"，教师是内在于情景的引导者，是课程的创生者。如语文组、英语组、艺体组、九年级师生发展中心分别申报并承办了学校诗文吟诵节、英语节、艺术节、体育节、九年级毕业课程等活动，让普通老师真正品尝到了当家做主的感觉。

有人说，教师工作累，其实，如果心不累，就不会特别累。而让教师心不累的一个绝招，就是给他们一定的权力，让他们去干愿意干又可以干出好的事来。正所谓"自诚明，谓之性；自明诚，谓之教"。老师们在承办上面那些活动的时候，增加了许多工作量，常常忙得不亦乐乎，可是，他们却个个精力充沛，乐此不疲。

即使学生，也不只是学校里的被管理者，有的时候，他们也可以是管理者。李素香校长认为，学生自主管理是管理的高层境界，即通过学生会、学生社团、学生智囊团等组织实现学生日常事务自主管理。笔者发现，学生有着很高的自主管理积极性，也有着很强的管理能力。当他们成为管理者的时候，也就有了责任，有了主动将力所能及的事情做好的愿望。当更多的学生有了这种诉求与行动之后，学校管理也就抵达了更高的境界。而且，这还让学生体会到了当家做主的滋味，培养了他们的责任意识与担当精神。爱因斯坦曾这样深刻地阐述，通过专业教育，人可以成为一种有用的机器，但是不能成为一个和谐发展的人，要使学生对价值有所理解并产生热烈的感情，那是最基本的。教育应凸显人性化，弘扬一种超越狭隘知识的充盈着生命关怀的人的教育。

李素香校长欣慰地说，我们提出了"责任胜于能力，责任心就是竞争力，责任感就是凝聚力"的"责任管理"理念，完善以责任为核心的管理机制，构筑精简高效的运行机制，形成了"事事有人管，人人有事干，人人能负责，有责必追究"的全员责任管理体系，实现了工作效率最大化，过程管理纵横双向无缝隙发展。

责任之所以胜于能力，是因为有责任者就会主动积极去工作，即使没有督促与检查，即使领导不在场，都会呈现出"不令而行"的生命态势。法国社会学家埃德加·莫兰认为："所有事物都既是结果又是原因，既是受到作用者，又是施加作用者，既是通过中介而存在的，又是直接存在的。"长期在上述这样的工作状态下，其必然获得了能力，因为任何能力都是在实践中锻炼出来的。相反，那些没有责任心的人，即使有点工作能力，也会因为责任心的丧失，而弱化本来就有的能力。那么，有的学校的教职员工为什么缺少了这种责任心，没有了积极行动呢？我想，板子不能全打在他们身上。绝大多数的人都想在工作中做出成绩，可是，如果不为他们创设做出成绩的积极场所，他们不但难以很好地工作，甚至原有的创造性也会渐渐地泯灭。而李素香校长所说的"创造人人能负责"的学校文化，不但让教师感到身上的责任之重，也让他们收获了与责任同在的成果。这样，会在他们的心里积淀下一种积极向上的正能量，会让他们感到积极工作的意义。而当更多的教师有了这种生命状态后，学校的发展也就有了一种内在的必然。

如何让人人都有权，人人有事干？"日清双轨制"则是一个很好的措施。"日清"指各部门负责人和值日组长对当天的管理情况进行表格化梳理，并于当日反馈给校长和值周校长，从而做到今日事今日毕。"双轨"指"学校常规管理和学生自主管理"两个轨道。学校常规管理即通过"值周校长制""今日我当家""干部走课"等方式使学校每天的事都有人管，做到控制不漏项；"日清双轨制"确保学校所有的人均有管理职能，实现了"人人有岗位，人人有责任，事事有人管，人人都管事，管事凭效果，管事凭考核，问题要纠偏，结果要兑现"的全程全员责任管理目标，极大地提高了管理效率，使学校处于不断向上的良性循环之中。

"日清"让学校里的大大小小的事情即时清理，这便在无形中培养了教师与学生良好的行为习惯。这种好的习惯一旦养成，他们不但可以将学校里的事情做好，还会悄悄地向外迁移，再做其他事情的时候，也会"今日事今日毕"。叶圣陶先生说："教育是什么？往简单方面说，只需一句话，就是养成良好的习惯。"这个人与那个人最终能否取得成功，与掌握知识的多少有关，而更大关系的是情商，习惯则是情商的核心元素。从这个意义来说，"日清双轨制"不但是利在当下，而且还是功在未来的。

拓展课程：让学生生命更丰富

我们关注学生的学业成绩，更应当关注学生的生命成长。作为非智力因素的情感、态度、价值观等对学生学习和成长的积极作用，是近20年来才被心理学界和教育界所关注的。我国学者燕国材等人的研究表明，非智力因素对于学业成绩的影响非常显著，尤其对于中小学生而言，其影响甚至远甚于智力因素的影响。青岛经济技术开发区实验初中通过课程构建，让学生感受到学校生活是快乐的，每天都是成长的。其优质的课程体系，放飞了学生的思维，从而让学习变得更加丰富多彩与意义深远。

（一）整合课程，拓展思维

课程文化的一个重要任务就是国家课程的校本化，学而不"化"，虽有课程，则很难形成文化。青岛经济技术开发区实验初中，就是在这个"化"上下了一番大功夫的。他们通过选择、改编、整合、补充、拓展等方式，对国家课程进行校本化、个性化再加工、再创造，从而形成烙印上本校特色的新意课程。尽管原有的教材有很多优长，可是，在老师们看来，还应当从其内在的规律上进行本质性的整合。有时候，也许会破坏原有单元的整体性，可是，它却从另一个视角挖掘了人文的因素。比如以前的小说阅读教学，多是从主题与写法上分解成不同单元的。实验初中的老师们则变换视角，从中找出更加重要的共性特质。比如他们将《变色龙》《我的叔叔于勒》《范进中举》《最后一课》《故乡》等小说体裁的课文组合成一个新的学习单元，从一个"变"字中寻找其共性的东西。从这些不断的变化中，剖析人性最深层的东西。由此，再让学生关注生活，关注社会，关注人性。由此，让学生思考，现实之中的人是不是也在变着，是向好的方面变，还是向不好的方面变？为什么会发生这些变化？如何更好地写出这些变化，及其变化背后的意蕴？这样的课程整合，不但盘活了教材，也盘活了学生的思维，从而让他们由此及彼，去关注生活与人生，以及人性中那些最为本质的东西。古人说"文如其人"，其实，课程整合的过程，也是让学生学会做人的过程。如果什么都可以变的话，那么，人性中最美好的品质不能变；如果什么都不能变的话，那么，学生的生命成长则要不断变化，只有"苟日新，日日新，又日新"，才能让生命不断地产生新的飞跃。就这样，原来那些认为一成不变的"样板"教材，变成了开放思维、锻造思想的课程。

课程整合不只在学科内部，还可以跨学科，比如书法与语文学科的整合，语文与戏剧的融合等，都会让课程形成一种全新的文化。它让学习变得更有趣味，也更加开放。当思维扩张，学有兴趣时，课程开发才能实现更大的价值。

传统的课程，音乐、体育与美术在教学的时候"各自为政"。实验初中的老师们在实践中发现，这三者有区别，同时，又有内在的联系，将其整合在一起，构建模块化的"健美课程群"，更有利于学生的成长。为此，每学期的前半段采取班级授课制，整合本学期的教学内容，集中完成教学目标，并进行学习评价；每学期的后半段，实行选课走班和"267""268"上课组织形式。游泳、足球、篮球、武术、健美操等体育活动化课程的开设，让健身成为一种愉悦身心的精神追求。国画、声乐、乐器、剪纸、陶艺等艺术生活化课程的开设，为学生艺术素养的提升开辟了广阔的空间。比如通过音体美课程，让每个学生至少要有一项特长。如爱舞蹈的，可以参加舞蹈专业团队，在学校艺术节上一展风采。甚至还可以走出国门，在国际舞台上大显身手。这样一来，学生学习不但不是死气沉沉，也不只是在教室里，而是兴趣盎然，有了一个挥洒生命的更大生活天地。

P. H. 郝斯特教授在《文科教育和知识的实质》（1965）一书中指出："在课程中的各学科应各具特色，各自成为一定种类知识的最为典型的体现。"尤其是审美和运动一类的科目，由于它们可以引导学生参加一些能使他们个人得到很大满足感以及在这一意义上说能提高生活价值的活动，因此应该选用。如该校音乐学科在积极融合舞蹈、戏剧、美术等多种艺术形式的同时，还大胆尝试与语文、数学、历史等其他非艺术课程的整合。利用现有资源，开发校本课程，当是实验初中一个突出的特点。学校里有一个现代化的游泳馆，为此开设了游泳课程。

（二）走进生活，综合实践

智慧需要知识，但不等于知识，智慧是运用知识分析和解决问题的能力，所以，教育要致力于转识成智。李素香校长认为，除了丰富学生文本课程之外，还要丰富学生的生活课程。古人之所以说"读万卷书"与"行万里路"，就是在丰富文本知识的同时，关注了生活知识的积累。单靠文本知识，是很难形成智慧的，也是很难拥有生命底气的。只有两者兼具，才能让学生写作的时候，有话可说，有事可写，且有生命之水的流动。

不只是语文学科，其他学科同样关注了生活的学习。他们拓展的综合实践活动，让每个学科都与生活有了联姻。学习，不只是从书本上学，还要动脑想，动手做，生物、化学课等更是如此。学、做、讲交义进行，学生的智能才能有效地提升。而课程构建，就需要有一个新的思维，有一个更大的生命空间。

有人认为，学校生活太过单一，让学生走进生活并非易事。其实，无处不生活，关键是你是不是有一个强烈的生活课程意识。正如我国教育家陈鹤琴先生所说："大自然大社会都是活教材。"实验初中校园里种了很多树种,郁郁葱葱,生机勃勃。于是,在课程构建时,就有了一个静读校园课程,而且由此开展了作文赛区。学生通过观察、静读后发现,原本就在自己身边的树木,竟然有着如此的美,有着这么多的故事。李素香校长认为,如此做的目的,就是让学生关注生活,留意生活,让平时那些熟视无睹的生活,走进他们的视野,变成他们的生活积累与写作素材。这样,他们的思维中,就有了生活与文本自然而然地链接。从这个意义上说,课程也是丰富多彩的,学生可以在构建中享受这种资源,同时,也在创造课程,由此逐渐形成创造性的思维品质。

有些生活实践课程,单凭学校力量是很难完成的。但实验初中认为,这些实践课程是学生生命成长的必修课。怎么办?他们想到了家长。于是,家委会"挺身而出",提供实践场地,无偿作为指导老师。他们来自不同的工作岗位,也有着为学生发展努力的愿望。家长的参与,为学生"必修"增加了活力。

(三)毕业课程,终生铭记

仪式是形式,但是人们需要这样一种使人在肃穆之中触生敬畏之情和尊严之感的形式。实验初中的毕业课程即是这样一种仪式,它是学生的最爱之一。毕业生及其家长与老师们齐聚一起,一起开设毕业课程,整个过程隆重而热烈。不但有精彩的节目与感人的话语,还专门为即将毕业的学生铺上红地毯,让孩子们踏着红地毯,享受其生命特殊时段的特殊感受。这一时刻,孩子们激动得哭了,家长们也是热泪盈眶。如果说让孩子生命有了持续不断成长的话,那么,毕业课程则让他们整个生命中有了一个永志不忘的铭记。学校,成了他们终生向往的地方。

教师发展:让生命灿烂起来

当代社会是张扬人的主体性的时代,而其所追求的人文精神即在于关怀人的尊严、价值和生命的意义。青岛经济技术开发区实验初中老师们的平均年龄只有33岁,正值风华正茂的黄金时期。如何让他们持续发展,让其生命不断地走向更高的层次,则成了李素香校长思考的问题。

(一)读书生成智慧

谈起老师的备课,往往想到了研究教材与细读教参,这当然是重要的;可是,如果没有深厚的文化功底,即使将教材与教参背下来,也未必能够抵达教学的高层境界。陆游曾对他的儿子这样说："汝果欲学诗，功夫在诗外。"这当是一句至理名言。我们可以这样说，你要想成为名师，就要在教材之外的大量之读甚至经典之背上下功夫。正是在不断地吸纳优质文化的精髓后，才能形成自己优质的思想与语言系统。在课堂上，才能站在一个更高的视野上，游刃有余地将课教好。苏霍姆林斯基说得好："每天不间断地读书，与书籍结下终生的友谊，就是最好的备课。"李素香校长对此大为赞赏，而且想方设法让老师们不间断地读书。在老师中实施了"读教育名著，做智慧教师"的读书实践工程，学校一次性购买了8000多本教师专业成长类书籍，配备到开放阅览室，鼓励教师每日必读。每个假期赠送优秀理论书籍供教师阅读。陈越老师就是一个饱读诗书的老师，她说自己这么多年来的发展，其中一个关键性的原因就是读书让她有了生命再造般的提升。

特级教师赵春凤之所以成为特级老师，其中一个重要的原因也是读书。她在接受采访的时候说，实验初中通过开展书香教师、书香教研组、《我的读书成长集》评选、结集出版《改变教育的经典案例》等活动，让大家共同分享了阅读的智慧。有了读书成果，就希望能有一个展示的平台，这是人之共有的特性。正如亚里士多德所宣称的，一切人类知识都来源于人类本性的一种基本倾向——求知，这种倾向既有自在自发性，更是自觉自为的。实验初中就为老师们提供了很好的展示平台，那就是举办读书演讲会、读书沙龙、读书节，当某个老师在谈读书体会与感受的时候，就会得到听者的欣赏，并在自己心里积淀下自信心，进而更加热爱读书。而听的老师也会在心里涌动起一种好好读书的欲望，以至爱上读书。当更多的老师都喜欢读书，从读书中获取收益的时候，课堂教学的妙道也就自在其中了。

读书可以丰盈智慧，也可以升华人生境界。因为好书中不但摇曳着智慧的光华，也多流泻着思想的要义。而有的老师只是在学习一般性的知识，这当然是需要的；可是，如果没有名著智慧的滋润，是很难生成智慧的。而好书之中所内含的真善美，又会自然而然地驶进老师们的心里。老师们在教学的时候，也就会将这些真善美传递给学生，学生也就接受了高品质的教育。

李素香校长认为，老师文化品格的提升，除了读书之外，还应当体现在课堂文化上。传统的课堂教学，往往是老师一个人讲，尽管讲得特别认真，可是，学生却因处于被动的听客状态，缺失了学习的积极性。学习，本应当是生命个体不断吸纳精神营养的文化之旅，可是，有时却变成了一场又一场的精神苦役。为孩子生命的快乐与幸福成长考虑，就应当改变这种传统的课堂结构，让学生学习变成一种积极主动的快乐行为。为此，他们采取 6 人小组合作的形式，变革了原有的课堂结构，改变了原有的学习方式，让学生成为课堂学习的主人。不同小组之间的展示，有了竞争之势；同一小组之间的合作，又有了和谐之美。即使那些学业水平一般的学生，也可以与那些学业成绩优异者互相辩驳。而且，老师对小组成员的评价，会有意向学业成绩一般的学生倾斜，让他们同样感到受尊重的感觉，并获取相应的激励或奖励。老师不再是课堂教学的主讲，而是变成了引领者，"导而弗牵，强而弗抑，开而弗达"。李素香校长说，学生中蕴藏着巨大的潜能，很多时候，我们老师低估了孩子们自我学习的能力。而小组合作学习组织的构建，则让学生从被动学习走上了主动学习的舞台。不管哪个层次的学生，都有了展示的机会，也都有了乐在其中的成长感。社会建构主义学习观认为，学习是一种社会文化活动，同时强调个人的参与和个体之间的交流沟通，在交流过程中建构知识，知识是学习者与他人磋商互动的社会建构的结果。

（二）助推教师发展

孔子是一个民办老师，可是，他的一生却实现了其生命价值的一次又一次的突破。他这样说："吾十有五而志于学，三十而立，四十而不惑，五十而知天命，六十而耳顺，七十而从心所欲，不愈矩。"孔子从十五岁到三十岁，实现了他生命的第一次飞跃，此后每十年一次飞跃。他在用自己的文化之光照亮他的三千弟子的时候，也让自己的生命逐渐丰盈起来，以至抵达到至圣先师的高度。可是，他说自己并非"生而知之者"，而是"学而知之者"也。那么，我们的老师能不能让生命一次又一次地飞跃呢？李素香校长认为，完全可以，关键要持之以恒地"学而知之"。为此，她设立了"实验初中教师名片"，成立"教师智囊团"，建立教师发展银行，积极承办国家、省、市等各类级别的教学研讨活动，大胆起用青年教师执教全省公开课或采取前往外市区送课助教等方式，大力助推教师发展。同时，将名师培养、骨干教师培养和青年教师培养系统整合成"三级人才链"。实施了凤凰计划，制定《教师专业化自主发展》，并请专家指导教师制订《个人专业成长计划书》，学校进行必要的资源保障和支持，激发名师的使命感——"我不仅自己要做得最好，还要帮助别人做好"；激励骨干教师的进取心——"我一定也得做得最好，我不比别人差"；鞭策青年教师的自信心——"我有能力做得好，我也一定能做得好"。让教师量身定做"个人成长路线图"，根据个人"最近发展区"描绘发展目标。于是，老师们积极向上的氛围形成了，实现人生价值，让生命发生飞跃，就不再是一个虚无的神话。

　　几乎没有不希望自我发展的老师，那么，为什么那么多老师职业倦怠，甚至不断后退呢？除了其自身原因之外，其中一个特别重要的原因就是学校没有为教师持续发展创造一种有效的机制，提供一个激励性的平台。我们的老师不可能达到孔子的境界，但却完全可以实现人生的更大发展，让自己的生命灿烂起来。我国学者费孝通先生曾言："各美其美，美人其美；美美与共，天下大同。"李素香校长所提的"完美教育"，就是希望她的老师们去追求完美，实现各自价值的最大化。

　　在谈到教师发展的时候，名校长王明阳还谈到了实验初中的"修身工程"。他认为，有德的老师，才能培养出有德的学生。学校高度重视师德建设，把每年3月与9月设立为师德建设活动月，每学期举行一届师德报告会，通过"明星教师""感动实中教师""十佳师德教师"评选等活动，大力表彰敬业爱岗的优秀教师群体，树师风，铸师魂，让师德高尚的教师成为大家学习的榜样。

　　纵观全国真正的名师之所以成为名师，除了其业务精湛之外，几乎无一例外地是具有高尚人格者。孔子当年的教学，更多也是进行的人格道德教育。他的教学总纲只有十二个字："志于道，据于德，依于仁，游于艺。"前九个字，全是谈的人格锻造，最后三个字也不是与人格生成毫无关系。《大学》开篇所讲的是"大学之道，在明明德，在亲民，在止于至善"，而且说"自天子以至于庶人，壹是皆以修身为本"。身修才能道立，才能齐家治国平天下。所以，发展教师，其中一个核心的问题，就是要引导教师走向人格的高端，并将其人格感化学生，让他们也拥有良好的品德。

　　人格道德教育，不是空洞的说教，更多是润化的过程。这就是文化，就其生命本质来说，是一个"以身体之，以心验之"的真实的生命体验过程。良好的教师文化，不但是一个群体发展的文化圈，也是一个人格高尚的道德圈。实验初中着力打造的，就是这样一种文化环境。

七、信息技术成就高效课堂

——青岛经济技术开发区实验初中探索教育教学新模式

《中国教育报》信息栏目主编　周伟涛

大屏幕上，一段精彩的微课视频刚刚播放完毕，学生们带着问题展开小组讨论，并不时在手边的电脑终端上查阅材料，各小组讨论的结果被即时推送到大屏幕上，组间的讨论随即展开。教室的隔壁，关于这堂课的教研活动同期进行，全程录播的课堂视频也第一时间同步到对口薄弱学校……这是青岛经济技术开发区实验初中一堂普通的公开课。类似的教学模式逐步成为实验初中各个学科的教学常态。学生的自主学习在此种智慧学习的环境下变得高效，既减轻了学习负担，又提高了学习兴趣。

坐落在青岛经济技术开发区的实验初中，成立于2011年，开放和创新是这所年轻学校与生俱来的特质。徜徉在画境般的校园里，看到的是学生们眼神里流露出的自信，听到的是属于豆蔻年华特有的爽朗笑声。在实验初中，随处可见学生们自由学习的场景，图书馆、语音教室、理化生实验室全天对学生开放，走廊的两侧，在学科知识树的海洋里，挂满了学生自己的书法、手工和科技作品。上海师范大学黎加厚教授给予学校充分的肯定和高度评价："很少有学校像实验初中这样精心地设计，打造优质的教育资源，争取为每一个学生提供最优质的教育。"校长李素香认为，这才是素质教育本来的面目，而支撑实验初中一路走来的，正是学校在追求信息技术与课堂教学完美融合过程中的不断思索与实践。

从"问题导学"到"翻转课堂"

以问题为切入口，培养学生的问题意识，改变传统的课堂教学模式是新课程改革的核心要义。实验初中在"问题导学"构建高效课堂教学模式上不断探索，取得了良好效果。近年来，随着信息技术在教育领域的推广应用，如何实现信息技术与课堂教学的深度融合是信息技术在教育教学过程中发挥作用的关键。于是，开放且善于吸纳新事物的实验初中意识到，教育信息化将是未来教育发展的方向，并创造性地将微课和问题导学有机结合起来，构建了"翻转课堂"的教学新模式。

高华是实验初中的一名数学老师，由原来对信息技术在课堂教学中应用的抵触与茫然，到现在自如切换、恰到好处地使用信息技术，高华老师经历了一个痛苦的过程。好在这个过程并不漫长。学校尽可能多地为像高华这样的老师提供培训、交流、观摩、学习的机会。一段时间下来，每位老师都会对信息技术、对微课、对"翻转课堂"有更深刻的理解。正如高华老师在一次交流学习后的学习心得所言："通过学习，我明白了翻转课堂的真正内涵。翻转课堂立足于课堂，是在线学习（以微视频为主）＋课堂教学，是一种个性化、自主、高效的教学新模式。""翻转课堂"使每一名学生的学习更加个性化，学生的学习真正成为一项实现自我需求的有意义活动，进而形成了一种新的学习文化。

微课知识树，培育自由花

一所学校的人才培养观直接体现在这所学校的课程体系设置上。对于实验初中而言，追求"完美教育"的办学主张，让其在课程体系设置上近乎完美。学科课程、健美课程、启智课程、润德课程涵盖了素质教育的全部。在有限的时间内如何开足、开好所有课程成为很多人的疑问。面对质疑，实验初中的老师们巧妙地利用微课，构建了独具特色的微课知识树助学系统，着力打造信息化环境下师生互动教育的新模式。

在这里，每个知识点不再是孤立的。学校每学期开展的"说课标说教材"活动，不断提升老师把握教材的能力，在此基础上，各教研组按知识点分工制作高质量微课和两单（问题单、达标单），并按知识体系将各知识点微课链接成微课知识树。

在这里，每个优质资源都是共享的。老师们会不定期地将微课知识树上传到校园网资源服务平台，进而共享到遍布校园的所有终端机上，教师上课可以随时调用。

在这里，微课成为诲人不倦的老师。微课知识树助学系统为学生提供了一个时时处处（课上课下、校内校外）能学习的环境，让学生可以随时登录校园网，打开课件或视频，进行巩固或预习。

学校的微课知识树助学系统，也得到了华东师范大学吴志鋐教授的首肯，"在微课知识树的支持下，学校的师生发生了巨大的变化，为信息技术背景下的课堂教学转型提供了很好的示范"。

应用，应用，还是应用

让信息技术成为课堂教学的常规手段，让教师在课堂教学中把信息技术真正用起来，是我们追求的目标。但是在当前的教育环境下，这个目标看似这么近，却又那么远，往往是说时容易做时难。这不仅关涉软硬件的投入，更需要学校管理者和教师的智慧和努力。

实验初中本着"应用驱动和共建共享"的原则，从教育教学目标和学生学习需求入手，从四个方面促进教师用起来。

首先是基础保障，让教师有条件用。实验初中的所有教室实现了宽带联通和Wi-Fi覆盖，配有先进的电子交互式白板和实物投影仪，教师人手一机，为无纸化办公、网上备课与学习、信息技术课堂应用提供了基础保障。

其次是教学改革，让教师有地方用。让信息技术服务于教学活动的全过程，就要对既有教学方法进行改造与提升。一是以电脑知识树比赛为平台，开展画"三树"活动（教师人人画"教材知识树、单元知识树、每堂课知识树"，备课组备课合力画"学科学段知识树、能力树、价值树"）。二是以指导学生画知识树为立足点，引导学生对整本教材、单元内容以及每节课的学习内容融会贯通，举一反三。三是不断完善提升基于信息技术环境下的"问题导学"模式，在问题情境、问题探究、问题深化、问题解决、知识树总结提升等环节，引导师生充分利用信息技术的支持，让课堂更生动灵活，学习更省时高效。四是通过教师网络教研、远程授课、学生远程辩论、师生家长参与虚拟社区等网上活动，让师生在共建共享中提升信息化应用水平。

再次是校本研训，让教师能创新用。实验初中坚持从实际应用出发，通过通用技术培训、专题专项培训、课堂教学实际应用研讨、最前沿的新技术培训等方式，让信息技术校本研训内容服务于教师的教与学生的学，让教师深知信息技术在教育教学中的应用是永无止境的，优质高效课堂离不开信息技术与教学的深度融合。

最后是推进机制，让教师主动用。为使信息技术成为教学常规手段，建立"四动"推进机制。一是行政推动：局长、校长亲自讲，聘请专家学者专题讲，引导教师更新观念，更快更好地适应信息化环境下的教与学；二是应用驱动：从优化教学、减轻负担、提高质量等师生最急需家长最关注的重点环节上寻求信息技术的支持，增强应用信息技术的积极性；三是典型带动：注意培养应用信息技术提高课堂教学效益的个人典型，团队典型（备课组）；四是制度拉动：建立主动应用制度，促进教师在课堂教学和日常工作中有效应用信息技术。例如，规定教师信息技术应用能力作为教师职务（职称）评聘、考核奖励等的必备条件，纳入教师绩效考核指标体系。

　　在校长李素香看来，实验初中在短短三年的时间内取得今天的成绩，信息技术功不可没。三年来，除了"翻转课堂"的实践外，作为教育部基础教育课程教材发展中心"十二五"重点项目"基于网络的双课堂教学应用试点示范项目"试点校，实验初中实验并推广电子书包课程，实验班每位学生拥有一件数字化学习终端，教师基于数字资源和网络学习工具来设计学习活动，充分发挥电子书包强大的即时交互和测评功能，让学生在课前、课中和课后以自己感兴趣的方式全程参与学习，更好地满足了学生差异化、多样化的学习需求，对培养学生的信息素养和基于信息化环境的学习能力起到了极大的促进作用。同时，学校引进并构建了自适应作业测评系统。一是利用专门开发的计算机网络平台把作业批改环节接管过来。教师网上发布课堂习题、课后作业、单元检测试题，学生网上作答提交，测评系统批改反馈，即时跟踪、诊断、获取和保存学生作业中暴露出来的错误和问题，并进行原因分析，然后将统计和分析的结果告诉教师、学生及家长。二是系统根据错误问题动态形成每个学生的学习"病历本"，开出"药到病除"的补偿矫正练习题，减轻了学生课业负担。三是教师主要时间和精力用于有针对性地设计或调整课堂教学内容和策略，有效关注与指导每一个学生。四是网上阅卷系统自动生成面向年级、班级、个人的成绩统计及详尽的答题分析，并以 Excel 或 PDF 格式生成统计分析报告，为教学诊断提供科学依据。评价的信息技术跟进，使学习分析更准确，老师引导更科学，学生学习更有效。

　　今天的实验初中，继续以开放、包容的心态在信息技术与课堂教学完美融合的路上不懈追求和努力，每一次的改革和尝试都付出了极大的勇气与魄力，但是，每一个实验初中人坚信：在实施素质教育、打造高效课堂的实践中，信息技术无疑会是不可取代的支撑力量。

八、完美教育：大话？神话？

——解读青岛经济技术开发区实验初中"完美教育"

《语言文字报》记者　张沼峰

引子：

完美，就是"完备美好，没有缺陷"的意思。"完美教育"也代表着千千万万的人们对教育的向往。然而，完美教育，它在哪里？是什么样子的？青岛经济技术开发区实验初级中学自 2011 年建校就提出了打造"完美教育"品牌的理念，并在短短的五年时间内，让一所年轻的学校因"完美"而杏坛翘楚，远近闻名：

2015 年 7 月，中央电视台《新闻联播》曾在《教育信息化推进改革，促进公平》的报道中，特别将其作为典型：这所学校师生信息化技术技能实现了全员化和常态化的运用；2016 年 1 月，该校又应邀参加"首届中美智慧教育大会"，李素香校长以"自主设计、创造快乐"为题，从"与企业共建创客空间，实现共赢；全面实施 3D 打印创新课程，推进创客教育，培养创新人才"两个方面分享了学校"基于设计的学习"模式，成功入选"十大信息技术支持的创新教学模式"典型案例……

当然，中国最权威的主流媒体的关注和推介，在国际 120 个典型的创新教学模式案例中脱颖而出，不足以展现"完美教育"的"全貌"。当我们走进黄海西岸这所美丽的学校，发现信息技术不但提高了这里的教育教学质量与效率，而且提升了人的生活品位和幸福指数，放大了教育人的视野和教育范围，实现了优质资源的最大共享，实现了教育"技术"与"灵魂"的"双发展"……这，才是完美教育的"真面目"！

完美教育：乍听其名，"大话"一个！观其行，成其果，非"神话"莫属！"大话"，本意味"假"和"空"；"神话"，意味着"虚"，乃至于"欺骗"。然而，当我们走进青岛经济技术开发区实验初中（简称"实中"），参与和体验"完美教育"生活，观摩和探究"完美教育"轨迹，发现"完美教育"有着其近乎完美的"魂""力""行"，终有其"果"，终成体系，终现其"真"、其"实"、其"妙"，其"异彩纷呈"和"硕果累累"……

魂：完美文化，让辛苦幸福！

有仁，爱才真，爱才博；常怀仁爱之心，方成尽责之行；担责尽责，完美天成。

——李素香

文化是一所学校的灵魂。实中文化的核心是"爱"与"责任"，追求是"完美教育"的求真务实与科学发展，使教育人感受幸福、理解幸福与创造幸福。

口碑："我很幸福！真的！"

实中人认为：教育，就是为了人的幸福。笔者先后两次采访"实中"，两次问了不同的人群关于"幸福"的问题，却得到了同样的答案："我很幸福！"

老师说："在实中，我找到了我的平台、我的价值、我的追求，我在做我喜欢的事，的的确确感到了我在为'中国梦'奉献我的力量、我的智慧、我的成长。我很幸福！"

学生说："能到实中上学就是我的幸福，这里实验室、图书馆、实践功能室全天开放，能在玩中学习，我觉得该学的就是我喜欢学的。同时，老师很爱我们，我们都是好朋友。我很幸福！"

家长说："孩子成绩提高了，习惯变好了，主动学习，喜欢学习，成长很快，也很快乐，我们当然觉得幸福！同时，学校通过学生和家委会，让我们更懂教育，更会做父母！"

老百姓说："实中的老师和学生素质都很高，首先很文明，很善良，也是热心肠。其次学校是开放式办学，有什么，教什么，学什么，不怕群众看，不怕同行学，设施不怕群众用：游泳馆、球类馆等都是对外开放的，相对纯经营性场馆来说，文明、卫生、方便，费用不及一半，更重要的是这些收入用于正常维护，学生教育教学使用就不花一分钱了，我们玩得快乐，也有价值；有这样的学校，也方便了群众生活品位和幸福指数的提升……"

文化：艰辛与幸福统一。

赞誉、荣誉和成果、品牌往往都是通过艰辛的付出而铸就的。的确，这里老师的辛苦有目共睹。那他们的幸福感从何而来？来源于完美文化！完美文化是理念、环境和管理有机统一而形成的有方向、有空间、有规则的文化体系。

理念指导——仁爱尽责，追求完美。完美教育就理念层面来讲，它是传承与汇集中外优秀传统文化、本土文化、人和谐发展的必然追求、教育现代化的理性呼唤、新课程改革核心理念的自然呼应而打造的一套理念体系，其核心是"仁爱尽责，追求完美"，其中"仁爱尽责"是基础，它代表情怀、方法和人的基本素养，"追求完美"是目标，它代表学校品牌，也代表人的发展方向与生活状态。在其核心引领下，"打造师生共同成长的幸福家园，建设高质量、有特色、国际性、现代化，国内一流的知名中学"和"培养爱生活、善思辨、有道德、敢担当的现代中国人"的办学目标和育人目标便更加具象，指明了校与人发展的各自侧重，也阐明了完美教育的核心价值，从而使理念实现了向行为与文化的过渡和提升，产生并发挥巨大的生产力。

环境熏陶——阳光多姿，和谐幸福。哈佛红色和哈佛版式是实中给人外在的总体印象；刚入校门，电子宣传屏上"明星学生"与值日领导公开信息，让人初识透明阳光和尽心尽责；"一林四园"等自然景观让人感到人与自然的和谐；龙圣书苑、3D打印大厅、实验室、实践功能室永远不打烊，角角落落有书、有桌、有座的图书角为师生修养和技能的提升提供广阔的空间和丰富便利的资源；科技大世界、艺术大世界、智慧大道、明星大舞台等长廊里丰硕的成果、深刻的真理和科学的方法让教育无处不在。而最频繁出现的是每间教室与每个办公室门口的"让负责成为一种习惯"的核心警示标语，尤其办公楼与教学楼之间的草坪前矗立着一座浮雕，上面"责任永恒，让负责成为一种习惯"的寄语，在云海之间，给人"责任如山重，负担却坦然"的感觉，通过浮雕上太阳中间的小孔，看到青青花草，又寓示着完美教育成于点滴积累和自然生成……

管理谐调——理念为魂，创新为宗。完美教育的管理是在"现代教育理念"引领下，以民主和法制为源头活水而逐步形成的有灵魂的管理体系。它有着完善的制度体系，科学的管理体制，例如，他们借助校内外权威和贤达成立学校教育董事会，构建以校长负责制为主体，"教职工代表大会"和"学校教育董事会"为两翼的"一主两翼"现代学校治理结构，尤其是责、权、利明晰的全员责任管理体系——"扁平化管理"，即不设副校长，中层不设副主任，所有中层管理者都具有副校长的职能，直接与校长对接，也直接与教师对接；每位管理者在所属项目管理中还能代表校长实施"首脑级"管理。扁平化管理，使管理和项目实施实现了无缝隙、无懈怠、无滞留的效果，也使各位领导之间形成平等的"合作共同体"，更使每个人都成为学校的主人，成为项目的主角……

理念给人以"明"，环境给人以"美"，管理给人以"和"，"阳光向上、和谐高效"的校风、"博学乐业、精研善导"的教风、"乐学善思、自主合作"的学风自然形成。把"完美教育做成'现在进行时'"，让实中人在辛苦中体味和创造幸福！

力：完美资源，教育家凝聚专家！

　　情怀、智慧和技能的全面发展，方能点亮智慧，涌动激情，唤醒梦想，从而打造品德高尚、业务精良、敢于负责、乐于奉献的教师完美素养，铸造公平、民主、团结、和谐的教师完美团队，创造"人尽其才、各尽所能、各得其所、乐在其中"的教师完美生活。

——李素香

人是教育的核心资源、第一资源。完美资源的核心就是完美师资的涌现与发展：教育家校长凝聚与培养的专家型教师队伍。

实践性教育家："从8角钱到三所全国名校！""此生为教育来！"

李素香，19岁踏上讲台，因业务出类拔萃又广受学生爱戴，被授予"全国优秀教师"等荣誉。2004年，她从滨州滨城三中教务副主任一职被"越阶"擢升为一校之长，即"清怡中学"校长。

初入"清怡"，"清怡"清贫。钱——负债800万元，账户8角钱；人——自搞培训班，或另谋高就。有人说这是负债学校甚至"乞丐学校"：债主坐在校长办公桌上"定还钱期限"，要挟搬电脑；在校生寥寥无几，负债就由学生集资，民心尽失……有人说，这种学校"神"也救不活。可李素香"认"了：认了这职业，认了这个使命，认了这个现状，当起了"帮主"——带领一帮老师拿着打狗棍到农村各家各户上门招生，她被劳累、艰辛和尘土磨砺得灰头土脸，但她心里的一个念头和信念更加明亮和坚定了：学校，总得教育人，教好人；孩子，总得去上学，有学上，上好学……

五年之内，"清怡"在她的带领下成为全国名校，与杜郎口中学、洋思中学、东庐中学在山东滨州开展"全国四所名校"同课异构交流与示范活动，天津、河南、江苏、黑龙江前来学习取经的同仁达数万之众。因此，有人说，李素香不是神，但她创造了神话。

2011年，她作为专业技术拔尖人才被引入青岛经济技术开发区担任实中和育才中学两所新建学校的第一任校长。面对开发区人民的期望，这位"雪中送炭"式的"创业型"名校长，能否驾驭两所分别投入近两亿元、硬件设施一流的学校，面对"水土不同"而锦上添花，再造神话呢？

——短短五年，这两所学校又在她的带领下从年轻走向成熟：全国创新教育示范校、全国智慧学校、全国创新发明特色学校、中国当代百强特色学校、全国课改名校常务理事单位、山东省规范化学校等50余项荣誉接踵而至；它还先后承办全国现代学校制度研讨会、全国信息化课堂专题研讨会、山东省课程整合现场会等有影响力的活动18次，其学生也纷纷登上全国和国际舞台，与郎朗等名人大师同台演出、在德国纽伦堡国际发明大会上摘得一金一银两铜……

同时，她个人也先后获得全国卓越校长、全国名校长、齐鲁名校长、全国十佳创新校长、第四届全国教育改革创新优秀校长奖等30多项有着"金子"一样光芒与分量的荣誉，《人民教育》《中国教育报》《未来教育家》等也刊登了她大量高质量的文章，她主编的《经典数学》《完美教育》等多部论著相继出版，首届国际教育信息化大会、首届中美智慧教育大会、全国中学提高课堂效率研讨会等高级别大会上，她被邀发言或讲座……

校长，校之魂，教之魂，她的经验与思想成就了学校，也走出了校门，产生并发挥了更大更广泛的领导力、生产力与发展力。

实战性专家："三三三体系"，"曲高而和者众！"

与此同时，"三三三"教师队伍的锻造模式，科学、高效、有序、持续、发展地为"三师培养"（优秀教师、专家名师、中学教育家）铺就着坚实广阔的成长大道。

"三重方略"是基础。在长远战略与总体规划上构建"立德树人，共荣共生"，"虬枝劲发，项目助力"和"三级建模，上下贯通"的三重方略，建立健全培训、评估、奖励和资源保障等机制，制订与明晰教师总体与个人的发展规划，精耕细作"十个一"项目，将教师的发展置于完美教育品牌的框架之中和实践层面之上，又以

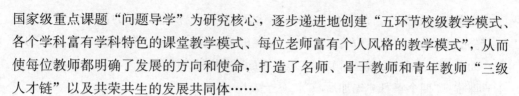

国家级重点课题"问题导学"为研究核心，逐步递进地创建"五环节校级教学模式、各个学科富有学科特色的课堂教学模式、每位老师富有个人风格的教学模式"，从而使每位教师都明确了发展的方向和使命，打造了名师、骨干教师和青年教师"三级人才链"以及共荣共生的发展共同体……

"三大工程"是常规。在具体实施与发展轨道上实施三大工程。"修身工程"——通过设立"师德建设活动月"、开展"十佳师德教师"评选活动等树师风，铸师魂。"磨教材工程"——构建互助提高的教师团队学习文化，在备课标、备教材、备学生、备自己的基础上编写导学案。"七课工程"——专家课、论坛课、集研课、走推课、模板课、优质课、展示课，分别使其发挥引领课堂教学改革思路、打造"问题导学"教学模式、解决教学模式操作不足等问题。"三大工程"切切实实地锻造教师的基本功和驾驭课堂的能力。

"三个平台"是关键。在服务与支持自主发展上搭建学习、科研和发展三个平台。学习平台包括以国家权威部门、专家教授和名师组建的"高端引领平台"，以名著群书为资源的"博览平台"，以读书沙龙等为形式的"交流平台"，以"未来教育家论坛"为载体的"主题平台"；科研平台包括以国家级课题为载体的研究平台，与国内外名校名家建立教研交流平台，每周一次的"教学论坛"主题汇报总结平台；发展平台包括以"凤凰计划"为主题的机遇性发展平台，以"三个三"项目争优活动为主的基础平台，以"四动"机制为保障的信息化发展平台，把老师的视界从课堂和学校引领出来……

短短五年，实中236人次在全国教育论坛年会、全国高效课堂模式博览会上展示并获奖，其中31人摘得全国大赛一等奖，26项教师研究成果在各级教育教学类报纸杂志上发表，38人应邀赴全国各地及美国、加拿大、韩国等国交流讲学……教育家型校长与专家型教师的完美结合，使完美教育充满激情、智慧和力量。

行：完美课程与课堂，育全人！育精英！

"人本化"与"时代化"是教育本身和教育人所处的时代赋予师生和当代教育必备的素养与内涵，只有紧紧地、全面地抓住与坚守这两个核心目标，才能培养出生物性健康和社会性和谐的"全人"，以及超越时代、引领潮流的"精英"。

——李素香

完美教育的最终目的是使每位学生达到他们自己所能达到的高度，成为一个"日趋完美"的人。在教育专业领域，完美的人，就是内涵上的全人，质量上的精英。而要培育完美的人就依赖和归功于完美课程和完美课堂。

课程："四个三"！"先加后减"！育全人！

实中坚持"先做加法，后做减法"的总体思路，通过"四个三"整合策略，从结构（以学生成长为圆心）、内容（以学生生活为依托）、形态（以课程 N 次开发为抓手）三个维度，整合开发，打造了一整套完美的课程体系。"四个三"即：

三维目标："减轻负担，实现育人模式的创新"，强调"以人为本"；"科学生态，课程与教学一体化"，强调"科学发展"；"结果导向，确保每个学生成功，完美成长"，强调"教育主体"和"核心目标"。三个目标各有侧重，也有共性相融之处，那就是"优质高效""轻负愉悦"。

三步整合：第一步，学科内整合，使重点更突出，脉络更清晰，使学生简捷准确地抓住"主干"，科学自主地生发"根叶"。第二步，学科间整合，整合地方课程与国家课程交叉重复内容，打破泾渭分明的学科间的界限，以统一的主题、问题、概念、基本学习内容连接不同学科。第三步，拓展性整合，把学科知识和社会生活，学生课内学习和课外活动统整起来，提供大量自主实践的平台，使学生有机会将所学知识与实际生活发生连接，自主建构知识体系。

三大特点：他们开设 3D 打印等四大类 80 余门特色鲜明的校本课程、京剧表演等 90 余门社团课程。所有学生都自主选报喜欢的课程，都会加入至少一个社团，都找到一群志同道合的朋友；同时，学校"体育节、科技节"等六大节日以及校园吉尼斯联赛、习惯养成月等学校活动均由学生承办，给学生成长与展示以规范化与高质量的舞台和平台，从而完善了"内容丰富""结构合理""发展科学"的课程特色。

三自核心：他们将"学会做人的基本道理，持续发展的基本能力，终身学习的基本知识，融入社会的基本经验，智慧人生的基本思维"融入课程目标，依托"学科课程、健美课程、启智课程、润德课程"课程板块，完善"学科基本能力、创新能力、实践能力"能力基线，构建"人格自尊、行为自律、学习自主、生活自理"的学生自主管理体系，锻造"自我规划、自觉修养、自我历练、自主管理、自主实践"的能力，铸就学生"自信、自尊、自省、自强"的人格品质，从而使人升华"灵魂"、坚实"根基"。

　　"四个三"使知识内涵与知识层面更加丰富，更加多元，更加纵深，但知识的"模块化"反而减轻了师生的负担，使其在享受"老师教得开心，学生学得愉快；课业负担减轻，学习质量提高"的完美教育生活中，体会成长的快乐！

　　课堂：多元现代！"温柔颠覆"！育精英！

　　课堂，是教育的主阵地。实中的课堂彰显出了一种"温柔"和"颠覆"的完美和谐。

　　首先，学校用互联网思维和信息技术构建了网络化、数字化、个性化、终身化教与学的校园，完善和运行"五动推进"机制，更新人的观念，提升人的素养，从备课、上课和作业等全程完全颠覆传统的课堂格局：把自制、改编、筛选的各类教育资源以备课中心、教学工具、授课中心、云教室等模块分类管理，通过网络传送到各种终端上；将微课知识树助学系统、云架构数字化校园平台系统、"一对一数字化学习"系统和"电子书包"引入课堂；课后及课外，学生们随时随地在云终端上预习、复习，把自己的作业通过网络远程交予老师测评或同学即时交流。如今，他们完全实现了全面、全程、全员地线上线下混合学习、翻转课堂学习、网络空间学习、引导式移动探究学习、协同知识建构学习、能力导向式学习、创客学习……

　　其次，"玩是状态，学是目的，所以我们必须认真！"十三四岁的实中学生，对学习的道理阐释的简约而又到位，这是学校课程改革的第二个目标"科学生态，课程与教学一体化"实现了理论与实践的对接，实现了目标与生活的整合升华。因为对所有课程与活动持以课堂一样认真的态度，因此，他们的课堂随时、随地、随需产生，无处不在！在教室、在操场、在功能室、在校外，或在国外……因此，在全国作文大赛、田径运动会上，在与国内各地交流与国际性比赛上，尽管他们都夺金摘银，但他们在乎的还是学习的机会，用笑容和智慧颠覆了"进教室上课，唯教室课堂，把教材当世界"的传统课堂，自然地放大了教育，完成了"把世界当教材"的完美升华。

　　再次，在实中"合作探究"由来已久，学生们也是6人一组围桌而坐，而且在"问题导学"这一核心的主导下，在"三级建模，上下贯通"的模式创新方略中，模式更加灵活多样，更加精细高效，但他们又颠覆了那种"可喜"与"激情"场面，他们的探究有条不紊，是"比依据、比设想、比实验"，而没有一丝"比声高"式面红耳赤。一位同学用两只手做了一个"心"形，他说：探究是心与心的交流，辩论也需要包容，有些问题的答案并不止一个，而且小组内能听到的低声交流，也是对其他同学的尊重，只有尊重，才有大家的和谐……

完美课堂，其核心是"给每个学生提供适合的教育，使每个学生都获得成功"。实中人为此坚持不懈，自信勇敢，勤勉智慧，满怀责任、仁爱与希望地努力着，创造着……

完美教育，"大"而不空，"神"而不假。它是实中人设定一个个比他人更高的标准，充分利用一切可以利用的资源，不推脱、不敷衍、尽全力，不懈地向着完美无限接近的人生追求；是实中人不断追求、不断超越、日臻完美的教育过程；是实中人在动态的发展过程中，表现与实现行动上追求细节完美的一种姿态；是实中人在追求完美过程中以"完美的标准"为参考不断进行自我超越的特质……

教育无限，仁爱先行，天下己责，完美求索。李素香等实中人以其蓬勃朝气、高远理想、前瞻思维、广阔视野、仁爱智慧，带着强烈的社会责任感、时代责任感、民族责任感，向着几近永恒而不可企及的目标自信而稳健地前行；完美，仍在路上，永无止境；将有更多的教育人，去思考、去践行！

附 录

一、著作

1.《初中同步测控优化设计——代数》，新蕾出版社，2006 年。
2.《初中同步测控优化设计——几何》，新蕾出版社，2006 年。
3.《学案导学，自主探究——高效教学的新探索》，延边人民出版社，2010 年。
4.《改变教育的经典案例》，福建教育出版社，2014 年。
5.《"问题导学"教学模式的研究与实验》，福建教育出版社，2014 年。
6.《完美教育的理念与实践探索》，福建教育出版社，2014 年。

二、科研课题

1.《运用信息技术开展自主性学习》，获山东省教科研成果二等奖，山东省"十一五"教育技术重点立项课题，山东省电化教育馆，2009 年。
2.《提高课堂效率、减轻学生负担的整体建构和谐教学实验》，"十一五"重点课题，中国教育学会，2009 年 9 月。
3.《初中二四六体育模块教学研究》，滨州市教育科学"十一五"规划课题，滨州市教育科学规划领导小组，2009 年 10 月。
4.《基础教育学校文化建设研究》，山东教育科学"十一五"规划重点课题，山东省教育科学规划领导小组办公室，2010 年 4 月。
5.《"学案导学，自主探究"课堂教学模式研究》，中国教育学会"十一五"重点课题《提高课堂效率、减轻学生负担的整体建构和谐教学实验》子课题，2011 年 5 月。
6.《初中语文个性化阅读与文学教育研究》，山东省教学研究课题，2011 年 7 月。
7.《初中物理网络课程资源开发与应用的研究》，《山东省中小学网络课程资源开发与应用研究》子课题，山东省教育科学"十二五"规划重点课题，2011 年 11 月。

8.《班主任与心理健康教育》，中国教育学会"十二五"教育科研规划课题，2012年9月。

9.《运用信息技术开展自主性学习》，山东省教育技术重点立项课题，2012年10月。

10.《初中课程整合实践研究》，青岛市教育局重点课题，2013年9月。

11.《基于网络的双课堂教学模式研究》，中国教育学会重点课题，2013年9月。

12.《培养儿童专注力的理论与实践研究》，获"十二五"教育科研规划课题二等奖，中国教育学会，2013年10月。

13.《初中生自主合作学习能力的培养》，北京大学《青少年素质教育与才能培养》子课题，2013年11月。

14.《教学中培养学生创新精神与实践能力的研究》，北京大学《青少年素质教育与才能培养》子课题，2013年11月。

15.《信息化智慧校园的构建与研究》，《普通中小学现代化学校建设研究》子课题，青岛市"十二五"教育科学规划重点课题，2014年3月。

16.《山东省中小学网络课程资源开发与应用研究》，获2014年阶段研究成果初中物理网络课程资源一等奖，山东省电化教育馆，2014年7月。

17.《运用信息技术开展自主性学习》，山东省教育技术重点立项课题，2014年7月。

18.《促进学生生命成长的学校课程开发与实施研究》，获山东省省级教学成果二等奖，山东省省级教学成果奖评审委员会，2014年7月。

19.《家委会参与教育教学规律研究》，《现代学校制度中家长委员会研究——基于山东家长委员建设实践》子课题，中国教育学会"十二五"教育科研规划重点课题，2014年10月。

20.《关于中小学校校务委员会运行机制的研究》，青岛市教育局委托课题，2014年11月。

21.《"问题导学"教学模式研究》，中国教育学会"十二五"教育科研规划课题，2015年9月。

三、文章

1. 《用动与静的辩证关系指导数学教学》，载于《山东教育学院学报》，1997 年 4 月。

2. 《崛起，不再是神话》，载于《山东教育》，2008 年 9 月。

3. 《只有"大舍"，才有"大得"》，载于《中国教育报》，2008 年 12 月。

4. 《"校长哥们儿"的心里话》，载于《中国教育报》，2009 年 3 月。

5. 《每天都做三项功课》，载于《现代教育导报》，2009 年 6 月。

6. 《把挑刺进行到底》，载于《中小学校长》，2009 年 7 月。

7. 《我每天的"功课"》，载于《中小学校长》，2009 年 9 月。

8. 《校长本身就是很好的教学资源》，载于《天津教育》，2009 年 10 月。

9. 《没有什么能阻止我们做最好的自己》，载于《中国教育报》，2010 年 3 月。

10. 《学校要努力"生长"出特色》，载于《天津教育》，2010 年 3 月。

11. 《学校文化是最宝贵的教育资源》，载于《新教育报》，2010 年 10 月。

12. 《"大语文教育观"之我见》，载于《语文世界》，2011 年 2 月。

13. 《校长请敢于亮剑》，《基础教育参考》，2011 年 3 月。

14. 《"新教育"引发的思与行》，载于《青岛教育》，2012 年 2 月。

15. 《有效课堂教学模式下学生学习习惯的养成》，载于《华夏教师》，2012 年 12 月。

16. 《此生为教育而来》，载于《人民教育》，2013 年 6 月。

17. 《扁平化管理，撑起完美教育之树》，载于《未来教育家》，2013 年 7 月。

18. 《学校课程开发与整合的实践探索》，载于《中国教育学刊》，2013 年 8 月。

19. 《让生命在课程的润泽下成长》，载于《基础教育参考》，2013 年 9 月。

20. 《提高效率，增加趣味——"减负"经验谈》，载于《人民教育》，2013 年 9 月。

21. 《完美教育的实践探索》，载于《当代教育科学》，2014 年 6 月。

四、主要奖项及荣誉称号

1. 1995 年 9 月，被中华人民共和国国家教育委员会、中华人民共和国教育部评为"全国优秀教师"。

2. 2009 年 12 月，被全国教师教育协会评为"全国名校长"。

3. 2010 年 10 月，被教育部主管中国人生科学学会、新教育发展研究中心评为"全国课改名校长"。

4. 2012 年 11 月，获中国新教育网颁发的"2012 教育创新推动奖"。

5. 2012 年 12 月，被共青团中央网络影视中心、中国青年网评为"2012 年度百名卓越校长"。

6. 2014 年 1 月，被中国关工委评为"十佳影响力校长"。

7. 2014 年 2 月，被美国美中教科文基金会、美国常青藤教育发展促进会等单位授予中国非物质文化遗产林肯中心展演"优秀校长"。

8. 2014 年 12 月，被全国创新名校大会组委会评为"全国创新名校长"。

9. 2015 年 1 月，被中国教育报刊社评为"全国百强特色学校十佳杰出校长"。

10. 2015 年 12 月，获《中国教育报》、中国教育新闻网颁发的"第四届全国教育改革创新优秀校长奖"。

11. 2015 年 12 月，被全国创新名校大会组委会评为"全国创新名校长"。

12. 2004 年 9 月，被山东省人事厅、山东省教育厅评为"山东省优秀教师"。

13. 2004 年 12 月，被山东省教育厅体育卫生与艺术教育处评为"山东省体育卫生艺术与国防教育宣传先进个人"。

14. 2008 年 9 月，被山东省教育厅评为"山东省创新校长提名奖"。

15. 2009 年 9 月，被山东省教育厅评为"齐鲁名校长建设工程人选"。

16. 2010 年 10 月，被山东省人民政府评为"山东省特级教师"。

17. 2014 年 4 月，被山东省教育学会评为"山东省优秀校长"。

18. 2015 年 8 月，被山东省教育厅命名为"齐鲁名校长"。

19. 1993 年 4 月，被滨州市人民政府评为"先进工作者"。

20. 1995 年 1 月，被中共滨州市教育局委员会评为"优秀共产党员"。
21. 1995 年 6 月，被滨州地区教育局评为"滨州地区初中数学骨干教师"。
22. 1998 年 5 月，被共青团滨州市委评为"滨州地区十大杰出青年"。
23. 2000 年 9 月，被滨州地区教育委员会评为"第二批学科带头人"。
24. 2002 年 9 月，被滨州市教育局评为"滨州市第二届名教师"。
25. 2005 年 9 月，被中共滨城区委、滨城区人民政府评为"滨城区十佳中学校长"。
26. 2006 年 3 月，被中共滨城区委、滨城区人民政府评为"十大女杰"。
27. 2009 年 3 月，被滨城区妇女联合会评为"十大创业女星"。
28. 2012 年 1 月，当选为第 15 届青岛市人大代表，并被推选为青岛市人大法制专业委员会委员。
29. 2013 年 8 月，获享青岛市人民政府颁发的"市政府特殊津贴"。
30. 2015 年 4 月，被青岛市人民政府评为"青岛市劳动模范"。
31. 2015 年 12 月，被中共青岛西海岸新区工委、中共青岛市黄岛区委、青岛西海岸新区管委、青岛市黄岛区人民政府评为"青岛西海岸新区（黄岛区）首批拔尖人才"。

后　记

　　教育，是一项追求完美的事业，它承载着我们认知世界与改造生活的全部梦想及各种可能，它是为孩子的一生奠基的事业。

　　30多年来，我从教学一线到领导岗位，亲历了中学教育的种种变革与发展。对我从事的这项事业，我深感荣幸并始终心怀敬畏。教育指向人，为了人，提升人，教育就是为追求完美的生活服务的，作为一名教育工作者，我深知这其中所蕴含的使命与责任。正因如此，才有了我对完美教育的执着坚守。

　　准确地说，本书所总结的实在谈不上"教育思想"，只是我个人对于教育的一些朴素认识与不懈追求。当然，这些认识不是凭空而来的，感谢古往今来的教育大家和哲人先贤，他们的真知灼见在今日之社会仍然散发着智慧的光芒，让我经常从他们身上获取有利于今日学校教育的灵感、根据与信心。正因如此，我的追求也是"路漫漫其修远兮，吾将上下而求索"。

　　从教师到校长，31年的完美追求，31年的酸甜苦辣，我的信念似乎变得更加坚定了，对完美教育的理解也不断深化：我们办教育，当校长应该追求什么？经常有人问我：为什么总能保持对孩子、对教师、对教育创新、对学校发展始终如一的高昂热情与激情？我的回答是："仁爱尽责"，每当我看到孩子们天真的脸庞、家长们期盼的目光，想到作为一名校长所肩负的使命与责任，我顿时精神抖擞，不敢有丝毫懈怠。

　　于是，在完美教育的具体实践中，面对社会、家长乃至教育界同仁诸多关于完美教育的理解、阐释、理念等纷繁嘈杂的声音甚至质疑，从始至终，有一句话宛如天籁一般回响在我的耳边：

教育的价值在于促进人的发展，促进所有人的发展，促进人的全面发展，促进人的个性发展，促进人的主动发展。正是因为有了对教育的这种理解，我才愈发明晰完美教育的目标追求，故而一路走来，内心坚定、脚步稳健、从容淡定。

我深切地体会到，从严格意义上说，这本书不是写出来的，是做出来。再好的教育思想也需要通过实践来检验，来发挥其教育价值。作为校长，我一个人空有美好的教育理想是不够的。我的完美教育之梦，正是通过全体实中人的智慧与汗水才逐渐变为现实的。

我深切地体会到，追求完美教育需要一种智慧，一种自我批判、自我反思甚至是自我否定的勇气。它需要我们不断地追问，完美教育的意义何在，教育应该怎样追求完美，孩子们怎样才能变得越来越完美。

我深切地体会到，在我们的教师与学生身上，蕴藏着极大的潜能，有着极大的智慧。"让每个孩子能达到他们自己所能达到的高度，让每个孩子享受卓越的基础教育"，追求完美教育，我们永远在路上。

行者无疆，我愿意做一个教育的践行者；责任无限，为了孩子完美的未来。